패러다임 대전환

패러다임 대전환

2024년 9월 1일 개정증보판 3쇄 발행

지은이 송재용, 김광수, 김봉진, 박경민, 박종훈, 신동엽, 윤우진,
　　　　이병헌, 이재혁, 이제호, 이지환, 이형오, 허문구
기획 자의누리경영연구원
편집 강수민
디자인 강수민

펴낸이 서진영
펴낸곳 도서출판 자의누리

주소 서울특별시 강남구 언주로 647 강남빌딩 450호
전화 02-3444-8836 010-7770-2515
팩스 02-3444-8837
전자우편 cw@centerworld.com
출판등록 2007년 9월 17일 (제2014-000189호)

ISBN 979-11-87857-13-6 (03320)

이 도서의 국립중앙도서관 출판예정도서목록(CIP)은 서지정보유통지원시스템 홈페이지(http://seoji.nl.go.kr)와 국가
자료공동목록시스템(http://www.nl.go.kr/kolisnet)에서 이용하실 수 있습니다.(CIP제어번호: CIP2017013123)

* 학교 및 기업 교재 문의 : 02-3444-8836

패러다임 대전환

한국 기업 전략 패러다임을 완전히 바꿔라

에디터 겸 대표저자
송재용

·

김광수 김봉진 박경민 박종훈 신동엽 윤우진 이병헌 이재혁 이제호 이지환 이형오 허문구

자의누리

머리말

　이 책의 초판은 2017년 한국전략경영학회 20주년 기념 사업으로 기획되었다. 2017년 책 출간 후 KT경영연구소에서 추천도서로 선정하였고 8천권 이상 판매되면서 매우 좋은 반응을 받았다. 독자들로부터 개정판 또는 후속작에 대한 요청이 이어진데다가 2020년 이후 전세계를 강타한 코로나 팬데믹으로 인해 기업을 둘러싼 외부 환경의 패러다임 변화가 더욱 빠르고 강하게 나타나서 포스트 팬데믹 패러다임 변화를 반영한 책 내용의 수정 및 새로운 내용의 추가가 필요하게 되었다. 이에 이 책의 저자들은 각자 집필한 챕터를 수정하는 한편으로 글로벌 공급망 변화와 ESG경영과 관련된 새로운 챕터를 추가하여 2020년대 포스트 팬데믹 패러다임 변화와 한국 기업의 전략적 대응에 초점을 맞춘 개정 증보판을 출간하게 되었다.

　이 책의 에디터 겸 대표저자인 필자는 한국전략경영학회 21대 회장으로 선출되어 20주년이 되는 해인 2017년 회장으로 취임하였다.

학회 창립 20주년을 기념하는 의미있는 사업이 무엇일까를 고민한 끝에 이 연구를 기획하였다. 국내외 경제의 저성장과 중국의 거센 추격으로 인한 글로벌 초경쟁, 그리고 21세기 지식기반 네트워크 경제의 도래와 4차 산업혁명 등 외부환경 상의 메가트렌드가 동시다발적, 중첩적으로 나타나 한국 경제와 기업이 중대한 변곡점에 서 있다는 문제 인식하에 한국 기업의 전략 패러다임의 재검토와 대전환을 연구 주제로 설정하였다. 서울대 공대 교수진이 '축적의 시간'이라는 책을 통해 한국 경제와 기업에 큰 반향을 일으킨 직후였기에 '축적의 시간'에서 제기한 문제 인식을 공유하면서 경영판 '축적의 시간'이 될 수 있는 역작을 만들어 내자는 것이 목표였다.

필자 개인적으로는 2010년대 패러다임 변화 시기 한국 기업이 글로벌 초일류 기업으로 도약하기 위한 방안을 담은 '스마트경영' 책이 삼성경제연구소 SERI-CEO의 'CEO가 읽어야 할 책'으로 선정되어 4만권 이상 팔리는 큰 반향을 일으켰고, 삼성전자가 어떻게 글로벌 초일류 기업으로 도약했는지를 심층 분석한 '삼성웨이' 책도 매일경제 정진기언론문화상을 수상하고 세계적 출판사인 McGraw Hill과 중국 최고의 출판사 중신출판사 등에 의해 다수의 국가에서 번역 출판되어 베스트셀러가 되었기에, '스마트경영' 과 '삼성웨이' 를 잇는 책을 만들어내야 한다는 부담감과 사명감이 컸다.

이 연구 주제를 심도 깊게 연구하기 위해 필자는 에디터로서 전체 책의 구성을 기획하고 주제 별로 전문성도 높고 연구 취지에 공감하면서 열정적으로 참여할 것이라고 판단되는 연구자를 섭외하였다. 이러한 선정 원칙에 따라 한국전략경영학회 전현직 회장단을 포함한 한국의 대표적인 전략경영학자 13분으로 연구진을 구성하여 6개월간의 연구 기간을 가지고 연구를 진행하였다.

연구의 질적 수준을 높이고 2017년 6월로 예정된 20주년 기념 심포지엄 및 책 출판일정을 맞추기 위해 연구진 전원은 2017년 1월과 3월에 2회에 걸쳐서 워크숍을 가졌다. 2차 워크숍 이후 각 저자들은 초안을 수정하여 필자에게 다시 보내 왔고 필자는 에디터로서 각 장 별로 1-2차례에 걸쳐 내용을 수정하고 코멘트를 드렸다. 이러한 과정을 거치면서 13분의 저자가 본인의 전문 연구 분야를 중심으로 11개 장을 집필하였음에도 책은 내용과 형식 측면에서 전체적으로 높은 일관성을 가질 수 있었다. 무엇보다도 여러 차례에 걸쳐 전체 연구진 또는 에디터인 필자의 코멘트를 반영하여 수정함으로써 원래 필자가 목표했던 수준 이상으로 각 장의 질적 수준을 크게 높일 수 있었다. 필자는 에디터 겸 대표

저자로서 사업 포트폴리오 재조정과 관련된 장을 집필함과 동시에 책의 도입 장과 결론 장도 대표 집필하였다.

따라서 이 책은 13분의 전략경영 분야 교수들이 연구진 겸 저자로 참여한 결과물로서 각자 역할 분담을 하여 연구를 진행하고 집필을 하였지만 긴밀한 상호 의견 교환을 통해 완성한 공동 연구 겸 저술이라고 자신있게 말 할 수 있다. 공동 연구와 집필 작업을 진행하면서 참여한 한국전략경영 분야의 대표적인 학자분들이 얼마나 학문적 깊이가 깊으면서 동시에 남다른 책임감과 사명감을 갖추신 분들인지를 다시 한 번 확인할 수 있었다. 이 책의 에디터로서 각 교수님들께 때로는 신랄한 비판과 제언을 해야 하는 부담과 어려움이 있었지만 이를 너그럽게 수용해 주시고 잘 반영해 주신 저자분들께 깊이 감사드린다.

한국 기업들이 2020년대 포스트 팬데믹 시대에 전개되고 있는 국내외 경제의 중장기 저성장 기조 고착화, 글로벌 공급망의 대전환과 글로벌 초경쟁, 디지털 대전환과 4차 산업혁명의 본격화와 같은 외부 환경상의 메가트렌드에서 나오고 있는 기회는 잘 살리고 위협은 잘 극복하면서 혁신 역량을 바탕으로 시장을 선도하는 글로벌 초일류 기업으로 도약하여야 한국은 선진국으로 진입할 수 있다. 한국 기업들이 글로벌 초일류로 진화, 발전해 가는 힘들고도 중요한 여정에서 이 책에서 제시하고 있는 한국 기업의 전략적 패러다임 대전환과 관련된 제언들이 조금이나마 도움이 되기를 기대한다.

이 책이 나오기까지 많은 분들이 격려와 조언을 아끼지 않았기에 연구진을 대표하여 감사를 드린다. 특히 필자의 연구 취지에 전적으로 공감해 주시고 기꺼이 초판의 연구비를 후원해 주신 아모레퍼시픽과 서경배 회장님께 깊이 감사드린다. 또한 필자의 은사로서 한국전략경영학회 창립 회장이기도 하신 조동성 서울대 경영대 명예교수님께도 감사드린다. 마지막으로 이 책의 출판을 맡아 주신 자의누리 대표 겸 조동성 교수님 연구실 후배 서진영 박사께 감사드린다.

2023년 5월 4일
에디터 겸 대표저자 송재용

목차

Part 3

포스트 팬데믹 시대, 창조적 혁신으로 돌파하라

Part 4

지속 가능 경영 시스템을 구축하라

conclusion

전략 패러다임의 대전환이
한국 기업의 운명을 결정한다

●

송재용
서울대학교

한국 기업 전략 패러다임의
대전환, 왜 필요한가?

2020년대 한국 기업을 둘러 싸고 있는 국내외 경제 환경에 거대한 패러다임 변화가 나타나고 있다. 먼저 2008년 이후 세계 경제를 강타한 글로벌 금융위기의 여진이 채 가시기도 전에 2020년 이후 코로나 팬데믹이 세계 경제를 다시 한 번 강타하였다. 코로나 팬데믹이 대공황으로 이어지는 것을 막기 위해 각 국에서는 사상 유례 없는 규모의 양적 완화와 재정 정책을 통해 돈을 풀었고 기준 금리도 제로 금리도 모자라 일부 국가에서는 마이너스 금리까지 내리는 극약 처방을 썼다. 그 결과 대공황을 피하고 많은 나라에서 경제가 빠르게 회복하였지만 천문학적 규모의 양적 완화와 재난지원금으로 인해 돈이 너무 많이 풀린 상태에서 러시아의 우크라이나 침공으로 인한 원자재 가격 급등까지 겹쳐서 1970년대

12

오일 쇼크 이후 실종되었던 인플레이션이 연 10프로 내외까지 치솟아서 세계 경제의 또 다른 위협이 되고 있다. 인플레이션을 잡기 위해서 미국, EU 등 주요 국가의 중앙은행들은 제로 금리까지 내렸던 기준금리를 급속도로 끌어 올리면서 풀린 돈을 회수하는 양적 긴축으로 선회함으로써 자산 시장이 큰 폭의 조정을 겪었고 경기 침체 우려가 커졌다.

더욱이 2000년 이후, 특히 2008년 글로벌 금융위기와 2020년 팬데믹 위기로 인해 오랫동안 초저금리를 유지하면서 천문학적인 돈을 푼 결과 세계 경제의 GDP 대비 총부채가 2000년 대비 2021년에 3배 이상 늘어나서 2022년 1분기 말 기준으로 352%까지 치솟았다. 이처럼 세계 경제가 과도한 부채를 안고 있는 상황에서 인플레이션을 잡기 위해 미국의 기준 금리가 2022년 초 제로 금리에서 2023년 5월 최고 5.25%까지 단시간에 급등하는 등 전세계적으로 금리가 빠르게 올라감으로써 전세계 경제의 중장기 저성장 기조 고착화가 우려되고 있다. 부채가 이렇게 많은 상황에서 금리가 빠르게 오르게 되면 부채를 줄이는 디레버리징이 불가피하게 되어 부채 원리금 부담으로 인해 개인은 소비를 줄이고 기업은 투자를 줄이며 정부는 재정지출을 줄이거나 증세를 할 수밖에 없는데 이로 인해 고통스러운 디레버리징 과정에서 세계 경제의 중장기 저성장은 피하기 어려워 보인다.

특히 2008년 글로벌 금융위기를 극복하는 과정에서 세계 경제 성장의 견인차 역할을 해 왔던 중국 역시 2020년대 초반 소위 '피크 차이나' 에 직면하고 있다. 중국은 생산가능인구가 2011년에 피크를 치고 준데 이어 2022년부터는 전체 인구가 줄기 시작하여 인구 문제가 경제 성장의 발목을 잡고 있는 상황에서 미중 패권전쟁으로 인해 중국으로 들어가는 해외투자 규모가 급격히 줄고 있고 미국의 규제로 반도체 등 전략 산업 육성에도 심각한 차질에 직면하였다. 여기에 더해 심각한 지방정부와 공기업의 부채 문제가 부동산 버블과 맞물려서 은행 부실화 우려와 함께 중국 기업들의 글로벌 경쟁력에 큰 도움이 되었던 막대한 보조금 지급이 쉽지 않게 되었다. 또한 심각한 부채와 부동산 버블 붕괴 우려로 인해 중국 GDP 성장의 견인차 역할을 했던 건설/SOC/부동산 투자를 통한 경제 성장 전략도 한계에 봉착했다. 이로 인해 2020년대에는 3-5%의 경제성장률로 급속히 감속하면서 중진국 함정을 벗어나기 어려울 전망이다. 이러한 중국의 급속한 감속과 미중패권전쟁 심화로 인해 전체 수출의 약 1/4이 중국으로 갔던 한국의 입장에서도 중국 비중 축소와 대안 시장 확대의 필요성이 높아졌다.

이러한 가운데 글로벌 경쟁도 보다 치열해져서 초경쟁(hyper-competition) 상황으로 치닫고 있다. 특히 미국의 집중 견제를 받고 있는 반도체 등 전략 산업을 제외한 일반 제조업 분야에서는 중국발 경쟁 위협이 심각해지고 있어서 기술과 브랜드가 앞선 구미, 일본 기업들과 원가경쟁력을 갖추고 가성비 높은 제품을 쏟아내고 있는 중국 기업들 사이에서 혁신을 통한 차별화 역량이 취약한 많은 한국 기업들이 경쟁력 위기에 직면하고 있다.

보다 구조적인 패러다임 변화도 진행되고 있는데, 대표적으로는 21세기를 관통하는 지식기반경제의 트렌드가 인터넷 혁명, 스마트폰 혁명을 거쳐 2020년대 코로나 팬데믹으로 인한 디지털 대전환(digital transformation)의 본격화로 인해 인공지능(AI), 빅데이타, 클라우드 컴퓨팅 등 IT 기술의 놀라운 발전으로 이어지고 있다. 이로 인해 소위 4차 산업혁명이 본격화하면서 경제와 기업 전반에 엄청난 변화를 가져 오기 시작하고 있다. 코로나 팬데믹으로 인해 재택근무, 화상회의, 온라인 교육 등이 일상화되면서 디지털 대전환은 2020년대의 가장 큰 화두가 되었다. 더욱이 2022년 말 이후 Open AI의 Chat GPT 생성형 AI 서비스가 혁명적인 변화를 가지고 오고 있다. AI의 발전은 특히 제조업에서 스마트 팩토리(smart factory)의 비약적인 발전으로 이어져서 선진국으로의 글로벌 공급망 전환에도 큰 영향을 미치고 있다.

또한 2020년대 들어와서 가속화되고 있는 글로벌 가치사슬의 대전환도 대외의존도가 세계적으로도 가장 높은 수준인 한국이 특별히 주목해야 할 중요한 구조적인 패러다임 변화이다. 미중 패권 전쟁과 러시아의 우크라이나 침공으로 인해 러시아와 중국이 더욱 밀착하고 트럼프 행정부 시절 일정 부분 중국 쪽으로 다가갔던 유럽이 안보 위협으로 인해 다시 미국과 밀착하게 되면서 지난 40 여 년 세계 경제 성장과 물가 안정의 견인차 역할을 했던 중국 중심의 원가절감형 오프쇼어링은 이제 한계에 봉착하고 줄어들고 있다. 반면 미국 정부의 강력한 인센티브 제공과 지정학적/정치적 고려 필요성 증대, 스마트 팩토리 기술 등의 발전으로 인해 미국, 유럽 등 선진국에 공장을 짓는 시장접근형 오프쇼어링, 우방국에 공장을 짓는 프렌드 쇼어링(friend-shoring), 멕시코나 동유럽과 같이 선진국과 인접한 저임금 국가에 공장을 짓는 니어쇼어링 (near-shoring)은 증가함으로써 글로벌 가치사슬의 구조적인 대격변이 진행되고 있다. 중국 중심의 원가절감형 오프쇼어링은 1980 년대 이후 40 년 간 지속된 전세계적인 물가 안정 기조에도 크게 기여하였지만 글로벌 공급망 대전환 과정에서의 리쇼어링, 시장접근형 오프쇼어링 등의 트렌드는 공장 건립/이전 비용에 더해 당분간 중국 대비 생산비용 증대가 불가피하여 2021년 이후 구조적인 인플레이션을 촉발한 주요한 요인이 되고 있다.

또한 팬데믹 위기에 이어 인류를 위협할 또 다른 구조적인 위협으로 기후변화 위기가 대두하고 있다. 기후변화 위기에 대응하기 위해서 온실가스 저감, 탄소 제로, 기업 활동에 필요한 전력의 100%를 신재생에 너지로 충당하는 RE 100 등 도전적인 목표가 설정되고 있는데 이러한 움직임은 일부 기업들에게 신재생에너지, 수소산업 등에서 새로운 성장 동력을 확보하기 위한 주요한 기회를 제공하기도 하지만 전 산업에서 환경 관련 비용 지출을 급격히 늘려서 소위 그린플레이션(greenflation)을 촉발함으로써 구조적인 인플레이션의 또 다른 요인이 되기 시작했다.

이러한 패러다임 변화 내지 메가트렌드가 동시다발적, 중첩적으로 나타나면서 기업 환경의 불확실성도 매우 높아지고 있고 환경 변화의 속도가 가속화되어 산업의 구도와 경쟁의 판도가 급변할 수 있은 상황 이기에 한국 기업의 전략 패러다임을 원점에서부터 다시 점검해서 재설정해야 할 시점이라고 할 수 있다.

포스트 팬데믹 패러다임 변화 시기
한국 기업, 중요한 변곡점에 서다

1960년대 세계에서 가장 가난한 나라 중 하나였던 한국은 2005년 세계 10위의 경제대국으로 진입하면서 '한강의 기적' 이라고 불리우는 고도 성장을 이루어내었다. 그 배경에는 한국의 산업과 기업이 채택한 ' 빠른 추격자'(fast follower) 전략이 자리하고 있다. 빠른 추격자 전략을 채택한 한국 기업들은 기술을 사오거나 모방한 후 낮은 인건비, 규모의 경제 등을 기반으로 원가를 낮추고 '점진적 혁신' 을 통해서 기존 제품의 품질을 개선하며 차별화된 기능을 추가함으로써 경쟁력을 확보해 왔다. 하지만 21세기 들어와 곧 선진국으로 진입할 것이라는 장밋빛 전망과는 달리 2010년대 들어와 GDP 순위는 오히려 뒷걸음질쳤다. 1인당 국민소득(GNI)도 2006년 2만달러를 넘어선 이후, 12년이 지난 2018년이 되어서야 3만달러를 돌파했다. 일본 등 주요 선진국이 2만달러에서 4-5년 만에 3만달러에 진입한 것과는 대조적이다.

더욱 심각한 것은 중국발 초경쟁에 직면하여 한국 기업의 빠른 추격자 전략은 한계에 부닥치고 주력 산업의 글로벌 경쟁력도 하락하고 있다는 점이다. 원가경쟁력에서는 중국에 추월당하고 제품은 범용제품(commodity)화되어 차별화가 더 이상 쉽지 않아 지속 가능한 경쟁우위 확보에 큰 어려움을 겪고 있다. 한국 주요 산업/기업의 경쟁력 위기가 본격화되면서 한국 경제에 대한 OECD 등 국내외 주요 경제기구와 석학들의 경고가 잇따라 터져 나오고 있다. 더욱이 신산업의 발전을 가로막는 과도한 정부 규제와 이로 인한 기업가정신의 약화 및 취약한 벤처 생태계로 인해 4차 산업혁명 시대 본격적으로 떠오르기 시작한 핀테크, AI, 드론, 자율주행차, 바이오 및 다양한 플랫폼 비즈니스 등 신생 산업 영역에서 한국은 중국보다 느리게 움직이고 있다.

21세기 들어와 경제의 지식 기반화가 가속화되면서 경쟁의 룰도 브랜드, 기술력, 디자인, 고객 맞춤형 솔루션 제공 역량 등 무형자산 내지 지식자산 위주의 경쟁으로 변화하고 있다. 1990년대 이후 인터넷의 급속한 확산과 스마트폰과 SNS 혁명, 그리고 2020년대들어 본격화되고 있는 AI, 사물인터넷, 빅데이터, 클라우드 컴퓨팅 기반의 4차 산업혁명으로 인해 지식기반경제는 급속히 초연결의 네트워크 경제로 진화 발전하고 있다. 휴대폰 시장의 절대 강자였던 노키아의 급속한 몰락과 애플의 급부상으로 이어진 스마트폰 전쟁에서 보듯이 지식기반 네트워크 경제 내지 4차 산업혁명에서의 패러다임 변화의 속도는 매우 빠르고 그 파괴력도 가공할 정도이다. 하드웨어와 소프트웨어, 콘텐트의 융복합화와 제조와 서비스의 결합 등 컨버전스 현상도 가속화되어 산업의 경계는 모호해지고 있다. 기존 상품, 기술, 비즈니스 모델을 일거에 무너뜨리는 와해적 혁신(disruptive innovation)에 직면할 확률도 급속도로 높아지고 있다.

지식기반산업에서는 경쟁상 가치있는 지식재화를 선점적으로 창출하는데 막대한 시간과 비용이 들고 실패 확률도 높다. 하지만 일단 그 지식이 시장의 표준으로 자리매김되고 이러한 지식이 원천기술 특허 등 지적재산권으로 확실히 보호가 되면 표준을 장악한 초기경쟁의 승자가 장기간 고이윤을 향유할 수 있다. 반면, 초기경쟁의 패자나 후발진입기업은 생존조차 어려워지는 승자독식 내지 수확체증(increasing returns) 현상이 발생할 가능성이 높다. 특히 이러한 지식기반산업의 경쟁은 초기부터 글로벌한 양상을 보이기 때문에 글로벌한 차원에서의 승자독식이 발생할 가능성도 높다. 특히 21세기 들어와 떠오르고 있는 많은 지식기반의 신생 산업, 특히 플랫폼 비즈니스의 성격을 띠고 있는 사업 영역에서는 시장 선점 기업에 의한 승자 독식 현상이 더욱 빈번히 나타나고 있다. 인터넷 검색 엔진이나 스마트폰 용 OS 플랫폼, 유튜브를 장악한 구글이 그 대표적인 사례이다. 2020년대에 진행되고 있는 Chat GPT 와 같은 생성형 AI 혁명의 경우에도 Chat GPT에 대규모 투자를 단행하고 자사 서비스에 적극적으로 접목시키고 있는 마이크로소프트나 오래전부터 AI 에 집중적인 투자를 해 온 구글과 같은 빅테크 기업들이 결국 궁극적인 승자가 되면서 승자 독식으로 갈 가능성이 높아 보인다.

이러한 지식기반산업 내지 플랫폼 비즈니스에서의 승자독식 특성이 강할수록 후발주자인 한국에게는 불리하게 작용한다. 과거 한국기업들은 '빠른 추격자 전략'을 구사하여 후발주자였음에도 철강, 전자, 조선, 자동차 등 제조업에서 선진기업을 추격하는데 성공하였다. 하지만 2010년대 들어와서 발생한 애플의 삼성전자 제소, 도시바의 SK하이닉스 제소, 듀퐁의 코오롱 제소에서 보듯이 선진기업에 의한 지적 재산권 및 기술의 전략적 무기화 및 한국 기업에 대한 견제 움직임이 심화되어서

첨단 기술을 사 오거나 모방하기가 점점 더 힘들어지고 있다. 더욱이 시장 선도 기업이 네트워크 효과 등을 기반으로 승자 독식 현상을 향유하게 되면 후발 진입 자체가 어려워지기에 이러한 지식기반산업 내지 플랫폼 비즈니스에서는 '빠른 추격자 전략' 자체가 성립하지 않게 된다.

이처럼 2020년대 들어 본격화되고 있는 지식기반 네트워크 경제 내지 4차 산업혁명 시대에서는 게임의 룰 내지 경쟁의 규칙 자체가 변화하고 있고 중국의 급속한 추격으로 인한 기존 산업에서의 글로벌 공급 과잉과 초경쟁 현상도 거세지고 있다. 따라서 한국 기업들은 모방과 점진적 개선 위주의 '빠른 추격자 전략'을 원점에서 재검토하면서 전략 패러다임을 혁신 기반의 시장 선도자 전략으로 근본적으로 변화시켜야 하는 중요한 전략적 변곡점에 직면하게 되었다. 더욱이 2023년 들어 세계은행과 IMF가 공히 경고하였듯이 2020년대 국내외 경제의 저성장이 불가피한 상황에서 저출산 고령화와 가계 부채 문제로 한국 경제의 일본형 장기 불황 돌입 가능성도 높아지고 있기에 고도성장기의 전략 패러다임에서 저성장기에 적합한 전략 패러다임으로 전환해야 할 필요성도 높아지고 있다. 또한 기업의 탐욕에서 촉발된 글로벌 금융위기와 소득 구조의 양극화 심화, 2020년대 초반의 코로나 팬데믹 위기, 지구 온난화와 환경 파괴 등으로 인해 기업의 지속가능경영과 지배구조 개선에 대한 사회적 요구가 국내외적으로 거세지면서 환경, 기업의 사회적 책임, 지배구조에 초점을 맞춘 ESG경영이 화두로 대두한 점도 한국 기업이 전략 패러다임을 근본적으로 변화시켜야 할 필요성을 더욱 높여 주고 있다.

이 책은 어떻게 구성되어 있는가?

이 책에서는 저성장, 글로벌 초경쟁과 글로벌 공급망의 대전환, 디지털 대전환 및 4차 산업혁명의 본격화로 인한 지식기반 네트워크 경제화 등으로 대변되는 2020년대 포스트 팬데믹 시대의 패러다임 변화와 이러한 외부환경 상의 메가트렌드가 동시 다발적, 중첩적으로 나타나면서 발생한 불연속적인 환경 변화에 대응하여 한국 기업들이 전략 패러다임을 어떻게 변화시켜야 하는지에 대해서 다각도로 분석하여 한국 기업들의 미래 전략 패러다임에 대해 제언을 한다.

파트 1 소개
.
.

포스트 팬데믹 시대 외부 환경 상의 패러다임 변화에 대응하여 한국 기업이 전략 패러다임을 원점에서부터 재검토하여 대전환시켜야 할 필요성을 제기한 '양적 효율성 경쟁에서 상시 창조적 혁신 경쟁으로: 포스트 팬데믹 4차 산업혁명과 패러다임 위기의 가속화' 라는 제목의 첫 번째 글에서 연세대 신동엽 교수는 한국 기업들의 전략 패러다임 위기의 본질을 분석한다. 신 교수는 한국 기업들이 현재 당면하고 있는 위기는 후발국의 추격이 핵심 원인이 아니라 4차 산업혁명의 가속화와 코로나 팬데믹 등 글로벌 수준의 불연속적인 환경변화로 인해 우리 기업들의 기존 전략 패러다임이 더 이상 통하지 않고 새로운 환경과의 적합성을 상실하게 되면서 발생한 '패러다임 위기'라고 규정한다. 신 교수는 기존의 한국형 전략 패러다임은 빠른 추격자 전략의 극대화인데 이는 수직적 위계 질서에 기반한 신속한 양적 성장 전략으로서 20세기 한강의 기적을 이루어낸 합리적인 선택이었다고 본다. 하지만 21세기 들어와 세계화와 시장간 경계파괴, 주요 기반기술들의 동시 발전과 융복합화를 통한 상시 기술 혁신 가속화, 디지털 변혁과 4차 산업혁명의 가속화, 코로나 팬데믹의 4차 산업혁명과 세계화에 대한 복합적 영향 등 네 가지 불연속적 환경 변화가 본격화되고 상호간에 상승 작용이 일어나면서 20세기 경쟁환경과는 전혀 다른 21세기 경쟁 환경이 도래하였기에 한국 기업들도 빠른 추격자 전략 대신 상시 창조적 혁신을 기반으로 한 새로운 전략 패러다임을 모색해야 한다고 제언한다.

두번째 글 '포스트 팬데믹 시대, 글로벌 가치사슬의 대격변이 온다'에서 송재용 교수는 코로나 팬데믹 이후 가속도가 붙고 있는 글로벌 가치사슬 내지 글로벌 공급망 대전환에 초점을 맞춘다. 1995년 세계무역기구(WTO) 출범으로 자유무역이 촉진되면서 선진국의 생산 거점을 중국 등 저임금 국가로 옮기는 원가절감형 오프쇼어링(offshoring)이 세계 경제와 무역 성장의 견인차 역할을 해 왔다. 원가절감형 오프쇼어링이 대세를 이루면서 세계의 공장으로서 중국이 부상하여 G2의 반열까지 올라섰다. 이러한 중국 중심의 원가절감형 오프쇼어링은 1980 년대 이후 40 년 간 지속된 전세계적인 물가 안정 기조에도 크게 기여하였다. 한국 기업들도 중국을 오프쇼어링 거점으로 활용하는 한편 중국에

22

부품, 소재, 장비를 수출함으로써 이러한 트렌드의 주요 수혜자가 되었다. 하지만 포스트 팬데믹 시대에는 이러한 글로벌 가치사슬의 근본적 변화가 본격화되고 있다. 지난 40여 년 세계 경제 성장과 물가 안정의 견인차 역할을 했던 중국 중심의 원가절감형 오프쇼어링은 이제 한계에 봉착하고 줄어들고 있는 반면, 미국 정부의 강력한 인센티브 제공과 지정학적/정치적 고려 필요성 증대, 스마트 팩토리 기술 등의 발전으로 인해 미국, 유럽 등 선진국에 공장을 짓는 시장접근형 오프쇼어링, 우방국에 공장을 짓는 프렌드 쇼어링(friend-shoring), 멕시코나 동유럽과 같이 선진국과 인접한 저임금 국가에 공장을 짓는 니어쇼어링(near-shoring)은 증가함으로써 글로벌 가치사슬의 구조적인 대격변이 진행되고 있다. 필자는 포스트 팬데믹 시대에 본격화되고 있는 이러한 글로벌 가치사슬 변화의 동인과 양상, 전략적 함의를 체계적으로 분석하였다.

세번째 글에서 이형오 교수는 '일본 기업, 국내 경제의 저성장을 어떻게 극복했는가?' 라는 제목으로 1990년대 초반부터 30년 가량 전개된 일본 경제의 장기 저성장이 일본 기업의 전략 패러다임에 어떠한 변화를 가지고 왔는지를 분석한다. 특히 장기 저성장 시기에 일본 기업들이 어떠한 전략적 대응을 통해 성공과 실패를 하였는지를 다각화 전략, 글로벌 전략, 수직 통합 전략의 관점에서 심층 분석한다. 이 교수는 일본과 약 20년의 시차를 두고 국내 경제 저성장이라는 심각한 문제에 본격적으로 봉착하고 있는 한국 기업들에게 일본 기업들이 좋은 수범 교사와 반면 교사가 될 수 있음을 강조하면서 일본 기업들의 성공, 실패 사례로부터의 시사점을 제시하고 있다.

파트 2 소개

　파트 2 '포스트 팬데믹 시대, 성장전략을 재설정하라' 에서는 패러다임 변화 시기 한국 기업들이 사업 포트폴리오와 성장 전략을 변화시켜야 함을 강조하면서 변화의 구체적인 방향성을 제시하고 있다. 첫번 째 글에서 송재용, 윤우진 교수는 저성장, 글로벌 초경쟁, 4차 산업혁명으로 대변되는 패러다임 변화에 대응하기 위해서 한국 기업은 기존의 선단식 사업 포트폴리오를 근본적으로 재조정해야 한다고 주장한다. 이 글에서 두 교수는 고도 성장기 비관련형 다각화와 수직적 계열화를 근간으로 하는 선단식 경영이 어떻게 탄생했는지를 먼저 분석한 후 외환위기 이후 현재까지 한국 기업집단의 다각화 전략의 변화도 살펴 본다. 다각화와 전문화, 수직적 계열화의 장단점을 정리한 후 저성장, 글로벌 공급망의 대전환, 4차 산업혁명이라는 포스트 팬데믹 패러다임 변화 속에서 선단식 경영의 한계를 지적한다. 이러한 문제 인식 하에 송재용, 윤우진 교수는 한국 기업이 직면하고 있는 거대한 패러다임 변화에 부합하는 방향으로 선단식 사업 포트폴리오를 자발적, 선제적으로 조정해야 한다는 점을 강조하면서 그 원칙과 구체적인 방향성을 제시한다. 또한 한국 기업들이 맹신에 가까울 정도로 집착해 온 수직적 계열화 체제를 어떻게 수정해야 할 지, 신성장동력 창출 전략은 어떻게 변화시켜야 하는지에 대해서도 구체적인 제언을 한다.

　파트 2의 두번째 글 '융합과 조율의 미학: 가치창출형 시너지로 성장동력을 확보하라' 에서 이지환 교수는 융합이 중요해지고 산업 간 경계가 불명확해지는 4차 산업혁명 시대, 글로벌 초경쟁 상황에서 시너지 창출은 혁신을 통한 성장 동력 발굴과 계열사간 협력을 통한 경쟁력 강화를 위해 여전히 중요하다고 강조한다. 이 교수는 한국 기업의 전통적인 시너지 개념이 단순히 우량 계열사가 성과가 좋지 않은 계열사의 생존을 도와 상생하자는 주력 계열사의 희생에 기반한' 가치이전형 시너지'가 대다수였다는 점을 비판한다. 4차 산업혁명과 글로벌 초경쟁에 대응하기 위해서는 가치이전형 시너지에서 경쟁력을 갖춘 계열사들의 자발적 협력과 공생을 기반으로 한 '가치창출형 시너지'로 한국 기업의 시너지 추구 전략이 전환되어야 한다고 제언을 한다. 이를 위해 이 교수는 시너지 극대화를 위한 한국기업의 과제로 잠재적 시너지 효과의 객관적 평가, 시스템적 사고의 확산, 컨트롤 타워의 조정 능력 함양을 구체적으로 제시한다.

파트 2의 세번째 글 '한국 기업의 글로벌전략을 업그레이드하라'에서 김광수 교수는 포스트 팬데믹 시대 국내 경제의 저성장 기조 고착화에 대응하여 한국 기업들은 보다 적극적으로 글로벌화를 추구해야 함을 강조한다. 또한 최근 중국 등 신흥국 기업의 글로벌 경쟁력 도약 및 4차 산업혁명으로 인해 한국 기업의 전략 패러다임이 빠른 추격자에서 선도자로 변화해야 하는데, 선도자로의 전환 과정에서 핵심적인 혁신역량을 강화하는 방향으로 한국 기업의 글로벌전략이 업그레이드되어야 한다고 주장한다. 김 교수는 한국 기업 글로벌화의 현황을 발전단계, 지리적 범위, 해외시장 진입형태 등 다각도로 분석하고 현대자동차, 삼성전자 등 선도기업의 사례도 심층 분석한 후 글로벌 혁신 네트워크 구축, M&A

등 한국 기업의 글로벌 전략 업그레이드 방향을 구체적으로 제시한다.

파트 3 소개
·
·

   파트 3 '포스트 팬데믹 시대, 창조적 혁신으로 돌파하라' 에서는 국내외 경제의 중장기 저성장 기조 고착화, 글로벌 공급망의 대전환, 4차 산업혁명 본격화라는 포스트 팬데믹 패러다임 변화 속에서 '빠른 추격자 전략' 의 한계로 인해 고전하고 있는 한국 기업의 재도약의 관건이 창조적 혁신에 있음을 강조한다. 첫번째 글 '플랫폼 사업에서 승자가 되려면 현대판 봉이 김선달이 되라' 에서 이제호 교수는 4차 산업혁명 시대 스마트폰, 자동차, 금융 및 중후장대 산업 등 다양한 영역에서 플랫폼 개념이 경쟁의 규칙을 재정의하고 있음에 주목한다. 이 글에서 이제호 교수는 대부분의 한국 기업 경영자들이 플랫폼 사업의 개념을 잘 이해 못하거나 플랫폼 전략에 별 관심이 없었다고 비판한다. 이 교수는 플랫폼의 개념이 무엇이고 생태계가 왜 중요한지, 플랫폼 전략에서 복잡계적 사고가 왜 필요한지, 플랫폼 리더십은 어떻게 확보되는지를 먼저 분석한다. 이를 바탕으로 이 교수는 플랫폼 전쟁에서 승리하기 위한 네 가지의 필승 요소를 사례를 곁들여서 구체적으로 제시한다.

   파트 3의 두번째 글 '1등이 되려면 환경감지 역량을 키워라' 에서 허문구교수는 한국 산업과 기업의 '모방추격형 산업 발전 모델'은 이제 더 이상 유효하지 않기에 빠른 추격자 전략을 탈피하여 게임의 규칙을 바꾸고 시장을 창출하는 '창조적 리더' 로의 변신이 시급히 필요하다고 주장한다. 빠른 추격자 전략을 추구하면서 한국 기업들은 동적 역량(dynamic capabilities) 중에서 기회포착 역량에서는 강점을 가졌지만 환경감지 역량이 취약했는데, 창조적 리더로의 변신을 위해서는 환경감지 역량을 획기적으로 강화해야 한다는 점을 강조한다. 허 교수는 더 나아가서 한국 기업이 환경 감지 역량을 강화하기 위한 방안을 전략, 조직문화 및 구조, 비즈니스 생태계 관점에서 구체적으로 제시한다.

파트 3의 마지막 글 '초경쟁 산업, 초연결 사회에서의 전략혁신'에서 박경민 교수는 포스트 팬데믹 시대 초경쟁, 초연결 산업 환경으로의 변화에 주목을 한다. 초경쟁, 초연결 시대에는 산업이 빠르게 레드오션화되어 초과수익을 거두는 기업이 거의 존재하지 않게 되는 상황이 자주 나타나기에 새로운 시장 공간을 창출하는 블루오션 전략이 필요함을 역설한다. 박 교수는 이러한 맥락에서 초경쟁 및 초연결 시대 한국 기업의 전략적 문제점을 분석한 후 한국 기업이 레드오션에서 블루오션으로 가기 위한 전략 방안과 함께 블루오션으로 전환시 발생하는 문제점을 극복하기 위한 방안을 각각 구체적으로 제시한다.

파트 4 소개

마지막 파트 4 '지속 가능 경영 시스템을 구축하라' 에서는 지속가능경영, 이사회 중심의 지배구조 개선, 그리고 유니콘 벤처 육성의 차원에서 한국 경제와 기업의 지속가능성 제고 방안을 모색한다. 첫번째 글 '지속가능성 증진을 위한 ESG경영: 핵심을 파악하고 체계적으로 실천해라」에서 이재혁 교수는 이윤극대화에만 초점을 맞춘 기존의 전통적 경쟁우위 개념을 탈피하고 ESG경영을 통해 지속가능성을 높이는 방향으로 한국 기업의 전략 패러다임이 진화해야 함을 강조한다. 기업의 지속가능성은 기업의 존재이유, 즉 이윤창출을 위해 하는 경영활동을 향후에도 계속할 가능성으로 이해할 수 있다. 따라서 이 교수는 ESG경영의 궁극적 목적은 기업이 경제적 가치 뿐만 아니라 사회적·환경적 요소들을 함께 고려하고 다양한 이해관계자의 요구사항에 적극적으로 대응하는 경영 시스템을 구축하여, 지속적으로 기업 가치를 높여 나가는 경영활동을 추구하는데 있다고 강조한다. 또한 이 교수는 기업이 이윤창출 과정에서 절차적 공정성(procedural justice)을 준수하려는 전사적 노력을 ESG경영의 본질로 규정한다. 이재혁 교수는 이해관계자와의 적극적 소통, 체계적인 ESG경영 시스템 정립, ESG의 미래 진화 발전 방향에 대한 예측과 선제적 대비 관점에서 한국 기업의 ESG경영 내실화를 위한 구체적인 제언을 제시한다.

두번째 글 '기업의 경쟁력 강화를 위해선 능동적인 이사회가 필요하다'에서 박종훈, 김봉진 교수는 한국 기업의 지배구조 개선의 핵심으로 능동적 이사회 구축을 지목한다. 국내 기업의 이사회 제도 및 운영이 국제적 관점에서 보면 상당히 미흡한 수준이기에 정치권과 시민단체 등에선 이사회의 독립성 강화에 초점을 맞춘 급진적인 기업 지배구조 개혁을 주장하고 있지만 재계는 이에 대해 크게 우려하고 있다. 이러한 갈등 상황에 주목하여 두 교수는 이 문제는 지속적인 경쟁력 강화 관점에서 접근해야 한다고 주장하면서 이사회의 독립성과 전문성을 함께 강화하는 방향을 제안한다. 이 글에서 박종훈, 김봉진 교수는 한국 기업 이사회 제도의 발전 과정을 살펴 보고 현 주소를 진단하여 문제점을 분석한다. 이를 바탕으로 미래 경쟁 환경 변화에 대응하여 장기적인 시각에서 창조적 혁신에 도전하고 지속적 경쟁력 강화를 위해 이사회는 어떻게 변화해야 하는지에 대해 이사회의 전문성과 독립성 간 균형 추구 관점에서 기본 방향을 제시한다. 마지막으로 CEO의 독단은 견제하면서 CEO가 제대로 된 방향으로 나갈 수 있도록 전문적인 조언과 협력을 아끼지 않는 전문적이고 능동적인 이사회를 구축하기 위한 한국 기업의 이사회 개편 방안을 구체적으로 제시한다.

　마지막 글 '유니콘 벤처, 어떻게 만들 것인가?' 에서 중소벤처기업연구원장, 청와대 중소벤처비서관을 역임하면서 이론과 실무를 겸비한 이병헌 교수는 분석 단위를 벤처 기업과 벤처 생태계로 바꾸어서 한국 경제 전반의 지속가능성 문제를 탐구한다. 이 교수는 한국 경제는 대기업, 특히 제조업 분야의 대기업 위주로 성장해 왔지만 포스트 팬데믹 시대 한국 경제의 저성장과 4차 산업혁명 시대에 대응하여 창조적 혁신을 선도하려면 벤처 기업과 벤처 생태계를 적극 육성해야 한다고 강조한다. 21세기 지식기반경제와 4차 산업혁명 시대의 돌입 과정에서 해외에서는 구글, 페이스북, 우버, 테슬라, 알리바바, 텐센트, 바이두 등과 같이 창조적 혁신을 선도하는 벤처 기업들이 대거 탄생하여 기업 가치 10억 불 이상의 유니콘 벤처로 성장하였다. 이 교수는 한국에서도 유니콘 벤처와 같이 글로벌 기업으로 성장하는 벤처기업들이 많이 나타나야 우리 경제의 성장을 견인하고, 젊은 세대에게 양질의 새로운 일자리를 제공할 수 있음을 지적한다. 이 교수는 이 글에서 유니콘 벤처기업들의 성장 전략과 성공요인을 살펴보고, 우리 벤처기업들이 유니콘으로 성장하기 위한 전략과 조직관리 방안을 제시한다. 더 나아가 유니콘의 출현을 가능케 하는 벤처 생태계의 필요조건과 우리나라 벤처생태계의 혁신 방안을 구체적으로 제시한다.

이 책의 결론 장 '한국 기업, 전략 패러다임 대전환으로 글로벌 초일류로 도약하라' 에서 송재용 교수는 이 책의 모든 장의 내용을 바탕으로 21세기 초반, 특히 2020년대 포스트 팬데믹 시대의 국내외 경제의 중장기 저성장 기조 고착화, 글로벌 초경쟁과 글로벌 공급망의 대전환, 4차 산업혁명의 본격화 등의 주요 메가트렌드에 대응하기 위한 한국 기업들의 전략 패러다임 대전환의 방향을 종합적으로 정리하여 7대 제언으로 제시한다. 또한 2020년대 이후 한국 기업들이 직면하고 있는 국내외 경제의 중장기 저성장 국면에 대응하기 위한 구조적 저성장기 한국기업 경영전략의 4대 가이드라인을 제시하면서 책을 마무리한다.

Part 1

한국 기업 전략 패러다임의 대전환이 필요하다

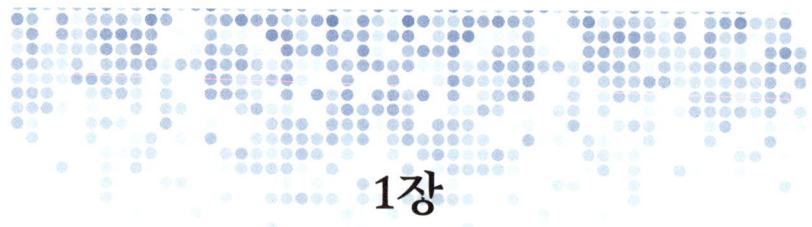

1장

'양적 효율성' 경쟁에서 '상시 창조적 혁신' 경쟁으로:
포스트 팬데믹 4차 산업혁명과 패러다임 위기의 가속화[1]

신동엽
연세대학교

한국 기업들의 패러다임 위기

최근 환경변화와 한국 기업들의 위기 가속화

1960년대에 우리나라가 본격적 산업화를 시작한 이래 한국 기업들은 급변하는 환경 속에서 일시적 위기와 부침은 있었지만 그때마다 효과적으로 극복해내며 2010년대에는 세계 10대 경제대국의 위업을 달성해냈다. 그런데 2020년대에 접어들며 우리 기업들의 글로벌 경쟁력이 급속히 낮아지면서 심각한 근본적 위기에 빠졌다는 인식이 확산되고 있다. 불과 얼마 전까지 세계적 경쟁력을 자랑하던 대표적 산업과 기업들이 최근 생존이 위태로운 상황으로 몰락했고, 아직 버티고 있는 기업들도 최근 격변하는 글로벌 환경을 보면 언제 위기에 빠질지 모른다는 불안감을 떨칠 수 없다. 예를 들면, 2022년말 결산에서 명확하게 드러났듯이 우리나라를 대표하는 글로벌산업인 반도체의 심각한 위기는 막연한 낙관론에 의지하고 있던 우리 기업들에게 엄청난 충격을 주었다. 전문가들은 이번 위기의 원인은 과거의 부침과 같이 반도체 경기 싸이클의 결과가 아니라 삼성전자와 하이닉스를 중심으로 한 우리나라 반도체 산업 자체의 보다 근본적인 경쟁력 위기일 가능성이 높다고 언급하고 있다. 특히 같은 기간동안 세계 시장에서 최근 급성장한 TSMC를 중심으로 대만 반도체 산업과 비교해보면 이런 분석이 맞을 수도 있다는 우려를 지울 수 없다.

2020년대 초중반 현재 우리나라 기업들이 당면한 경쟁력 위기는 과거와 같은 일시적 부침이 아니라 일본의 잃어버린 20년과 같이 한국 경제 전체의 구조적 침체까지 가능한 심각한 패러다임 위기라는 의견이 빠르게 힘을 얻고 있는 것이다. 즉 2010년대까지 글로벌 경쟁력의 원천으로 작용하였던 한국 기업들의 경영패러다임이 최근 4차 산업혁명의 가속화와 코로나 팬데믹 등 글로벌 수준의 불연속적 환경변화로 인하여 새로운 환경과의 적합성(fit)을 상실하여 오히려 위기의 원인이 되고 있을지도 모른다는 것이다. 위기가 발생하고 있는 분야도 특정 산업이나 부문이 아니라 우리 사회의 주요 산업과 부문들에서 동시에 확산되고 있어서 소위 '퍼펙트 스톰' 위기라고까지 한다. OECD도 회원국들의 중장기 경쟁력에 대한 진단과 예측에서 2030년경에는 우리나라 경제가 전체 OECD

회원국들 단연 최하위로 몰락할 것이라는 보고서를 발표하기도 했다. 국내외를 막론하고 현재 한국 경제와 기업들이 심각한 위기상황을 마주하고 있다는데 폭넓은 공감대가 형성된 것 같다.

우리가 현재 당면하고 있는 것과 같은 생존 위기를 초래할 가능성이 있는 불연속적 환경변화는 사전 예측이 힘들고 발생빈도가 낮지만 일단 시작되면 그 진행속도가 급진적으로 빠르기 때문에 언제 어떻게 대응하느냐 하는 전략적 선택이 기업이나 국가경제의 생사존망을 결정적으로 좌우하게 된다. 이런 면에서 2020년대 초중반 현재 우리 기업들과 경제의 위기대응 전략은 해외 베스트프랙티스 사례에 대한 벤치마킹과 같은 임시 방편 수준이 아니라 현재 당면하고 있는 위기의 본질과 미래 변화방향에 대한 체계적이고 깊이 있는 이해에 기반하여 선택되어야 할 것이다.

위기 원인에 대한 기존 설명의 한계

만일 현재 우리 기업들과 경제가 심각한 경쟁력 위기를 맞고 있는 것이라면 효과적 대응을 위해서는 무엇보다 위기의 원인에 대한 정확한 분석이 선행되어야 한다. 당면 위기에 대한 설명들 중 일반적으로 가장 자주 거론되는 것은 소위 '샌드위치 위기' 혹은 '넛크랙커 위기' 다. 우리 기업들의 기술력과 경쟁력이 미국이나 유럽, 일본 등 선진국 기업들의 수준은 여전히 못 따라잡고 있는데 비해 중국 등 후발국이 빠르게 추격해와서 우리가 가운데 낀 샌드위치 같은 신세라는 것이다. 실제로 2010년대 중반경부터 중국이 우리나라의 대표적 수출산업들에서 대부분 우리를 추월했다는 다양한 보고들이 나오기도 했다. 물론 중국 등 후발국의 추격이 우리나라 경제에 상당한 위협이 되는 것은 명백한 사실이며 적극적 대응이 시급하게 필요하나, 이런 샌드위치 상황이 치명적 생존위기로 연결될 가능성은 그리 높지 않다.

정도의 차이는 있지만 모든 국가와 모든 기업은 선발 주자와 후발 주자 사이의 샌드위치 위치에 있다. 그러나 후발 기업이 추격해오면 자신이 더 빠르게 앞으로 발전해 나가면 되기 때문에 샌드위치 관계 자체가 치명적 위기가 되지는 않는다. 실제로 선진국들의 예들 보더라도 후발국들의 추격이 기존 영역 중 저가 시장의 잠식을 초래한 경우는 있지만 국가경제 전체의 치명적 생존 위기로 연결된 경우는 없다. 예를 들면, 19세기 후반 현대 산업사회로의 이행을 가장 먼저 선도한 미국과 유럽, 일본 등 선진국들은 우리나라를 비롯한 후발국들이 그 동안 맹렬하게 추격하였음에도 불구하고 100여년이 지난 현재도 여전히 세계 최고의 국가경쟁력을 자랑하고 있다. 이렇게 볼 때 당면 위기의 핵심 원인으로 선진국과 후발국간 중간 위치에서 발생할 수 있는 구조적 위기에 초점을 맞추는 것은 논리적 오류라고 생각된다. 그리고 샌드위치 위기론은 다양한 시대적 배경과 유형을 가진 여러 국가경제의 성장과정을 하나의 연속선상에서 앞서거나 뒤서는 것으로 단순하게 비교하는 선형적 사고의 한계를 가진다.

이 글에서는 우리나라 기업들이 현재 당면하고 있는 위기는 후발국과 후발 기업들의 추격과정에서 발생한 샌드위치 위기가 핵심 원인이 아니라 최근 발생한 글로벌 경쟁환경의 불연속적 변화로 인해 우리 기업들의 기존 전략패러다임이 새로운 환경에서 더 이상 경쟁우위의 원천으로 작동하지 않게 되면서 발생한 패러다임 위기라고 주장한다. 즉 최근 대부분의 글로벌 산업들에서 경쟁의 규칙 자체가 바뀌고 있는 것이 핵심 원인인 것이다. 경쟁이 심해지는 것과 경쟁규칙 자체가 바뀌는 것은 질적으로 다른 현상이므로 그 대응방법도 완전히 달라야 한다. 불연속적 환경변화로 경쟁의 규칙이 근본적으로 바뀔 때는 지금까지 경쟁해오던 기본적인 틀은 그대로 유지하면서 남 보다 더 빨리 더 열심히 앞으로 전진하는 방식으로는 대응이 불가능하며 반드시 가치를 창출하고 경쟁하는 방법 그 자체, 즉 전략패러다임을 근본적으로 전환해야 한다.

단기적 개선을 넘어 근본적 패러다임 전환으로

경쟁우위와 성과를 추구하는 전략에는 다양한 대안적 모델들이 있으며 모든 상황에서 최고의 성과를 보장하는 베스트 프랙티스 모델이 존재하는 것이 아니라 환경의 성격에 따라 바람직한 전략 모델이 바뀐다. 전략의 변화는 점진적으로 개선되고 향상되기도 하지만 간헐적으로는 완전히 다른 논리에 기반한 새로운 전략 모델, 즉 새로운 패러다임으로 급진적으로 전환하기도 한다. 수시로 발생하는 기존 전략패러다임 내부에서의 변화와 발전과 달리 간헐적으로 발생하는 질적으로 다른 전략패러다임으로의 전환은 그 원인이 대부분 외부에 있다. 즉 동일한 전략패러다임 내부에서의 효율성 개선은 기업간 경쟁의 심화에 의해 발생하는데 비해 질적으로 다른 전략패러다임으로의 전환은 외부 환경의 불연속적 변화 때문에 기존 패러다임이 더 이상 기능하지 못하는 결정적 한계에 봉착할 때 주로 발생한다.

이런 관점에서 이 글은 우리나라 경제와 기업들이 현재 당면하고 있는 경쟁력 위기가 최근에 발생한 불연속적 환경변화로 인해 한국형 전략패러다임이 한계에 부딪히게 되면서 초래되었으며, 따라서 단순한 효율성 증대나 표면적으로 드러난 문제들의 해결, 유행하는 첨단 혁신기법 채택 정도가 아니라 완전히 새로운 전략패러다임으로의 근본적 대전환이 시급하게 필요하다는 점을 설명할 것이다. 이를 위해 먼저 최근 위기 상황의 특수한 본질과 원인을 분석적으로 설명하고, 한국 기업들과 경제가 위기 극복을 위해 나가야 할 전략적 대응 방안을 제시한다. 구체적으로 이 글은 1960년대 이래 우리 기업들이 이제까지 추구해오던 '양적 효율성 경쟁'을 넘어서서 최근 코로나 팬데믹과 4차 산업혁명으로 더욱 가속화된 완전히 새로운 21세기 미래 환경이 요구하는 '상시 창조적 혁신 경쟁'으로 전략패러다임을 근본적으로 전환해야만 생존할 수 있다고 주장한다.

기존 '한국형 전략패러다임': '빠른 추격자' 전략을 통한 양적 성장

기존 한국형 전략패러다임의 네 가지 특성

만일 2020년대 초중반 현재 한국 기업들의 전략패러다임에 근본적 전환이 시급하다면 먼저 기존 '한국형 전략패러다임'의 핵심 특성과 최근 환경변화에 따른 그 시대적 한계를 정확히 파악해야 새로운 패러다임으로의 전환 필요성을 논리적으로 설득할 수 있다. 그러나 우리나라 기업들 사이에도 다양한 전략적 접근들이 존재해왔기 때문에 '한국형 전략패러다임'을 일반화할 수 있을 것인가에 대해서는 당연히 논란이 있을 수 있다. 한국 기업들의 전략경영 방식을 실제로 비교해보면 예상 보다 다양한 모델이 존재해왔다. 예를 들면, 재벌로 불리는 대기업집단의 경우 대부분의 그룹이 광범위한 비관련 다각화를 추구하는 것이 일반적 추세였으나 한진그룹과 같이 교통운송분야에 특화하는 경우도 있고 신세계그룹처럼 유통분야에만 선택과 집중하는 경우도 있다. 이런 가능성에도 불구하고 막상 우리나라 기업들과 다른 나라 기업들의 전략적 특성을 비교해보면 그 차이가 국내 기업들간 차이나 다양성 보다 훨씬 더 크고 명확하다는 것을 쉽게 알 수 있다. 그리고 같은 국가에 속한 기업들은 서로 경쟁하거나 모방하면서 상호영향을 미치기 때문에 갈수록 전략적 특성이 유사해지는 것이 사실이다. 특히 국가경제는 결국 그 나라 기업들이 모여서 형성되기 때문에 국가 경쟁력과 위기를 분석하기 위해서는 그 국가에 속한 기업들의 공통적 특성을 이해하는 것이 규범적으로도 필요하다. 따라서 한국 기업들에게서 관찰되는 공통적인 전략적 특성들을 '한국형 전략패러다임'으로 정리하여 다른 나라들과 비교해보는 것은 현 위기 상황에 대한 이해와 대응방안 수립에 중요한 통찰력을 제공할 수 있을 것이다. 다양한 연구결과들을 정리해보면 대부분의 한국 기업들은 1960년대에 본격적인 경제개발이 시작된 이래 현재까지 다음 네 가지의 공통적인 전략적 특징을 공유해온 것으로 볼 수 있다.

첫째, 성장전략에서 우리나라 기업들은 대부분 최대한 신속하게 규모를 키우는 양적 성장 전략을 공격적으로 추구해왔다. 즉 한국 기업들은 관련이나 비관련을 가리지 않고 전방위 다각화와 수직계열화를 통해 기업의 규모를 키우는 양적 규모성장 전략을 1960년대이래 지속적으로 추구해왔고 그 결과 문어발 기업이라는 별명을 얻기도 했다. 이런 추세는 IMF위기 직후 2000년대 초에는 일시적으로 어느 정도 주춤하는 듯 했으나 곧 다시 원상태로 되돌아가서 2000년대 말부터 현재까지 한국 기업들은 여전히 양적 규모성장에 공격적으로 투자해왔다. 특히 재벌로 불리는 대기업집단들의 경우 대부분 공격적 다각화를 통한 양적 규모성장을 핵심 성장전략으로 강조해왔다.

둘째, 경쟁전략에서 한국 기업들은 초기에는 대부분 품질차별화나 혁신을 통한 고부가가치 추구 보다는 비용효율성을 기반으로 한 가격경쟁에 주로 초점을 맞추었다가 IMF위기 이후에 세계화가 가속화되면서 품질경쟁력을 높이는데 투자하기 시작했다. 그 결과 2000년대에 접어들면서 세계 최고의 품질력이나 기술혁신을 달성한 반도체나 TV, 디스플레이 등 전자분야의 일부 예외도 있기는 하지만 대부분의 우리나라 제품들은 여전히 최고 품질, 최고 가격, 최초 혁신 등 최상위 최첨단 시장보다는 조금 싼 소위 글로벌 2위권의 틈새시장을 집중 공략함으로써 중저가 시장에서 합리적 품질을 더 싼 가격을 제공한다는 경쟁전략을 주로 사용해왔다. 예를 들면, 건설분야에서 우리나라 기업들이 한 때 세계 최고의 경쟁력을 가졌다고 자랑했던 적이 있지만 실은 부가가치가 낮은 시공분야에서만 경쟁력이 있었고 최첨단의 원천 설계나 건설 엔지니어링은 국내 고층건물을 세울 때에도 여전히 해외 선진 기업들에게 의존해온 실정이다. 심지어 현재 세계 최고 경쟁력을 가지고 있는 반도체나 디스플레이도 고부가가치의 제조설비는 일본 등에 의존하고 있다. 이런 면에서 우리나라 기업들의 글로벌 품질이나 기술경쟁력은 세계 수준에서 과거와는 달리 상당히 높기는 하지만 여전히 '세계 최고' 혹은 '세계 최초'와는 상당히 거리가 있다고 보는 것이 정확할 것이다.

셋째, 다른 나라 기업들과 비교해볼 때 한국 기업들은 전략의 '실행'(implementation)에서 속도를 특히 강조해왔다. 즉 우리 기업들은 대부분 신중한 사전 예측과 철저한 분석, 치밀한 계획에 기반한 성과 창출과 리스크 회피 보다는 일단 가능성이 보이면 신속하고 과감하게 행동하고 보는 속도 경쟁력을 강조해온 것이다. 해외에서도 잘 알려진 한국 기업들의 '빨리 빨리' 문화는 다른 나라 기업들에게서는 예를 찾아보기 힘든 정도이다. 1960년대 후반에 창업했지만 불과 10년도 안되는 짧은 기간만에 재계 2위까지 급성장했던 대우의 탱크주의와 세계경영이 그 대표적 예이다. 대우뿐 아니라 대부분의 주요 한국 기업들도 유사한 속도집착 경향을 보였다. 즉 제품과 기술의 질적 수준이나 경영시스템의 체계성 한계로 인한 비효율성을 일부 감수하더라도 속도 경쟁력을 기반으로 이익창출의 기회가 보이면 망설이지 않고 과감하고 신속하게 돌진하여 일단 기회를 잡은 후 품질이나 시스템 문제는 나중에 해결하는 것이 한국 기업들의 전통적인 전략적 성향이었다.

넷째, 중저가 시장에서 신속한 규모성장 전략을 효과적으로 실행하기 위해서는 무엇보다 전사의 자원과 역량을 최대한 신속하게 총동원할 수 있는 조직시스템이 필수적이었다. 이런 이유때문에 전략 실행의 하부구조인 조직시스템에서 한국 기업들은 대부분 엄격한 상명하복의 수직적 위계질서를 강조하는 구조를 채택했다. 한국 기업들의 수직적 위계질서는 수평적 상호작용을 강조하는 구미 기업들과 확연히 대비될 뿐 아니라, 심지어 아시아권내에서 비교해봐도 일본이나 중국 기업들 보다 훨씬 더 강력하고 권위주의적이다. 대기업집단은 물론 우리나라 중소기업들에서도 오너-CEO의 기업내에서의 절대적인 수직적 권위는 황제경영이라는 별명이 붙을 정도였고, 많게는 수십만 명에 이르는 그룹 직원들이 오너-CEO의 한 마디에 일사불란하게 움직이는 한국 기업들의 조직문화는 전세계적으로도 화제였다. 그러나 이런 수직적 구조는 기회가 포착되면 전사의 자원과 역량을 일사불란하고 신속하게 총동원하여 성과를 창출해내는데 매우 효과적인 조직 기반이 되었다.

이런 네 가지 특성들을 종합해볼 때 1960년대 본격적으로 경제개발을 시작한 이래 대부분의 한국 기업들에게서 관찰되어온 전략패러다임은 '수직적 위계질서에 기반한 신속한 양적 성장' 전략이었다. 이런 전통적 한국형 경영이 시작된 지 60여년이 지나고 또 21세기가 시작된 지도 이미 20년 이상의 시간이 경과한 현재 시점에서 보면 불확실하고 복잡하며 격변하는 오늘 날의 경제환경에 적시에 유연하게 대응하는데 부적합한 전근대적 전략패러다임처럼 보일 수 있으나 이런 패러다임이 형성되던 당시의 환경을 살펴보면 매우 합리적인 선택이었다. 그렇다면 이런 독특한 한국형 전략패러다임은 어디에서 왔으며 어떤 결과를 낳았을까?

'패스트 팔로워' 전략과 한강의 기적

전략은 환경으로부터 나온다. 전략이란 각 시대마다의 독특한 환경의 요구에 적응하기 위한 방향성과 방법론의 선택이기 때문이다. 따라서 위에서 살펴본 수직적 위계질서 구조에 기반한 신속한 양적 규모성장이라는 기존 한국형 전략패러다임이 어디에서 왔으며 또 이를 통해 달성하고자 한 전략적 비전이 무엇이었는지 이해하려면 이 패러다임이 형성된 당시의 환경을 이해하는 것이 필요하다. 위에서 살펴본 기존 한국형 전략패러다임도 형성 당시 우리나라 기업들을 둘러싼 역사적 환경의 요구에 대응하기 위한 선택이었을 것이기 때문이다.

전세계적으로 널리 알려진 기존 한국형 전략패러다임이 처음 형성된 것은 1960년대이다. 박정희대통령의 개발지향적인 권위주의 정권이 탄생하면서 절대 권력을 가진 정부와 구미 유학을 통해 서구형 교육을 받은 남덕우 등의 젊은 기술관료들, 그리고 이병철, 정주영, 구인회 등 기업가정신으로 무장한 경영자들이 합세하여 우리나라 역사상 처음으로 본격적인 현대적 산업경제를 시작한 것이었다. 1960년대 초 당시 우리 기업들과 경제가 처했던 환경은 국내외 각각 다음 두 가지 핵심 특징을 가지고 있었다.

첫째, 국내 경제의 역사적 발전단계에서 봤을 때 현대적 기업과 산업 기반이 거의 존재하지 않는 상태였다. 본격적 기업경영이 처음 시도되던 1960년대 초 당시 우리나라는 현대적 산업경제의 기반이 거의 없는 소위 '산업공백(institutional void)' 상황이었다. 세계 역사상 가장 오래 존속

했던 조선왕조의 기나긴 봉건 농업경제가 일제의 침략과 침탈로 외부로부터 무너지면서 현대 산업경제로의 자율적 이행이 좌절되어 식민지 경제하에서 35년을 보냈고, 해방 후 뒤늦게나마 산업화를 시작하려는 찰나에 발생한 6.25전쟁으로 그나마 극소수 남아있던 원초적 산업기반들마저 완전히 파괴되었다. 따라서 산업사회의 양대 기반인 현대적 기업과 경제제도가 존재하지 않는 산업공백상태였다. 따라서 글로벌 경쟁력이나 질적 수준을 따질 겨를이 없이 일단 산업경제의 기본을 최대한 빨리 구축하는 것이 시급한 시대적 과제였던 것이 당시의 상황이었다.

둘째, 글로벌 경제의 역사적 발전단계와 비교경제 관점에서 봤을 때 우리나라가 산업경제로의 전환을 시작했던 1960년대는 이미 선진 산업국들이 19세기 중후반경 산업경제로의 대전환을 실행한 지 100여 년이 지난 후였다. 경영사학자인 Alfred Chandler 등의 연구결과에 따르면 미국, 유럽, 일본 등 선진 산업국들은 대략 1860년대경부터 현대적 산업경제로 이행하기 시작했다.[2] 지난 20세기 100여년간 글로벌 경제를 주도했던 GE, GM, Ford, IBM, Kodak, Citi, Philips, Matsushita, Mitsubishi 등 대표 기업들의 나이가 대부분 100세 내외인 것은 바로 이 당시 산업경제로의 전환기에 새로운 환경의 요구에 맞게 새로 창업된 기업들이기 때문이다. 1960년대에 우리나라는 선진 산업국들에 비해 거의 100년이나 늦게 산업경제로의 전환을 시작한 엄청난 후발국이었으므로 최대한 신속하게 선진 산업국들을 따라잡는 것이 무엇보다 중요한 급선무였던 것이다.

이런 두 가지 불리한 상황에서 선진산업국을 따라잡는 것을 포기하고 국제분업질서에서 1차산업수준의 원자재 공급국으로 정착하기로 결정했던 대다수 후발국들과 달리 우리나라는 수단과 방법을 가리지 않고 선진산업국들을 빨리 추격하기로 선택했다. 그런데 추격의 구체적 방법론, 즉 전략이 문제였다. 이때 우리나라 정치와 경제의 리더들은 당시의 이런 시대적 환경 조건에 대응하기 위해 독자적으로 우리나라 특유의 경제성장 패러다임을 찾기 보다는 선진국들의 경험을 모방하여 이들을 최대한 빨리 따라잡는 '빠른 추격자' 즉 '패스트 팔로워(fast follower)' 전략을 선택했다. 이는 유사한 시기에 북한이 소위 '주체사상'을 통해 자신들의 독창적 성장모델을 실험하다 무너진 것과 명확하게 대비되는 선택이었다. 당시 박정희행정부와 대기업집단들을 중심으로 한 우리 리더들은 우리나라 경제가 나가야 할 정답은 이미 100여년전에 같은 길을 앞서간 선진국들이 보여주었으므로 우리가 새로운 길을 직접 찾을 필요 없이 최대한 빨리 선진 산업국들과 기업들을 모방하여 따라잡는데 총력을 기울여야 한다고 판단한 것이다.

1960년대 이래 지난 반세기 이상의 한국형 전략패러다임으로 작동했던 수직적 위계질서에 기반한 신속한 양적 규모성장은 바로 이런 시대적 환경에서 선진 산업국들과 기업들을 신속하게 추격하는 패스트 팔로워 전략을 최대한 효율적으로 실행하기 위해 탄생한 것이었다. 예를 들면, 글로벌 선두와 100여년의 격차가 있는 산업공백 상황에서 질적 고도화나 혁신 등은 생각할 겨를은 물론 역량이나 자원도 없었으므로 당연히 신속한 양적 성장이 가장 시급한 과제였다. 선두와의 100년 격차를 고려할 때 특히 속도는 가장 중요한 성패의 관건이었다. 그리고 선진국들이 보여준 정답이 명확한 상황에서는 창조적이고 혁신적인 의사결정을 위해 필요한 수평적이고 다각적이며 개방적인 소통 보다는 강력한 리더의 명령에 따라 일사불란하게 빠르게 전진하는 수직적 위계질서가 필요했다. 즉 한국형 전략패러다임은 당시 최악의 환경 조건을 극복하기 위한 패스트 팔로워 전략의 실행에 최적화된 극도로 합리적인 선택이었던 것이다. 이런 한국형 전략패러다임을 기반으로 한국 기업들과 경제는 선진국을 모방한 제품으로 저가 대량시장으로 일단 진입한 후 신속하게 거리를 좁히며 위로 올라가는 숨가쁜 추격을 계속 시도했다.

개발주의 정부의 경제정책과 함께 1960년대에서 70년대에 걸쳐 형성된 한국형 전략패러다임은 1990년대에 신자유주의적 세계화에 대응하는 과정에서 효율성과 유연성이 대폭 강화되면서 기존의 신속한 양적 규모성장 전략이 더욱 고도화되었고 품질경쟁력도 최고 수준은 아니나 적정 수준까지는 추격하였다. 그 결과 한국 경제는 2010년경에는 세계 10위권으로 성장하였고 한국 기업들은 글로벌 시장에서 '빠른 추격자' 들 중에서도 '가장 빠른 추격자' 즉 '패스트 세컨드(fast second)' 까지 성장할 수 있었다. '한강의 기적' 으로 불리는 세계사에 유례없는 한국 경제의 급속한 성장은 수직적 위계질서에 기반한 신속한 양적 규모성장을 통해 빠른 추격자 전략을 추구한 한국형 전략패러다임이 없었다면 불가능했을 것이다.

21세기형 경쟁환경의 도래와
한국형 전략경영의 패러다임 위기

1990년대 신자유주의적 세계화와
한국형 전략패러다임의 보완

앞에서 살펴본 한국형 전략패러다임의 근본적 재고찰과 수정보완 요구는 외부 환경으로부터 왔다. 숨가쁘게 빠른 고도성장을 거듭하던 한국형 전략경영에 처음으로 심각한 제동이 걸린 것은 1990년대 초중반에 전세계를 강타한 신자유주의적 세계화로 인한 시장경계의 파괴와 그 결과 발생한 6.25 이후 최대의 국란으로 불리는 IMF위기라는 엄청난 환경변화 때문이었다. 즉 세계화로 인한 국내외 시장간 경계 파괴는 우리나라 기업들이 국내와 해외 시장 모두에서 글로벌 선도 기업들과 직접 경쟁해야 하는 완전히 다른 경쟁환경을 불러왔다. 더구나 이 즈음에 국내 시장의 산업공백이 거의 소멸되어서 선진국에 존재하는 현대적 산업이나 제도가 국내에 존재하지 않는 경우가 거의 없게 되었다. 이런 심각한 환경변화에도 불구하고 우리나라 기업들이 그 전략패러다임에 별다른 근본적 변화 없이 기존 방식인 수직적 구조에 기반한 양적 성장 전략으로 글로벌 리더들과 국내외에서 직접 경쟁을 벌인 결과 6.25 이후의 최대 국란이라는 IMF 위기가 1997년말에 발생하게 된 것이다.

IMF위기에 맞은 한국 기업들은 자의반 타의반으로 효율성과 유연성의 극대화라는 신자유주의적인 극단적 시장주의 논리를 수용하여 '수직적 위계질서에 기반한 양적 성장'이라는 기존 전략패러다임에 효율성 극대화와 공격적 글로벌화라는 두 가지 신자유주의적 요소를 추가하여 글로벌 경쟁력을 대폭 향상시켰다. 이를 위해 한국 기업들은 상시 구조조정과 비정규직 등을 통한 고용의 유연화와 수시 사업구조 조정을 통한 사업영역의 유연화 등을 시도했고, 또 저가 대량시장에서의 가격경쟁에만 치중하던 기존 경쟁전략을 수정보완하여 가격경쟁력을 유지하면서도 기술과 품질 경쟁력을 높여서 적정 품질도 동시에 제공하여 세계 시장에 공격적으로 도전하였다. 삼성의 신경영으로 대표되는 이런 한국형 전략패러다임의 효율화와 유연화, 경쟁력 강화는 우리 기업들이 1990년대의 신자유주의적 세계화와 IMF위기, 국내 산업공백의 소멸이라는 환경변화에 대응하는 핵심 기반이 되었다. 그 결과 우리나라 기업들은 세계화된 경계없는 글로벌 시장에서 비록 최선두, 즉 창조적 '퍼스트 무버(first mover)'까지는 아니지만 '패스트 세컨드(fast second)'로서 글로벌 10위권에 육박하는 경쟁력을 가지게 되었다.

　　그러나 1990년대부터 시작된 이런 엄청난 환경변화도 '엄격한 수직적 위계질서에 기반한 신속한 양적 규모성장을 통한 빠른 추격'이라는 기존 한국형 전략패러다임의 핵심 본질을 바꾸지는 못했다. 오히려 한국 기업들은 기존 전략패러다임을 훨씬 더 효율화시키고 유연화시키며 고도화하였다. 즉 1990년대의 세계화와 IMF위기에 대한 대응의 결과 기존의 양적 규모성장, 속도, 그리고 수직적 위계질서를 강조하는 한국

기업들의 핵심적인 전략적 지향성은 오히려 극단적으로 더 강화되었다. 그 결과 2000년대에 접어들어 IMF위기에서 회복되면서 한국 기업들은 한층 더 강화된 글로벌 경쟁력을 가지게 되었으나, 동시에 상시 구조조정과 단기 성과주의적 연봉제, 그리고 비정규직의 확산 등으로 인해 소위 '헬조선' 으로 불리는 심각한 사회적 문제도 발생하게 되었다. 그러나 1990년대말에서 2000년대 말까지 계속된 한국형 전략패러다임의 극단적 효율성과 유연성 강화가 초래한 이런 사회적 부작용 이상으로 심각한 것은 글로벌 경쟁력을 강화하기 위한 이런 시도들이 2010년대 중후반에 접어들면서 의도치 않게 오히려 글로벌 경쟁력을 파괴하는 주 원인이 되었다는 역설적 결과였다.

2010년대 역량파괴적인 불연속적
환경변화와 경쟁규칙의 근본적 변화

IMF위기 직후에 집중적으로 실행된 기존 모델의 약점 보완과 개선을 통해 한국경제를 글로벌 10위권으로 올려 놓았던 한국형 전략패러다임의 경쟁력을 뿌리째 뒤흔든 것은 2010년을 전후하여 글로벌 경제에 발생한 일련의 불연속적 환경변화들이다. 이때를 전후하여 19세기말에 서구사회를 중심으로 시작된 현대 산업경제의 100여년 역사에서 본 적이 없던 현상들이 글로벌 경제를 강타하기 시작했는데, 가장 충격적인 것은 20세기 세계 경제를 지배했던 글로벌 초우량기업들이 갑자기 심각한 생존위기에 빠지거나 심한 경우에는 완전히 몰락하는 일이 빈번히 발생하기 시작한 것이다. 불과 얼마 전인 2000년대 초까지 세계 최고 기업으로 존경받던 GM, Kodak, Motorola, Sears Roebuck, Nokia, 그리고 월스트리트의 대표적 금융 기업들이 갑자기 치명적 위기에 빠진 것이다. 이 정도 위상의 기업들이 몰락한 것은 20세기 산업경제 100년사에서 본적이 없는 전대미문의 사건이었다. 이런 글로벌 선도기업들의 갑작스러운 생존 위기는 그 이후에도 계속되어 2017년에 글로벌 완구산업의 리더 ToyRus가 파산하고 2020년에는 백화점체인의 전설인 JC Penny가 파산했으며, 전설적인 혁신의 아이콘 Xerox도 2023년 현재 실질적 파산상태에 처해있다.

그런데 언론에서는 지난 100여년간 세계 정상의 위치를 지켜왔던 이런 초우량기업들의 갑작스런 몰락을 거대한 규모로 인한 관료화와 방만한 경영 때문이라고 가볍게 설명해버리는 경향이 있었다. 그러나 이들 위기에 빠진 기업들을 방문해보면 방만하기는 커녕 경영진과 구성원들이 살아남기 위해 밤새워 필사적으로 일하는 모습을 흔히 보게 된다. 지난 20세기 100년간 세계를 지배했던 글로벌 초우량기업들이 갑자기 몰락하는 것은 결코 방만했기 때문이 아니다. 이런 최고 수준 기업들은 항상 최선을 다해 열심히 노력하는 것은 기본 중의 기본이기는 하나, 문제는 열심히 노력하되 그 노력하는 방향과 방법이 틀렸기 때문이다. 이들의 위기상황에 대응하기 위해 열심히 노력한 다양한 대응책들이 바로 얼마 전까지는 글로벌 경쟁력의 원천이었으나, 갑자기 외부 환경이 급진적으로 바뀌면서 더 이상 통하지 않게 되었기 때문인 것이다. 즉 이들의 갑작스러운 생존위기는 방만이나 비효율성이 아니라 최근 발생한 불연속적 환경변화 때문이다.

불연속적 환경변화로 경쟁의 규칙 자체가 바뀌면 과거에 성과창출의 기반이던 전략패러다임이 더 이상 통하지 않게 되는데 이런 생존위기를 초래하는 불연속적 환경변화를 기존 경쟁력의 원천인 핵심역량을 파괴해버린다고 해서 '역량파괴적 환경변화(competence-destroying change)' 라고 부르기도 한다. 역량파괴적인 불연속적 환경변화가 발생할 때는 과거 전략패러다임으로는 아무리 열심히 노력해도 생존이 불가능하게 된다. 따라서 역량파괴적 환경변화가 발생할 때는 '열심히 노력하는 것(work hard)' 이 중요한 게 아니라 근본적으로 다른 새로운 환경에 적합한 '새로운 방식으로 노력하는 것(work smart)' 이 반드시 필요하다. 특히 헬조선이라고 불릴 정도로 노동 시간과 강도가 세계 최고 수준으로 열심히 일하는 것이 보편적인 조직문화인 우리나라 기업들은 위기에 직면하면 대부분 '비상경영' 체제로 전환하여 더욱 열심히 더 오래 일하는 방식으로 대응하는 것이 일반적이다. 그러나 경쟁이 심해진 것이 아니라 경쟁규칙 자체가 아예 바뀌는 역량파괴적인 불연속적 환경변화로 인한 위기는 우리가 흔히 듣는 '정신 바짝 차리고 더 열심히 일하자' 는 기존 접근법이 아니라 일하는 방식 자체를 근본적으로 바꾸는 새로운 접근법, 즉 패러다임 전환으로 대응해야만 한다.

2010년대 초에서 현재에 이르는 기간이 바로 이런 패러다임 전환을 요구하는 역사적 대변동의 시기라는 것이 전문가들의 공통된 견해이다. '신경제(new economy)', '신경쟁(new competition)', '지식경제(knowledge economy)', '무한경쟁(boundaryless competition)', '초경쟁(hyper competition)',

'창조경제(creative economy)', '뉴노멀(new normal)' 등의 개념은 모두 현재 진행 중인 글로벌 경제환경의 근본적 변화를 지칭하는 표현들이다. 이 표현들은 모두 과거와는 질적으로 다른 경제환경이 도래했다는 점을 강조하다. 바로 환경변화의 불연속성이 핵심인 것이다. 100여 년간의 대량생산—대량소비 중심의 20세기 산업경제 체제하에서 불과 얼마 전까지 당연시해왔던 전략경영의 기본적인 상식들 중 상당 수가 더 이상 통하지 않게 된 것이다. 즉 현재 급속하게 진행 중인 환경변화는 불연속적일 뿐 아니라 역량파괴적인 것이다.

글로벌 경제의 경쟁규칙 자체가 최근 근본적으로 바뀌었다는 사실은 20세기 글로벌 선두 주자들의 갑작스런 몰락과 동시에 발생하고 있는 신생 기업들의 급성장이라는 정반대의 현상을 보면 쉽게 알 수 있다. 전설적인 초우량기업들이 갑자기 무너지는 전대미문의 현상이 벌어지고 있는 2010년 초 이래 지난 10여년간의 같은 기간 동안 많은 신생 기업들이 창업 후 짧은 기간 만에 단숨에 세계 정상으로 급부상하는 또 다른 전대미문의 현상이 벌어지고 있는 것이다. Tesla, Google, Amazon, Facebook, Netflix, Cisco, Pixar, IDEO 등이 바로 그런 기업들이다. 그런데 이런 21세기형 초우량기업들은 20세기형 초우량기업들과 전략패러다임이 완전히 다르다. 20세기 대표 기업들에서 강조되는 전략적 논리가 규모와 효율성이라면 21세기 대표 기업들은 창조와 혁신, 속도를 강조한다. 글로벌 경제의 핵심 규칙 자체가 100여년만에 근본적으로 바뀌면서 선도 기업들의 리스트가 단숨에 통째로 바뀐 것이다. 그런데 이런 최근의 불연속적 환경변화가 우리 기업들을 단기간에 글로벌 강자로 성장시킨 기존 한국형 전략패러다임에게는 역량파괴적 결과를 초래할 가능성이 큰 것이 바로 당면 위기의 원인인 것이다.

100년만의 패러다임 전환을 초래한 네 가지 환경변화

20세기와 근본적으로 다른 21세기형 경제로의 불연속적 변화는 21세기 초에 발생한 다음 네 가지의 서로 연관된 환경변화들이 상승작용을 하면서 발생했다: 1)신자유주의적 세계화에 따른 경계파괴, 2)주요 기반기술들의 급속한 발전과 융복합화를 통한 혁신의 가속화, 3)4차 산업혁명, 4)코로나 팬데믹. 이 네 가지 환경변화는 가장 빠른 것은 1990년대 중후반에 시작되었으나 2010년대 초를 전후하여 서로 상승작용을 일으키기 시작했으며 2020년대 초 현재에는 더욱 가속화되어 지난 100여 년 간 지속되어온 20세기형 경쟁환경을 종식시키고 완전히 다른 21세기형 미래 경쟁환경을 도래하게 만들었다.

신자유주의적 세계화와 경계파괴

20세기 100년간의 환경과 21세기 미래 환경간 질적으로 다른 차이를 초래한 첫번째 요인은 신자유주의적 세계화일 것이다. 1990년대 중반 이래 급속하게 진행된 신자유주의적 경계파괴는 국가간, 지역간, 시장간 모든 경계를 없애서 전세계를 하나의 완전경쟁시장으로 만듦으로써 새로운 가치창출의 국가제도적 제약을 대부분 제거해 버렸다. 신자유주의는 극단적 시장주의 정치경제 이념인데 경제뿐 아니라 정치, 사회, 교육, 문화 등 모든 사회부문들을 완전경쟁시장의 원리에 따라 작동하도록 만드는 것을 목표로 시장논리를 왜곡하는 국가간 경계와 같은 모든 '제도적 경계'를 완전히 제거하기 위해 끊임없이 노력한다. 가장 대표적인 두 가지 제도적 경계는 국내에서의 규제와 국가간 국경이므로 이 두 가지를 없애는 것이 신자유주의 개혁의 핵심 추진 전략이었다. 이에 따라 전세계적으로 규제철폐가 확산되어 자유로운 경제활동에 대한 법제도적 제약이 급속하게 줄었고 그 결과 과거에 시도하기 어려웠던 다양한 새로운 사업들이 등장했으며, 또 사전 승인제도가 대부분 사후 신고제도로 바뀌면서 경제활동의 속도가 확연히 빨라졌다. 또한 신자유주의의 핵심 정책 중 하나로 국가간의 제도적 경계를 없애는 시장개방을 통해 전세계를 하나의 완전경쟁시장으로 만드는 세계화가 빠르게 확산되었다.

우리나라도 1994년 김영삼정부의 세계화선언을 기점으로 자본시장과 상품시장 개방, WTO 가입, FTA 체결, OECD 가입 등을 통해 신자유주의적 세계화체제로 급속하게 이행하였다. 그 과정에서 IMF위기를 경험하기도 했으나 그 후 회복과정에서의 오히려 더 한층 강화된 신자유주의적 개혁을 통해 우리나라 경제와 기업들이 적극적으로 세계화를 추구하였고, 그 결과 우리나라 경제가 세계 10위권으로 한 단계 도약하는데 결정적 기반이 되었다. 20세기말에서 21세기초에 걸쳐 급속히 진행된 신자유주의 개혁은 '무경계 경쟁'을 전세계 모든 부문들로 확산시켜서 전세계 모든 경제행위자들이 모든 경제행위자들과 전방위로 직접 경쟁하는 지난 100년간 본적이 없는 강도와 범위, 규모의 새로운 글로벌 경쟁체제를 만들어냈다. 즉 국내외 구분없이 전세계 모든 기업들이 서로 경계없이 경쟁하는 극단적 시장주의 정치경제환경이 실제로 도래한 것이다. 이런 경계파괴적 세계화는 2008년 글로벌 금융위기와 2020년대 초 코로나 팬데믹으로 잠시 주춤하는 듯 하였으나 그 파급효과와 성장잠재력이 워낙 크기 때문에 속도와 정도 등에서 일부 조정이 있을 수는 있으나 완전히 취소되거나 거꾸로 되돌아갈 가능성은 앞으로도 거의 없어 보인다.

주요 기반기술들의 동시 발전과 융복합화를 통한 상시 기술혁신

21세기형 미래 환경을 초래한 두번째 요인은 다양한 응용기술의 원천이 되는 주요 기반기술 분야들에서 급진적인 기술발전이 동시에 진행되면서 관련 응용기술들이 연쇄적으로 발전하고 또 이들간 전방위 융복합화가 일어나면서 발생한 된 상시 기술혁신 현상이다. 2010년대를 전후하여 그 발전이 가속화된 디지털을 중심으로 한 정보통신기술은 물론, 특히 최근 생명과학과 뇌과학, 의학, 로보틱스 등 다양한 기반기술들이 획기적으로 발전함으로써 불과 얼마 전까지 존재하지 않던 엄청난 가치 창출 가능성과 기회들이 연쇄적으로 발생하였다. 예를 들면, 최근 생명과학의 급속한 발전은 유전자의 분석과 조작에 관련된 존재하지 않던 다양한 사업분야들을 만들어내고 있다. 그 결과 기술혁신의 속도가 점점 기하급수적으로 빨라지면서 기술발전 속도에서 일단 뒤떨어지면 아예 경쟁 자체가 되지 않는 시대가 왔다. 그러나 새로운 기술을 개발하거나 채택하더라도 그 유효기간이 그리 오래 유지되지 않고 금방 더 새로운 기술이 등장해 급속하게 진부화되기 때문에 기술의 라이프싸이클이 극도로 짧아졌고 기업들의 기술에 대한 투자회수율은 급속하게 낮아졌다. 혁신적 신기술이 거의 일상적으로 출현하는 상시 기술혁신 시대가 도래한 것이다.

더구나 이런 다양한 기술분야들간 경계를 넘어서는 융복합화가 확산되면서 상시 기술혁신은 더욱 가속화되었다. 경계파괴 사고는 기술적 경계뿐 아니라 이를 응용한 사업분야 등 기존의 모든 분류 카테고리들간 경계를 파괴하기 시작했다. 기존 사업분야들간 경계가 무너지면서 과거에는 서로 상관없는 분리된 영역으로 인식되던 분야들이 유기적으로 결합되어 존재하지 않던 새로운 사업이나 상품, 서비스가 수시로 창출되는 카테고리-파괴적 융복합화가 급속하게 확산되기 시작했다. 가장 대표적인 최근 예는 정보통신기술과 의료, 생명과학, 뇌과학간 다중 융복합화이다. 정보통신기술의 핵심인 컴퓨터로 생명과학의 영역인 유전자를 분석하여 의료분야의 대상이던 난치병을 치료하는 새로운 융복합 사업분야는 이미 상업화가 가능한 수준으로 보편화되었다. 최근 주요 정보통신기술 기업들의 핵심 신사업인 웨어러블이나 스마트폰을 이용한 건강의료 사업도 잘 알려진 융복합화의 예이다. 또 다른 분야의 예로 최근 건축분야에서 가장 중요한 신기술 중 하나로 각광받고 있는 자기치유 콘크리트 기술은 건축과 생화학, 미생물학 등의 결합에서 탄생한 것으로 기술분야간 경계가 명확하던 과거에는 상상도 하지 못하던 혁신이다. 이런 이질적 사업분야나 기술분야간 카테고리-파괴적 융복합화의 가능성은 거의 무한대에 가까우며 미래 환경의 가장 중요한 특성 중 하나가 될 것이다. 경제학자 슘페터(J.Schumpeter)가 혁신은 이미 존재하던 기술이나 지식을 새로운 방식으로 재결합하는데 나온다고 주장했듯이[3] 수 많은 기존 사업분야나 기술분야들의 융복합화를 통해 존재하지 않던 새로운 사업이나 기술, 고객가치가 끊임없이 창출되는 상시 혁신의 시대가 이미 도래했으며 앞으로 2020년 중후반과 2030년대로 접어들수록 기하급수적으로 급증할 것이 분명하다.

디지털 변혁과 4차 산업혁명의 가속화

새로운 미래 전략패러다임으로의 전환에 단연 가장 결정적인 촉매제가 된 환경변화는 '4차 산업혁명' 으로도 불리는 '디지털 변혁(digital transformation)' 의 결과 디지털 기술의 획기적 발전과 확산, 응용, 융복합화를 통해 모든 산업과 부문들이 근본적으로 변화하기 시작한 것이다. 4차 산업혁명은 전세계 모든 산업과 부문들에 혁명적 변화를 초래하고 있기 때문에 여기에서는 그 중 기업경영의 전략패러다임 전환과 직접 관련된 일부만 토론한다.[4] 4차 산업혁명은 2010년대에 접어들면서 인터넷과 모바일이라는 기술하부구조에 빅데이터와 인공지능, 사물인터넷, 블록체인, 5G/6G통신 등 서로 독립적으로 발전해오던 다양한 디지털 기술분야들이 융복합화되면서 급속하게 가속화되기 시작했다. 그 결과 모든 것이 디지털을 기반으로 모든 경계를 넘어 실시간으로 연결되는 초연결(Hyper Connection) 환경이 도래하면서 시간과 공간, 제도적 경계에 의해 분리되어 왔던 정보와 지식, 그리고 커뮤니케이션의 한계가 단숨에 거의 완벽에 가깝게 극복가능하게 된 것이다. 이제는 무한대의 정보와 지식을 시간과 공간의 한계를 넘어 무한대의 사람들과 동시에 실시간으로 쌍방향 주고받고 또 이를 기반으로 존재하지 않던 새로운 정보와 지식, 가치를 끊임없이 창출할 수 있게 된 것이다. 그야말로 모든 사람과 조직, 기계, 정보가 언제 어디서나 직접 그리고 즉시 연결되는 초연결 환경이 도래한 것이다.

4차 산업혁명의 결과 기업들의 전략적 의사결정도 각 기업이 가진 정보와 지식, 역량에만 의존하지 않고 초연결 환경을 활용하여 시공간을 넘어 전세계에 존재하는 모든 정보와 지식, 노하우를 활용할 수 있게 되었다. 이세돌과 태평양 너머에 위치한 1,200대가 넘는 워크스테이션 컴퓨터를 대서양 너머 영국의 헤드쿼터에서 통제하는 알파고의 대결은 극명하게 이런 엄청난 새로운 가능성을 보여준 계기가 되었다. 그러나 이세돌-알파고 대결의 충격으로부터 불과 몇 년 지나지 않은 2020년대 초에는 알파고는 이미 너무 낙후된 기술로 간주될 정도로 디지털 변혁의 진행속도가 상상을 초월하고 있다. 그 결과 경쟁우위와 새로운 가치 창출의 기반도 각 기업이 내부에 보유한 정보, 지식, 자원, 기술력이 아니라 4차 산업혁명 환경이 무한대에 가깝게 제공하는 세상에 존재하는 모든 가능성을 활용해서 끊임없이 존재하지 않던 새로운 상품이나 서비스, 프로세스, 비즈니스모델을 만들어내는 창조적 혁신 역량으로 바뀌게 되었다. 이에 따라 엄청난 자본과 규모를 갖춘 20세기형 거대 기업들은 최근 생존 위기에 빠지고 있지만 정반대로 초연결 아이디어 하나로 대학원생들이 세운 Google 등은 단숨에 세계 최고 기업으로 성장할 수

있었던 것이다. 4차 산업혁명과 함께 전세계에 존재하는 무한대의 정보
와 지식, 자원, 역량들이 시공간의 경계를 넘어 자유자재로 연결되면서
존재하지 않던 새로운 가치가 수시로 창조되는 상시 창조적 혁신의 시
대가 도래한 것이다.

코로나 펜데믹의 4차 산업혁명과
세계화에 대한 복합적 영향

그런데 2019년 말에 전체 글로벌 공동체에 전혀 예상 못한 엄청난 충
격을 준 사건이 발생하여 패러다임 전환에 상호모순적 방향으로의 복합
적인 영향을 미치게 되었는데 바로 코로나 팬데믹이다. 코로나 팬데믹
은 기업뿐 아니라 전세계 모든 국가와 지역, 집단, 그리고 모든 산업과
조직에 충격적이면서 복잡한 영향을 미쳤기 때문에 그 원인과 역학, 그
리고 결과에 대해서는 별도의 체계적인 고찰이 반드시 필요하다.[5] 그러
나 이 글에서는 그 중에서 기업경영의 전략패러다임 전환과 직접 관련
된 이슈들에만 초점을 맞춘다. 무엇보다 코로나 팬데믹은 세계화와 개
방을 추구하던 대부분의 국가들이 국경을 폐쇄할 정도로 현대 산업사
회가 도래한 이래 인류공동체가 경험해본 적이 없는 광범위한 충격을
주었다. 팬데믹이 본격적으로 확산된 2020년 초에서 어느 정도 진정된
2022년말까지 3년 내외의 기간 동안 그 어떤 나라나 지역, 산업, 부문,
집단을 막론하고 코로나 팬데믹의 영향을 받지 않은 것은 없을 정도였
다. 특히 기업경영에서는 코로나 팬데믹이 앞에서 토론한 세계화, 기반
기술발전, 그리고 4차 산업혁명이라는 세 가지 환경변화들과 복잡하게

상호작용하면서 경영의 기본 전제들을 근본적으로 바꾸어 놓았다. 예를 들면, 코로나 팬데믹은 전세계적으로 당연시되어온 '오전 9시에서 오후 5시까지(Nine to Five)'라는 구호가 시사하던 특정 물리적 공간에 출근해서 근무한다는 개념 자체를 근본적으로 뒤흔들어 버렸다. 과거에는 직장이 대부분 회사건물과 같은 특정 공간과 연계되었으나 팬데믹과 함께 이제는 재택근무나 온라인 근무 등이 보편화되면서 물리적 직장공간이 더 이상 당연하지 않게 되었다. 코로나 팬데믹이 기업경영에 미친 영향은 광범위한데 특히 위에서 토론한 최근 환경변화 두 가지와 직접 상호작용하였다. 먼저 확산일로에 있던 신자유주의적 세계화에 제동을 걸었으며, 반대로 4차 산업혁명을 코로나 이전과 비교도 안 되게 가속화시켰다.

첫째, 코로나 팬데믹은 1990년대 중반 신자유주의의 확산 이래 지속되어오던 세계화를 통한 국가간 경계파괴를 일부 뒤집는 결과를 초래하여 포스트 팬데믹 환경의 복잡성을 가중시켰다. 극단적 시장주의 정치경계이념인 신자유주의는 궁극적으로 전세계를 하나의 경계없는 완전경쟁시장으로 만드는 목표를 추구하였기 때문에 세계화를 통해 국가와 지역간 모든 경계를 파괴하고 또 국가의 시장 개입과 통제를 최소화하기 위해 노력하였다. 그러나 2020년 초부터 코로나 팬데믹이 본격적으로 확산되자 우리나라는 물론 전세계 대부분의 국가는 백신 개발과 접종, 감염자 분리와 치료, 인구이동과 국경 통제 등 다양한 방역정책을 강제적으로 시행하였다. 물론 중국이나 북한처럼 정부가 전체주의 통제에 가까운 극단적 개입을 한 경우와 상대적으로 느슨한 개입을 한 서부 유럽이나 미국 등 국가별 차이는 있었지만 코로나 발생 이전에 비해서 기업이나 일반 시민을 비롯한 사적 영역에 대한 정부의 영향이 대폭 강화된 것은 예외가 없었다.

정부의 다양한 방역정책들 중 특히 주목해야 할 것은 국가간 이동에 대한 통제를 강화하는 반세계화 조치이다. 팬데믹의 구조적 원천 자체가 바이러스의 국가나 지역간 경계를 넘어서는 이동이므로 국경통제는 가장 직접적인 방역조치임에는 틀림없다. 그런데 코로나 팬데믹을 계기로 단순히 방역을 위한 국가간 개방성 축소를 넘어서서 경계파괴를 초래한 신자유주의적 세계화 자체에 대한 근본적 재검토와 비판이 제기된 것이다. 신자유주의적 세계화가 엄청난 경제적 성장을 창출한 것 못지 않게 국가간 불평등의 심화와 과도한 시장논리로 인한 비영리 사회부문들의 피폐화 등 심각한 부작용들도 초래했다는 것이다. 그 결과 국가간 정도의 차이가 있지만 신자유주의적 세계화와 시장만능주의에 대한 대안으로 정부의 역할과 상대적 영향력이 다시 강화된 것은 보편적 추세이다. 정부의 영향력 강화는 기업들에게 앞으로는 사회와의 동반성장 없이는 기업의 성장은 어렵다는 강한 시그널을 보냈다. 최근 범세계적으로 관심이 급증하고 있는 ESG 등의 예를 보더라도 팬데믹의 종식 여부와 상관없이 기업의 사회적 책임에 대한 압력은 지속적으로 강화될 것으로 예측된다. 물론 국가나 지역간 경계를 넘어서는 긴밀한 상호작용의 장점이 워낙 크기 때문에 개방과 세계화 자체가 완전히 취소되지는 않겠지만 코로나 팬데믹을 계기로 기업들은 경계파괴에 대한 이 두 가지 상호모순적 압력간 균형을 유지해야 하는 도전적 과제에 직면하게 된 것이다.

둘째, 코로나 팬데믹으로 불가피하게 비대면 디지털 상호작용이 모든 산업과 부문들에서 전면적으로 시행되면서 이미 진행되고 있던 4차 산업혁명 환경으로의 패러다임 전환을 획기적으로 가속화하게 되었다. 특히 기업경영에서 코로나 팬데믹이 4차 산업혁명과 결합하면서 모든 조직 내외부 상호작용과 협업의 전방위 디지털화를 획기적으로 촉진하게 되었다. 그 결과 기술적으로는 이미 오래 전부터 가능했지만 코로나 팬데믹 이전까지는 실험적인 예외적 시도에 불과했던 '언택트(Untact)' 상호작용이 이제는 대부분의 기업과 조직들에서 실제로 일상화된 '뉴노멀' 시대가 도래한 것이다. 4차 산업혁명으로의 패러다임 전환을 위한 디지털 변혁은 그 이전부터 미래의 핵심 성공방정식 중 하나로 강조되어왔지만, 코로나 팬데믹이 디지털화를 생존의 필수 전제조건으로 전환시켜 버린 것이다. 팬데믹을 계기로 기업들은 굳이 대면접촉을 하지 않더라도 빅데이터와 AI와 같은 신기술을 접목하여 맞춤형 생산, 원격근무, 온라인 물류를 통하여 고정비용을 획기적으로 절감할 수 있다는 것을 깨닫게 된 것이다.

그 결과 코로나 팬데믹은 Amazon, Netflix, ZOOM 같은 온라인 중심 기업들에게 엄청난 성장기회를 제공했지만, 오프라인을 중심으로 전통적인 사업방식을 가진 기업들에게는 재앙으로 다가왔다. 예를 들면, 코로나 팬데믹이 본격화되면서 거의 무명에서 디지털 커뮤니케이션시장의 글로벌 리더로 급부상한 ZOOM이나 국내의 네이버와 카카오 등 디지털 기업들의 기업가치와 성과가 역대 최고치를 계속 경신하게 되었다. 코로나 팬데믹의 영향으로 전통적으로 보수적이며 규제가 심한 산업들에서도 디지털화가 가속화되고 있다. 심지어 가장 보수적인 의료산업에서도 원격의료(telemedicine)가 급증하고 있는 추세이며, 교육산업의 디지털화도 가속화되어 2025년에는 코로나 팬데믹 직전의 2배 이상 수준으로 언택트 교육시장이 성장할 것으로 예측되고 있다. 디지털화를 통한 언택트 경제로의 전환은 코로나 팬데믹 이전부터 4차 산업혁명의 한 축으로 강조되어왔지만, 코로나19는 그러한 전환을 획기적으로 촉진하였다. 코로나19 확산에 대응하기 위한 방역이 대면접촉을 최소화하는 방식으로 이루어지는 과정에서 언택트 경제가 시공간과 감염병에 구애받지 않는 편리하고 안전할 뿐 아니라 극도로 효율적인 방식이라는 인식이 폭넓게 확산되었기 때문이다. 코로나 팬데믹으로 인한 급격한 디지털화라는 불연속적 환경변화는 오프라인 중심의 기존 사업방식을 가진 기업들에게는 절체절명의 변화를 요구하는 동시에, 온라인을 기반으로 하는 기업들에게는 혁신적 사업모델을 통해 급성장할 수 있는 상반된 결과를 초래하고 있는 것이다.

불연속적 환경변화와 20세기형 전략패러다임의 위기

이상에서 살펴본 네 가지 불연속적 환경변화는 서로 상호작용하며 완전히 새로운 21세기형 환경으로의 대전환을 초래하였고, 그 결과 지난 100여년간 현대산업사회 환경에서 세계경제의 성장을 이끌어왔던 20세기형 전략패러다임의 기반을 근본적으로 뒤흔들게 되었다. 20세기형 성장을 이끌어온 기존 전략경영 패러다임은 특정 사업이나 시장, 기술

분야의 경계 내부에 선택과 집중하여 차별적 품질이나 높은 비용효율성 중 하나를 극대화할 수 있는 강한 핵심역량을 기반으로 장기적으로 지속가능한 경쟁우위를 추구할 것을 강조하였다. 그러나 모든 시장간 경계가 세계화로 사라지고, 끊임 없이 획기적인 새로운 기술적 가능성이 등장하면서 사업이나 기술분야가 유기적으로 융복합화되어 존재하지 않던 새로운 사업이나 기술분야가 수시로 등장하고, 디지털기술을 기반으로 시공간의 경계를 넘어 모든 지식과 정보가 언제 어디서나 즉시 연결되며, 코로나 팬데믹으로 수정된 세계화와 디지털화의 가속화가 진행되고 있는 미래 환경에서는 그 동안 당연시되어왔던 기존 전략패러다임이 더 이상 유효하지 않게 된 것이다.

이런 불연속적 환경변화로 인한 위기상황에서 기업들은 먼저 자신이 가지고 있다고 생각하던 경쟁력이 과연 여전히 실제로 존재하는지 여부를 다시 생각해봐야 한다. 20세기 100여년간 기업들은 자신의 경쟁력을 '특정 산업에서 몇 등' 이라든가 혹은 '특정 기술분야의 선두', 또는 '국내에서 몇 등' 등 기존 경계를 전제로 평가해왔는데 이제 이런 경계들이 모두 사라지면서 모든 기업들이 모든 기준에서 경계 없이 글로벌 최고나 최초와 직접 경쟁해야 한다. 예를 들면 세계화된 21세기에는 '국내 1위' 라는 말은 국내외 경계가 사라지면 아무 의미가 없는 표현이며 아무리 국내 1위라도 글로벌 리더 보다 경쟁력이 약하면 생존 자체가 어렵게 된다. 그런데 더 무서운 것은 경계가 없어지면 자신을 치명적으로 위협할 경쟁자가 누구인지조차 모호해진다는 사실이다. 과거의 전략패러다임에서는 특정 산업이나 시장, 또는 기술분야의 경계 내에서 자신과 유사한 규모나 지위를 가진 기업을 경쟁자로 생각하고 항상 감시하고 전략적으로 대응해왔다. 그러나 이제 경계가 사라지면서 생각조차 못했던 엉뚱한 기업들이 자신을 치명적으로 위협하게 되었다. 예를 들면, 필름과 인화지분야에서 100년 이상 압도적 세계 1위를 지켜왔던 Kodak을 생존위기에 빠트린 것은 Fuji와 같은 필름이나 인화지산업의 경쟁자가 아니라 IT기반 디지털 디스플레이 분야의 Instagram과 같은 신생 기업들이었다. 정유업계에서도 가장 치명적 위협은 다른 정유업체들이 아니라 대체에너지 회사나 Tesla와 같은 전기자동차 회사, 그리고 환경산업이다. 또한 글로벌 금융기업들의 생존을 위협하는 것은 다른 금융기업들로부터의 경쟁이 아니라 초연결환경을 기반으로 고객들이 은행의 중계 없이 직접 금융거래를 할 수 있도록 만든 핀테크 기업들이다. 따라서 미래 환경에서는 특정 산업과 기술의 경계 안에서 선택과 집중하여 핵심역량을 심화할 것이 아니라 기존의 모든 경계를 하루라도 빨리 잊어버리고 제로베이스에서 끊임없이 자신의 경쟁력을 근본 재고찰하고 재창조하는 것이 반드시 필요하다.

21세기 환경에서 더욱 무서운 것은 아직 존재하지 않으나 가시권 밖에서 갑자기 등장해서 엄습해올 가능성이 있는 완전히 새로운 위협이다. 이런 새로운 사업이나 기술, 비즈니스모델은 현재까지 존재하지 않기 때문에 기존 기업들의 레이더망에 잡히지도 않다가 갑자기 등장해 단숨에 기존 강자들의 허를 찔러 하루아침에 무너뜨리게 된다. Cisco의 전 CEO John Chambers는 '당신의 생존을 위협할 진짜 무서운 경쟁자는 지금은 보이지 않는 가시권 밖의 미래 기업들이다' 라고 강조했다. 이런 모든 잠재적 위협들에 대해 방어하는 것은 결코 쉽지 않다. 반드시 제로베이스 상시 환경감시를 늦추지 말아야 한다. 그러나 거꾸로 생각해보면 경계가 사라진다는 것은 자신의 기존 경계 안으로 새로운 경쟁자들이 들어오기 쉬워졌다는 말이기도 하지만 동시에 자신이 기존 경계 밖으로 나가기도 쉬워졌다는 것을 의미한다. 이런 전략적 사고의 전환은 기존 경계 내에서의 지속가능한 차별적 경쟁우위에 초점을 맞추던 20세기형 전략패러다임에서는 생각할 수도 없었던 엄청난 기회의 문을 연다. 즉 21세기는 자신이 현재 강점을 가지고 있는 분야에 선택과 집중하던 20세기형 전략적 사고를 넘어서서 과감하게 기존 경계 너머로 나아가 끊임없이 존재하지 않던 새로운 가치를 창조하는 상시 창조적 혁신이 전략패러다임의 핵심인 시대이다.

또한 21세기 환경은 빛의 속도로 끊임없이 급변하고 격변하는 극도로 역동적이고 불안정한 환경이다. 경계파괴로 인한 무한경쟁, 획기적으로 빨라진 기술발전 속도, 그리고 시간과 공간의 경계를 넘어서는 초연결 등은 모두 환경변화의 속도와 빈도, 강도를 상상하기 어려울 정도로 급증시켰다. 어지러울 정도로 격변하고 급변하는 21세기 환경에 대응하기 위해 가장 중요한 것은 의사결정과 행동의 속도이다. 과거 20세기 대량생산은 시스템간의 경쟁이었으므로 최대한 효율적인 시스템을 구축하기 위해 신중한 의사결정과 리스크관리가 중요했다. 하지만 이제 신중함은 더 이상 경영의 미덕이 아니라 가장 위험한 약점이 됐다. 급변하는 21세기 경쟁환경에서 모든 대안들을 고려해 신중하게 의사결정하려다 타이밍을 놓쳐버리면 아무리 뛰어난 선택을 해도 소용이 없다.

따라서 21세기 전략적 의사결정에서 가장 중요한 것은 의사결정을 잘 하느냐 못 하느냐가 아니라, 환경변화의 속도에 늦지 않게 제 때 의사결정을 할 수 있느냐의 문제로 귀결된다. 신중하게 리스크를 관리하는 것이 아니라 신중한 것이 가장 큰 리스크가 된 것이다. 속도에서 뒤떨어지면 아무리 좋은 상품이나 아이디어도 가치를 창출할 수 없는 시대가 온 것이다. 실제로 최근 글로벌 선도기업들에서도 전략 수립과 실행에서 극단적 속도를 강조하는 사례들이 증가하고 있다. 예를 들면, 세계 최대 스포츠웨어업체인 Nike는 2019년에 새로운 CEO John Donahoe의 취임과 함께 "Digitally Enabled, Customer Centric" 이라는 변혁 비전을 선포하며 디지털기반 고객중심 기업으로 대전환을 단 1년만에 완수했는데 그 직후 코로나 팬데믹이 발생하면서 다른 경쟁업체들이 생존위기에 빠질 때 홀로 급성장할 수 있었다. 또한 Toyota도 2020년에 전통적 하드웨어제조업을 탈피하여 디지털기반 이동 서비스 기업으로 근본적 변신을 선포했는데 그 비전완수 시한을 2022년까지라고 밝혀 업계를 놀라게 했다.

게다가 21세기는 한치 앞도 예측하기 힘든 극도로 불확실하고 모호한 환경이다. 20세기 전략패러다임의 가장 중요한 프로세스는 미래 환경의 분석과 예측에 기반한 정밀한 전략적 계획수립(strategic planning)이었다. 그러나 신기술과 신사업분야가 끊임없이 등장하고, 모든 기업들이 경계 없이 뒤섞여 무한경쟁하며, 기존 사업이나 기술들간 경계를 넘어 새로운 융복합이 수시로 일어나고, 팬데믹과 같은 예측 못한 충격이 수시로 발생하며, 불연속적으로 상시 격변하고 급변하는 21세기 환경에서는 미래 예측이 매우 힘들다. 과거에는 자기 산업의 10년 후를 자신 있게 예측하는 기업들이 많았으나 이제는 전문가들조차 예측이 어렵다. 이런 극도의 불확실성은 계획기반 경영이라는 20세기형 전략패러다임의 핵심 기반을 파괴해 버렸다. 계획은 미래에 대한 예측을 기반으로 수립되나 이제 예측이 불가능하므로 정확한 계획을 수립하는 것 자체가 어렵게 되었다. 이런 맥락에서 전략경영학자 민츠버그(H. Minzberg)는 심지어 전략계획의 시대는 끝났다고 선언하기도 했다.[6]

한국형 전략경영의 치명적 패러다임 위기

이와 같은 20세기형 전략패러다임의 급속한 붕괴는 전세계 모든 국가와 산업들에서 공통적으로 진행되고 있지만 특히 우리나라의 상황은 더욱 심각하다. 우리나라는 지금 무너지고 있는 20세기형 전략패러다임을 선진국들 보다 100년 늦게 시작하였으나 빠른 추격자 전략을 통해 맹렬히 따라잡은 결과 최근에 세계 10위권 위상을 성취하였기 때문이다. 즉 우리 경제와 기업들이 겨우 글로벌 선두권에 진입하자마자 그 게임 자체가 끝나고 있는 것이다. 그런데 심각한 문제는 기존 한국형 전략패러다임이 급속하게 무너지고 있는 20세기형 전략패러다임의 대표적 예임에도 불구하고 대부분의 우리나라 기업들은 아직도 환경변화에 발맞추어 21세기형 전략으로의 패러다임 전환을 시도하지 않고 있다는 사실이다. 수직적 위계질서에 기반한 신속한 양적 규모성장과 패스트 팔로워 전략은 우리 보다 100년 먼저 산업화를 시도한 선진국들을 모방하여 최대한 빨리 추격하기 위한 것이었다. 즉 최근 위기에 빠진 20세기 글로벌 대표 기업들의 전략패러다임과 우리 기업들의 기존 전략패러다임은 모두 '양적 효율성의 극대화'를 추구하고 있다는 공통점이 있다. 그런데 우리가 벤치마킹했던 20세기 글로벌 대표 기업들이 현재 급속하게 몰락하고 있는데 우리는 그런 기업들을 모방해서 만들었던 기존 전략패러다임에 여전히 집착하고 심지어 더욱 강화하고 있는 것이다. 한국 기업들의 전략패러다임 전환 실패에는 크게 두 가지 이유가 있다.

첫째, 무엇보다 기존 한국형 전략패러다임이 1960년대에 본격적으로 경제개발을 시작한 이래 우리 기업들에게 전대미문의 급속한 성장을 가져다 주었기 때문이다. 즉 수직적 위계질서에 기반한 신속한 양적 규모 성장과 패스트 팔로워 전략은 우리 기업들과 경제의 가장 중요한 '성공방정식(success formula)'이었다. 높은 성과를 창출하는데 기반이 된 성공방정식은 그것이 더 이상 통하지 않는 새로운 환경이 도래해도 변화하지 못하게 발목을 잡는 '성공의 덫(success trap)'이 되어 치명적 생존 위기를 초래하게 된다. 바로 우리나라 경제와 기업들이 전형적인 성공의 덫에 발목이 잡혀있는 것이다.

둘째, 한국 기업들의 패러다임 전환 실패의 또 다른 원인은 바로 후발국으로서 우리나라의 특수한 역사 때문이다. 이미 100여년 전인 19세기 후반에 산업사회형 경제와 전략패러다임으로 전환한 선진국들과 달리 우리는 20세기 중후반에야 현대적 전략경영을 시작했고, 세계 수준의 성과를 창출하기 시작한 것은 불과 10여년 남짓이다. 즉 우리 기업들은 이제 겨우 20세기형 전략패러다임에 대한 핵심역량이 글로벌 경쟁력을 가지는 전성기에 접어들기 시작했고 아직 그 과실을 충분히 누리지는 못했다. 따라서 불연속적 환경변화가 발생했지만 이제 막 전성기에 도달한 기존 전략패러다임을 쉽게 버리지 못하고 오히려 거꾸로 더 기존 패러다임의 강화로 대응하고 있는 것이다. 그 결과 우리나라 기업들은 현재 주요 산업국들 중 새로운 21세기형 전략패러다임으로의 전환에서 가장 뒤쳐지고 있다는 우려를 받고 있는 것이다.

21세기 '상시 창조적 혁신' 경쟁과 한국형 전략의 미래 패러다임

'상시 창조적 혁신' 경쟁을 위한 한국형 전략패러다임의 4대 요건

세계화와 시장간 경계파괴, 기반기술의 혁신 가속화와 이질적 사업분야나 기술분야간 융복합화, 4차 산업혁명과 초연결, 포스트−팬데믹 상시 위기 상황 등 최근의 네 가지 환경변화는 우리가 지난 100년 간 당연시해왔던 전략경영의 지식과 노하우를 뿌리째 뒤흔들었다. 이런 절체절명의 패러다임 위기를 극복하는 유일한 방법은 새로운 환경이 요구하는 새로운 전략패러다임으로 전환하는 것뿐이다. 그렇다면 새로운 21세기형 환경에 대응하는 21세기형 전략패러다임의 핵심 특성은 무엇일까?

21세기 환경은 모든 경계가 무너지고 계속 급변하기 때문에 특정 사업에서의 경쟁우위가 장기간 지속되기 어려우며, 또 극도로 불확실하고 불연속적으로 격변하기 때문에 미리 치밀한 계획과 시스템으로 위기나 기회에 대응하기도 어렵다. 따라서 유일한 생존 방법은 예측 못한 분야에서 예측 못한 타이밍에 예측 못한 방향으로 수시 격변하는 환경의 요구에 발맞추어 기업도 끊임없이 격변하는 환경이 요구하는 존재하지 않던 새로운 경쟁우위를 신속하게 창출하는 '상시 혁신' 뿐이다. 우리 기업들이 이제까지 실행해왔던 기존 시장과 경쟁우위를 방어하는 전략과 앞으로 필요한 새로운 경쟁우위를 만들어내는 전략은 전혀 다르다. 이제는 규모의 경제를 위한 시스템 효율성이나 특정 분야에 대한 폭 좁은 핵심역량 보다는 상시 창조적 파괴와 초경쟁(hyper competition)에[7] 필요한 동적 역량(dynamic capability)이 중요한 시대가 된 것이다.[8]

더구나 환경이 수시로 격변하기 때문에 가치를 창출하거나 위기에 대응할 수 있는 기회가 일시적으로만 존재하므로 단순히 상시 혁신이 아니라 다른 기업보다 먼저 최초로 혁신을 창출하는 '창조적 퍼스트무버(first mover)' 가 압도적 경쟁력을 가지게 된다. 유사한 혁신을 여러 기업들이 동시에 추진할 때 그 중 가장 먼저 그 혁신을 완성하는 퍼스트무버 기업만이 '창조적 혁신' 을 하는 것으로 볼 수 있다. 21세기는 모든 경계가 없어지고 모든 정보와 지식이 동시에 전세계로 확산되는 무경계 환경이 수시로 격변하기 때문에 가치창출 기회가 비록 일시적이지만 경계 없는 글로벌 시장 전체가 그 대상이 된다. 그 결과 가장 먼저 새로운 가치를 창출한 창조적 퍼스트무버 기업이 전체 글로벌시장을 일시적으로 독점하는 '승자독식경제(The Winner Takes It All Economy)'가 형성되고 따라서 세컨드무버(second-mover)나 패스트 팔로워가 차지할 수 있는 시장은 급속하게 줄어든다. 실제로 스마트폰의 퍼스트무버인 애플은 스마트폰 출시 첫 7년 동안 글로벌 스마트폰 시장의 수익의 92%를 혼자 독식했고 2위인 삼성전자는 5%를 차지하는데 그쳤다. 이제 전략경영의 초점은 기존 경쟁우위나 시장의 방어가 아니라 끊임없이 새로운 경쟁우위를 경쟁자보다 먼저 신속하게 만드는 것으로 바뀌게 됐다. 따라서 기존 한국형 전략패러다임의 핵심인 패스트 팔로워나 패스트세컨드 전략은 21세기 환경에서는 더 이상 통하지 않게 되었다.

즉 21세기 환경이 요구하는 전략패러다임의 핵심은 예측못한 방향으로 수시로 급변하는 환경에 최대한 신속하고 유연하게 대응하면서 끊임없이 존재하지 않는 새로운 고객가치와 경쟁우위를 남 보다 먼저 최초로 만드는 '상시 창조적 혁신' 경쟁인 것이다. 최근 기존 20세기형 글로벌 리더들을 무너뜨리며 단숨에 세계 정상으로 급성장한 Google, Amazon, Tesla, Apple 등의 공통점은 바로 '상시 창조적 혁신' 경쟁의 최강자들이라는 것이다. 그렇다면 상시 창조적 혁신의 실행을 위해 우리나라 기업들이 시급히 구축해야 할 미래 한국형 전략경영 패러다임의 구체적 특성은 무엇일까? 다음 네 가지가 가장 핵심이 되어야 할 것이다.

연결의 양면성과 위기대응력

상시 위기 상황에서 경계파괴적 연결의 양면성을 효과적으로 관리할 수 있는 '위기대응력'이 무엇보다 중요한 미래 생존 요건일 것이다. 코로나 팬데믹 사태로 확실히 경험할 수 있었듯이 미래는 예측하지 못한 위기가 수시로 발생하여 빛의 속도로 전세계로 확산되는 상시 위기의 시대이다. 따라서 미래 환경에서 위기대응 역량은 기업의 생존과 성장을 위한 필수 요건이다. 앞에서 토론한 미래 환경의 성격에서 살펴보았듯이 예측불가능한 방향으로 수시로 격변하는 환경 속에서 치열하게 경쟁해야 할 우리 기업들은 위기의 발생과 극복은 일종의 병가지상사로 보고 언제 어디서나 적시에 적절하게 대응할 수 있어야 한다. 더구나 앞으로는 코로나 팬데믹과 같은 글로벌 위기가 더 자주 발생할 것으로 예측된다. 미래의 위기발생 가능성에 대해 Perrow교수는 이미 발생한 팬데믹 이외에도 기후변화, 인터넷 교란, 테러와 국지전 증가 등과 같은 글로벌 규모의 위기들이 앞으로 전체 인류를 위협할 것이라고 예측했다.[9] 코로나 보다 더 심각한 위기들이 빈번하게 발생할 가능성이 높은 상황에서 위기대응력은 21세기를 살아가는 우리 기업들에게 가장 중요한 역량일 것이다.

그런데 이번 코로나 팬데믹 사태로 명확하게 알 수 있었듯이 미래 위기의 가장 큰 원인은 '연결' 이다. 즉 신자유주의적 세계화로 경계를 초월한 연결을 극대화한 결과 정보와 자원, 역량 등 바람직한 요소들의 경계를 넘어서는 확산이 급증하였지만, 동시에 의도치 않게 바이러스와 같은 부정적 요소들의 확산도 동일한 연결구조를 통해 급증한 것이다. 세계화와 4차 산업혁명이 추구해온 초연결의 의도치 않은 결과인 것이다. 따라서 더 이상 긍정적 결과에만 초점을 맞추어 연결을 일방적으로 극대화할 수는 없게 되었다. 예를 들면, 이제 기업들은 완벽한 무경계 환경을 전제로 글로벌 SCM 각 단계의 효율성을 극대화하기는 어려워졌다. 여러 지역들 중 한 군데서 코로나 같은 위기가 발생하면 글로벌 SCM 전체가 올스톱 되기 때문이다. 그렇다고 모든 연결을 끊고 SCM의 모든 단계를 국내에서 수행하는 것도 불가능하다. 아무리 거대한 국가라도 글로벌 SCM의 활용 없이 완전히 독자생존하는 것은 불가능하기 때문이다.

따라서 글로벌 연결의 장점을 최대한 살리면서 동시에 예측못한 위기가 발생할 때 적시에 효과적으로 대응할 수 있는 위기대응력이 미래 기업들의 필수 생존 요건이 될 것이다. 코로나 팬데믹의 사례에서 명확히 경험할 수 있었듯이 미래에 발생할 가능성이 높은 새로운 유형의 위기는 기존 조직시스템으로는 대응이 어려운 특수한 성격을 가지고 있다는 사실을 인식해야 한다. 미래의 위기는 서서히 고조되는 것이 아니라 발생과 거의 동시에 전세계로 퍼질 정도로 진행속도가 빠르며, 앞으로 어떻게 진행될 지 예측하는 것도 거의 불가능하다. 이런 유형의 위기는 미리 정해진 규칙과 절차에 따라 행동하며, 절대적 권위를 가진 최고경영자의 지시에 따라 일사불란하게 움직이는 피라미드형 조직으로는 대응하기 어렵다. 예측 못한 방향으로 급변하는 위기에 여러 계층을 거쳐 최고경영진까지 보고를 올린 후 다시 지시를 여러 단계를 거쳐 받아 대응하면 이미 늦다. 이것은 앞에서 살펴본 우리나라 기업들의 기존 전략패러다임의 핵심 특성 중 하나인 수직적 위계질서가 위기대응력을 결정적으로 훼손하는 치명적 약점이 될 수 있다는 의미이며 반드시 서둘러 수정되어야 하는 이유이다.

구체적으로 어떻게 긴밀한 연결의 장점을 극대화하면서 연결의 위험을 최소화할 것인가는 여전히 우리나라 기업들 뿐 아니라 글로벌 선도 기업들도 현재 치열하게 고민하고 있는 해결과제이다. 이와 관련하여 모듈형 조직(modular organization), 느슨한 연계 구조(loose coupling), 양손잡이 조직(ambidextrous organizations) 등 다양한 패러독스경영 모델이 검토되고 있으나 여전히 확고한 대안으로 자리잡지는 못한 상황이다. 병원응급실 같은 고신뢰조직(high reliability organization)의 방식으로 현장 전문가 각자가 자율적으로 상황을 판단해 최대한 신속하게 대응할 수 있어야 한다는 주장도 최근 힘을 얻고 있다. 우리나라 기업들이 우리에게 적합한 미래지향적 위기대응 모델을 최대한 신속하게 구축하기 위해서는 선진 기업들을 빨리 따라잡는 '빠른 추격자' 전략에 최적화된 전통적 한국식 경영방식에서 탈피하여 상시 위기 환경에 적합한 완전히 새로운 유형의 전략경영으로의 패러다임 전환이 반드시 필요하다.

순발력과 회복탄력성

예측못한 기회나 위기가 수시로 발생하는 미래 환경에서 우리나라 기업들이 가져야 할 단연 가장 중요한 전략적 역량 중 하나는 '순발력(improvisation)' 일 것이다. 기업경영에서 순발력의 중요성은 예전부터 강조되어왔지만, 코로나 팬데믹은 대부분의 기업들이 현재 보유하고 있는 순발력이 실제로는 턱없이 부족하다는 사실을 여지없이 드러내었다. 코로나 팬데믹과 같은 위기 상황에서는 모든 것이 예측못한 방향으로 수시로 급변하기 때문에 치밀한 분석과 체계적 기획에 기반하여 신중하게 대응하는 것이 불가능하다. 따라서 각자가 현장에서 최대한 순발력

있게 각 상황에 대응하면서 어떤 대응방안이 옳고 틀린 것인지를 직관적으로 빠르게 판단하고 행동하며 수정해나가는 것이 중요하다. 이런 측면에서 전체 조직 수준의 순발력을 높이기 위해서는 소수의 사람들에게만 집중된 수직적 의사결정 구조를 타파하는 것이 무엇보다 중요하다. 길고 복잡한 관료주의적 계층구조가 현장에서 올라오는 정보의 질과 양, 그리고 신속한 문제해결의 발목을 잡기 때문이다. 따라서 미래 기업들은 현장과 동시에 호흡하는 수준의 순발력을 극대화해야 할 것이다. 그런데 우리나라 기업들의 기존 수직적 위계질서는 최상단에 위치한 소수 오너-경영진에게 조직전체의 순발력을 전적으로 의존하므로 심각한 한계가 있다. 따라서 심각한 위기상황이 발생했을 때 복잡한 계층적 위계질서를 따라 최상단 최고경영진으로 올라갔다가 그 지시를 받아 현장까지 내려와서야 실제로 대응할 수 있는 수직적 구조에서 발생할 수 있는 순발력의 상실을 극복할 수 있는 대안적 구조가 미래 우리나라 기업들에게 시급히 필요할 것이다.

그러나 아무리 순발력이 강해도 모든 위기를 사전에 예측하거나 차단하는 것은 불가능하므로 위기의 발생과 대응은 미래 기업들의 필연적 운명이다. 이때 순발력과 함께 반드시 필요한 것이 바로 회복탄력성(resilience)이다. 회복탄력성은 위기이 일단 발생했을 때 그로부터 최대한 신속하게 회복하는 능력을 의미한다. 코로나19와 같은 팬데믹은 언제든지 또 다시 발생할 수 있으며, 2008년 서브프라임 모기지 사태와 같은 글로벌 경제위기도 언제든 발생할 수 있다. 미래 환경에서는 이러한 잠재적 위기들에 대하여 기업들이 신속하게 회복하는 능력이 생존과 성과에 필수적 요소가 될 것이다. 회복탄력성에도 순발력과 마찬가지로 20세기형 패러다임의 대표적 특성인 전체 조직이 긴밀하게 통합조정 되어서 한 몸처럼 일사불란하게 움직이는 구조가 심각한 한계가 될 수 있다. 이번 코로나 팬데믹은 전세계에 퍼져있는 조직단위들을 일사불란하고 효율적으로 통제할 수 있는 글로벌 선도 기업들도 통제할 수 없는 위기가 외부로부터 발생하면 전체 조직이 완전히 마비될 수도 있다는 것을 보여주었다. 따라서 미래 환경에서는 기업들이 일사불란한 통합조정과 효율성 극대화를 넘어서서 어떤 예측못한 위기도 대응할 수 있는 회복탄력성을 확보해야만 할 것이다. 이런 면에서 우리나라 기업들은 전세계에 퍼져있는 모든 조직단위들이 한국에 있는 본사의 결정과 명령이 있어야만 행동할 수 있는 기존 구조가 예측못한 위기가 발생했을 때 신속하게 대응하는 회복탄력성에 심각한 한계를 초래할 수 있다는 사실을 인식해야 한다. 이런 면에서 예측못한 위기가 수시로 발생하여 급속하게 확산될 가능성이 높은 미래 환경에서 우리나라 기업들의 전략패러다임은 순발력과 회복탄력성을 극대화할 수 있는 수평적이고 자율적이며 유연한 방향으로의 근본적 전환이 시급히 필요할 것이다.

'언택트' 와 '컨택트' 의 융복합화와 모순경영

앞에서 이미 토론했듯이 코로나 팬데믹은 4차 산업혁명을 극단적으로 가속화시키는 예상치 못한 결과를 초래했다. 팬데믹 때문에 대면접촉이 불가능하기 때문에 불가피하게 언택트 경영을 시도했다가 디지털 상호작용의 예상하지 못했던 엄청난 새로운 가능성을 발견하게 된 것이다.

그 결과 이제는 팬데믹과 상관없이 디지털 기반 상호작용 즉 '언택트' 는 이제 미래 경영의 기본 요소 중 하나로 자리잡게 되었다. 기업경영뿐 아니라 다양한 집단과 조직들에서 사람들이 일하는 방식과 상호작용하는 방식, 심지어 친목모임마저도 언택트로 빠르게 전환하고 있다. 그러나 미래에도 기업경영에서 대면 상호작용, 즉 컨택트 상호작용이 언택트 상호작용으로 완전히 대체되지는 않을 것이다. 왜냐하면 이번 코로나 팬데믹으로 언택트 상호작용의 예상 못한 엄청난 가능성을 새롭게 발견하는 과정에서 동시에 도저히 극복할 수 없는 심각한 한계들도 느끼게 되었기 때문이다. 예를 들면, 코로나 팬데믹으로 많은 기업들이 재택근무를 확대하는 중에 대표적 디지털 기업인 Amazon은 뉴욕 맨해튼의 빌딩을 사들여 오프라인 인력을 확대하는 상반된 행보를 보이기도 했다. Amazon은 디지털기반 원격근무로도 효과적으로 협업하고 팀워크를 형성하는 것이 가능하기는 하지만 그 질적 수준과 깊이에서 같은 공간에서의 대면 상호작용을 대체하기는 어렵다고 강조했다.

무엇보다 디지털 상호작용만으로는 구성원간 풍부하고 깊은 관계형성이 어렵다. 즉 디지털기반 원격근무와 상호작용은 다양한 장점이 있기는 하지만, 팀워크와 응집력, 그리고 기업문화 형성에는 심각한 한계가 있는 것이다. 만나본 적도 없는 사람과 디지털 상호작용만으로 완전히 신뢰할 수 있는 친한 동료가 되기는 쉽지 않기 때문이다. 이런 관계형성에는 대면 상호작용이 훨씬 더 효과적인 것이다. 그리고 디지털 상호작용은 정보와 지식 이전의 양과 속도에서는 큰 장점이 있는 반면에 그 질적 수준과 풍부성에는 대면접촉에 비해 한계가 있을 수 밖에 없다.

따라서 단순한 정보교환을 넘어서는 다면적이고 심층적이며 풍부한 상호작용과 협력이 필수적인 혁신의 창출에는 디지털 상호작용이 한계가 있다고 지적되고 있다. 전세계에서 인터넷이나 모바일 기기 채택 속도가 가장 빠르다는 사실에서 잘 나타나듯이 우리나라 기업과 사람들은 새로운 기술적 가능성에 극단적으로 신속하고 민감하게 반응하는 경향이 있다. 그러나 디지털 기반 언택트 상호작용의 양면성을 고려할 때 과도한 디지털 만능주의는 심각한 한계를 가질 가능성이 높다. 따라서 우리나라 기업들은 성급하게 언택트 만능주의에 빠지는 위험을 경계하고 반드시 언택트 속 컨택트를 가능하게 하는 두 상호작용 방식간 창의적 융복합화 모델을 찾아내어야 할 것이다.

사회적 가치와 기업 가치의 동시 추구

이번 코로나19는 그 어떤 기업이나 집단, 국가도 팬데믹과 같은 예외적으로 광범위한 범사회적 위기에는 완전히 고립되어 홀로 대응하거나 또는 홀로 안전할 수 없다는 사실을 여실히 보여주었다. 과거에는 기업이 조직수준의 위기극복을 위해서 어떤 역량과 시스템을 확보해야 할 것인가에 위기경영의 초점이 맞춰졌지만, 앞으로 더 자주 발생할 것으로 예측되는 엄청난 범위와 규모, 강도의 사회적 수준의 위기들은 과거의 기업중심 대응방식들이 갖는 효과성에 근본적 의문을 제기하고 있다. 특히 글로벌 연결망이 촘촘해질수록 위기도 코로나 팬데믹처럼 경계를 초월한 글로벌 위기의 성격을 가질 가능성이 높기 때문에, 기업들은 단독으로 위기를 극복하려 하기보다는 사회와의 적극적이고 긴밀한 협력을 통해서 위기를 극복하려는 공동체적 접근법을 가져야 할 것이다. 즉 전체 사회공동체의 일원으로서 기업의 위기는 물론, 성과와 생존도 사회와 분리해서 생각할 수는 없다는 것이다.

이런 관점에서 위기여부와 상관없이 기업의 역할을 조직수준 성과추구를 넘어서서 항상 사회와 함께 생존하고 발전하는 공생관계로 봐야 한다는 주장이 빠르게 힘을 얻고 있다. 물론 과거에도 사회적 책임(CSR)이나 사회공유경제(CSV) 등의 개념을 통하여 기업과 사회의 공생관계를 주장해왔지만, 미래에는 보다 폭넓은 형태와 적극적인 방식의 기업-사회 간 공조시스템이 구축될 필요가 있다. 이를 위해서는 기업과 사회 간의 관계에 대한 경영철학의 근본적인 전환이 필요하다. 이런 면에서 최근 우리나라를 비롯하여 전세계적으로 확산되고 있는 ESG경영에 대한 관심은 미래에는 기업의 목표가 자사의 이익추구가 아닌 자사가 속한 사회의 이익추구 혹은 사회와 기업의 공동 이익추구가 되어야 할 것이라는 사실을 시사한다. 사회적 가치가 기업 내부적으로 확고하게 자리잡을 때 미래에 수시로 발생할 다양한 잠재적 위기들을 기업과 사회가 함께 효과적으로 극복할 수 있을 것이다. 우리나라 기업들은 선진국들에 비해 100년 늦게 산업화를 시작하여 빠른 추격자 전략으로 숨가쁘게 따라잡는 과정에서 일방적으로 사회에 희생을 요구한 경우가 많았다. 세계 10위권 경제로 성장한 현 상황을 고려할 때 미래에는 우리나라 기업들이 최소한 사회적 가치와 기업 가치를 동시에 추구할 수 있는 전략패러다임을 반드시 찾아내야만 할 것이다.

한국 기업들의 21세기형 전략패러다임을 찾아서!

:

대다수 한국 기업들은 지난 반세기 동안의 패스트 팔로워 전략의 성공적 경험을 통해 벤치마킹과 모방, 그리고 개선 전략에는 익숙하나, 끊임없이 최초로 인류의 삶을 근본적으로 바꿔놓을 수 있는 존재하지 않던 상품이나 기술, 사업, 고객가치를 만들어내는 상시 창조적 혁신에는 매우 약하다. 그러나 미래 환경에서의 경쟁우위는 창조적 퍼스트무버 전략에서 나오며 패스트 팔로워나 패스트세컨드는 생존마저 어렵다. 따라서 한국 기업들이 현재 당면하고 있는 치명적 경쟁력 위기를 근본적으로 극복하는 방법은 신속하게 21세기 미래 환경이 요구하는 '상시 창조적 혁신'으로 전략패러다임을 전환하는 것뿐이다.

이를 위해 한국 기업들은 무엇보다 먼저 과거 환경에서 성과와 경쟁우위에 기여했으나 새로운 환경에서는 더 이상 통하지 않게 된 패스트 팔로워 전략패러다임에서 탈피하는 탈학습(unlearning)이 시급히 필요하다. 과거 전략패러다임으로부터의 탈학습에 실패하면 한국 기업들은 성공의 덫에 빠져 조만간 치명적 생존 위기를 맞게 될 것이다. 이를 위해서는 엄격한 수직적 위계질서를 탈피하여 창조적 혁신에 필수적인 수평적이고 다양성이 강조되는 조직으로 전환하고, 양적 규모성장 추구에서 벗어나 질적 시장주도권을 확보하며, 내부 역량의 한계를 극복하기 위해 적극적 네트워킹과 개방적 생태계 경쟁을 추진하여 플랫폼 리더십을 확보하는 전략으로 전환하는 것이 필요하다. 그리고 관리경영으로 표현되던 치밀한 수직적 통제중심 경영에서 벗어나 실패의 위험을 무릅쓰고 신속하고 과감한 실험과 시도를 통해 새로운 고객가치를 발견하는 역동적 경영으로 전환해야 한다. 그리고 예측에 기반한 치밀한 계획 보다는 극도의 불확실성 하에서 전략적 방향을 제시하는 '비전'을 중심으로 한 경영으로 전환하는 것도 요구된다. 물론 정부의 규제나 제도 또한 기업들의 과감한 창조적 시도에 걸림돌이 되지 않는 방향으로 개혁하고 우리나라 전체가 상시 창조적 혁신의 플랫폼이 되는 국가혁신시스템(national innovation system)의 구축도 필요하다.

시장간 경계파괴, 핵심 기반기술들의 혁신 가속화와 다양한 사업분야간 융복합화, 4차 산업혁명과 초연결, 포스트 팬데믹 환경 등 네 가지 특징을 가지는 미래 경쟁환경으로의 전환은 그 동안 패스트 팔로워 전략을 통해 산업공백 상황으로부터 짧은 기간에 세계 10위권 가까이 성장한 한국 기업들의 기존 전략패러다임의 효용을 근본적으로 무너뜨리는 역량파괴적인 불연속적 환경변화이다. 역량파괴적인 불연속적 환경변화가 발생할 때 기존 전략패러다임에 고착되어 있는 기업들은 반드시 치명적 생존 위기에 빠지게 된다. 100여년만의 역사적 대전환기를 맞아 한국 기업의 경영자들은 다시 한번 전략은 환경에서 나오며 환경이 바뀌면 전략도 변해야 한다는 전략경영의 펀더멘탈로 되돌아가 즉시 각자의 전략경영모델을 제로베이스에서 근본 재검토해야 할 것이다.

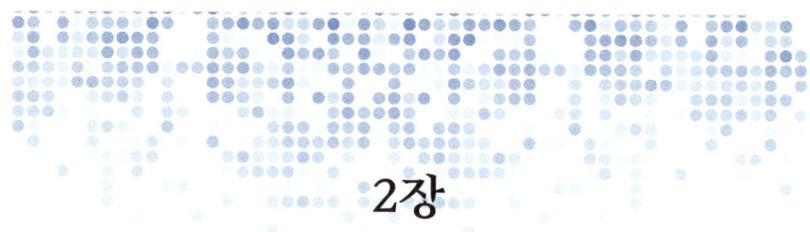

2장

포스트팬데믹 시대,
글로벌 가치사슬의 대격변이 온다

●

송재용
서울대학교

　1995년 세계무역기구(WTO) 출범으로 자유무역이 촉진되면서 선진국의 생산 거점을 중국 등 저임금 국가로 옮기는 원가절감형 오프쇼어링(offshoring)이 세계 경제와 무역 성장의 견인차 역할을 해 왔다. 오프쇼어링이 대세를 이루면서 세계의 공장으로서 중국이 부상하여 G2의 반열까지 올라섰다. 이러한 중국 중심의 원가절감형 오프쇼어링은 1980년대 이후 40년 간 지속된 전세계적인 물가 안정 기조에도 크게 기여하였다. 한국 기업들도 중국을 오프쇼어링 거점으로 활용하는 한편 중국에 부품, 소재, 장비를 수출함으로써 이러한 트렌드의 주요 수혜자가 되었다. 하지만 포스트 팬데믹 시대에는 이러한 글로벌 가치사슬의 근본적 변화가 본격화되고 있다. 포스트 팬데믹 시대 글로벌 가치사슬 내지 글로벌 공급망은 어떻게 진화할 것이며 한국 경제와 기업은 이러한 글로벌 가치사슬의 대격변에 어떻게 대응해야 할 것인가?

포스트 팬데믹 시대
글로벌 가치사슬의 변화 동인은?

글로벌 가치사슬의 변화는 글로벌 금융위기 이후 시작되었지만 코로나 바이러스 팬데믹으로 인해 가속화되었다. 필자는 글로벌 가치사슬 변화의 기점을 미국 오바마 행정부가 금융 위기에 대한 반성과 대응을 위해 리쇼어링 이니셔티브(reshoring Initiative)를 시작한 2010년으로 보고 있다. 특히 오바마의 뒤를 이어 미국 대통령이 된 도널드 트럼프가 강력한 미국 우선주의와 보호무역주의의 기치를 걸고 미국 대통령에 당선된 후 중국과의 패권전쟁을 본격화함으로써 중국 중심의 원가절감형 오프쇼어링 구조가 흔들리게 되었다. 이에 더해 2020년 미증유의 코로나 바이러스 팬데믹이 발생하였는데 팬데믹 초기에는 중국의 봉쇄로 인해 중국에 크게 의존해 온 마스크와 산소호흡기와 같은 방역 필수 물자마저 확보가 어려워져서 이러한 필수 물자의 생산은 중국 등 외국에 의존하지 말고 자국에서 해야 한다는 인식이 선진국을 중심으로 크게 확산되었다. 팬데믹으로 인한 글로벌 공급망 교란 상황에서 미국 정부의 중국 견제는 더욱 진전되어 트럼프 행정부는 2020년에 글로벌 공급망의 대중국 의존도를 낮추기 위해 중국 밖의 우방국을 중심으로 제 2의 글로벌 공급망을 구축하기 위한 '경제 번영 네트워크(economic prosperity network)' 의 구축을 제안하였다. 뒤 이어 미국 대통령이 된 바이든은 트럼프가 시작한 미중 패권전쟁을 보다 강력히 계승하면서 '경제 번영 네트워크' 의 이름을 변경하여 2022년에 '인도태평양 경제 프레임워크 (Indo-Pacific economic framework)' 를 출범시켰다.

　미국 패권 전쟁과 러시아의 우크라이나 침공으로 인해 러시아와 중국이 더욱 밀착하고 트럼프 행정부 시절 일정 부분 중국 쪽으로 다가갔던 유럽이 안보 위협으로 인해 다시 미국과 밀착하게 되면서 지난 40여 년 세계 경제 성장과 물가 안정의 견인차 역할을 했던 중국 중심의 원가절감형 오프쇼어링은 이제 한계에 봉착하고 줄어들고 있다. 반면, 미국 정부의 강력한 인센티브 제공과 지정학적/정치적 고려 필요성 증대, 스마트 팩토리 기술 등의 발전으로 인해 미국, 유럽 등 선진국에 공장을 짓는 시장접근형 오프쇼어링, 우방국에 공장을 짓는 프렌드 쇼어링(friend-shoring), 멕시코나 동유럽과 같이 선진국과 인접한 저임금 국가에 공장을 짓는 니어쇼어링(near-shoring)은 증가함으로써 글로벌 가치사슬의 구조적 대격변이 진행되고 있다. 이러한 글로벌 가치사슬 변화의 동인과 양상을 보다 구체적으로 살펴 보도록 하자.

포스트 팬데믹 시대
글로벌 가치사슬 대전환의 방향성

미중 패권전쟁의 심화와
중국 중심 오프쇼어링의 약화

트럼프 행정부에서 시작된 미중 패권전쟁은 코로나 사태로 새로운 국면을 맞게 되었다. 2020년 트럼프 행정부에서는 경제번영네트워크라는 이름 하에 중국 밖에 제 2의 글로벌 공급망 구축을 주장하였다. 중국에 과도하게 제조업을 의존한 결과 코로나 상황에서 마스크조차 없어서 큰 낭패를 보았기에 중국 밖에 제 2의 공급망을 구축해야 한다는 논리였다. 2021년에 새로 출범한 바이든 행정부는 트럼프 행정부의 중국 압박 및 중국 제외 글로벌 공급망 재구축 시도를 계승하는 한편 오바마 행정부에서 시작한 제조업 리쇼어링 정책도 강력하게 펼치고 있다.

사실 중국을 G2의 반열까지 끌어 올린데는 미국이 구축한 국제분업 구조의 역할이 컸다. 미국이 1979년 중국과 수교를 한 후 미국 제조 기업들은 자국 노동력의 비용적, 질적 열세로 인해 일본, 독일 기업들과의 글로벌 경쟁에서 밀리는 국면을 타개하기 위해 중국에 공장을 건립해 왔다. 특히 2001년 미국의 주도 하에 중국이 세계무역기구(WTO)에 가입하게 되면서 미국을 필두로 한 서방 세계 기업의 대중국 투자는 더욱 가속화되었고 중국은 G2 의 반열까지 오르게 되었다. 이러한 과정에서 미국의 자본과 기술이 중국의 저렴한 양질의 노동력과 결합함으로써 미국 제조업체들은 글로벌 경쟁에서 경쟁력을 유지할 수 있었고 더 나아가 서방 세계의 투자로 인해 소득이 증대되어 구매력이 강화된 중국 시장 확보를 통해 추가적인 성장 동력을 확보할 수 있었다.

하지만 중국의 시진핑 집권 이후 중국이 다시 세계의 중심이 되겠다는 '중국몽 (中國夢)' 을 외치면서 미국은 중국을 패권 경쟁국가로 재인식하여 견제하게 되었다. 특히 중국 GDP 가 미국 GDP 의 2/3을 넘어선 상황에서 중국은 하이테크 산업 육성을 위한 중국 제조 2025 정책을 추진하면서 경제적인 측면에서 미국의 심기를 건드렸다. 중국 제조 2025 정책의 핵심에는 300 조원 이상을 투자하여 반도체 산업을 세계적인 수준으로 육성하겠다는 반도체 굴기가 있었다. 반도체 등 하이테크 산업은 미국이 주도해 온 산업이었기에 '중국몽' 의 비전 하에 중국 제조 2025 정책과 반도체 굴기를 추진하는 것을 미국은 미국 주도권에 대한 도전으로 인식하고 본격적으로 중국 하이테크 산업을 견제하기 시작했다. 최초의 주요 타겟은 5G 통신장비 시장을 선도하고 있던 중국 최고의 하이테크 기업 화웨이 였다. 뒤를 이어 중국의 반도체 기업들에 대해 최신 장비와 반도체 설계용 소프트웨어 판매 등을 금지하면서 강력한 규제 조치를 취하였다. 전세계 반도체 장비 산업을 어플라이드 머티리얼즈, 램 리서치와 같은 미국 기업들과 네덜란드 기업인 ASML, 일본 기업인 도쿄 엘렉트론이 주도하고 있었는데 미국 정부의 조치로 이 기업들은 최신 반도체 장비를 중국 기업에 판매하지 못하게 되었고 이는 중국의 반도체 굴기에 큰 타격을 가하였다.

이처럼 미중 패권전쟁으로 지정학적 리스크가 커지면서 서방 세계 기업들의 대중국 직접투자는 위축되기 시작했는데 팬데믹으로 인해 중국 내 제조시설이 자주 봉쇄되면서 미국 등 주요 선진국 기업들의 대 중국 제조업 투자는 더욱 타격을 받았다. 이에 더해서 중국도 고도 경제 성장으로 인해 인건비가 급등하면서 노동집약적 산업에서는 중국 기업들도 베트남 등 동남아, 서남아 국가들로 생산 거점을 이전시키는 경우가 많아지고 있을 정도이기에 저임금 수출 거점으로서의 중국의 매력은 반감되었다. 지정학적 리스크, 코로나로 인한 봉쇄, 인건비 급등 등 여러 부정적인 요인이 겹치면서 서방 세계 기업들은 '차이나 플러스 1' 또는 '차이나 플러스 2' 전략으로 전환하여 중국에 공장을 유지하더라도 베트남 등 동남아와 인도에 추가로 공장을 짓는 형태로 원가절감형 오프쇼어링의 양상이 급속도로 변하고 있다.

일본 기업은 2010년대 초반 다오이다오 섬 영유권 분쟁 이후, 한국 기업은 2016년 싸드 보복 이후 급속도로 중국 내 생산 거점을 축소시키고 베트남, 태국 등 동남아 국가들과 인도로 생산 거점을 이동시킨 바 있다. 그 결과 중국을 제치고 베트남이 한국의 최대 무역수지 흑자 국가로 부상하였다. 이제 일본, 한국 기업의 뒤를 이어 미국, 유럽 기업들도 원가절감형 오프쇼어링 거점을 베트남, 인도 등으로 다변화시키고 있는데 그 대표적인 사례가 애플이다. 팬데믹 이전 애플은 아이폰의 98%를 팍스콘 등의 위탁 제조업체를 통해 중국에서 생산하였지만, 팬데믹 이후 아이폰 생산의 25%를 인도에서 하기 위해 인도에 공장을 지었고 에어팟 생산

라인 등은 베트남 등 동남아 국가에 건설하였다.

베트남 등 주요 동남아 국가들과 인도는 글로벌 공급망에서의 중국 비중을 낮추기 위해 미국이 2022년에 출범시킨 '인도태평양 경제 프레임워크'의 회원국이기에 미국 등 서방 세계 기업들의 중국을 대체하기 위한 글로벌 오프쇼어링 거점으로 더욱 각광을 받고 있다. 미중 패권전쟁과 러시아의 우크라이나 침공으로 인해 전개되고 있는 신냉전으로 인해 미국, EU, 일본 등 주요 선진국은 중국으로부터의 소싱을 줄이는 대신 우방국으로부터의 소싱을 늘리는 프렌드쇼어링을 강화하고 있다. 그 결과 제조업의 글로벌 가치사슬에서 원가절감형 오프쇼어링 거점으로서의 중국의 비중은 지속적으로 축소되는 한편 동남아와 인도의 비중은 올라가면서 세계의 공장으로서의 중국의 역할도 약화되고 있다.

선진국으로의 시장 접근형 오프쇼어링과 니어쇼어링의 급증

트럼프가 미국 대통령이 되어 미국 중심주의를 강하게 표방하고 보호무역주의 정책을 펼치면서 미국 투자에 대한 인센티브도 강화한 결과 외국 기업들은 앞다투어 미국에 공장을 짓기 시작하였다. 바이든이 미국 대통령이 된 이후에도 외국 기업의 대미 투자를 촉진하기 위한 정책은 강화되었다. 2022년 발효된 인플레이션 감축법(IRA)으로 인해 미국 정부로부터 보조금을 받기 위한 외국 자동차 회사의 미국내 전기자동차 생산 라인 신증설이 증가하고 있다. 또한 IRA는 전기자동차용 2차 전지 및 2차 전지 소재 업체들의 대규모 미국 제조공장 신증설 투자도 가속화시켰다. 미국자동차연구센터에 의하면 2021년과 2022년 11월까지 23개월 동안 미국 자동차 산업이 무려 700억 달러의 신규 투자를 유치하면서 빠르게 부 활하고 있다. 한국 업체의 대미 공장 신증설 투자도 러시를 이루고 있는데 2022년 12월 현재 현대자동차는 조지아 주에 전기차 전용 신공장을 짓기 위해 7조 400억원을 투자할 예정이다. 또한 현대모비스 1조 1400억원, LG 에너지솔루션 12조 1000억원, SK 온 17조 8150억원, 삼성SDI 3조 9560억원 등 천문학적인 규모의 대미 투자가 자동차와 자동차용 2차 전지 산업에서 예정되어 있다.

특히 4차 산업혁명의 가장 핵심 기술로 부각되고 있는 반도체 산업에서 미국의 자국 산업 육성 의지는 두드러지고 있다. 2022년 8월부터 '반도체와 과학법 (Chips and Science Act)'을 시행하고 있는데 이 법에 따라 미국 정부는 반도체와 첨단기술 생태계 육성에 총 2800억 달러를 투자할 계획이다. 이 법은 특히 미국 내 반도체 산업에 초점을 맞추어 미국 내 반도체 시설 건립 보조금 390억달러, 반도체 연구 및 인력 개발 110억달러, 국방 관련 반도체 칩 제조 지원에 20억달러 등 반도체 산업에 직접적으로 520억달러를 지원하게 된다. 또한 미국에 반도체 공장을 짓는 글로벌 기업에 25%의 세액 공제를 제공함으로써 적극적으로 외국 기업의 반도체 투자를 촉진하고 있다.

이러한 미국 정부의 강력한 대미 투자 유도 정책으로 인해 파운드리 분야의 세계 최강인 대만의 TSMC는 미국에 400억불 투자를 발표하였다. TSMC의 경우 창업자인 모리스 창이 미국에서 반도체를 제조하게 되면 대만보다 비용이 50% 보다 이상 더 들 것이라고 말했고, 2022년 4분기 실적 발표에서 미국에서의 공장 건설비용이 대만에서의 공장 건설비용보다 최소 4배 이상 더 든다고 공식적으로 언급했음에도 미국에 공장을 짓는 것은 미국 정부의 인센티브와 압박, 그리고 정치적인 고려가 대규모 대미 투자의 배경임을 말해 주고 있다. 삼성전자 역시 2021년 11월에 미국 텍사스 주 테일러 시에 170억 달러 (당시 환율로 20조원)을 투자하여 신규 파운드리 건설을 발표하였고, SK하이닉스 역시 2022년 7월에 후공정인 '어드밴스트 패키징(advanced packaging)' 과 반도체 관련 연구개발(R&D)에 150억 달러 투자를 발표하였다.

이처럼 중국 중심의 원가절감형 오프쇼어링은 줄어들고 있지만 보호무역주의의 확산과 스마트 팩토리 기술의 발전 등으로 주요 선진국 시장에 공장을 짓는 시장접근형 오프쇼어링은 증가하고 있는 것이다. 또한 여전히 낮은 인건비가 중요하다면 멕시코나 동유럽에 공장을 건설하여 인접한 미국이나 서유럽을 공략하는 니어쇼어링 형태의 지역화 전략을 펼치는 기업도 늘고 있다. 이로 인해 2021년에는 중국의 WTO 가입 이후 최초로 멕시코로 가는 해외직접투자가 중국으로 향하는 해외직접투자 규모를 근소하게나마 추월하기도 했다. LG에너지솔루션 등 한국 기업들도 폴란드, 헝가리 등 동유럽 국가와 멕시코에 공장을 신증설하면서 니어쇼어링 트렌드에 동참하고 있다.

미국으로의 리쇼어링의 급증

·
·
·

2008년 글로벌 금융위기로 인해 미국은 큰 타격을 받았고 경제와 고용의 안전판으로서 제조업의 중요성을 재인식하였다. 이에 따라 오바마 행정부는 2010년부터 해외로 나간 미국 제조업 공장을 미국으로 유턴시키기 위한 리쇼어링 이니셔티브(Reshoring Initiative) 정책을 강력히 펼치기 시작했다.

필자는 2014년 미국의 대표 제조기업인 GE의 임원 워크숍에 기조 강연자로 초청되어 이멜트 회장과 만찬을 했다. 이멜트 회장은 GE 역시 대부분의 제조 시설이 중국에 있었지만 2013년 중국에 있던 가전 공장을 미국으로 되돌렸고 향후에는 미국 시장을 대상으로 한 공장은 미국에 짓겠다고 필자에게 이야기했다. 중국의 인건비 급등과 물류 비용, 규제 비용 등을 고려하면 중국 제조 비용이 미국의 80-90% 수준까지 올라왔는데 법인세 감면, 토지 무상 제공 등 미국의 연방 및 지방 정부의 각종 유턴 인센티브를 받고 로봇과 자동화 기반의 스마트 팩토리를 건설하면 미국에서 제조를 해도 비용 측면에서도 더 이상 크게 불리하지 않아졌다는 것이었다. 오히려 R&D 거점과 고객 근처에 공장을 지으면 신속한 협업과 맞춤형 고객 대응을 통한 이점도 크다고 강조했다.

이러한 미국 정부의 강력한 제조업 리쇼어링 인센티브와 기업하기 좋은 환경 조성에 힘입어 2010년 10개에 불과했던 유턴 공장은 2021년 1844개로 급증하였다. 2018년에는 미국 제조업 신규 고용 창출의 55%를 담당하였고 2021년에는 유턴 공장이 신규 창출한 일자리만 26만개에 달하였다. 여기에 추가로 협력업체 공장에서 창출한 일자리와 공장 건설 인력, 주변에 몰려 든 식당 등 서비스 업종에서 창출한 인력까지 모두 포함하면 리쇼어링의 고용 창출 기여 효과는 훨씬 더 커서, 2023년 1월 미국이 54년만의 최저인 3.4%의 실업률을 기록하는데 크게 기여하였다.

　미국의 뒤를 이어 일본의 아베 정부와 EU도 리쇼어링 정책을 적극적으로 펼쳐 왔다. 일본의 경우 아베 정부의 유턴 기업에 대한 적극적인 인센티브 제공과 규제 개혁 등을 통한 기업하기 좋은 환경 마련으로 도요타, 혼다, 닛산의 자동차 공장과 캐논 등 전자 대기업 공장도 중국 등에서 유턴하였다. 2015년 한 해에만 724개의 공장이 일본으로 유턴함으로써 팬데믹 직전 일본은 실질적인 완전 고용을 이루어 내었다. 2022년에는 엔저 현상이 심화되면서 자동차 업체 스바루, 전자업체 파나소닉과 JVC 켄우드, 캐논 등이 중국, 동남아에 있던 일부 생산 라인의 일본 이전을 결정하였고, 쿄세라, 미쓰비시전기 등도 일본 생산라인을 증설하기로 하였다. 이처럼 선진국에서 리쇼어링 정책으로 인한 제조업 유턴이 강화되고 외국 기업들도 선진국에 공장을 신설하게 된 이면에는 4차 산업혁명의 핵심인 스마트 팩토리 기술의 발전으로 선진국에 공장을 지어도 자동화와 로봇을 잘 활용하면 생산성은 높이면서 원가 측면의 불리점도 일정 부분 극복할 수 있게 되었기 때문이다.

경영서비스와 인터넷의 세계화 증대

글로벌 가치사슬의 변화는 제조업을 넘어 연구개발(R&D) 활동에서도 크게 나타나고 있다. 최근에는 본국에 집중되어 있던 R&D 거점이 세계적 선도 기술과 인재가 몰려 있는 실리콘밸리 등으로 다원화되고 있는 트렌드가 두드러지고 있다. 예를 들면 삼성전자는 2010년대에 실리콘밸리에 Samsung Research America 라는 대규모 연구소를 만들었고 SK하이닉스는 미국에 대규모 반도체 연구소를 만들고 있다.

또한 인터넷 기반산업이나 경영 서비스 분야의 글로벌화는 디지털 대전환 본격화로 가속화 되고 있다. 팬데믹 사태로 화상회의 서비스를 제공하는 Zoom의 전세계 일일 사용자가 22년도 현재 3억명에 이른 것이 좋은 예이다. 또한 재택 근무 활성화는 신흥시장의 고등 교육을 받은 우수 사무직 인력을 저렴한 인건비로 활용하는 기회를 넓혀 경영관리, 콜센터, 소프트웨어 코딩 등 경영 서비스의 글로벌 아웃소싱 강화로 이어지고 있다.

글로벌 가치사슬 대격변에 대응하려면?

이처럼 포스트 팬데믹 시대에는 글로벌 가치사슬의 대격변이 일어나고 있다. 일각에서는 21세기 첫 20년 세계 경제의 성장을 이끌었던 세계화 시대가 저물고 탈세계화(de-globalization) 시대가 도래했다고까지 주장하고 있다. 특히 미중 패권전쟁과 러시아의 우크라이나 침공으로 인한 신냉전으로 인해 중국/러시아 중심의 전체주의 국가 진영과 미국/EU/일본 등의 자유민주주의 국가 진영으로 나누어져 전세계가 단일 시장에서 블록화를 통한 부분 디커플링으로 가고 있기에 탈세계화 주장이 일견 일리가 있는 부분도 있다. 하지만 중국 중심의 원가 절감형 오프쇼어링은 약화되고 리쇼어링은 강화되고 있어서 세계화가 약화되고 있는 측면도 있지만 미국, EU 등 선진국으로의 시장접근형 오프쇼어링이 강화되고 있는 점도 주목해야 한다. 더욱이 R&D나 인터넷 등 서비스 분야의 글로벌화는 계속 강화되고 있는 점도 잊지 말아야 한다. 유튜브나 넷플릭스와 같은 글로벌 채널을 잘 활용한 K-팝이나 K-드라마의 글로벌 확산은 그 좋은 예이다. 넷플릭스의 CEO는 2023년 4월 미국을 방문한 윤석열 대통령과의 면담에서 향후 4년 간 한국 콘텐츠에 25억 달러, 약 3조 3천억원을 투자하겠다고 발표하였는데 이 금액은 넷플릭스가 2016년부터 2022년까지 한국 콘텐츠에 투자한 금액의 2배에 달한다. 따라서 탈세계화 시대의 도래라고 일률적으로 이야기하기에는 어려운 상황이라고 할 수 있다.

원가절감형 오프쇼어링의 차이나 플러스 원 전략 확산과 선진국으로의 시장접근형 오프쇼어링 강화로 대변되는 오프쇼어링 거점의 다원화 전략은 다국적기업 관점에서 글로벌 공급망에서 원가 효율성(efficiency) 최적화 전략에서 벗어나 회복탄력성(resilience)을 중시하는 전략으로의 전환을 의미한다.[1] 맥킨지의 2020년 서베이에 의하면 응답 기업의 93%가 원가효율성을 다소 희생하더라도 회복탄력성을 강화하는 쪽으로 글로벌 공급망 전략의 변화를 추구하고 있었다. 맥킨지에 의하면 3.7년마다 한 달 이상의 글로벌 공급망 교란이 발생하고 있으며 이로 인해 연간 EBITDA의 30-50% 감소와 영구적 시장점유율 저하로 이어지고 있기 때문이다. 다국적기업 입장에서는 지정학적 리스크나 팬데믹과 같은 돌발 리스크에 대응하기 위해서 설사 원가가 더 들어간다고 하더라도 북미, 유럽, 아시아 등 주요 지역별로 공장을 별도로 설치하여 만일의 사태에 대비하여 회복탄력성을 강화하는 것이 더욱 중요하다는 인식을 하게 된 것이다. 이러한 트렌드의 최대 수혜 국가는 중국의 대안으로 떠오르고 있는 베트남 등 동남아 국가와 인도와 함께 니어쇼어링 거점으로 부상하고 있는 멕시코와 동유럽 국가들이 되고 있다.

OECD 국가중에서 대외의존도가 가장 높은 나라 중 하나인 한국으로서는 이러한 글로벌 가치사슬의 대격변에 능동적으로 대응을 해야 한다. 중국 중심의 글로벌 오프쇼어링 가치사슬의 주요 수혜자가 한국이었던 만큼 선진국 제조업의 리쇼어링과 선진국으로의 시장접근형 오프쇼어링 증가, 미중 패권 전쟁으로 인한 세계의 공장으로서의 중국의 역할 감소와 지정학적 리스크 증대, 대륙간 무역의 퇴조는 한국에게는 중대한 위협이 되고 있다. 한국 기업에게는 오프쇼어링이 시장 확대를 위해서도 중요했기에 베트남, 인도 등을 새로운 원가절감형 오프쇼어링 거점으로 적극 육성하는 한편 미국, 유럽 등 주요 거점 시장에 스마트 팩토리를 건설하여 중국을 대체하는 시장인 선진국 시장을 보다 적극적으로 공략해야 한다.

또한 한국 정부의 과도한 규제와 인건비 급등 등으로 한국 시장을 겨냥한 공장조차 해외로 지나치게 많이 빠져 나갔지만 유턴하는 기업은 극히 적기에 유턴 기업 인센티브 강화, 스마트 팩토리 육성을 통해 한국 기업의 리쇼어링을 유도하는 정책도 강화되어야 한다. 그림 1에 나와 있듯이 코트라(KOTRA)에 따르면 2014~2021년 사이 국내로 돌아온 기업은 108개사에 불과하였다. 코트라가 2022년에 행한 서베이에 응답한 해외 진출 한국 기업들의 95%가 리쇼어링 계획을 가지고 있지 않았다. 2021년의 경우 한국 기업이 해외에 신설한 법인의 숫자가 무려 2230개에 달한 반면 한국으로 유턴한 기업의 숫자는 26개에 불과했다. 더욱이 한국 기업의 해외직접투자는 매년 크게 증가하는 반면 한국으로 들어오는 외국 기업의 투자는 그렇지 않아서 기획재정부/산업통상자원부에 따르면 내국인 해외직접투자에서 외국인 국내직접투자를 뺀 투자자금 순유출액은 2022년도에 591억 3400만 달러로 역대 최대를 기록하였다. 이로 인해 세계무역기구(WTO)에 의하면 한국의 세계 수출 점유율도 2017년3.2%에서 2022년 2.7%로 빠르게 줄면서 2023년 4월 현재 한국의 무역 적자는 13개월 연속 지속되기도 했다.

이처럼 한국 기업의 공장 해외 이전이 급증하고 있고 중소 기업들도 속속 해외 이전 대열에 동참하는 반면 외국 기업의 한국 투자는 주춤하고 있는 현실은 인센티브 강화만으로는 한국 기업의 리쇼어링 유도에 한계가 있고 근본적으로는 반기업적 규제 정책 방향을 기업 친화적인 정책으로 대전환해야 한다는 시대적 과제를 강하게 던져 주고 있다. 한국과 비슷한 문제를 안고 있었던 일본이 아베 정부의 기업 친화적 규제 개혁과 유턴 기업에 대한 강력한 인센티브 제공을 통해 자동차, 전자 공장을 포함한 공장이 매년 수백 개가 일본으로 유턴하여 일본이 코로나 직전 완전 고용으로 가는데 크게 기여했다는 점을 주목해야 할 것이다.

〈그림 1〉 미국과 한국의 리쇼어링 기업 추이

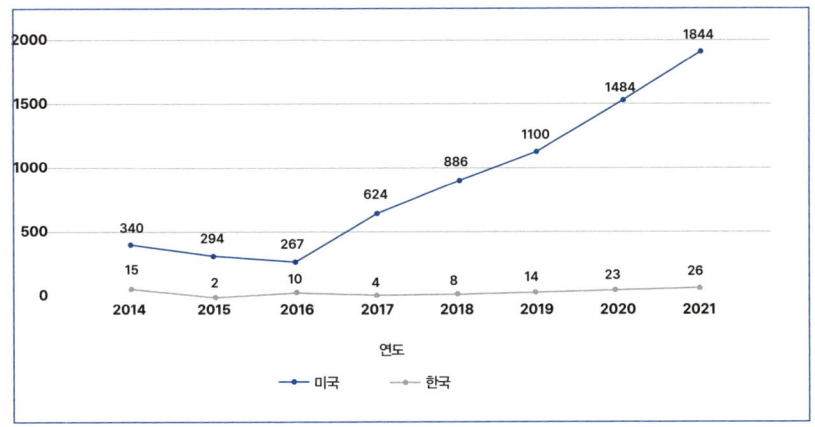

(출처: 동아일보 2022년 12월 19일자 "2230개 기업 해외 나갈때, 국내 유턴 26개뿐")

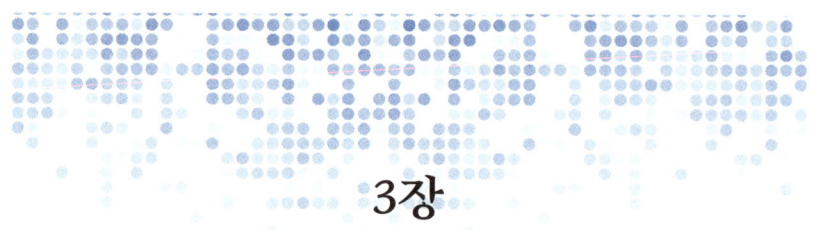

3장

일본 기업, 국내경제의 저성장을 어떻게 극복했는가?

•

이형오
숙명여대

저성장 시대, 왜 일본 기업에 주목하는가?

필자가 대학 졸업 후 일본으로 유학을 간 것은 1987년 가을이었는데, 당시 일본 경제는 전성기를 누리고 있었고 모든 것이 풍요로워 보였다. 현실경제를 반영하여 그때 일본 학자들은 일본 경제와 기업의 높은 성과를 규명하는 데 힘쓰고 있었다. 경제학자들은 일본 경제 시스템이 미국 경우와 어떻게 다른지, 왜 효과적인지를 연구하였다.[1] 또 경영학자들은 일본 경제 시스템의 일부인 일본적 경영의 특징과 그 효과성을 설명하는데 많은 노력을 기울였다. 종신고용, 연공서열, 기업별조합 등으로 특징되는 일본적 경영은 이미 예전부터 잘 알려져 왔지만, 당시에는 그

시스템이 왜 기업들의 경쟁력에 기여하였는지에 관심이 놓여졌다.

그런데 실물경제와 연구방향은 1990년대 초 버블붕괴와 더불어 크게 달라졌다. 잘 알려진 바와 같이 1985년 플라자 합의 이후 엔화 가치의 급등에도 불구하고 일본 경제는 계속 성장했고 지가 급등으로 경제의 버블이 발생하게 되었다. 그런데 그 버블이 1991년 초 붕괴되고, 소위 '잃어버린 30년'이 시작되었다.[2] 버블붕괴와 더불어 일본 경제는 저성장 단계에 접어들었다. 일본의 실질경제성장률은 1980년 이후에도 3%를 넘는 상태를 유지해왔지만 1992년에 0.8%로 낮아진 이후로는 저조한 상태를 벗어나지 못하였다. 설상가상으로 생산가능인구는 1995년에 정점에, 총인구는 2008년에 정점에 달한 이후, 각각 감소추세를 보여주었다.

1992년부터 시작된 일본 경제의 저성장은 경제와 경영의 패러다임에 큰 변화를 가져오게 되었다. 무엇보다 은행들이 어려움에 처하게 됨에 따라 은행 중심의 그룹경영 체제에 큰 변화가 일어나게 되었다. 또 수직계열 시스템도 계열의 정점에 있는 중핵기업들의 성장이 힘든 상황에서 그 효과가 낮아지게 되었다. 또 기업 내부적으로는 성장을 전제로 했던 장기고용이나 연공서열이 유지되기 어렵게 되었다. 결국, 많은 학자들이 칭찬해왔던 일본적 경영 시스템은 성장경제하에서만 큰 효과를 발휘한다는 점이 뒤늦게 알려지게 되었다.

그럼 저성장과 함께한 '잃어버린 30년' 동안 모든 일본 기업들이 경쟁력을 잃어버렸는가? 이제 일본 경제와 일본 기업은 끝났다고 하는 극단론도 있지만, 그 답은 그렇게 단순하지만은 않다. 물론 많은 기업들이 경쟁력을 잃고 또 일부는 사라지기도 했지만, 토요타자동차(トヨタ自動車)

같은 기업은 오히려 이 시기에 엄청난 성장을 이루어 세계 제일의 자동차 회사로 발전하였다. 국내경제 저성장이라는 환경변화에 적응하지 못한 기업은 실패하였지만, 그 변화에 적응하고 나아가 변화를 활용한 기업은 오히려 큰 성공을 거두었다고 할 수 있다.

그럼 이제 관심을 한국 기업 쪽으로 돌려보자. 삼성전자, 현대자동차, 포스코 등 주요 기업들은 선진국 기업에 비해 역사가 짧지만, 그간 놀라운 발전을 이루어냈다. 그 기업들이 발전과정에서 일본 기업들의 영향을 받은 것을 부인하기 어렵다. 삼성전자는 산요전기(三洋電機), 현대자동차는 미쓰비시자동차(三菱自動車), 포스코는 신일본제철(新日本製鉄, 오늘날 日本製鉄)로부터 기술을 이전 받아 사업을 시작했고, 경영관리 면에서도 일본 기업들을 벤치마킹하였다. 이후 한국 기업들은 빠른 속도로 일본 기업들을 추격해갔고, 외환위기 이후에는 미국식 경영요소도 도입하면서 놀라운 발전을 이루어냈다. 그 결과 오늘날에는 설립 당시 학습 대상이었던 일본 기업을 경쟁력에서 능가하는 한국 기업도 생겨났다.

그런데, 오늘날 한국 기업들도 포스트 팬데믹 시대 새로운 환경에 직면해있다. 즉, 국내경제의 저성장, 중국 기업 등 신흥국 기업의 부상, 4차 산업혁명의 도래 등을 맞이하고 있다. 이 중 앞의 두 요소는 1990년대 초 일본 기업들이 겪었던 것들과 매우 유사하다. 흔히 한일 양국 사이에는 약 20년의 시차가 나타나고 있다고 한다. 실제 일본은 1992년부터 저성장 단계에 진입했다고 할 수 있는데, 한국은 놀랍게도 2012년부터 실질경제성장률이 3%를 밑도는 저성장 추세를 보여주고 있다. 생산가능인구는 일본이 1995년에, 한국이 2019년에 정점에 달했고, 총

인구는 일본이 2008년에 정점에 달했고 한국은 당초 2028년에 정점에 달할 것으로 예상했으나 그보다 빨리 2020년에 정점에 달했다.

한국 경제나 기업이 향후 어려운 상황에 처해질 것이라는 점은 새로운 사실이 아니다. 다만, 그 대처방법에는 여러 가지 안이 있을 수 있다. 한국 기업들이 오늘날 처한 환경이 일본 기업들이 20년 전에 처한 환경과 똑같지는 않지만, 최소한 국내경제 저성장이라는 측면에서 양쪽이 매우 유사하다. 따라서 일본 기업들이 지난 저성장 시기에 겪었던 경험은 한국 기업들에게 좋은 참고가 될 것이다. 즉, 일본 기업은 한국 기업에게 정면교사도 반면교사도 될 수 있다.

그럼 일본 기업들은 저성장 국내경제하에서는 어떠한 전략적 대응을 해왔는가? 경영전략은 사업범위를 결정하는 기업전략과 개별사업에서의 성공요인을 찾는 경쟁전략으로 구분되는데, 여기서는 전자에 초점을 맞춰 생각해보자. 또 기업전략은 산업 측면의 다각화 전략, 해외진출 측면의 글로벌 전략, 가치사슬 측면의 수직통합 전략으로 구분되는데, 아래에서는 일본 기업들이 각 측면에서 어떠한 전략적 대응을 통해 성공과 실패를 했는지 살펴보자. 그리고 일본 기업들의 경험이 한국 기업에게 어떠한 시사점을 던져주고 있는지 생각해보자.

저성장 시대에 일본 기업들의
다각화 방향은 어떠했는가?

다각화는 산업 측면에서 사업범위를 정하는 의사결정인데, 한국과 일본의 경우는 이를 그룹 차원과 개별기업 차원으로 구분하여 논의할 필요가 있다. 왜냐하면 양국에는 기업집단 또는 기업그룹이라는 조직이 경제에서 큰 비중을 차지하고 있기 때문이다. 또 비관련 산업으로 문어발식 사업전개를 하는 그룹 차원의 다각화와 비교적 한정된 산업 내에서 제품군을 변경해가는 개별기업 차원의 다각화는 성격이 다르기 때문이다. 각각에 있어서 일본 기업들이 저성장 시대에 어떠한 대응을 해왔는지 살펴보자.

기업그룹의 결속력은 약화되었다

일본 기업들의 그룹경영을 이해하기 위해서는 먼저 그 역사를 살펴볼 필요가 있다. 한국의 재벌이라는 용어는 실은 전쟁 전 일본의 자이바츠(財閥)에서 유래한 것이다. 명치유신 이후 정부 주도의 경제발전 과정에서 가족소유에 기반하여 여러 산업으로 사업을 전개하는 자이바츠가 생겨났다. 패전 후 자이바츠는 연합국 최고사령부에 의해 해체되었지만, 전후 복구 과정에서 기업그룹으로 전환되었다. 다만, 기업그룹은 특정 가족과 그 관련자가 아니라 상호주식보유와 전문경영인으로 구성된 사장단회의(社長会)에 기반하여 경영이 이루어지게 되었다.

전후 소위 6대 그룹이 형성되는데, 그것은 미쓰비시(三菱), 미쓰이(三井), 스미토모(住友), 후요(芙蓉), 산와(三和), 다이이치칸긴(第一勧銀) 그룹이다. 이 그룹들은 전후 일본 경제를 이끌어왔으며, 각 그룹별로 은행과 종합상사가 구심점 역할을 해왔다. 그런데 여기서 우리가 관심을 가지는 점은 이 그룹들이 버블붕괴 이후 어떻게 변화했는가이다. 논리적으로는 성공한 그룹과 실패한 그룹으로 구분할 수 있겠지만, 현실에서는 그룹경영 자체가 의미를 잃게 되었다고 할 정도로 그 결속력이 크게 낮아졌다.

그룹의 결속력이 약화된 결정적인 이유는 각 그룹의 구심점이었던 은행들이 버블붕괴로 인해 어려움에 빠졌기 때문이다. 그에 따라 메인뱅크로서의 은행 역할이 약해졌고, 또 주가하락으로 인한 주식매각과 그에 따른 상호주식보유가 약해지는 결과가 나타났다. 나아가 은행들 사이에 통폐합이 일어났는데, 미쓰이은행(三井銀行)과 스미토모은행(住友銀行) 등이 통합되어 2001년 미쓰이스미토모은행(三井住友銀行)이, 후지은행(富士銀行)과 다이이치칸긴(第一勧銀) 등이 통합되어 2002년 미즈호은행(みずほ銀行)이, 산와은행(三和銀行)과 미쓰비시은행(三菱銀行) 등이 통합되어 2006년 미쓰비시도쿄UFJ은행(三菱東京UFJ銀行, 2018년에 미쓰비시UFJ은행으로 사명변경)이 되었다.

그리고 종합상사 또한 은행 대신 그룹의 결속력을 유지시키는 데 그다지 기여하지 못했다. 종합상사들은 저성장 경제로 인한 매출액 감소로 오히려 자신들의 생존 자체를 걱정해야 하는 상황에 처했다. 그 결과 각 그룹에 속하는 개별기업들은 기존사업을 재편하거나 신규사업에 진출할

때 그룹 차원의 의사결정에 크게 영향을 받지 않고 독자적으로 생존을 모색하는 방향으로 나아갔다.[3]

이와 같이 버블붕괴 이후 국내경제 저성장이 기업그룹의 결속력 약화에 결정적인 영향을 미쳤다. 경제가 성장하던 시기에는 소위 원세트(one-set)주의에 따라 각 그룹에는 산업별로 회사가 하나씩 속해있었다. 개별기업은 그룹에 소속됨으로써 그룹 내 기업들과의 거래뿐만 아니라 그룹 차원의 시장지배력을 활용할 수 있었다. 그러나 경제가 성장하지 않는 상황에서는 개별기업들은 그룹 외 기업들과 거래를 확대시킬 필요가 있었고, 경우에 따라서는 그룹 내 타사와 사업상 경쟁을 해야 하기도 했다. 그에 따라 실제 사장이 복수의 사장단회의에 참가하는 기업도 많아졌다. 그 결과 이제 기업그룹은 그 기능이 상실되었고 해체되어야 한다는 의견조차 제기되었다.[4]

일본 기업들의 경쟁력은
산업별로 큰 차이가 났다

다각화를 개별기업 차원에서 살펴보면, 이는 특정 산업분야에서 어떤 제품이나 서비스로 비즈니스를 할 것인가의 문제이다. 이와 관련하여 흥미로운 점은 버블붕괴 이전에는 일본 기업들이 대부분의 산업에서 강한 경쟁력을 지니고 있었으나 이후에는 산업별로 경쟁력에 큰 차이가 나타났다는 것이다. 일본의 자동차산업과 전자(전기전자)산업을 비교해보면, 전자는 버블붕괴 이후에도 경쟁력이 여전히 높은 반면, 후자는 경쟁력이 크게 낮아졌다. 이를 버블붕괴 직전인 1990년도와 최근인 2021년도 사이 각 산업 대표기업의 비교를 통해 살펴보면, 토요타자동차의 매출액은 3.18배 증가한 반면, 히타치제작소의 매출액은 1.33배 증가하는 것에 그쳤다.[5] 또 〈표 1〉은 2016년 기준 과거 10년간 매출액 증가 또는 감소 10대 기업을 보여주고 있는데, 매출증가 쪽에는 자동차기업이 3개 포함된 반면, 감소 쪽에는 전자기업이 5개나 포함되어 있다.

〈표 1〉 과거 10년간 매출증가 또는 감소 일본 기업

	과거 10년간 매출증가 상위 10대 기업 (2016년 연결 기준)		과거 10년간 매출감소 상위 10대 기업 (2016년 연결 기준)	
	기업명	2016년 매출액(엔)	기업명	2016년 매출액(엔)
1	토요타자동차(자동차)	28조4031억	파나소닉(전자)	7조5537억
2	토요타통상	8조1702억	도시바(전자)	5조6686억
3	이온	8조1767억	샤프(전자)	2조4615억
4	닛산자동차(자동차)	12조1895억	마루이그룹	2458억
5	세븐&아이홀딩스	6조0457억	도쿄급행전철	1조0914억
6	후지중공업(자동차)	3조2322억	후지석유	4255억
7	다이와하우스공업	3조1929억	쿄덴(전자)	511억
8	미쓰비시케미컬홀딩스	3조8230억	NTT도코모	4조5270억
9	미쓰비시중공업	4조0468억	토넨제너럴석유	2조6278억
10	다이킨공업	2조0436억	카시오계산기(전자)	3522억

(출처:東洋経済 ONLINE 2017년 2월 8일 및 2월 23일 기사 가공하여 필자 작성)

그럼 왜 1990년대 이후 일본 기업 경쟁력에 이처럼 산업별 차이가 나타났을까? 그에 대한 답을 찾기 위한 한 방법으로 제품아키텍처론을 활용해

볼 수 있다. 제품아키텍처, 즉 설계양식은 원래 울리치(Ulrich) 교수가 제시한 개념인데, 간단하게는 조합형(Modular)과 통합형(Integral)으로 분류될 수 있다.[6] 전자는 PC처럼 부품들의 기능과 구조가 일대일로 대응되는 단순한 구조를 가진 경우이고, 후자는 승용차처럼 부품들의 기능과 구조 사이에 복잡한 연결관계가 있는 경우이다. 이 개념은 이후 도쿄대 후지모토(藤本隆宏) 교수와 신타쿠(新宅純二郎) 교수 등 일본 학자들에 의해 기업 또는 산업의 경쟁력 분석에 활용되었는데, 그 내용을 참고해보자.[7]

제품아키텍처론에 따르면, 조직특성과 제품특성은 서로 밀접한 관련을 가지고 있다. 일본 기업들은 전후 장기고용과 외부기업과의 계속적 거래를 통하여 조직 내외부 구성원들이 서로 긴밀한 의사소통을 할 수 있는 능력을 길러왔는데, 이는 승용차처럼 부품 간 미세조정이 필요한 통합형 제품의 개발과 생산에 유리했다고 할 수 있다. 그래서 일본 기업들은 자동차산업에서 높은 경쟁력을 구축할 수 있었다. 또한 1990년대 이후에도 그 산업에서는 제품아키텍처에 큰 변화가 없었기 때문에 일본 기업들이 지속적으로 높은 경쟁력을 유지할 수 있었다고 설명된다. 물론 향후 전기자동차 시장에서는 지금까지와는 다른 경쟁 양상이 펼쳐질 수도 있다.

한편, 전자산업의 경우는 1990년대 이후 국내시장의 성장이 둔화되기도 했지만, 기술 패러다임이 아날로그에서 디지털로 전환됨에 따라 제품아키텍처에 큰 변화가 일어났다. 아날로그 시대 때는 제품아키텍처가 워크맨의 경우처럼 통합형이었고 그에 따라 일본 기업들이 높은 경쟁력을 지니고 있었다. 그런데 기술의 디지털화로 인해 제품아키텍처가 MP3 플레이어의 경우처럼 조합형이 됨에 따라 일본 기업들의 우위성이 약화되었다. 이 시기에 조합형에 유리한 조직능력을 가진 한국 기업이나 중국 기업이 우위를 점하게 되었다고 설명된다.

이러한 분석은 전자산업 내 기업들의 전략적 대응을 설명하는 것에도 적용될 수 있다. 버블붕괴 이후 일본 전자기업들이 많은 어려움을 겪어왔는데, 산요전기처럼 타사에 통합되어 사라진 기업도 있었고, 샤프(Sharp)처럼 외국계기업에 인수된 기업도 있었다. 이들 경우는 기술 패러다임 변화에 대응하여 빠르게 사업을 재편하지 못한 것이 실패의 주된 원인이라고 많은 사람들이 지적하고 있다. 한편, 2015년 매출액 업계 1, 2위인 히타치제작소와 파나소닉(Panasonic)의 경우는 기존의 일본적 경영방식과는 달리 최고경영진에 의한 신속한 사업 포트폴리오 재편을 통해 경쟁력을 회복하였다. 두 회사 모두 그 사이에 가전제품과 같은 소비재 비중을 축소시키고 자동차부품, 산업인프라제품 등 산업재 비중을 크게 증가시켰는데, 이는 이미 GE 등 미국 기업들이 과거 사업구조조정을 했던 방향과 유사하다. 즉, 사업 중심을 조합형 성격의 소비재 분야에서 통합형 성격의 산업재 분야로 이동시킨 것으로 해석할 수 있다.

물론 기업 경쟁력을 제품아키텍처 개념 하나로 설명할 수는 없다. 동일 산업 내에도 아키텍처 특성이 다른 다양한 제품들이 존재하고, 동일 제품 경우에도 완제품과 부품 등 제품레벨에 따라 아키텍처 특성이 다르다. 또 도시바처럼 사업 중심을 산업재로 변경해도 어려움에 빠진 기업이 있다. 그래서 위 설명은 너무 단순하다고 할 수 있다. 실제 일본 전자기업들의 경쟁력이 낮아진 이유로는 기술의 디지털화 이외에도 과다한 기술사양, 기술표준의 갈라파고스 현상, 폐쇄적 거래관계, 느린 의사결정 등 다양한 요인들을 들 수 있다. 그렇지만 제품아키텍처 개념은 한국 기업이 향후 사업 포트폴리오 재편 방향을 고려할 때 유익하게 활용될 수 있다.

어떤 기업들이 국내 저성장을 글로벌전략으로 극복했는가?

국내경제 저성장이 개별기업 성장에 영향을 미치는 것은 틀림없지만, 그 자체가 절망적인 환경요인은 아니다. 국내시장이 더 이상 성장하지 않거나 축소되더라도 개별기업은 해외로 적극 진출하면, 국내요인은 기업성장의 걸림돌이 되지 않는다. 오늘날 세계적 기업이 된 삼성전자의 경우는 한국이라는 국내시장이 협소했던 점뿐만 아니라 금성사(현재 LG 전자)라는 선발주자로 인해 국내에서의 성장이 어려웠던 점이 적극적 해외진출의 원동력이 되었다고 할 수 있다. 일본의 경우에도 국내경제 저성장이라는 환경하에서도 큰 성장을 이룬 곳은 해외시장으로 적극 진출한 기업들이었다. 이는 대기업 경우도 중소기업 경우도 마찬가지였다.

적극적 해외진출 여부가 대기업들 성과를 결정했다

국내시장의 한계가 기업성장의 걸림돌이 되지 않는다는 점은 예전에도 그랬다. 전후 1946년에 설립된 소니는 사업 초기 국내에 마쓰시타전기

산업(오늘날 파나소닉)과 같은 선발주자가 있었기 때문에 해외로 나갈 수밖에 없었고 그 결과 세계적 기업이 된 것은 잘 알려진 사실이다. 그런데 우리가 여기서 주목하는 점은 버블붕괴 이후 저성장 시기에 대기업중 어떤 기업들이 성공하고 실패했는가이다. 앞의 〈표 1〉에서 2016년기준 과거 10년간 매출증가 상위 기업 중 다수가 자동차회사였고 매출감소 상위 기업 중 다수가 전자회사였는데, 그 이유로는 제품아키텍처의 변화가 중요했지만, 기업들의 글로벌전략 차이도 간과할 수 없다.

매출증가 1위인 토요타자동차는 글로벌전략에도 성공한 대표적인 기업이다. 토요타자동차(렉서스 포함)의 1990년대 이후 판매실적을 살펴보면, 국내판매는 국내경제 저성장을 반영하여 전반적으로 감소 추세를보였지만, 총판매는 전반적으로 증가 추세를 보였다. 그 증가는 기본적으로 해외판매의 증가 덕분이다. 판매대수를 1991년과 2021년으로 비교하면 총판매는 470.9만 대에서 961.5만 대로 증가하였지만, 국내판매는 235.5만 대에서 147.6만 대로 줄어들었다. 그 결과 전체 대비 국내 비중은 50.0%에서 15.4%로 낮아졌다.

토요타자동차는 생산의 글로벌화도 적극 추진하였다. 생산대수를 1991년과 2021년으로 비교하면 총생산은 475.5만 대에서 858.3만 대로 증가하였지만, 국내생산은 408.5만 대에서 287.8만 대로 줄어들었다. 국내 비중은 1991년에 85.9%로 매우 높았으나 2007년부터 해외비중을 밑돌아 2021년에는 33.5%로 낮아졌다. 이러한 변화는 전문경영인인 오쿠다(奥田碩) 씨가 1995년 최고경영자가 된 이후 추진한 파격적인 글로벌전략의 성과라고 할 수 있다. 공격적인 글로벌화가 2009년

리콜 사태라는 위기를 초래하기도 했지만, 판매와 생산의 적극적인 글로벌화가 없었다면 오늘날 수년간 세계판매 1위라는 성과는 이루어질 수 없었을 것이다.

한편, 파나소닉의 지역별 매출 추이를 살펴보면 글로벌화가 토요타자동차보다 소극적으로 이루진 것을 알 수 있다. 파나소닉은 앞서 언급한 바와 같이 적극적인 구조조정 덕분에 어려움을 견뎌내고 생존해 온 기업이라고 할 수 있다. 그럼에도 불구하고 전체 매출액이 1990년도 6.60조 엔에서 2021년도 7.38조 엔으로 약 30년 동안 거의 정체상태를 보여주고 있다.[8] 그 이유로 국내경제 저성장을 들 수도 있지만, 높은 국내시장 의존 성향을 무시할 수 없다. 파나소닉의 국내매출 비중은 최근 감소 추세를 보이지만 2021년도에 약 44%로 여전히 토요타자동차에 비해 높고, 동종업계 삼성전자에 비해서는 매우 높다고 할 수 있다.[9]

국내시장 의존도가 높은 점은 파나소닉뿐만 아니라 다른 일본 전자기업에서도 보여지고 있는데, 히타치제작소 경우도 2021년도 국내매출 비중은 41%로 높다. 왜 이러한 현상이 나타날까? 무엇보다 해당 기업들의 국제경쟁력이 약화되었기 때문에 결과적으로 해외시장 매출증대가 어려웠다고 해석할 수 있다. 그러나 그 외에 일본 국내시장 규모가 상당히 크다는 점이 기업들의 적극적인 해외진출을 저해했다는 해석 또한 설득력이 있다. 경제 전체적으로도 일본은 무역의존도(GDP 대비 수출수입 비율)가 낮아(UNCTAD 자료 2021년: 한국 68.05, 일본은 29.96), 기업들이 해외로 나가기보다는 국내시장에 안주하는 경향이 있어왔다. 실제 저성장 돌입 이전인 1990년도에 파나소닉(당시 마쓰시타전기산업)의 경쟁력은 매우 높았지만, 당시 총매출액 6.60조 엔 중 국내비중은 55.0%일 정도로 국내시장 의존도가 높았다.

뿐만 아니라 일본 전자기업들은 해외시장 진출에 있어서 미국이나 유럽과 같은 선진국 시장을 중시하고 BRICs와 같은 신흥국 시장을 소홀히 한 경향이 있었다. 그에 따라 신흥국 시장을 파고든 한국 기업들에게 기회를 제공하였고, 결국은 신흥국뿐만 아니라 선진국 시장에서도 한국 기업들에게 밀리게 되었다. 그리고 이동통신 산업에서 보여진 것처럼 일본 정부는 자국 내에만 통용되는 표준을 만들어 소위 갈라파고스 현상이 나타났는데, 이것이 산업의 성장에 걸림돌이 된 점도 주목할 만하다.

일본의 히든챔피언들은 오히려 성장했다

판매와 생산 등을 해외로 이전시키는 기업활동의 글로벌화는 대기업뿐만 아니라 중소기업에게도 성장을 위해서는 꼭 필요한 일이다. 일본에서는 버블붕괴 이후 국내경제가 저성장 단계에 들어서면서 대기업들은 판매활동에 이어 생산활동을 급속히 해외로 이전시켰다. 경제산업성의 자료에 따르면, 자본금 10억 엔 이상 대기업의 해외설비투자비율(연결 해외설비투자액/단독국내설비투자액)은 2002년에는 17.7%였으나, 2012년에는 47.5%로 크게 증가하였다.[10] 대기업의 해외투자로 국내 제조업 기반이 약화되어 갔는데, 이제 일본 국내에서는 중소기업들이 대기업을 대신해서 제조활동의 중요한 부분을 담당하게 되었다. 이러한 상황에서 국내에 제조기반을 두면서 적극적인 글로벌전략으로 성공한 중소·중견기업들이 주목을 받았다. 그 대표적인 예가 GNT(Global Niche Top) 기업과 교토식 경영 기업인데, 이들의 전략을 살펴보자.

GNT 기업들은 일본형 히든챔피언이라고 할 수 있는데, 이들은 일본을 기반으로 하면서 특정 분야 즉 니치에서 세계적 수준의 경쟁력을 확보하고 있는 기업들이다. 각 지역에 사업기반을 두고 있는 이들은 지역경제 활성화 차원에서도 중요한 역할을 하기 때문에 일본 정부도 많은 관심을 가져왔다. 한국도 글로벌강소기업, 월드클래스300 등 다양한 명칭으로 한국형 히든챔피언 육성에 노력해왔기 때문에 일본 정부의 이러한 정책이 새로울 것은 없다. 다만, 저성장기에도 글로벌화를 통해 성공한 GNT 기업들이 어떠한 과정을 거쳐 발전해왔는지, 또 어떠한 특성을 지니고 있는지를 살펴보는 것은 의미가 있을 것이다.

먼저, 이들의 성장과정을 살펴보면, 많은 기업들이 전후 고도성장기에 설립되었고, 점진적 과정을 통해 발전해온 것을 알 수 있다. 그 발전과정을 제품특성과 시장특성 관점에서 분석해보면, 대부분 일본 국내에서 사업을 시작하였는데, 처음에는 범용제품을 만들다가 나중에 니치제품으로 성공한 경우도 있었고 처음부터 니치제품으로 성공한 경우도 있었다. 그리고 대부분은 국내에서 니치제품으로 성공한 뒤 나중에 글로벌시장에 진출하여 큰 성공을 거두었다. 또 글로벌화의 경위는 다양하였는데, 에이전트를 통한 거래가 해외고객과의 직접거래로 발전한 경우도 있었고, 해외기업이나 해외 일본계 기업으로부터 직접 수주를 받아 해외진출을 한 경우도 있었다.

그리고 GNT 기업들의 특징을 살펴보면 다음과 같다.[11] 첫째, 그들

제품은 대부분 B2B 제품들인데, 이는 B2C 제품들은 경쟁에 쉽게 노출되어 지속적인 경쟁우위 유지가 어렵기 때문이다. 둘째, 창업자가 제조업체에서 기술자로 일하다가 독립하여 창업한 경우가 많은데, 이들이 강한 리더십을 지니고 있었다. 셋째, 국내 대기업 또는 해외 기업이 해당 니치제품을 채택해준 뒤 평판을 쌓아 판로를 확대하였다. 넷째, 자사 주도의 기술개발이 아니라 대기업의 직접적인 요구나 잠재적 수요를 파악하여 그에 적극 대응하는 고객 중심의 기술개발을 하였다. 다섯째, 자사 개발 기술도 중시하지만, 필요에 따라 외부 기술도 적극 도입하였다. 여섯째, 경쟁우위 유지 수단으로서 특허를 출원하기보다는 핵심기술을 블랙박스화하는 경우가 많았다. 일곱째, 어느 정도 성장하면 관리체계 강화를 위해 대기업 인재를 영입하고 해외판로 확대를 위해 일본 내 유학생 출신 인재를 적극 활용하였다.

한편, 적극적인 글로벌전략으로 성공한 또 주목할 만한 기업유형은 소위 교토식 경영 기업이다. 교토식 경영이란 용어는 교토대 수에마쓰(末松千尋) 교수가 주장한 것인데, 그 핵심은 교토 지역 기업들은 도쿄지역 기업들과는 다른 경영방식으로 사업을 해서 성공해왔다는 것이다. 즉, 이들은 도쿄 대기업 산하의 계열기업으로 들어가지 않고 국내시장보다 세계시장을 무대로 사업을 확대해왔고 현금흐름을 중시하고 무차입 경영을 한다는 것이다. 실제 버블붕괴 후 히타치제작소, 도시바 등 도쿄 지역의 많은 기업들이 어려움에 처했음에도 불구하고, 교토식 경영 기업은 오히려 성장을 해왔다.

그 대표적 기업은 일본전산(日本電産, NIDEC), 무라타제작소(村田製作所),

호리바제작소(堀場製作所) 등 교토에 본사를 두고 있는 기업들이다. 이들이 도쿄 지역 기업과 다른 경영방식을 취하는 것은 교토라는 지역적 문화 때문으로 설명할 수도 있지만, 경제적 이유로도 설명할 수 있다. 즉, 이들은 대부분 전후 기술을 기반으로 창업된 회사들인데, 후발주자로서 기존의 폐쇄적인 계열시스템에 진입하는 것이 어려워 할 수 없이 해외시장으로 진출했다고 할 수 있다. 또 버블붕괴 후에도 국내경제 저성장의 영향을 상대적으로 덜 받은 것은 이미 글로벌시장에서 매출을 거두고 있었기에 어쩌면 당연한 것이었다고 할 수 있다.

이들 중 일부는 이미 세계적 기업으로 성장하였기 때문에 더 이상 숨어있는 기업은 아닐 수 있지만, 사업전개 방식은 히든챔피언의 경우와 공통점이 많다. 즉, 이들은 부품이나 소재 등 특정 분야에 집중해서 사업을 전개한 후 나중에 사업범위를 확대해갔다. 일본전산은 소형모터, 무라타제작소는 세라믹콘덴서, 호리바제작소는 분석계측장비 등과 같이 특정 분야에서 세계시장을 리드하고 있다. 또 이들이 부품이나 소재 쪽에 특화한 것도 완제품 분야는 이미 기존 대기업이 국내시장을 차지하고 있었기 때문이라고 설명할 수 있다. 이처럼 교토 지역 기업이 교토식 경영을 하는 것은 경제적 논리로도 설명이 가능하다.

일본에는 특정 분야에 특화하여 글로벌시장에서 압도적 우위를 점하는 기업이 매우 많다. 앞서 말한 GNT 기업들도 규모는 작지만 사업전개 방식은 교토식 경영 기업과 유사하다. 또 토쿠시마 현의 지방도시에 소재하면서 발광다이오드 개발로 세계적 기업이 된 니치아화학공업(日亜化学工業)은 너무도 유명하다. 또 특정한 한 분야에 집중하여 세계시장을 재패하는 기업들은 Only-One 기업이라고 불리는데, 일본에는 이러한 기업들이 참으로 많다. 앞서 살펴본 토요타자동차의 경우도 그렇지만, 이 기업들 모두 국내경제 저성장하에서도 적극적인 해외진출로 오히려 크게 성장할 수 있었던 것이다.

일본의 수직계열 시스템은 어떻게 변화했는가?

일본적 경영의 한 요소는 수직적으로 연결된 기업들 간에 장기적 거래가 이루어지는 수직계열 시스템이다. 실제 1980년대 미일 자동차산업 구조를 비교해보면, 양국 간에는 큰 차이가 있었다. 예를 들어, GM의 경우는 내제율(내부생산비율)이 약 70%일 정도로 수직통합 정도는 높았지만, 나머지 약 30% 외주에 있어서 부품기업들과의 거래는 단기적으로 이루어졌다고 한다. 이에 반해 토요타자동차는 내제율이 약 30%일 정도로 수직통합 정도는 낮았지만, 외주는 주로 협력회사들과의 계열거래를 통해 이루어졌다고 한다. 이러한 수직계열구조는 일본 기업의 경쟁력을 설명하는 요인으로도 작용해왔는데, 이 시스템은 버블붕괴 이후 어떻게 변화했을까?

거래구조가 피라미드형에서 네트워크형으로 변화했다

일본의 수직계열 시스템을 자동차산업을 중심으로 좀 더 자세히 살펴보면 다음과 같다. 먼저 공급업체들은 1차, 2차, 3차 등으로 계층을 이루었는데, 특히 1차 기업들은 자체적인 개발능력을 가지면서 완성차회사들과 긴밀한 관계를 가지고 있었다. 부품업체의 전속거래도 있었지만, 이미 1960년대에 완성차회사들이 부품의 양산효과를 누리기 위해 복수거래를 장려한 결과 1980년대에는 거래구조가 독립된 봉우리 형태가 아니라 알프스산맥과 같은 개방적인 피라미드 형태였다. 또 완성차회사들은 부품업체를 소수로 한정하여 장기거래를 하지만, 그들을 경쟁시킴으로써 능력 향상을 도모하였다. 나아가 부품업체들이 수행한 개선활동 성과를 그들에게 환원시켰는데, 이는 오늘날 한국에서 추진되고 있는 성과공유제의 원형이기도 하다.

이러한 수직계열 시스템은 신뢰를 기반으로 하고 있고, 그 시스템이 일본 기업들의 경쟁력 향상에 크게 기여한 것으로 평가되어 왔다. 1980년대 후반 일본 경제가 전성기에 있었을 때는 그러한 시스템이 왜 효과적인가 또 어떠한 경위로 형성되었는가에 관해 많은 연구가 이루어졌다. 그 효과성에 관해서는 내부생산에 비해 유연성과 경쟁 촉진 효과가 있고, 단기거래에 비해 상호 안정적 협력 효과가 있는 것으로 설명되었다. 또 형성 경위에 관해서 그 원류는 제2차대전 중 통제경제 시스템으로 거슬러 올라가지만, 전후 완성차회사들이 고도성장 과정에서 부족한 내부역량을 보완하는 방법으로 그러한 시스템을 구축한 것으로 설명되었다.[12]

그럼 토요타자동차와 같은 대기업들이 구축한 수직계열 시스템은 국내경제 저성장 시기에 어떻게 되었을까? 버블붕괴 이후 일본 국내시장이 정체되고 또 대기업의 해외진출이 진전됨에 따라 수직적 계열거래는 약화될 것으로 예상해볼 수 있다. 실제 2000년대 중반에 이루어진 조사 결과를 살펴보면, 그러한 모습이 보여진다. 당시 중소기업들은 수직거래구조 속에서 상장기업과 직접 거래하는 경우도 있었고 다수의 납품처와 판매처를 보유하면서 네트워크의 구심점 역할을 하는 경우가 적지 않았다. 즉, 거래구조가 네트워크형으로 진전된 것을 알 수 있다. 다만, 수직거래 비율은 업종에 따라 차이가 있었는데, 그 비율은 소재 · 부품형 경우는 낮았고 가공조립형 경우는 높았다.

　그리고 계열 시스템의 변화는 거래관계의 변화에서도 잘 나타나고 있는데, 조사 당시 상장기업의 1차 협력회사의 경우 10년 전에 비해 거래처 수는 증가하고 주요 거래처에 대한 의존도는 낮아진 것으로 나타났다.[13] 이는 상장대기업이 더 이상 성장하지 못하는 상황에서는 산하 기업들을 다 보살펴줄 수 없게 되고 그에 따라 공급업체들이 독립적으로 생존을 모색하게 된 것을 말해주고 있다. 다만, 흥미로운 점은 1차 협력회사 중 주요 거래처와의 정보교류가 오히려 증가했다고 응답한 기업의 비중이 높다는 것이다. 즉, 통합형 제품처럼 거래처 간의 긴밀한 정보교류가 필요한 경우에는 기업들이 거래처 수를 증가시키면서도 핵심 거래처와의 정보교류를 오히려 강화했던 것이다.

대기업의 협력회 조직은 약화되었다

일본에서 버블붕괴 이후 수직계열 시스템이 약화되었다고 했는데, 이러한 변화는 대기업별로 조직되어 있던 협력회 모습에서도 나타났다. 협력회는 특정 대기업과 거래하는 공급업체들이 상호 친목과 해당 대기업과의 원활한 정보교류를 도모하기 위해 구성한 조직이다. 이러한 조직은 미국이나 유럽에서는 찾아보기 어렵고, 주로 일본에서 많이 보여지고 있었다. 한국에도 이러한 조직 형태가 각 산업에서 보여지는데, 협력회 대신 수탁기업협의회라는 명칭이 사용되고 있다.

일본에서 협력회가 형성된 경위는 산업별로 차이가 있지만, 그 출발은 이미 오래전에 시작되었다. 건설산업의 경우는 명치시대에 제네콘이라는 종합건설회사가 만들어지면서 자연발생적으로 협력회도 생겨났다. 또 1930년대에 시작된 자동차산업의 경우는 이미 1939년에 토요타자동차의 부품업체들이 협력회를 조직하였고, 토요타자동차가 이를 안정적 부품조달을 위해 1943년에 오늘날의 협풍회(協豊会)로 재조직하였다.

이처럼 협력회의 원형은 이미 오래전에 만들어졌지만, 각 산업별로 협력회가 본격적으로 조직된 것은 전후 고도성장 시기라고 할 수 있다. 자동차산업의 경우를 살펴보면, 완성차회사별로 공급업체들의 친목단체가 만들어졌는데, 완성차회사가 그들을 지도육성하고 그들과 긴밀히 교류하고자 친목단체를 협력회 조직으로 발전시킨 경우가 많았다. 실제 공급업체들은 협력회의 연구회 활동을 통해 경쟁력을 향상시켜 왔고, 버블붕괴 이전까지는 완성차회사와 협력회 구성원들의 관계는 안정적이었고 구성원들의 유동성도 높지 않았다.

그런데 버블붕괴 이후 계열 시스템의 약화와 더불어 협력회 역할에도 큰 변화가 생겨났다. 자동차산업의 경우 1990년대 이후 해외 현지생산, 글로벌 소싱, 부품공용화, 생산의 모듈화 등이 진전됨에 따라 완성차회사들이 보다 개방적인 거래관계를 추진하게 되었다. 그에 따라 협력회의 재편이 일어나게 되는데, 토요타자동차, 닛산자동차, 미쓰비시자동차의 경우에는 협력회의 통폐합이 일어났다. 특히 닛산자동차의 경우는 르노그룹 산하에 들어가면서 거래관계의 개방화가 급격히 일어나게 됐으며 그 과정에서 협력회의 성격은 친목단체로 변화되었다.[14]

협력회 역할이 약화되는 과정에서도 토요타자동차의 경우에는 협력회 구성원들 간의 결속력이 비교적 강하게 유지되어 왔다. 이는 다른 완성차회사들에 비해 토요타자동차가 버블붕괴 이후에도 글로벌화 등을 통해 지속적으로 성장을 해왔기 때문인 것으로 해석할 수 있다. 다만, 토요타자동차의 경우에도 외국계기업이 협풍회에 가입하는 등 협력회 조직이 보다 개방적인 모습으로 변화해갔다.

한국 기업은 일본 기업의 경험을 통해 무엇을 배울 수 있는가?

지금까지 일본 기업들이 버블붕괴 이후 국내경제 저성장이라는 환경

하에서 어떠한 노력을 통해 이를 극복해왔는가를 살펴보았다. 환경변화에 적응하지 못해 도태된 기업들도 있었지만, 많은 기업들은 효과적인 대응으로 이를 슬기롭게 극복하였다. 국내경제 저성장은 분명 기업들이 극복해야 할 중요한 과제이지만 그 자체가 기업성장을 가로막는 것은 아니다. 한국 기업들도 과거 일본 기업들이 겪었던 국내경제 저성장이라는 새로운 환경을 이미 맞이하였다. 그럼 한국 기업들은 일본 기업들의 경험으로부터 어떤 점을 배울 수 있을까? 이를 다각화, 글로벌화, 수직통합 각각의 전략적 대응 관점에서 살펴보도록 하자.

선택과 집중을 하고 새로운 제품영역을 개척하라

먼저 그룹 차원의 다각화 문제를 살펴보자. 오늘날 한국의 기업그룹, 즉 재벌은 제2차세계대전 이전 일본의 자이바츠처럼 가족소유를 기반으로 하는 경영체제를 취하고 있기 때문에 전후 일본의 기업그룹과는 소유구조 면에서 큰 차이가 있다. 그러나 일본 기업그룹은 버블붕괴 이후 그 결속력이 크게 약화된 것을 보여주었는데, 이는 한국 기업그룹의 향후 전략방향에 좋은 시사점을 던져주고 있다. 즉, 국내시장을 대상으로 하는 문어발식 비관련 다각화는 더 이상 효과를 발휘할 수 없다는 것이다.

시장이 성장하는 상황에서는 그룹 내 기업들이 상호 협력을 하면서 시너지 효과를 발휘할 수 있지만, 저성장 환경하에서는 그룹 내부의 폐쇄적 거래는 개별기업들에게 성장의 걸림돌로 작용할 수 있다. 한국의 기업그룹은 이미 1990년대 말 외환위기 시기에 구조조정을 통해 상당

정도 사업 포트폴리오를 개편해왔지만, 이제부터는 한 단계 더 나아간 구조조정을 추진해야 할 것이다. 수년 전 삼성그룹과 한화그룹 사이의 방위사업과 석유화학사업 분야 사업재편은 이러한 시대적 흐름을 잘 반영하고 있다고 할 수 있다.

한편, 개별기업 차원의 다각화에 있어서도 한국 기업들은 새로운 환경을 맞이하고 있다. 즉, 국내경제 저성장과 더불어 과거 일본 기업들이 한국 기업들의 추격을 받았듯이 중국 기업들의 추격을 받고 있다. 이러한 상황에서 어떠한 방향으로 사업을 개편해야 하는가? 일본에서 버블붕괴 이후에도 자동차기업들은 여전히 높은 경쟁력을 유지한 반면, 전자기업들은 큰 어려움에 빠졌다. 또 GNT 기업이나 교토식 경영 기업들은 특정 부품이나 소재에 특화하면서 경쟁력을 유지해왔다. 이는 한국 기업들에게 향후 사업방향에 대한 시사점을 던져주고 있다.

한국 기업들의 다각화 방향은 〈그림 1〉과 같이 생각해볼 수 있다. 현재 각국의 경쟁우위 제품분야를 제품아키텍처 측면에서 살펴보면, 일본 기업들은 통합형에, 중국 기업들은 조합형에, 한국 기업들은 통합형과 조합형 양쪽 성격을 지닌 준(準)조합형(semi-modular)에 우위가 있다고 할 수 있다. 실제 한국 기업들이 일본의 부품소재를 이용해 중간재를 만들고 이를 중국에 수출하는 무역구조는 이를 반영하고 있다고 할 수 있다. 그런데, 한국 기업들이 현재 우위에 있는 분야에도 중국 기업들이 강한 추격을 해오고 있는 상황에서 향후 어떠한 방향으로 활로를 모색해야 하는가?

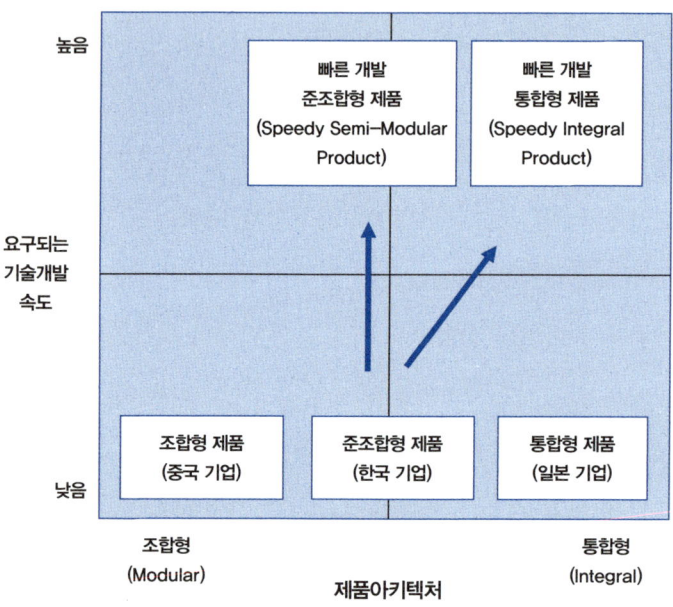

〈그림 1〉 제품아키텍처 관점의 한국 기업 다각화 방향

그 방법은 한국 기업의 장점인 신속성을 활용하는 것이다. 그림에서 기술개발 속도라는 축을 추가하여 기존의 준조합형 분야에서도 빠른 기술개발을 요구하는 제품분야를 개척하고 나아가 통합형 제품분야에도 진출하여 기술개발 속도 경쟁을 펼치는 것이다. 예를 들어 전자기업이라면 현재의 휴대폰 사업에서 빠른 기술개발로 산업을 리드해갈 뿐만 아니라, 전장제품이나 소재분야로 진출하여 그곳에서도 빠른 기술개발로 경쟁우위를 확보할 필요가 있다. 수년 전부터 LG전자가 자동차부품 사업을 확대해가고 있고, 삼성전자가 하만을 인수한 것도 이러한 방향

으로의 다각화라고 해석할 수 있을 것이다.

국내경제 저성장을 적극적인 해외 진출로 극복하라

국내경제 저성장이 개별 대기업의 성장에 걸림돌이 되지 않는다는 점은 토요타자동차 사례를 통해서 잘 알 수 있었다. 글로벌화의 중요성은 이미 한국 기업들도 너무나 잘 알고 있고 또 국내시장이 상대적으로 협소하기 때문에 삼성전자 등 많은 기업들이 해외로 적극 진출하여 오늘날 세계적 기업이 되었다. 다만, 생산기지 분산이 쉽지 않은 중화학이나 중공업 기업들이 이미 어려움을 겪고 있는데, 이 경우도 일본 기업들의 경험에서 보듯이 기업 간 통폐합이나 특정 분야 집중 등 각 산업별로 대폭적인 전략변화가 이루어질 필요가 있다.

한편, 중소기업 경우도 GNT 기업과 교토식 경영 기업 사례에서 보듯이 적극적인 해외진출로 국내경제 저성장은 얼마든지 극복할 수 있다. 다만, 중소기업은 제한된 역량으로 여러 제품분야에서 세계 수준의 경쟁력을 확보하는 것은 쉽지 않기 때문에 일본 기업처럼 특정 분야에 역량을 집중하는 것이 효과적일 것이다. 또 일본의 GNT 기업들이 일본 대기업들의 해외거점 네트워크를 활용하여 글로벌시장으로 진출한 것처럼 한국 중소기업들도 삼성전자나 현대자동차와 같은 대기업의 글로벌 네트워크를 적극 활용해야 할 것이다.

그리고 글로벌화와 관련하여 한국 기업들이 극복해야 할 중요한 과제는 이른바 본국중심주의 사고방식의 탈피이다. 한일 기업들은 오늘날 글로벌기업이 되었음에도 불구하고 여전히 최고경영진이 자국 출신들로 구성되어 있고 의사결정이 본사에 집중되어 있는 경우가 많다. 마쓰시타전기산업의 경우는 창업자 마쓰시타 코노스케(松下幸之助)의 영향으로 너무도 일본적인 기업이었는데, 창업자 사후 경영진들이 회사명을 파나소닉으로 변경하는 파격적인 방법으로 글로벌화를 추진하였다. 한국 기업들 경우는 대부분이 이미 글로벌화의 중요성을 잘 인식하고 있기 때문에 이제부터는 본국중심주의를 탈피하여 세계중심주의를 실현하는 일이 큰 과제로 남아있다.

보다 유연한 수직적 거래관계를 구축하라

한국 기업들은 성장과정에서 일본 기업의 경영방식을 벤치마킹한 경우가 많았는데, 수직계열 시스템도 그 예의 하나이다. 자동차산업이나 전자산업의 수직거래구조를 보면, 한국의 수직계열구조는 일본 못지않다. 현대자동차의 경우는 그룹 내에 제철사업과 부품사업이 들어가 있고, 삼성전자의 경우는 본체 내에 반도체 등 부품사업이 있고 주변에 삼성전기, 삼성SDI 등 강력한 부품 관련 계열사들이 있다. 이러한 점을 볼 때 한국 기업의 수직계열화는 오히려 일본 기업보다 더 높은 수준으로 이루어져 있다고 할 수 있다. 또 완제품기업과 부품기업들 간의 전속거래 정도도 일본보다 더 높은 것으로 보인다.

이러한 강한 수직계열화는 한국 기업들의 장점으로 작용하고 있기도 하지만, 그러한 장점은 중핵기업의 성장을 전제로 하고 있다. 즉, 수직구조의 정점에 있는 중핵기업이 성장하고 있을 때는 문제가 없지만, 성장이 멈추거나 마이너스가 되면 그 구조는 유지되기가 어렵다. 다행히 현대자동차나 삼성전자는 성공적인 글로벌화로 아직 성장하고 있기 때문에 문제가 노출되지 않았다. 그러나 이미 조선 등 중공업 분야에서 보여졌듯이 중핵기업의 성장이 멈춘 상황에서는 수직계열 기업 전체가 큰 위기에 빠져버릴 수 있다.

수직계열화가 가지고 있는 위험성은 이미 한국 대기업들도 잘 인식하고 있다. 수 년 전부터 현대자동차가 전속거래를 완화하기 시작하였고, 삼성전자는 협력회사들에게 자사 의존도를 일정 비율 이하로 낮추라고 말할 정도로 거래의 유연화를 추진하고 있다. 이는 사업이 성장하지 못하는 단계에 대한 대비책이라는 점에서 바람직하다고 할 수 있다. 다만, 일본 기업 사례에서 보는 바와 같이 거래처의 다양화가 반드시 거래관계의 소원화를 의미하는 것은 아니다. 즉, 중핵기업과 협력기업들이 긴밀한 정보교류를 통해서 상호 역량을 향상시키는 것은 여전히 중요한 일이라고 할 수 있다.

또 일본 기업들의 협력회 활동에서 보듯이 한국의 경우도 대기업과 협력회사들 사이의 긴밀한 협력과 동반성장 활동은 매우 중요하다. 다만, 동반성장 활동의 내용은 산업 특성과 성장단계에 맞게 이루어질 필요가 있다. 통합형 제품의 경우처럼 중핵기업과 협력회사들 간의 긴밀한 협력이 필요한 경우라면 장기거래에 기반한 동반성장 활동은 더욱 강화되어야 할 것이다. 반면 제품 특성상 기술변화가 빠르거나 중핵기업의 성장이 보장되지 않는 상황에서는 공정한 네트워크형 거래와 같이 개방화된 동반성장이 더 효과적일 것이다.

　오늘날 한국 기업들은 국내경제 저성장뿐만 아니라 중국 기업과의 경쟁, 4차 산업혁명의 도래 등과 같은 새로운 환경에 직면해있다. 필자는 경영전략을 '외부환경과 자사역량을 고려하여 도출한, 높은 성과를 달성하는 방법'이라고 정의하고 있다. 한국 기업들이 지금까지는 선진 기업들을 모방하고 운영의 효율성을 통해 그들을 추격하는 전략을 취해왔다면, 앞으로는 자사의 역량을 최대한 활용하면서도 새로운 환경변화에 대해 기존의 패러다임을 벗어나 전략적으로 대응함으로써 활로를 모색해야 할 것이다.

Part 2
포스트 펜데믹 시대, 성장전략을 재설정하라

1장

자발적 사업 포트폴리오 조정에 나서라

●

송재용　서울대학교

윤우진　한양대학교 ERICA

2020년대 패러다임 대격변은 사업 포트폴리오 재조정을 요구한다

2020년대 한국 기업은 국내외 경제의 저성장, 글로벌공급망의 대전환, 디지털 대전환과 4차 산업혁명의 본격화로 특징지워지는 포스트 팬데믹 시대의 거대한 메가트렌드에 직면하여 전략 패러다임의 근본적인 재검토와 수정을 요구받고 있다. 2010년대 이후 한국 경제는 구조적 저성장에 시달려 왔다. 2008년 이후 자본주의 시장경제의 틀을 근본적으로 뒤흔든 글로벌 금융위기로 인한 부채 급증 등 후유증을 미처 극복하지 못한 상황에서 2020년 이후 팬데믹이 세계 경제를 강타하여 전세계

총부채 규모는 2022년 1분기 말 GDP 대비 352%에 이를 정도로 급증하였다. 특히 팬데믹으로 인한 대공황급 경제 충격을 피하기 위해 전세계 주요 국가에서 앞다투어 금리를 제로 금리 수준으로 낮추면서 천문학적 양적 완화로 돈을 너무 많이 푼 상태에서 러시아의 우크라이나 침공으로 인한 원자재 가격 급등까지 겹쳐서 1970년대 오일 쇼크 이후 40여 년 만에 2022년에는 10% 내외의 인플레이션에 직면하였다. 이로 인해 인플레이션을 잡기 위해 양적 긴축과 함께 기준금리 인상이 빠르게 이루어져서 2023년에는 미국과 유럽의 주요 국가에서 경기 침체가 우려되는 상황까지 이르게 되었다. 전세계적으로 부채가 너무 많은 상황에서 구조적인 인플레이션이 상당 기간 지속될 가능성이 높아 기준금리도 빠르게 다시 낮추기가 쉽지 않기에 개인은 소비지출을 줄이고 기업은 투자를 줄이고 정부는 재정지출을 줄이거나 증세를 해야 하는 상황으로 내몰려서 세계 경제의 중장기 저성장 기조 고착화는 불가피한 상황이다.

이처럼 세계 경제가 상당 기간 저성장의 덫에서 빠져 나오기 어려운 상황에서 중장기적 저성장을 초래할 수 있는 한국 경제 내부의 구조적 리스크도 높아지고 있다. 무엇보다도 2017년에 생산가능인구대가 정점에 다다른 후 내려가고 있고 2022년에는 출산률이 세계 최저 수준인 0.78명으로 추락하는 등 저출산 고령화 현상이 심화되고 있어서 중장기적으로 심각한 소비 위축이 우려되고 있다. 여기에 더해 2022년 3분기말 기준 GDP 대비 105%를 넘어서는 OECD 국가 중 최고 수준의 가계부채 역시 소비 위축을 심화시킬 가능성이 높다. 이처럼 심각한 저출산 고령화와 가계 부채 문제로 인한 내수 위축이 일본식 장기 불황으로 이어질 수 있다는 우려가 커지고 있는 상황이다. 더욱이 중국 경제의 급격한 감속과 세계 경제의 중장기 저성장 우려, 포스트 팬데믹 시대 심화되고 있는 미중패권전쟁과 글로벌 공급망의 대전환 등은 무역의존도가 높은 한국 경제의 어려움을 가중시키고 있다. 국내외 경제의 저성장 기조가 고착화되고 특히 한국 경제의 일본식 장기 불황이 예견되는 상황에서 고도 성장기에 형성된 비관련형 다각화/수직적 계열화를 기반으로 한 한국 대기업집단의 사업 포트폴리오에 대한 근본적인 재검토를 통해 저성장 시대에 보다 적합한 사업 포트폴리오의 재구성이 요청되고 있다.

여기에 더해 트럼프에 이은 바이든 대통령의 리쇼어링 촉진과 외국기업 투자 유치를 통한 미국 제조업 부활 노력과 함께 중국발 경쟁 심화로 제조업에서의 글로벌 경쟁은 초경쟁으로 치닫고 있다. 점점 더 많은 전통 제조업에서 한국 기업은 차별적 기술력을 갖춘 구미/일본 등 선진기업과 원가경쟁력을 갖춘 중국 기업 사이에서 샌드위치 상황으로 빠져들고 있다. 따라서 사업별 글로벌 경쟁력의 재점검을 통해 혁신을 통한 차별적 글로벌 경쟁력 확보/강화가 가능한 사업을 주력 사업으로 (재)규정하고 그렇지 못한 사업을 축소, 매각하면서 제한된 자원의 배분을 보다 효율적으로 해야 할 필요성이 높아지고 있다.

한편 포스트 팬데믹 시대에는 Chat GPT와 같은 생성형 AI 혁명에서 잘 나타나듯이 인공지능(AI: Artificial Intelligence), 빅데이터와 클라우드 컴퓨팅 등 IT 기술의 눈 부신 발전으로 로봇, 자율주행차, 핀테크 산업 등이 급성장하는 등 소위 4차 산업혁명이 본격화되고 있다. 따라서 4차 산업혁명의 패러다임 변화에 적극 대응하는 방향으로 사업포트폴리오를 재조정하여 신성장동력을 확보하는 한편으로, 서비스/솔루션/소프트웨어 역량을 강화하면서 기술, 역량의 융복합화를 추구하는 방향으로 주력 사업의 비즈니스 모델 혁신을 추진할 필요가 있다. 그러나 한국 기업들은 AI 등 소프트웨어 분야의 역량이 상대적으로 취약한데다가 4차 산업혁명의 흐름 속에서 새로 떠오르는 분야들은 기술/시장 선점을 통한 네트워크 효과 창출이나 플랫폼 리더십이 중요한 분야가 많다. 따라서 신사업에 필요한 역량과 사업 기반을 조속히 확보하기 위해서는 한국 기업의 전통적인 성장 전략 모드인 유기적 성장 전략에서 탈피하여 국내외 기업을 대상으로 하는 적극적인 인수합병 전략의 실행과 더불어 관련 분야 벤처 기업들에 대한 전략적 지분 출자를 보다 적극적으로 할 필요가 있다. 또한 내부적인 기술/역량 개발에만 치중하던 폐쇄적 혁신 시스템에서 벗어나 광범위한 전략적 제휴와 산학협력을 기반으로 개방적 혁신(open innovation)을 추구함으로써 주력 사업에서 혁신과 융복합화를 통한 차별화와 경쟁력 강화를 도모할 필요가 있다.

사업 포트폴리오의 재조정은 필요에 따라 수시로 실행하는 것이 가장 좋은 방법이기는 하지만, 임직원의 충성도를 중시하고, 노동시장의 경직성이 높으며, 인수합병 시장이 그리 활성화되지 않은 한국적 상황에서는 위기 상황이나 패러다임 변화시기가 와야 큰 저항 없이 공감대를 형성하면서 사업 포트폴리오를 재조정할 수 있다. 외환위기 직후 삼성그룹이 그 좋은 예이다. 외환위기를 극복하기 위해 삼성은 전자의 파워 디바이스, 방산, 건설기계, 지게차, 할인점 사업 등 비주력 사업을 페어차일드, 볼보, 테스코 등 글로벌 기업에 매각하고 위성체, 공작기계 등 한계사업을 철수하는 한편으로 항공기사업, 발전설비, 선박용 엔진 등을 타 기업과의 빅딜 형태로 정리하였다. 또한 신성장동력으로 집중 육성했던 자동차 사업의 경영권도 르노-니산에게 넘겼다. 이 외에도 28개 회사를 계열분리하고 231개 사업을 분사함으로써 1997년말 16.3만 명이었던 총 임직원 수를 99년말 11.3만명으로 줄이고 같은 기간 부채 비율도 366%에서 166%로 감축하였다. 대신 주력 사업인 전자와 반도체, 디스플레이 패널 사업의 경쟁력 강화에 매진함으로써 삼성전자가 글로벌 일류 기업으로 도약하는 전기를 마련하였다.

외환위기 직전부터 대규모 사업 구조조정을 단행하여 약 10년간에 걸쳐 25개 계열사를 미(美)와 건강과 관련있는 6개 회사로 줄이면서 확보한 자금을 집중적으로 본업인 화장품 사업의 경쟁력 강화에 투자하여 세계적 화장품 회사로 성장하고 있는 아모레퍼시픽도 위기 상황에서의 사업 구조조정의 필요성과 방향성을 보여 주는 좋은 사례이다. 반면 외환위기의 와중에도 비주력, 적자 사업을 제대로 구조조정하지 않고 버티다가 그룹이 무너진 안타까운 사례도 많이 있는데 대우그룹이 그 대표적인 예이다. 저성장, 초경쟁, 4차 산업혁명이라는 외부 환경 상의 메가트렌드는 외환위기 이상의 큰 변화와 충격으로 이어질 가능성이 매우 높기에 외환위기 때 무너진 많은 기업들의 전철을 밟지 않기 위해서는 한국 기업, 특히 기업집단의 자발적, 선제적 사업 포트폴리오 조정이 시급하게 요청된다. 이 장에서는 포스트 팬데믹 패러다임 변화 시기 한국 기업들의 사업 포트폴리오 조정의 방향성에 대해서 구체적으로 제언하고자 한다.

한국 기업 다각화 전략의 현황과 문제점

고도성장기 한국 기업의 다각화 전략의 변화는?

한국 대기업집단의 소위 '선단식 경영' 체제는 1960년대 이후 정부 주도의 경제 개발 과정에서 본격적으로 형성되었다. 정부가 경제개발계획을 추진하는 과정에서 전략 산업을 선정하고 전략 산업에 진입할 수 있는 기업들의 숫자를 통제하는 형태로 사실상 과점 체제를 인정해 주는 체계 하에서, 일반적인 역량 측면에서 우위에 있던 기존의 대기업들이 정부의 승인 하에 전략 산업에 진입하게 되었다. 이러한 방식의 신규산업 진출은 많은 경우 기존 사업과 관련이 없는 분야였기에 비관련형 다각화 위주의 사업 포트폴리오가 형성된 것이다. 그 이후 재벌이라고 흔히 불리우는 대기업 내지 기업집단들은 독과점적 지위를 바탕으로 가치사슬 상의 전후방으로 사업 영역을 확장하여 수직적 계열화 체제를 구축하였다. 그 결과 수평적으로는 비관련형 다각화, 수직적으로는 가치사슬 상의 전 영역으로의 수직적 계열화를 중심으로 선단식 경영 체제가 구축된 것이다. 선단식 경영 체제 하에서 한국의 기업집단들은 소유경영자의 강력한 리더십 하에 계열사들이 시너지 효과의 창출을 위해서 긴밀히 협력해 왔다.

하지만 외환위기를 전후해서 계열사간 상호출자와 지급보증의 고리로 연결된 선단식 경영이 특정 계열사의 부실화로 인한 타 계열사의 동반 부실화로 이어지고 말았다. 이로 인해 대우를 포함한 다수 기업집단의 붕괴로 이어지면서 기존의 시너지 창출을 위한 재벌의 선단식 경영에 대한 비판이 강하게 나타났다. 이러한 비판은 외환위기 이후 기업지배구조의 개혁 및 정부 규제 강화에 반영되었다. 이러한 와중에 살아남은 기업집단들은 비주력/비핵심 사업을 일부 구조조정하고 핵심사업의 경쟁력을 강화하면서 사업별 책임 경영을 강화하는 방향으로 사업 포트폴리오 조정을 단행하였다. 하지만 여전히 비관련형 다각화와 수직적 계열화를 중심으로 하는 선단식 경영의 큰 틀은 유지되어 왔다.

기업집단의 비관련형 다각화와 수직적 계열화 현황은?

외환위기의 고비를 넘긴 21세기 이후 현대자동차 그룹 등 주요 대기업 집단들은 다시 사업 범위를 넓히는 방향으로 사업 포트폴리오를 조정함으로써 선단식 경영 체제는 많은 대기업집단에서 최근 들어 오히려 강화되는 경향이 나타났다. 한국 기업집단의 다각화 정도를 살펴보기 위해 30대 기업집단을 기준으로 지난 2003년부터 2022년까지 20년간 평균 계열사의 수를 살펴보았다. 일반적으로 상위기업집단에 소속된 기업일수록 계열기업의 숫자가 많은 경향을 보인다.

그림 1을 보면 30대 기업집단이 보유한 평균 계열사 수는 2003년 기준 20.3개에서 2022년 55개로 증가하였다는 것을 알 수 있다. 구체적으로 1위에서 10위 사이에 있는 기업집단들의 경우, 32개에서 77.2개로, 11위에서 20위는 19.4에서 55.5개로, 21위에서 30위까지는 9.6에

서 32.3개로 기업집단의 계열사의 수는 증감을 반복하면서도 꾸준히
상승하고 있다는 점을 알 수 있다.

〈그림 1〉 연도별 30대 기업집단의 계열기업 수

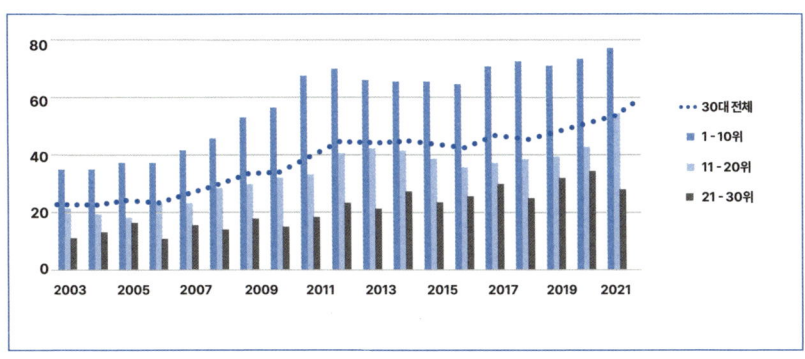

한편, 기업집단들의 수직계열화를 살펴보기 위해서는 계열사 간 내
부거래 금액을 활용하였다. 수직계열화 되어있는 기업일수록 원자재나
부품의 내부조달 비율이 상승할 것이고 이는 내부거래 금액으로 발현될
수 있다고 판단했기 때문이다. 그림 2는 2017년부터 2021년까지 상위
10대 기업집단의 내부거래 금액 변동상황을 제시한 것이다

그림 2를 보면 상위 기업집단들의 내부거래 금액이 어느 정도 고착되
어 있다는 것을 알 수 있다. 다만, 현대자동차와 SK, 삼성, LG의 경우
수직계열화로 인해 내부거래 금액이 다른 기업집단에 비해 더 큰 것으
로 분석된다.[1] 그리고 공시대상기업집단 전체의 내부거래 금액과 비교
하면 상위 10대 기업집단이 차지하는 비중이 높다는 것을 알 수 있다.

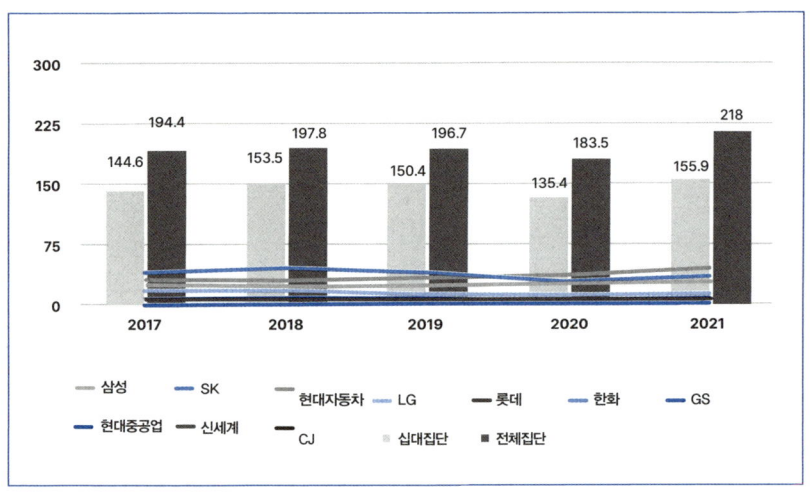

〈그림 2〉 상위 10대 집단의 내부거래 금액 변동 현황

(출처: 공정거래위원회)

이러한 분석 결과를 종합해 보면 포스코 등 일부 기업의 경우 최근 사업 구조조정을 통해 다각화와 수직적 계열화의 정도를 줄이는 움직임이 나타나고 있지만 다수의 기업집단에서는 사업 다각화 정도가 오히려 증대되고 있다는 점을 확인할 수 있다. 또한 비관련형 다각화와 수직적 계열화를 근간으로 한 선단식 경영 체제는 30대 기업집단에서 여전히 공고히 남아 있음을 알 수 있다.

선단식 경영 여전히 유효한가?

비관련 다각화를 추구하는 복합형 기업집단(conglomerate)은 선진국에서 1980년대까지는 많이 찾아 볼 수 있는 기업형태였다. 하지만 1980년대 이후 복합형 기업집단은 자원배분과 경영관리의 비효율성으로 인해 특정 사업에만 전념하는 전업형 기업과의 경쟁에서 밀리게 되면서 자본시장이 잘 발달된 선진국에서는 급격히 약화 내지 해체의 길을 걸었다.[2] 이처럼 저성장과 치열한 시장 경쟁에 직면해 온 구미 기업들에게서는 비관련형 다각화와 수직적 계열화를 축소하면서 핵심 사업/활동은 직접 수행하되 그렇지 않은 비주력/비핵심 사업은 과감히 축소하거나 매각하고 비핵심 활동은 전략적 제휴나 아웃소싱으로 외부화하는 것이 1990년대 이후 나타나고 있는 일반적 경향이다. 파나소닉, 히타치와 같은 일본 기업들도 잃어버린 30년의 장기 저성장을 거치면서 사업 포트폴리오를 주력 사업 위주로 재편해 왔다.

다각화는 장단점이 분명하며 산업이나 기업이 처한 상황에 따라 유효성이 다르게 나타난다. 전문화와 다각화 전략 중 어떤 전략을 채택해야 하는가의 문제는 어떻게 하면 기업 경영 성과, 특히 성장성을 지속적으로 유지, 증진할 수 있는지에 대한 근본적 질문과 연계되어 있다. 모든 기업에 적합한 성장의 묘약 내지 최적의 성장 전략의 믹스는 존재하지 않으며, 외부 환경 상의 기회 및 위협 요인의 변화와 함께 내부적으로 기업의 비전 및 자원 확보 역량, 경험에 따라서 특정 시기에 적합한 성장 전략의 믹스를 결정해야 한다. 이러한 맥락에서 기업의 사업 영역을 특정 영역에 전문화할 것인지, 다양한 영역으로 다각화할 것인지를 결정해야 하는데 두 전략 유형은 서로 상반되는 장단점을 가지고 있다. 전문화 전략은 선택과 집중을 통해 제한된 자원을 핵심 사업에 집중

투입하여 핵심 사업의 경쟁력을 강화함으로써 성장을 도모한다. 반면 기업은 다각화를 통해 전문화 전략에 비해 성장의 규모와 속도를 더욱 크고 빠르게 하고자 하는 전략적 선택을 하기도 한다. 특히 서로 별로 관련이 없는 사업들을 사업 포트폴리오에 편입시킴으로써 경기 사이클 변화 등으로 인한 리스크 분산을 도모하기도 한다. 하지만 다각화를 추구하는 과정에서 제한된 자원의 분산으로 인해 핵심사업의 경쟁력이 저하될 수도 있다는 잠재적 단점을 지닌다.

산업의 가치사슬상에서 전후방으로 확장하는 수직적 계열화 형태의 다각화는 부품, 소재를 내부에서 직접 생산, 조달하거나 반대로 완제품 제조 내지 유통 분야로 진출함으로써 수급의 안정을 도모하고 매출 증대 형태의 시너지를 확보할 수 있는 장점이 있다. 또한 삼성전자 스마트폰 사례에서 보듯이 내부의 부품/소재 벤더와 세트 메이커가 모두 세계 최고 수준의 경쟁력을 확보하고 있다면 서로 중장기적인 기술 로드맵을 공유하고 유기적인 기술 협력을 통해 차별적인 제품을 경쟁자보다 신속하게 개발할 수 있는 장점도 도모할 수 있다.

하지만 수직적 계열화는 흔히 경쟁력이 약한 계열사가 모기업에 의존하는 상황으로 이어져 나쁜 품질의 제품을 시장 가격보다 비싼 가격으로 울며 겨자 먹기로 계열사로부터 지속 구매해야 하는 상황으로 이어질 수 있다. 이렇게 되면 기존 핵심사업의 경쟁력 저하로 이어지는 경우도 종종 발생하고 있다. 또한 조선과 해운의 수직적 계열화를 추구하다가 위기에 빠진 STX 사태에서 보듯이 수직적 계열화 형태의 다각화는 경기 사이클 연동으로 인한 리스크나 계열사 간 의존성 심화로 인한 동반 부실화 리스크에 직면할 수도 있다. 저성장과 경쟁력 저하를 먼저 경험하였던 구미의 제조업체들이 1990년대 이후 비관련형 다각화와 수직적 계열화 체제를 해체하거나 약화시키고 핵심 사업에 보다 집중하면서 전략적 제휴나 아웃소싱을 강화한 이유를 한국 기업들도 곱씹어 볼 시점이 되었다.

정리하여 보면 경쟁이 치열하지 않고 경제가 고도 성장할 때는 수평적 다각화와 수직적 계열화가 신속한 성장을 촉진할 수 있기에 장점이 많다. 하지만, 국내외 경제의 저성장 기조가 고착화되고 글로벌 경쟁이 치열해지면서 패러다임 변화에 신속하고도 유연하게 대응해야 하는 상황에서는 장점은 희석되고 자원의 분산과 모기업 의존성 등으로 인한 경쟁력 저하 및 전략적 민첩성 제약 등의 단점이 더 커질 수 있다. 특히 4차 산업혁명 시대의 변화에 대응하기 위해서는 기업수준의 전략적 민첩성 확보가 필수적이다. 인수합병과 전략적 제휴 등으로 외부 지식/인재/역량을 신속히 확보함으로써 한국 기업이 취약한 혁신 역량이나 소프트웨어 역량 등을 강화하는 한편으로 내부와 외부 지식/역량의 융복합화를 통한 기술/서비스/솔루션/플랫폼 기반의 비즈니스 모델 혁신을 추구하는 것이 4차 산업혁명 시대 한국 기업의 시급한 과제가 되고 있다. 이러한 관점에서 한국 기업집단의 선단식 경영체제는 최근 나타나고 있는 빠른 속도의 패러다임 변화에 적절히 대응하는데 있어 장점보다 한계점이 커지고 있는 상황으로 판단된다.

한국 기업의 사업 포트폴리오 조정과
미래 성장 전략의 방향성은?

사업포트폴리오 조정의 기본 원칙과 방향성

•
•
•

자발적 사업 포트폴리오 조정은 기업 전략의 핵심이며 CEO의 가장 중요한 역할이다. 이 장의 제 1 저자인 송재용 교수는 2014년 초 GE 전체 임원이 모인 연례 경영진 회의에서 기조강연을 하게 되었고, 강연 전날 만찬에서 당시 GE의 제프리 이멜트(Jeffrey Immelt)회장과 패러다임 변화 시기 대기업 CEO의 역할에 대해서 의견을 교환했다. 이멜트 회장은 "CEO로서 나의 가장 중요한 역할은 GE의 사업 포트폴리오의 매니저가 되는 것이다. 즉 수시로 GE의 사업 포트폴리오를 재점검하여 GE의 비전과 전략의 잣대로 볼 때 강화해야 할 핵심사업, 새로 들어가서 육성해야 할 사업, 그리고 정리, 축소해야 할 사업을 골라 내는 것이다" 라고 본인의 생각을 전해 주었다. 이멜트 회장이 강조하였듯이 사업 포트폴리오 조정의 기본 원칙은 주력/핵심 사업의 경쟁력을 강화하는 한편으로 비주력/비핵심 사업을 축소, 정리하고 외부 환경상의 패러다임 변화에 부합하는 미래 신성장동력 사업을 육성하는 것이다. 과거 한국 기업들은 투자 자원이 제한되어 있음에도 불구하고 대규모 부채를 조달해서라도 사업 영역을 확장하는데 적극적이었다. 하지만 GE 등 서구

기업들과는 달리 실패한 사업, 비핵심 사업을 구조조정하는데는 소극적인 경우가 다반사였다. 심지어 소유경영자가 직접 시작한 사업의 경우에는 실패하더라도 이를 정리하자는 이야기를 기업 내부에서 꺼내는 것 자체가 불경죄 내지 금기인 경우가 많았다.

오히려 실패한 만성 적자 사업을 유지하기 위해 주력사업에서 돈을 빼서 무한정 지원하다가 동반 부실화로 이어져서 그룹 전체가 무너진 사례도 많았다. 주력 사업인 소주 사업은 매우 안정적이고 높은 수익성을 보여주었지만 실패한 신사업을 무한 지원하다 무너진 진로그룹이 대표적 사례이다. 해태, 삼미, 기아 등 90년대에 무너진 대부분의 기업집단이 이러한 범주에 해당하였다. 대우그룹의 경우에도 외환위기라는 절대절명의 위기 상황에서 제대로 된 사업 구조조정을 하지 않고 오히려 세계경영의 기치하에 확장 위주의 전략을 고수하다가 무너졌다고 할 수 있다. 만일 대우그룹이 삼성, 두산, 한화그룹 등이 외환위기 이후에 실행 하였던 것과 같은 과감한 사업 구조조정을 단행했다면 그룹을 살릴 수도 있지 않았을까 하는 아쉬움이 남는다.

외환위기 때 무너진 대우 등 다수의 한국 기업들이 범한 실수를 되풀이하지 않기 위해서는 저성장, 초경쟁, 4차 산업혁명이라는 거대한 패러다임 변화에 대응하여 한국 기업들의 자발적, 선제적 사업 포트폴리오 조정이 절실히 요청된다. 비관련형 다각화 체제에서 글로벌 경쟁력을 갖추지 못한 비핵심/비주력/적자 사업은 과감히 축소, 매각할 필요가 높아지고 있다. 특히 저성장과 초경쟁이 겹치면 비관련형 다각화와 수직적 계열화를 기반으로 한 선단식 경영이 경쟁력 측면에서 한계에 부닥칠 가능성이 높기에 근본적인 재검토가 필요하다. 비관련형 다각화에서는 자원이 분산되고 경영관리의 효율성과 스피드가 저하될 가능성이 높아지기에 주력 사업 글로벌 경쟁력 강화와 '선택과 집중'의 원칙에 따른 비주력, 비핵심, 경쟁력 열위 사업의 구조조정이 중요하다. 따라서 한국 기업들은 호황기에 낀 군살을 빼면서 비주력, 적자 사업은 아웃소싱이나 전략적 제휴, 매각, 또는 최악의 경우 청산을 통해 축소하거나 정리하고 핵심사업에 자원을 보다 집중시켜야 한다. 이러한 과정에서 직원, 고객, 협력사와의 위기 극복의 공감대 형성과 고통 분담을 위한 커뮤니케이션을 강화해야 할 것이다. 이를 통해서 비관련형 다각화에서 가능하면 관련형 다각화로 사업 범위를 축소하거나 전업화된 기업으로 포트폴리오를 조정해야 할 필요성이 높아지고 있다.

물론 기업/사업을 사고 파는 대상으로 생각하는 서구 기업에 비해 기업/사업의 철수를 실패로 인식하는 한국적 상황 하에서 한국기업의 사업 구조조정이 원천적으로 어려웠던 현실은 이해한다. 특히 한국에서는 노동시장의 경직성이 높은 편이고 기업 인수합병 시장이 활성화되어 있지 않았으며 임직원들의 충성도를 중시했기 때문이다. 하지만 1990년대 중반 이후 사업 포트폴리오를 대대적으로 변화시킨 두산그룹이나 태평양 그룹(현 아모레퍼시픽 그룹)의 사례를 보면 한국에서도 사업 포트폴리오의 자발적 조정이 불가능한 일은 아니고 선택의 문제임을 알 수 있다. 거대한 패러다임 변화에 직면한 현 상황이야말로 임직원들의 동의를 얻으면서 사업 포트폴리오를 조정할 수 있는 적기라고 할 수 있다.

이와 동시에 여력이 있다면 4차 산업혁명과 미래 에너지, 미래 자동차,

바이오 혁명 등 떠오르는 패러다임 변화에 대응하여 신성장동력을 육성하는 것도 필요하다. 이러한 관점에서 보면 2010년대 삼성이 비주력 사업이었던 화학, 방산 부문을 한화와 롯데그룹에 매각하고 프린터 사업을 HP에 매각한 것은 바람직한 방향이었다고 평가된다. 한화그룹 입장에서도 주력 사업인 화학과 방산 부문의 규모의 경제와 제품 포트폴리오를 강화할 수 있었기에 서로 윈-윈의 거래였다고 할 수 있다. 또한 이와 동시에 미래 자동차용 전장 부품 분야의 세계적인 강자인 하만(Harman)을 인수하여 4차 산업혁명 시대를 선도하기 위한 신성장동력을 확보하고자 하는 전략 방향도 바람직하다고 평가된다.

한국 기업의 사업 포트폴리오 변화 방향성과 관련하여 아모레퍼시픽 사례도 좋은 시사점을 던져 주고 있다. 아모레퍼시픽의 경우 1990년대 초 심각한 경영위기 상황에서 25개 계열사를 약 10년 간에 걸쳐 6개로 줄이면서 비관련형 다각화에서 관련 다각화 기반의 보다 전문화된 기업으로 과감히 변신하였다. 이 과정에서 심지어는 범용 화장품용 소재 생산 기업과 광고기획사도 매각하면서 수직적 계열화도 축소해 왔다. 대신 사업 구조조정 과정에서 확보한 현금을 집중적으로 R&D, 브랜드 마케팅 역량 등 본업의 글로벌 경쟁력 강화에 투자하여 본업에서의 제품/기술/비즈니스 모델 혁신과 글로벌 확장에 매진해 왔다. 2014년도에는 일반 제약 부문도 한독약품에 매각함으로써 화장품을 중심으로 한 보다 전문화된 기업으로 변신해 오고 있다.

한국 기업 수직적 계열화 체제의 변화 방향은?

한국의 기업집단들이 맹신에 가까운 믿음을 가지고 발전시켜 온 수직적 계열화는 수급의 안정을 확보하는 등의 장점이 있다. 하지만 모기업에 대한 의존성 심화로 인한 품질/원가 경쟁력 저하와 전략적 유연성 저하로 인해 저성장, 초경쟁 상황에서는 동반 부실화를 초래할 수 있기에 과연 앞으로도 경쟁력 확보에 유용한지를 원점에서 재검토해야 할 것이다. 따라서 패러다임 변화 시기 수직적 계열화의 단점이 더 크게 나타난다면 한국 기업들도 옥석을 가려서 비핵심 부품/소재/활동은 축소하거나 아웃소싱, 전략적 제휴, 개방적 혁신으로 외부화할 필요가 있다.

또한 내부 벤더를 유지하는 경우에는 삼성이 해 온 것과 같은 듀얼 소싱 기반의 '경쟁적 협력' 체제를 도입하여 내부 거래에도 시장 메커니즘을 도입함으로써 내부 벤더의 의존성 심화로 인한 원가상승, 품질 저하 문제를 극복해야 한다.[3] 삼성은 TV, 스마트폰, 반도체, 디스플레이 패널 등 전자산업의 주요 세트와 부품 사업에서 공히 글로벌 1, 2위의 지위를 확보하고 있다. 이러한 과정에서 다각화되고 수직적 계열화된 체제에서 흔히 나타나는 전략적 초점의 부재, 관료주의적 비효율성, 강한 계열사에 대한 의존적 행태로 인한 하향평준화 등의 문제점을 극복하고 오히려 수직적 계열화된 체제의 장점을 십분 활용하여 유기적 협업을 통한 융복합화 시너지를 창출하여 각 분야의 전문화된 경쟁자에 비해 경쟁 우위를 확보하고 있다는 점은 주목할 만하다. 삼성이 수직적 계열화의 문제점은 줄이고 장점은 극대화하기 위해 21세기 들어와 도입한 시스템이 '경쟁적 협력' 시스템이다.

다각화된 사업 구조를 가진 대규모 기업에서 내부적으로 긴밀한 협력과 치열한 경쟁을 조화시키기는 매우 어렵다. 수직적 계열화 형태의 협력을 도모하다 보면 약한 계열사가 경쟁력 있는 모기업에 의존하여 가격, 품질을 불문하고 내부 소싱이 이루어짐으로써 기업 전체의 역량이 질적으로 저하될 수 있다. 반대로 내부경쟁을 도모하다 보면 역량 결집에 필요한 협력이 일어나지 않아 기업의 경쟁력이 약화될 수 있다. 또한 외부 소싱에만 의존하게 되면 차별적 신제품의 신속한 개발이나 안정적인 부품, 소재 조달에 어려움을 겪을 수 있다.

이러한 문제를 극복하기 위해 삼성은 신경영 이후, 특히 1990년대 후반의 외환위기 이후에는 계열사 혹은 사업부문 간에 꼭 필요한 경우 협력을 통한 시너지를 추구하면서도 동시에 시장경쟁 메커니즘을 적극 도입하여 경쟁과 협력의 조화를 추구했다. 또한 수직적 계열화 체제에도 변화를 도모하여 주요 부품과 소재에 대해 내부 벤더가 있음에도 불구하고 외부 벤더로부터도 소싱을 하는 듀얼 소싱(dual sourcing)을 통한 내부 벤더와 외부 벤더의 경쟁을 통해 목표하는 품질과 조달 가격을 확보하는 경쟁적 협력 시스템을 발전시켜 왔다. 2016년도에 큰 문제가 되었던 갤럭시 노트 7 스마트폰의 배터리의 경우에도 삼성SDI와 중국의 ATL로부터 듀얼 소싱을 한 것이었다. 그림 3은 삼성의 경쟁적 협력 시스템을 도식화한 것이다.

정리해서 보면 글로벌 초경쟁과 저성장으로 특징지워지는 최근의 경영 패러다임 변화 상황에서는 수직적 계열화의 문제점이 더 크게 나타날 수 있기에 옥석을 가려서 차별적 경쟁력의 원천이 될 수 있는 핵심 부품/소재는 내재화하더라도 비핵심 부품/소재는 아웃소싱이나 전략적 제휴를 통해 외부화할 필요가 있다. 또한 내부 벤더를 유지하는 경우에는 삼성이 잘 발전시켜 온 것과 같은 듀얼 소싱 기반의 '경쟁적 협력' 체제를 도입하여 내부 거래에도 시장 메커니즘을 도입함으로써 내부 벤더의 의존성 심화로 인한 원가, 품질 저하 문제를 극복해야 할 것이다.

〈그림 3〉 삼성의 경쟁적 협력 시스템

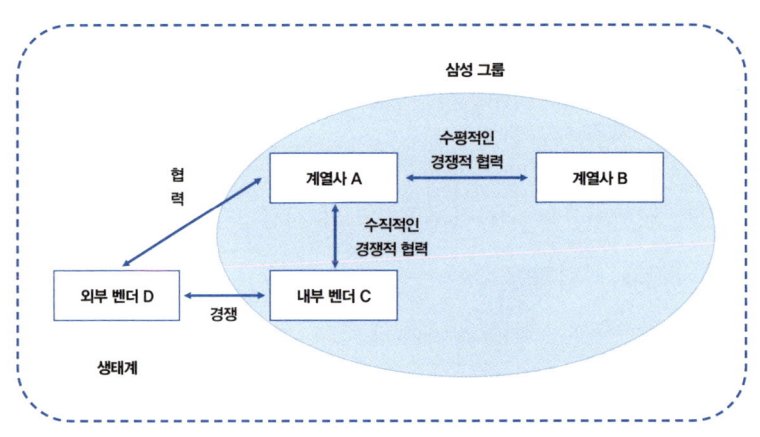

(출처: Jaeyong Song, Kyungmook Lee, and Tarun Khanna. 2016. Dynamic Capabilities at Samsung: Optimizing Internal Co-opetition, California Management Review, 58 (4): 118 - 140)

한국 기업 신성장동력 창출 전략의 변화 방향은?

중장기 저성장 국면에서는 내실경영을 우선으로 해야 하지만 여력이 있는 기업이라면 핵심역량 강화, 혁신과 신성장 동력 창출을 통해 수익성을 동반한 성장을 지속할 수도 있기에 무조건 방어적 경영으로 움츠려 들기만 해서는 곤란하다. 따라서 경쟁력이 있는 기업이라면 국내외 경제의 저성장 국면을 혁신을 통한 주력 사업에서의 점유율 제고는 물론 국내외 기업 인수합병, 국내외 우수인력 확보 등을 통해 극복해야 할 것이다.

사업 포트폴리오 조정은 단순히 비주력/비핵심 사업의 축소, 정리만을 의미하는 것이 아니라 패러다임 변화를 잘 읽으면서 신성장동력을 창출하는 활동도 핵심이다. 특히 4차 산업혁명이 본격화되고 있는 2020년대 포스트 팬데믹 패러다임 변화 시기는 한편으로는 비주력/비핵심 사업을 축소하면서 다른 한편으로는 패러다임 변화에 부합하는 미래 성장동력을 확보해야 하는 시기라고 할 수 있다.

신성장동력 육성 과정에서 한국 기업들은 중국, 일본 기업들보다도 인수합병, 특히 해외에서의 인수합병이나 전략적 제휴, 유망 벤처 기업들에 대한 전략적 지분 출자에 상당히 소극적이었는데 시장 진입과 역량 확보의 속도를 높이기 위해서는 전통적인 유기적 성장 방식보다는 이러한 비유기적 방식을 보다 적극적으로 채택할 필요가 있다. 특히 4차 산업혁명 시대에 필요한 AI 역량 등에서 한국이 취약한 상황이다. 더욱이 떠오르는 많은 신생 산업 분야에서는 플랫폼 리더십과 네트워크 효과를 기반으로 한 선점 기업의 승자 독식 현상이 나타날 수 있는데다가 역량의 융복합화를 통한 차별적 비즈니스 모델 확보가 필요한 경우가 많기에 인수합병과 전략적 제휴를 보다 적극적으로 활용하여 신규시장 진입과 역량 확보의 속도를 높일 필요가 있다.

또한 저성장 국면에서 어려움을 겪게 될 국내외의 저평가된 기업을 인수한다면, 기존 사업의 경쟁력을 제고함은 물론 신성장동력을 확보할 수 있다. 학계나 컨설팅업계의 많은 연구 결과를 보면 불황기에 기업을 인수하는 것이 호황기에 기업을 인수하는 것보다 오히려 기업 가치 창출에 도움이 되었다. 내재가치가 우수하지만 경기 침체로 일시적 유동성 위기를 겪고 있거나 주가가 과도하게 하락한 기업을 싸게 살 수 있는 기업 바겐 세일 기간일 수 있기 때문이다. 한국의 경우에도 외환위기 이후 매물로 나왔던 기아자동차를 싸게 인수하여 성공적으로 규모의 경제를 달성한 현대자동차의 사례나 한국중공업을 낮은 가격에 인수하여 그룹의 신성장동력을 확보하고 궁극적으로 두산중공업(현 두산에너빌리티)을 주력 회사로 키워 낸 두산이 그 좋은 예라고 할 수 있다. 특히 한국의 선도 기업들은 주력산업이 성숙기에 접어들어 성장성, 수익성 저하로 고민해 왔기에 좋은 기업을 싸게 살 수 있는 저성장 국면이 인수를 통한 기존 산업의 지배력 강화와 신성장동력 확보의 전기가 될 수 있다. 또한 삼성과 한화의 사례에서 보듯이 자발적인 빅딜을 통한 비주력 사업 정리와 주력 사업 경쟁력 강화 노력도 한층 강화되어야 할 것이다.

삼성이 4차 산업혁명 시대에 가장 유망한 분야로 떠오르고 있는 미래 자동차용 전장 사업에 본격 진출하기 위해 이 분야의 세계적인 기업인 하만을 인수한 것도 주력 사업과 연계된 신성장동력 확보라는 측면에서 긍정적으로 평가할 수 있다. 하만이 보유하고 있는 내비게이션, 인포테인먼트, 카 오디오 등 자동차용 전장 분야에서의 세계적인 기술력과 이미 확보한 고객 네트워크에 삼성전자가 세계적인 경쟁력을 확보한 반도체, 통신, 디스플레이 패널 등 전자, 반도체 기술력을 결합하면 상당한 시너지가 발생할 수 있기 때문이다. 자율주행차, 친환경차로 대변되는 미래 자동차에서는 IT 기술이 핵심이 될 것이기에 마치 PC에서의 마이크로소프트나 인텔이 그러하였던 것처럼 자율주행차의 자율주행 플랫폼이나 핵심 전장 부품/반도체를 장악하는 기업이 엄청난 부가가치와 이익을 창출할 가능성이 높다. 따라서 삼성과 하만의 보완적인 역량을 성공적으로 융복합화한다면 미래 자동차의 전장 분야에서 세계적인 강자가 되어 메모리반도체와 디스플레이 패널을 이을 대규모 신성장동력을 확보할 가능성이 있다.

이처럼 저성장 국면을 타개하기 위해 여력이 있는 기업이라면 미래 성장 동력 확보를 위한 신규 사업을 추진할 수 있다. 이 때에는 사업의 매력도와 함께 기존 사업에서 확보한 핵심역량, 조직문화, 경영시스템의 이전 가능성과 기존 사업과의 시너지 창출 가능성을 중시하면서 핵심 사업을 확장하는 형태의 관련형 다각화가 보다 바람직하다. 또한 불확실성도 매우 높은 상황이기에 신규 사업 진출 시에는 진입 시점은 빠르게 가지고 가되 대규모 투자 시점은 늦추는 단계적 투자 전략인 리얼 옵션(real option)적 투자와 마인드셋도 중요하게 된다. 이러한 리얼 옵션적 투자는 신규 사업 진출 시의 성과 증진 가능성은 확보하되 리스크는 줄일 수 있기 때문이다.

결언: 자발적, 선제적 사업 포트폴리오 조정에 나서라

국내외 경제의 저성장 기조 고착화 및 일본형 장기 불황 우려, 디지털 대전환과 4차 산업 혁명 시대의 본격화, 글로벌 초경쟁과 글로벌 공급망 대전환이라는 포스트 팬데믹 패러다임 변화는 한국 기업의 사업 포트폴리오에 대한 근본적인 점검과 재조정을 시대적 과제로 요구하고 있다. 하지만 한국의 대기업집단들은 심각한 부실화 우려에 직면한 기업들을 제외하고는 GE 등 선진 기업들과 비교해 볼 때 자발적, 선제적 사업 포트폴리오 조정에 상당히 소극적인 편이다. 2010년대 한국에서 가장 경쟁력이 있고 재무적 여건도 좋은 삼성은 화학, 방산과 프린터 사업 매각을 통해 자발적, 선제적으로 사업 포트폴리오를 조정하였지만 정작 삼성보다 경쟁력이나 재무적 여건이 열악한 국내 대부분의 대기업들은 그렇지 않다는 점은 우려하지 않을 수 없다.

이러한 패러다임 변화 시대에 주력 사업의 글로벌 경쟁력을 확보하고 신성장동력을 육성하면서 '수익성을 동반한 성장'을 지속하기 위해서는 이제 비관련형 다각화와 수직적 계열화로 특징 지워지는 선단식 사업 포트폴리오에 대한 근본적인 재점검과 수정이 필요하다. 또한 4차 산업혁명으로 떠오르고 있는 신산업에서의 기회를 적극 확보하기 위해 삼성의 하만 인수에서 보듯이 인수합병과 개방적 혁신을 통한 신성장

동력 확보 노력도 적극적으로 할 필요가 있는데, 이 경우에도 가능하면 비관련형 다각화는 지양하고 기존 사업에서 확보한 역량이 이전될 수 있는 분야를 우선 고려할 필요가 있다.

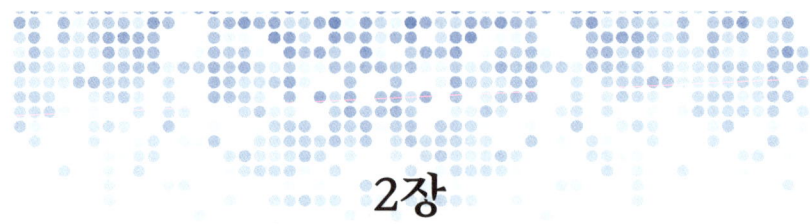

2장

융합과 조율의 미학:
가치창출형 시너지로 성장 동력을 확보하라

●

이지환
KAIST

무중생유(無中生有)?

무중생유, 무(無)에서 유(有)를 창조한다는 말이다. 아무리 막막한 상황에서라도 발상의 전환과 혁신적 사고를 통해 해결책을 찾을 수 있으니 주저앉지 말고 부딪치라는 뜻으로 경영전략 강의나 서적에 종종 등장한다. 하지만 엄밀히 따져보면 없던 것이 하늘에서 뚝 떨어지듯 생겨나기보다는, 이미 갖고 있는 것을 현명하게 조합하거나 변형하여 예전에는 생각지 못했던 새로운 것을 창조하는 경우가 대부분이다. 적벽대전에서 제갈공명이 없던 화살 10만 개를 만들어 온 것도 볏짚으로 만든 배와 병사를 안개 자욱한 아침 날씨와 결합하여 적의 오인을 유도한 덕분이었다. 미국의 제록스보다 훨씬 늦게 복사기 사업에 진출한 일본의 캐논이 빠르게 제록스를 추격할 수 있었던 것도 그 전에 카메라, 전자계산기 등 여러 사업에서 축적한 광학, 정밀기계, 소형가전 분야의 기술과 경험을 효과적으로 결합했기에 가능했다. 문어발 경영이란 비판도 종종 들어왔지만, 한국의 대기업그룹들이 성장을 하는 과정에서도 제조업과 서비스업을 망라하고 기존 계열사 간 협력이나 외부 기업 인수·합병을 통한 긍정적 결합이 큰 효과를 거둔 것을 부정할 수는 없다.

혁신가나 혁신기업은 무에서 유를 창조하는 것이 아니라 유에서 '더 큰 유'를 창조하는 것이다. 그리고 거시 경제성장의 순풍에 편승해 덩달아 성장하기 어려운 구조적 저성장이 고착화될수록, 이미 갖고 있는 것들에 기반하되 그것들의 단순 합보다 훨씬 큰 새로운 것을 창조해낼 수 있는 시너지 창출 역량이 중장기적인 성장 혹은 쇠락을 가늠하는 열쇠가 된다.

본 장에서는 급변하는 국제정세와 경영환경 속에서 한국 기업이 기존의 자원과 능력을 효과적이고 창의적으로 활용하여 차세대 성장동력과 지속적 경쟁우위를 창출하기 위해 필요한 전략을 모색해 본다. 앞 장에서 살펴본 선제적 사업 포트폴리오 조정은 일견 시너지 창출 기반 일부를 스스로 제거하는 과정으로 보일 수도 있으나, 긍정적인 시너지는 부실한 사업부들이나 계열사들이 아닌, 자체적으로 경쟁력이 있는 조직들 간의 협력과 융합에 의해서만 가능하다는 측면에서 오히려 본 장의 내용과 밀접히 맥을 공유한다.

시너지에 대한 관점을 재정립하라

시너지란 그리스어 'synergos'에서 기원한 단어로 '함께 일하다(work together)'는 뜻을 담고 있다. 따라서 시너지 효과란 둘 이상의 주체가 긴밀히 협력하여 기대되는 성과 증대를 의미한다. 시너지 창출을 위해 협력하는 주체는 개인이 될 수도 있고 크고 작은 단위의 조직이 될 수도 있으나, 경영전략의 맥락에서는 통상 서로 다른 사업을 영위하는 사업부, 계열사,[1] 혹은 전략적 사업단위(strategic business units: 한 기업집단 내에서 전략적 관련 사업을 영위하는 계열사들로 구성된 소그룹) 간의 협업에 초점을 맞춘다.[2]

기업이 한 산업에서 계속 성장하기 어려운 만큼, 규모 확장과 함께 사업 포트폴리오가 다각화되는데, 이 때 다양한 사업부들 간의 협력을 유도함으로써 매출 증대, 원가 절감, 신제품 혹은 신사업 개발 등과 같은 효익을 누릴 수 있다. 〈그림 1〉은 다각화된 기업에서 추구할 수 있는 사업부 간 시너지의 원천과 활용 유형을 보여준다.

이와 같은 시너지 창출은 여러 사업부(혹은 계열사)로 구성된 기업(혹은 기업집단)이 단일 사업에만 집중하는 기업에 비해 누릴 수 있는 장점이자, 존재이유라고도 할 수 있다. 사업부 간 긍정적인 시너지가 전혀 나지 않아 해당 기업가치의 총합이 각 사업부 가치의 단순 합에 그친다면, 투자자본 대비 수익률 관점에서 볼 때 굳이 그렇게 복수의 사업을 한 데 모아 경영하는 경제 조직이 계속 충분한 수익성을 유지하며 존립하기는 현실적으로 어렵기 때문이다.

〈그림 1〉 기업 또는 기업그룹 내 시너지 원천과 활용 유형

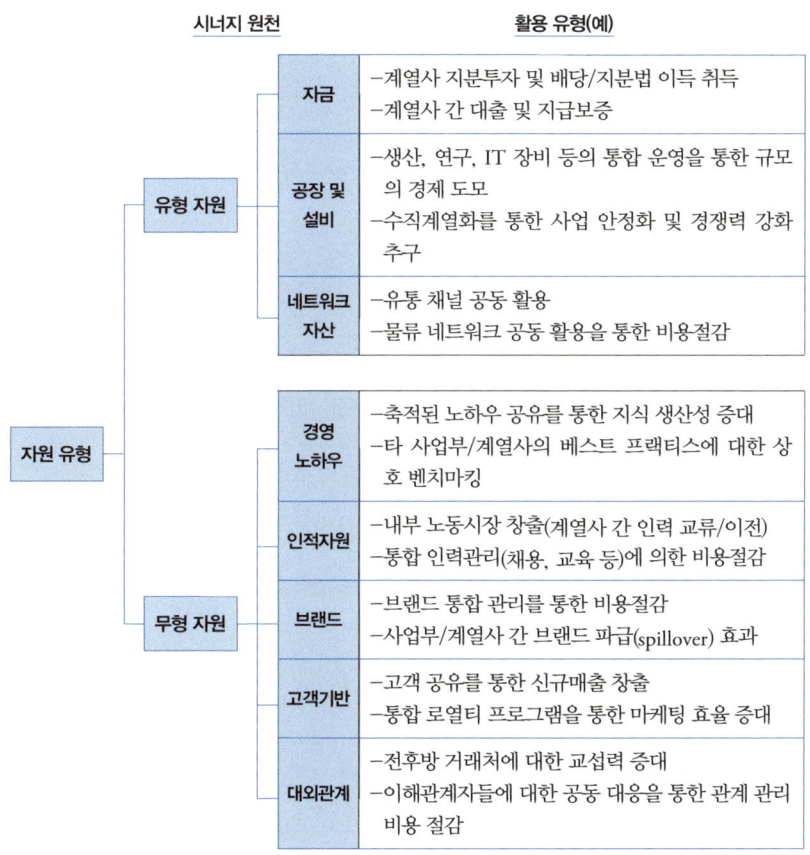

시너지 원천			활용 유형(예)
자원 유형	유형 자원	자금	−계열사 지분투자 및 배당/지분법 이득 취득 −계열사 간 대출 및 지급보증
		공장 및 설비	−생산, 연구, IT 장비 등의 통합 운영을 통한 규모의 경제 도모 −수직계열화를 통한 사업 안정화 및 경쟁력 강화 추구
		네트워크 자산	−유통 채널 공동 활용 −물류 네트워크 공동 활용을 통한 비용절감
	무형 자원	경영 노하우	−축적된 노하우 공유를 통한 지식 생산성 증대 −타 사업부/계열사의 베스트 프랙티스에 대한 상호 벤치마킹
		인적자원	−내부 노동시장 창출(계열사 간 인력 교류/이전) −통합 인력관리(채용, 교육 등)에 의한 비용절감
		브랜드	−브랜드 통합 관리를 통한 비용절감 −사업부/계열사 간 브랜드 파급(spillover) 효과
		고객기반	−고객 공유를 통한 신규매출 창출 −통합 로열티 프로그램을 통한 마케팅 효율 증대
		대외관계	−전후방 거래처에 대한 교섭력 증대 −이해관계자들에 대한 공동 대응을 통한 관계 관리 비용 절감

한국에서는 소위 '재벌'로 불리는 대기업그룹이 경제성장을 주도하면서, 한 그룹 내에서 다양한 사업을 진행하는 경우가 많았다. 대기업

그룹은 서로 다른 업종에서 활동하는 다수의 계열사들로 구성되어 있는데, 이들은 법률상으로는 서로 독립적이지만 그룹 오너 일가의 직·간접적인 지배 하에 놓여 있으며 그룹 차원의 전략기획실이나 지주회사 등 중앙 통제기관의 통제에 따라 움직인다. 완전한 단일 조직도 아니고 완전한 시장도 아닌, 중간적인 혼합형 경제 조직이다. 국내 대기업들은 1990년대 말 외환위기 이후 축소지향적 구조조정을 거쳐 출자총액제한제도 폐지 이후 계열사와 사업영역을 빠르게 확장했다. 일례로, 2009년 3월 출자총액제한제도 폐지 이후 불과 3년 동안 15대 기업집단 계열사 수가 499개에서 796개로 297개로 60%나 늘어난 바 있다.[3] 그러나 2010년 중반 이후 해운, 조선 등의 주력 산업의 부실이 현실화된 가운데 구조적 저성장 극복과 미래 성장 동력 창출을 위한 조직 내부 자원 공유 및 결합의 중요성이 부쩍 커지는 상황이 도래했다.

서로 다른 산업에서 활동하는 사업부를 기반으로 한 시너지 추구 활동의 필요성에 대한 인식은 국내에서도 일찍이 존재해 왔고, 이를 증진시키기 위해 여러 가지 시도들이 있어 왔다. 하지만 그 동안 한국 기업에서 이뤄져 온 시너지는 우량 사업부가 부실 사업부를 지원하는 형태의 가치이전(value transfer)적 성격이 강했다. 품질이 떨어지더라도 다른 사업부가 공급하는 부품·소재를 구매해 주거나, 역으로 계열사에 공급하는 부품·소재의 가격을 일부러 낮추어 주는 것이 대표적인 예다. 그러나 글로벌 환경에서의 경쟁 수준이 심화되어감에 따라 기업이 살아남기 위해서는 그러한 가치이전에 그치는 것이 아닌, 상호 호혜적 협력에 의한 진정한 의미의 가치창출(value creation)적 시너지를 찾아야 한다. 그렇게 해야만 사업 다각화 전략의 타당성을 제대로 인정받을 수 있으며, 중장기적으로 각 계열사의 생존과 성장 가능성도 높일 수 있다. 게다가 지배구조의 투명성에 대한 요구가 갈수록 증대됨에 따라, 동일한 기업그룹 안에 있더라도 법률적으로는 독립적인 계열사 간에 재화의 거래나 인력 또는 자금의 이동을 과거보다 훨씬 신중하게 해야 하는 상황이 됐다.

넓은 의미에서 보면, 한 사업부가 다른 사업부에 도움이 되어 상호거래의 결과 순효익(net benefit)이 발생하는 경우도 시너지가 난 것으로 볼 수 있다. 그러나 이는 특정 사업부의 일방적 지원에 의존하는 '희생적' 시너지를 의미하는 것으로, 오랫동안 유지되기 어렵다. 즉, 공여 입장에 있는 사업부의 경우 피해 의식에 의한 사기 저하, 수혜 입장에 있는 사업부의 경우 타성적 안주에 따른 독자적 경쟁력 저하로 인해 궁극적으로 기업 전체의 성과가 떨어질 가능성이 농후하다. 이러한 관계는 서로 다른 사업부 간의 거래 관계에서뿐만 아니라 연구개발, 마케팅, 물류 등의 활동을 공동으로 추진하는 과정에서 공히 나타날 수 있다. 따라서 쌍방간 거래든, 공동 활동 추진이든, 한 기업 조직 내에서 협력 관계를 맺는 사업부들이 중장기적으로 함께 혜택을 누리고 나아가 외부의 다른 어떤 파트너와 협력하는 것보다 유리하다고 인식하는 '공생적' 시너지 관계를 구축할 수 있어야 한다. 그러한 안정적 시너지 창출 구조는 기존에 있는 사업부들끼리뿐만 아니라 전략적 목적으로 인수하는 신규 사업부와의 관계에서도 마찬가지로 중요하다. 결국 내부 자원의 공유와 결합의 목적이 가치창출이 아닌 가치이전 수준에 머물러 있는 다각화된 기업은 궁극적으로 글로벌 경쟁에서 도태될 것이다.

시너지 효과는 치밀한 전략의 산물이다

기업 내부에서 희생적 시너지가 아닌 공생적 시너지를 창출하여 중장기적인경제적 성과를 제고하기 위해서는 시너지 추구에 참여하는 조직들에게 공통의 매력적인 비전과 목표를 제시하고 이를 달성하기 위해 능동적, 유기적으로 협력할 수 있도록 조정하는 전략적 역량이 뒷받침되어야 한다. 경영자들은 자칫 하위 조직들이 충분히 소통, 협력하지 않아 실제로 전체 조직이 갖고 있는 역량이 십분 발휘되지 않고 시너지 효과도 발현되지 않는다고 불평하기 쉽다. 하지만 안일하고 맹목적인 시너지 추구 활동은 오히려 큰 기회비용을 수반하여, 시너지 효과는 고사하고 각 조직별 성과마저 떨어뜨리고 조직 간 갈등의 골만 깊게 하기 십상이다. 조직 간 자원 공유 및 결합의 결과로 얻고자 하는 시너지의 요체를 분명히 하고 그에 적합한 전략적 추진 방안을 갖고 있을 때 진정한 시너지 창출을 기대할 수 있다.

시너지도 외형보다 내실을 중시하라

필자가 진행하는 전사(全社) 전략 수업시간에는 동일 기업 혹은 기업 집단에 소속된 참가자들이 종종 있다. 그들에게 다른 사업부 혹은 계열사와 어떠한 시너지를 낼 수 있을 것인지 물어 보면, 한 쪽이 다른 쪽의 상품이나 원자재·중간재를 더 많이, 혹은 더 비싸게 구매해줌으로써 매출이 늘어날 수 있다는 답변이 종종 나온다. 물론 그러한 과정을 통한 외형적 성장은 숫자로 나타나는 성과로 보이긴 하지만, 반드시 경제성의 증대를 의미하지는 않는다. 외형적 매출 증대에 현혹된 나머지 내실을 외면하게 되면 앞서 언급한 가치이전형 시너지만 되풀이되어 결국 향후 성과에 부정적 영향을 미치게 된다.

시너지 추구 활동이 얼마나 내실에 충실한 것인지를 가늠할 수 있는 중요한 기준 가운데 하나는 범위의 경제(economy of scope)다. 단일 제품의 생산량이 늘어날수록 나타나는 단위당 비용 절감 효과인 규모의 경제(economy of scale)와 유사하게, 여러 제품 라인이나 사업부를 가지고 있는 기업이 생산에 공통적으로 필요한 자원을 공유할 경우에 나타나는 경제성 효과를 범위의 경제라고 부른다. 예컨대, 롯데그룹의 계열사들이 생산, 판매하는 다양한 음식료 제품들은 원재료를 공동으로 구매하고 유통 채널, 생산 설비, 물류 서비스 등을 공유함으로써, 각각 품목별로 비용을 지출하는 경우에 비해 총비용을 절감할 수 있다. 즉, 서로 다른 품목임에도 불구하고 공통적으로 활용할 수 있는 투입 요소가 있으면 총생산량이 증가함에 따라 규모의 경제와 유사한 원가 절감 효과를 누리게 된다.

은행창구에서 보험상품을 취급하는 방카슈랑스가 한국에서 처음 허용되었을 때, 은행들은 원래 가지고 있던 매장과 영업인력을 그대로 사용하면서도 새로운 보험상품을 취급할 수 있게 되어 추가 비용 없이 새로운 시장에 진입하는 효과를 누릴 수 있었다. 또 다른 예로, 다양한 자동차 제품을 생산하는 자동차 제조업체는 상이한 사업부 간 설비 플랫폼 공유, 공통의 규격부품 사용, 연구개발(R&D) 센터 통합을 통해 제조원가와 R&D 비용을 크게 저감할 수 있다. 때로는 타기업을 인수하여 범위의 경제를 추구할 수도 있다. 예를 들어, 일본의 도요타합성은 2014년 자동차용 고무 부품을 취급하는 독일 메테오(Météo)를 인수했는데, 메테오가 독일과 미국에 판매망과 함께 각각 2개의 공장을 소유하고 있었기 때문에 두 회사 제품의 판로 개척 및 생산 활동을 함께 수행함으로써 (각각 따로 수행할 경우에 비해) 원가를 대폭 낮출 수 있다는 기대가 인수 결정에 크게 작용했다.

기업의 사업 범위가 늘어나고 여러 사업부가 함께 구매나 판매를 하게 되면 자연히 그 기업의 협상력도 커지게 된다. 범위의 경제 효과는 이렇게 커진 협상력을 통해 나타나기도 한다. 예를 들어, CJ미디어의 TV 채널인 Home CGV는 당시 오리온그룹의 온미디어에 속해 있던 OCN과의 치열한 경쟁 때문에 방영할 영화의 판권을 구입할 때 더 비싼 비용을 지불해야 했다. 하지만 오리온이 구조조정에 돌입하면서 CJ가 OCN을 인수하게 됐고, 이를 통해 CJ는 한국 채널에서 독보적인 지위를 확보했다. 이 지위를 바탕으로 CJ미디어는 추후 판권 구매에서의 교섭력을 높이고 더 싼 가격에 해외 영화사와 거래할 수 있었다.

물론 범위의 경제가 반드시 내부 조직 간 공조에 의해 실현되는 것은 아니다. 서로 다른 기업 간 경계를 유지하면서 전략적 제휴를 통해 협력할 수도 있다. 일례로 LG전자는 중국 사람들이 바이러스와 세균에 민감하다는 사실을 알아내고 기존의 세탁기능에 소독제 코스를 추가한 항균 세탁기를 개발했는데, 이 신제품을 홍보하기 위해 영국의 소독제 전문회사인 데톨과 공동 마케팅 제휴 협약을 체결했다. 이를 통해 LG전자와 데톨은 중국 지역의 유통 채널을 함께 활용할 수 있었고, 세탁기와 항균제에 대한 판촉 활동을 공동으로 전개하여 원가를 절감할 수 있었다. 하지만 이처럼 타기업과의 협력에 의해 시너지를 추구하는 경우, 서로 다른 기업 간에 언제든 발생할 수 있는 견제와 갈등을 통제하고 해결하는 데 수반되는 거래비용이 범위의 경제 효과를 상쇄하지 않도록 관리할 수 있는 능력을 동시에 갖춰야 한다.

내부 조직간 신뢰의 효과를 살려라

가치사슬 상의 앞뒤로 연계되어 거래를 주고받는 사업부 사이에 형성된 신뢰는 불확실성 속에서 탄력적인 환경 대응의 필요성이 급속히 높아지고 있는 최근의 경영 여건 하에서 점점 더 중요한 자산이 되고 있다. 경영 활동에 수반되는 거래비용(transaction cost)이란 시장에서 거래 상대를 찾기 위한 탐색 비용(searching cost), 협상 및 계약 후 관찰하고 유지하는데 드는 감시 비용(monitoring cost)을 포함하는 개념이다. 따라서 낮은 신뢰도 관계에서 발생하는 거래비용이 클수록 기업은 외부 업체와의 계약을 통해 거래를 하기보다 자신의 통제권 하에 있는 가치사슬(value chain)에 해당 활동을 포함시키고 싶어한다.

일례로, SK그룹이 2012년에 반도체 제조업체 하이닉스(현 SK하이닉스)를 인수한 이후 반도체 소재 회사들을 잇달아 사들인 것도 거래비용

감소를 위한 전략적 결정의 일환이다. 삼불화질소, 육불화텅스텐 등 반도체 공정에서 쓰이는 화학물질을 제조하는 OCI머티리얼즈(현 SK머티리얼즈)를 2015년에 인수한 데 이어, 2017년에는 세계 5위권의 실리콘웨이퍼 제조업체인 LG실트론(현 SK실트론)을 인수했다. 이밖에 SK쇼와덴코, SK트리켐, SK머티리얼즈에어플러스, 한유케미칼, SK머티리얼즈퍼포먼스 등도 모두 반도체 소재의 원활한 수급을 위해 인수 또는 합작 설립한 회사들이다. 기업이 원자재나 부품을 외부로부터 공급받는 것이 항상 불리한 것은 결코 아니지만, 일부 협력업체에 과하게 의존하게 되거나 품질 관리, 가격 및 납기 안정화 등이 어렵다고 판단될 경우에는 공급망을 내부화하는 데 따른 기대 효익이 커진다.

사업부 간 신뢰는 원자재, 부품, 상품 등의 직접적인 거래에 수반되는 비용을 낮출 수 있을 뿐만 아니라, 신기술이나 신제품 개발과 같은 주요 프로젝트에 과감히 착수하고 효과적으로 진전시키는 데도 큰 보탬이 된다. 복잡하고 불확실한 프로젝트일수록 외부 업체보다는 내부 조직과 함께 진행하는 것이 아무래도 상대적으로 수월하기 때문이다. 통상적으로 일본 자동차 업계의 부품하청 비율은 70~85%에 달했는데,[4] 최근 들어 자율주행 자동차의 등장과 함께 자동차 부품의 전장비율이 크게 늘어나면서 회사 내부에서 핵심 전장부품을 생산하는 비율이 점점 높아지고 있다. 자동차의 전장 부품 비중이 커지면서, 기술발전 속도를 따라가고 협상력을 유지하기 위해 전장부품 생산의 일부를 내부화하고 있는 것이다. 기술 선도 혹은 추격이 절실한 산업에 종사하는 기업들은 이처럼 내부 공급망을 구축함으로써, 밖에서 최신 기술을 제공할 수 있는 부품업체를 찾고 협상하기 위한 비용을 들일 필요가 없고, 계약 후 품질 관리에 드는 비용도 절감할 수 있다.

동일 그룹 안에 있는 계열사 간의 신뢰에 기반한 협력적 사업 운영 역시 새로운 기회와 수익의 원천이 될 수 있다. 예컨대 애경그룹이 제주특별자치도와 함께 2005년 설립한 저비용 항공사 제주항공은 애경그룹의 온라인 쇼핑몰인 AK몰과 지속적인 공동 판촉 활동을 통해 고객의 충성도를 높이고 있다. 제주항공이 AK몰에서 여행 상품을 판매하고, AK몰의 고객이 적립한 포인트를 제주항공에서 사용할 수 있게 해주는 식이다. 또한 기내에서 AK몰에서 판매하는 생활용품을 무료로 나눠주는 행사를 통해 제주항공은 승객에게 더 나은 서비스를 제공하는 한편, AK몰은 기내 승객을 대상으로 신제품에 대한 테스트 기회로 활용하기도 한다.

시너지로 미래 역량을 증진하라

기업이 가진 핵심역량에 기반한 사업 다각화는 서로 다른 사업부 간 시너지를 통해 그 성과를 극대화할 수 있고, 나아가 미래지향적 중장기 성장을 위한 새로운 역량의 원천이 될 수 있다. 가장 전통적인 예로, 일본의 혼다는 강력한 엔진기술과 모터기술을 기반으로 오토바이, 자동차부터 제트스키, 로봇에 이르는 넓은 영역으로 사업 범위를 확장할 수 있었다. 이처럼 상이한 사업에서 전략적으로 중요한 자산과 핵심역량을 효과적으로 교환하고 결합할 수 있는 여건은 상대적으로 다양한 사업을 영위하지 않고 있는 기업에 비해 대단히 유리한 경쟁 기반이 된다.

CJ그룹은 음식료산업 계열사들의 협업을 통해 새로운 가치를 창출하려는 시도를 꾸준히 해왔다. 예를 들어 2011년 첫 매장을 연 'CJ푸드월드'는 플래그십 스토어의 일종으로, CJ의 다양한 브랜드 매장들이 한 층에 모여있는 '식품 브랜드 통합 공간'이라고 할 수 있다. 여기서 고객들은 자신이 잘 아는 브랜드를 시작으로 낯선 브랜드까지 학습할 수 있는 기회를 가질 수 있다. 또한 이 공간은 CJ푸드빌, CJ프레시웨이 등 그룹의 식품 관련 연구원들이 메뉴를 함께 개발하는 장으로 사용되기도 한다. 이러한 협업을 통해 매출 증대라는 일차적인 목적 외에 자사의 핵심역량을 더욱 강화하기 위한 기반이 되기를 기대한 것이다.

2015년 카카오에서 분사한 카카오프렌즈는 2014년 카카오 내에 설립된 브랜드사업 TF팀에서 시작된 오프라인 캐릭터 사업체다. 현재 카카오의 캐릭터들은 카카오와 카카오프렌즈가 함께 협업하며 개발하고 있는데, 이모티콘을 제작하는 것은 카카오가 하고, 실물 제품으로 개발하는 것은 카카오프렌즈가 담당하는 방식을 취하고 있다. 카카오프렌즈는 카카오가 이모티콘을 개발할 때 고객의 성향과 제품의 판매 동향 등을 반영하게 하고, 카카오는 인기 이모티콘에 대한 정보와 고객 반응에 대한 정보를 카카오프렌즈에 제공하여 다시 오프라인 제품 사업에 활용하는데, 이러한 긴밀한 협업을 통해 온라인-오프라인 간의 성공적인 시너지 효과를 창출하고 있다.

사회관계망서비스(SNS)로 출범한 페이스북(현 메타)은 2014년 가상현실(Virtual Reality, VR) 기업 오큘러스를 인수한 데 이어 지난해 말에는 증강현실(Augmented Reality) 기술 스타트업인 MSQRD를 인수했다. 기존의 사진, 동영상에 이어 VR, AR을 통해 페이스북 이용자들이 더욱 효과적으로 자신을 표현하고 세상과 소통할 수 있도록 해주는 시너지 창출 효과를 통해 플랫폼 리더십을 강화하기 위한 투자를 한층 가속화하고 있는 것이다.

소니 등 선진 기업을 추월한 삼성 TV의 1등 동력 중 하나로 2006년 설립한 '디지털TV 일류화 위원회'가 꼽힌다. 당시 세계 1위이던 반도체와 2위이던 휴대폰 사업부 등의 우수 기술 인력을 TV에 투입해 세계 TV산업을 선도할 수 있는 글로벌 기술력을 집중 배양한 것이다. 이건희 회장의 지시로 발족한 이 위원회는 윤종용 당시 삼성전자 부회장 등 전자부문의 최고경영진 40여 명이 망라된 그룹 차원의 태스크포스였다. TV 화질을 좌우하는 반도체 개발에만 엔지니어 500여 명이 매달린 것도 이 위원회의 산물이었다. 그렇게 탄생된 보르도 TV를 시작으로 삼성 TV는 지난 10년간 글로벌 TV 시장에서 판매량과 매출액 기준으로 모두 1위를 차지하고 있다.

삼성전자가 80억 달러(약 9조 3천억 원)를 들여 2017년 2월 완료한 미국의 하만(Harman) 인수 역시 삼성전자의 미래 사업 비전 및 전략과 연계된 핵심역량과 성장동력 창출 시너지 효과를 겨냥한 투자로 해석되고 있다. 하만은 JBL, AKG, 마크 레빈슨 등 유수의 브랜드를 보유하고 있는 오디오 전문 기업이지만, 인포테인먼트 시스템, 텔레매틱스 등 자동차 전장 부문에서도 선도적인 시장 지위를 점하고 있다. 뱅앤올룹슨의 카오디오 부문도 하만이 소유하고 있으며, 다임러벤츠, BMW 등 프리미엄 자동차업체에 납품하면서도 강력한 교섭력을 행사하고 있다.

따라서 삼성의 IT, 모바일, 부품사업 역량과 하만의 전장사업 노하우와 고객 네트워크를 효과적으로 결합하여 시너지를 창출할 경우, 막대한 잠재력을 갖고 있는 커넥티드카나 자율주행차 시장에서 플랫폼을 주도할 수 있다는 구상이 기저에 자리잡고 있었다. 일례로 삼성 하만은 2017년 1월 라스베가스에서 열린 CES(Consumer Electronics Show)에서 자동차 운행 지원 솔루션 '레디 케어(Ready Care)'를 선보여 참가자들의 이목을 끌었다. 운전 중 졸음이 쏟아져 눈이 감기려고 하면 운전석 화면에 빨간 등이 켜지고 경고음이 울리는 등 안전 및 웰빙에 초점을 맞춘 첨단 기능이다.

시너지 창출 실패 원인

위에서 살펴본 바와 같이 다양한 논리적 근거를 기반으로 많은 기업들이 시너지 창출을 위한 비전을 제시하고, 전략을 세우고, 조직 개편을 단행함에도 불구하고 예상만큼 소기의 효과가 나타나는 경우는 많지 않은 것이 현실이다. 시너지를 기대하고 실행한 사업부 간 협업의 결과로 오히려 기업가치가 떨어지는 경우도 종종 발생한다. 또한 경영자들은 시너지 창출을 명목으로 외부 기업 인수에 막대한 투자를 하는 경향이 있다. 물론 매력적인 시너지의 원천이 발견된 경우 그러한 접근도 가능하고, 인수 비용보다 훨씬 큰 가치를 창출할 수 있다. 다만 인수 대상 기업에 대한 정보불균형이나 인수-피인수 기업 간 조직적, 문화적 통합의 어려움을 감안할 때 잠재적 시너지를 과대평가하지 않도록 신중을 기해야 한다. 잠재적 인수 대상 기업과의 시너지를 가늠하기 어려운 상황에서 다수 기업 간 인수 경쟁에 휩쓸리다 보면 자칫 과도한 인수 비용을 지불하고 승자의 저주에 빠질 수 있다. 따라서 기업 외부에 존재하는 매력적인 인수 대상을 탐색하는 시도하는 일 못지 않게, 그룹이나 기업 내부에서 사업부 혹은 계열사 간에 발생할 수 있는 시너지 창출 가능 영역을 발굴하는 데도 상시적인 노력을 기울일 필요가 있다.

잠재적 시너지가 예상되는 조직 간이라고 해서 시너지가 저절로 창출되지 않는다는 점 또한 인식해야 한다. 시너지가 있을 것이라고 생각하고 시도했으나 생각보다 효과가 없거나, 가능성은 충분했지만 실행 단계에서 문제가 발생해 실패로 끝나는 사례가 흔히 나타난다. 일본의 소니가 경험한 시너지 창출 실패 사례는 그런 측면에서 유용한 반면교사로 삼을 만하다. 한때 소니는 세계 최고 수준의 제품과 기술을 보유했으나 소위 '사일로(silo) 효과'로 불리는 조직 간 고립 문제를 극복하지 못했다. 예를 들어, 뮤직 컨텐츠 사업부가 MD(mini disc) 사업부에 컨텐츠를 제공하지 않아 단기적으로는 불법 복제를 막을 수 있었으나, 이는 뮤직플레이어 사업에서의 실기 및 경쟁력 약화로 이어져 불법 복제를 막은 이익보다 더 큰 손실을 소니에 안겨주는 꼴이 되었다. 이처럼 소니는 시너지 창출의 원천이 될 수 있는 다양한 사업부와 그 안에 내재된 다차원의 역량을 보유하고 있었음에도 불구하고, 사업부 간 협력 및 융합에 실패하여 결과적으로 시장 경쟁력을 상실하고 시련과 혼란의 맞은 바 있다.

1998년 전격적으로 성사된 독일의 다임러벤츠와 미국의 크라이슬러 두 회사의 합병 실패는 외형적, 운영적인 요건만 고려해서는 결코 성공적인 M&A가 될 수 없다는 교훈을 일찍이 남긴 대표적인 사례다. 벤츠의 제조기술과 크라이슬러의 대량생산력의 융합이라는 시너지 효과가 자못 기대된 합병이었으나, 합병 후 미온적인 구조조정으로 원가절감 전쟁에서 경쟁력을 잃었고, 합병 전 부실한 실사로 곳곳에서 불필요한 돈이 마구 새는 현상이 나타났다. 무엇보다 두 회사의 이질적인 기업문화 충돌로 말미암은 임직원들의 사기 저하는 합병 시너지의 큰 걸림돌이 됐다. 2006년부터 2019년까지 다임러 AG의 이사회의장을 맡았던 디터 제체(Dieter Zetsche)는 다임러벤츠의 고급차와 크라이슬러의 대중차 시장이 본질적으로 다른 특성을 가졌음을 지적하며 시너지 효과를 과대평가한 합병이었다고 술회했다. 결국 2007년 다임러는 당초 인수가격의 5분의 1 가격으로 사모펀드 서버러스에 크라이슬러를 매각하고 10년 만에 동거에 종지부를 찍었다.

2000년대 초까지만 해도 한국 기업의 해외 기업, 특히 구미 기업 인수·합병 사례는 손으로 꼽을 수 있을 정도로 극히 드물었다. 그런 가운데 패션전문업체로서 고도 성장을 했던 이랜드는 2010년에 이탈리아 구두 브랜드 라리오, 영국 캐시미어 업체 피터스콧과 니트웨어업체 록캐런 오브스코틀랜드를 잇달아 인수한 데 이어 이탈리아 가방업체인 만다리나덕과 코치넬리를 각각 2011년과 2012년에 사들이며 브랜드 포트폴리오를 글로벌 수준까지 빠르게 확장했다. 그러나 이들을 포함한 다양한 브랜드 간에 디자인, 개발, 조달, 생산, 마케팅, 홍보 등 가치사슬 상의 여러 활동에서 기대할 수 있는 공유와 결합의 효과를 충분히 거두지 못한 나머지, 유럽 사업을 총괄하는 유로이랜드컴퍼니가 오랜 동안 실적 부진을 면치 못했다.

시너지 극대화를 위한 한국 기업의 과제는?

앞에서 살펴본 시너지 창출의 기반과 성공, 실패는 무작정 시너지를 바라고 외부 기업을 인수하거나 최고경영진이 사업부 간 협력을 종용하는 방식이 아니라 창의적, 전략적인 접근과 실행이 성공적 시너지 창출의 관건임을 보여준다. 그렇다면, 한국 기업들이 심화되는 저성장 추세와 환경 불확실성 속에서 가치창출형 시너지를 극대화하여 미래 성장 동력을 확보하는 데 필요한 주요 과제는 무엇인가?

잠재적 시너지 효과를 객관적으로 평가하라

시너지라는 용어가 일반화된 이후, 국내외를 막론하고 많은 경영자들이 다소 안일한 판단 하에 막연히 시너지를 기대하는 오류를 범하곤 한다. 그러한 경향은 기대만큼 시너지를 창출하지 못하는 하부 조직에 대한 비난으로 이어지기도 하고, 타 기업 인수 시 지불하는 과도한 프리미엄으로 나타나기도 한다. 전사 전략에 대한 연구로 명성이 높은 Goold & Campbell은 시너지에 대한 경영자들의 잘못된 판단을 불러오는 4가지 편견(bias)을 제시하며 시너지에 대한 맹목적 믿음을 경계해야 한다고 지적한 바 있다.[5] 즉, 반드시 시너지를 창출해야 한다는 집착(synergy bias), 아래 사람들이 협업을 귀찮아하기 때문에 시너지 창출을 위해서는 상사가 개입하고 강요해야 한다는 생각(parenting bias), 그들 자신이 하위 조직 사이에 끼어들어서 효과적으로 협업하게 할 수 있는 능력이 있다고 착각하는 경향(skills bias), 시너지의 효익은 크게, 비용은 적게 추정하는 인지적 오류(upside bias)가 만연해 있다는 시각이다. 이와 같은 편향적 사고는 잠재적으로 창출 가능한 시너지 효과를 왜곡하고 경영진이 잘못된 결정을 내리게 만든다. 따라서 성공적인 시너지 창출 전략을 수립하기 위해서는 보다 객관적으로 잠재적 시너지를 예측하고, 그 결과 추진할 가치가 충분하다고 판단된 경우에는 면밀한 실행 전략 또한 마련할 필요가 있다.

〈그림 2〉에서 보듯이 우선 전략적 차원에서, 전사적 전략과 시너지 전략 사이에 정합성이 존재하는지 확인해야 한다. 아무리 시너지 효과가 날 수 있다고 하더라도 기업이 나아가야 할 큰 방향과 맞지 않는다면 오히려 부정적 결과를 낳을 수 있다. 다음으로, 법적인 정당성 차원에서 시너지 전략이 실행 가능한지 확인해야 한다. 부당 내부거래의 소지는 없는지, 거래 및 절차 상의 타당성은 확보할 수 있는지 미리 평가하여 혹시 있을지 모르는 불미스러운 상황과 기회 비용을 방지해야 한다. 다음으로, 새로이 창출되는 부가가치가 어느 정도인지 평가할 필요가 있다. 협업을 통해 기대할 수 있는 시너지 효과의 영향은 어느 정도인지, 얼마나 빨리 실현될 수 있는지를 고려하여 시너지 창출을 위한 투자 및 조직 계획과 타임라인을 세워야 한다. 마지막으로, 진정한 시너지가 있는지 냉정히 검토해야 한다. 협업을 통해 정말로 새롭고 참여 주체 모두에게 혜택이 돌아가는 가치를 창출하는 것인지, 단순히 특정 사업부

에서 다른 사업부를 일방적, 지속적으로 지원하는 형태로 가치의 이전
만 일어나는 것인지에 대한 객관적 평가를 거쳐 시너지를 유발하고 촉
진하기 위한 실행 단계로 이행해야 한다.

〈그림 2〉 시너지 추진 여부 평가 절차

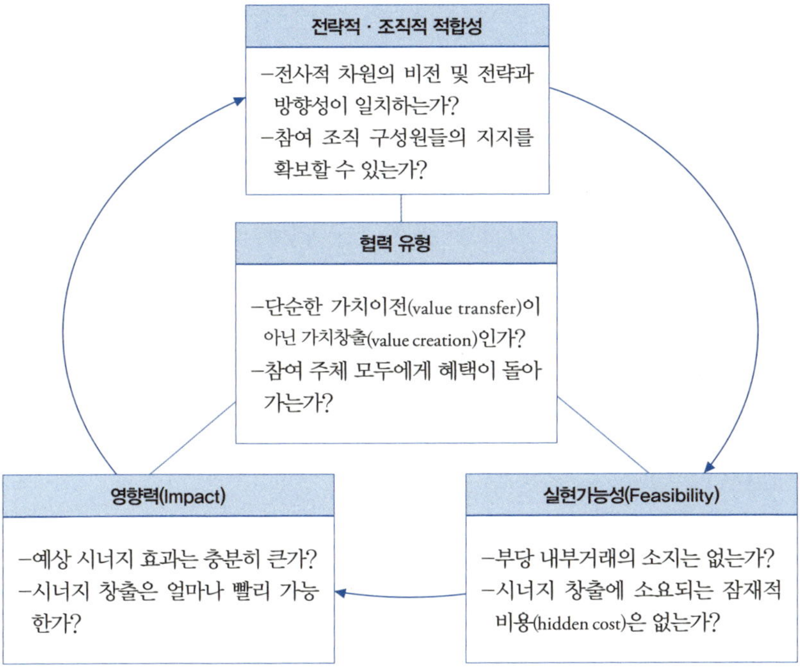

전략적 · 조직적 적합성
- 전사적 차원의 비전 및 전략과 방향성이 일치하는가?
- 참여 조직 구성원들의 지지를 확보할 수 있는가?

협력 유형
- 단순한 가치이전(value transfer)이 아닌 가치창출(value creation)인가?
- 참여 주체 모두에게 혜택이 돌아가는가?

영향력(Impact)
- 예상 시너지 효과는 충분히 큰가?
- 시너지 창출은 얼마나 빨리 가능한가?

실현가능성(Feasibility)
- 부당 내부거래의 소지는 없는가?
- 시너지 창출에 소요되는 잠재적 비용(hidden cost)은 없는가?

나아가, 전사적 차원에서 기존의 상식에 얽매이지 말고 도출 범위를
창의적, 적극적으로 넓히는 과감한 접근이 필요하다. 앞서 〈그림 1〉에
서 본 바와 같이 기업 내에서 시너지를 추구할 수 있는 영역은 매우 많
다. 현실 경영 환경에서 실현 가능한 기업 내 시너지 효과는 전략 통합,

신규 시장 개척, 무형자산 공유, 수직적 통합, 협상력 증대 등의 형태를 띨 수 있다. 이 가운데 어떠한 것이 됐든 그것을 가능하게 하는 창의성을 촉진하기 위해서는 상명하달식의 접근이 아니라 사업부 혹은 현장 레벨에서 상향식(bottom-up)으로 접근해야 한다. 상부에서 맹목적으로 시너지 추구를 강요하는 것이 아니라 회사 안에 있는 크고 작은 조직 단위에서의 전략적 판단에 의해 자발적, 적극적으로 시너지 추구 영역과 파트너를 발굴하게 하고 전사 조직에서는 적절한 지원과 조정을 할 때 훨씬 긍정적인 결과를 기대할 수 있다.

시스템적 사고를 조직 전반에 확산시켜라

진정한 시너지를 위해서는 각 부분이 따로 움직이는 것이 아니라 한 가지 목표를 향해 협업 주체들이 다 함께 나아가야 한다. 예를 들어1993년 IBM에 영입되어 2002년까지 회사를 이끌었던 루 거스너(Louis Gerstner) 전 회장은 사업별, 기업별로 분산된 체제로부터 고객 및 솔루션을 중심으로 시너지를 추구하는 체제로 재편하여 재도약에 성공한 바 있다.

하지만 서로 다른 부서들이 한 방향을 바라보고 움직이게 만드는 것은 결코 쉬운 일이 아니다. 대개의 경우 협업의 실패는 부서의 이기주의에서 나오는데, 특히 기업의 덩치가 크고 과거 부서들이 협력 없이 독립적으로 일하는 분위기가 강할수록 전체 최적이 아닌 부분 최적을 지향하다가 실패할 가능성이 높다. 나아가 계열사 간 협업의 경우, 계열사들이 애초에 속한 산업 자체의 성격이 매우 다르고 원래 상호 교류가

별로 없던 경우가 많기 때문에 이러한 어려움은 더욱 커지게 된다. 또한 고위 경영진에게는 전사적 차원의 가치 창출이 중요하지만, 실무자 레벨에서는 사실 자신의 성과와 평가가 가장 중요하기 때문에 경우에 따라서는 협업에 부정적인 반응을 보이기도 한다. 그러한 구조와 정서를 무시한 채 단순히 다른 팀을 붙여놓고 새로운 가치가 창출되기를 바라는 것은 헛된 꿈일 수 있다.

이상과 같은 현실적 걸림돌을 극복하기 위해서는 컨트롤 타워에서 적극적인 노력을 기울여 관리자들에게 시스템적 사고를 심어줄 필요가 있다. 자기 사업부나 계열사의 성과만이 중요한 것이 아니고 전사적 시점에서도 일을 바라봐야 한다는 점을 협업 주체 모두가 인식하게 해야 한다. 또한 실무적 측면에서 다른 부서와 협력하기 위해서는 그 부서의 업무를 익혀야 하고, 정확한 의사소통을 위해 서로의 '언어'를 학습하는 과정 또한 필수적이기 때문에 서로 교류할 수 있는 기회를 적극적으로 제공해야 한다. 월트디즈니 컴퍼니는 각 사업부를 책임지는 부문장에 대한 성과 평가 시 얼마나 다른 사업부와 잘 협업하여 전사 성과에 기여했는지를 상당 부분 반영함으로써 사업부 간 적극적인 협력을 유도한다. 이렇게 타 조직 간 이해관계를 일치시키고, 상호 교류를 장려하며, 성과를 평가함에 있어서도 시너지가 얼마나 있었는지 반영함으로써 진정한 의미의 가치창출적 시너지를 기대할 수 있을 것이다.

이와 더불어, 사업부장이나 계열사 CEO의 태도와 역량 측면에서도 개선이 요구되는 점들이 있다. 총체적 기업가치 극대화의 중추적 역할을 하는 사업부장이나 계열사 CEO는 전반적인 사업 흐름 및 시너지 기회를 이해하고, 이를 기반으로 타 사업부 혹은 계열사와의 상시적 협업 및 정보 공유를 촉진해야 한다. 또한 본인 사업부의 의사결정이 타 사업부나 전사 성과에 중장기적으로 미치는 영향을 예측하고, 본인이 관장하는 사업부 관점에서만이 아닌 전사 관점에서 성과를 극대화할 수 있는 의사결정 역량을 구비해야 한다.

컨트롤 타워의 조정(coordination) 능력을 키워라

계열사 간 시너지는 전사적 수준의 관리가 필요하기 때문에 전사 혹은 그룹 차원 컨트롤 타워의 조정 역할, 그리고 특히 기업 인수 후에는 피인수 기업과의 조직 통합(post-merger integration, PMI) 역량이 매우 중요하다. 상위에서의 컨트롤이 잘 이뤄지지 못하면 잠재력이 충분한 내부 협업도 실패할 가능성이 높다.

타타(Tata)그룹은 인도 최대의 민간재벌이자 최고의 브랜드 가치를 가진 기업집단으로 100개 이상의 자회사가 IT, 자동차부터 음료와 호텔에 이르는 다양한 산업군에 포진해 있다. 그 중 타타스틸은 인도 최초의 철강 회사로 지속적으로 성장했으나 한국의 포스코와 인도의 미탈(Mittal) 등 경쟁사의 확장에 위협을 느끼고 대형화를 위해 적극적인 투자에 나섰다. 특히 미탈이 촉발한 철강업계의 통합화와 대형화 추세를 따라잡기 위해 해외 진출을 서둘렀고, 2006년 미탈이 프랑스 아르셀로(Arcelor)를 합병하자 그에 뒤질세라 2007년 영국-네덜란드 철강회사인 코러스(Corus)를 전격 인수하여 외형적으로는 글로벌 대형 철강사로 발돋움하게 되었다. 하지만 인수 이후 10년 가까이 코러스는 참담한 실적을 냈고 타타철강으로 하여금 유럽 사업 비중을 대폭 축소하게끔 하는 뼈아픈 결과를 초래했다. PMI 경험이 극히 부족했던 타타는 인수 후 일반적으로 시행하는 통합 작업(예컨대 '100일 계획')이나 PMI 팀 파견 없이 2년간 과거의 경영진을 유지시키며 자율경영에 맡겼고 2010년에야 완전 통합을 추진했다. 그 과정에서 CEO가 여러 번 바뀌면서 타타가 코러스의 문제를 파악하는 데 매우 오랜 시간이 소요됐다. 적절한 후속 조치의 미흡으로 시너지 창출에 완전히 실패한 것이다.

이처럼 성공적인 시너지 효과의 창출을 위해서는 협업 과정에서 컨트롤 타워가 중심이 되어 맡아야 할 업무가 존재한다. 예를 들어, SK그룹의 SUPEX 추구협의회는 가장 포괄적인 차원에서 신규사업 진출 및 구조조정과 관련된 전략을 조율하는 협의체다. 여기서는 '따로 또 같이'를 지향하는 계열사들이 공유하는 그룹 브랜드와 기업문화를 관리한다. 또한 그룹이 나아가야 할 방향에 대해 통일된 비전을 가지고 임원급 인재 육성 프로그램을 운영한다.

컨트롤 타워에서 결정된 경영방침이 회사의 발전 방향을 결정하기 때문에, 경영진이 협업에 어떻게 접근하느냐에 따라 창출 가능한 시너지의 형태와 정도 또한 달라진다. 한 예로, 롯데그룹은 계열사 간 경쟁을 장려해온 창업자의 경영방침 때문에 협업이 쉽지 않은 조직이었다. 그러나 한때 롯데푸드, 롯데제과, 세븐일레븐이 협업하여 새로 개발한 제품인 요구르트 젤리는 특이한 형태와 맛, 그리고 우수한 유통구조 덕분에 시장에서 매우 좋은 평가를 받고 지속적으로 높은 성과를 낸 바 있다. 이처럼 경영진의 방침이나 성향이 잠재적인 시너지 효과를 보지 못하게 막는 경우도 있을 수 있으므로 환경 변화에 따른 유연성을 발휘할 필요가 있다.

기업그룹의 지주회사, 전략기획실, 기획조정실, 정책본부 등에 소속된 본부 인력은 최고 의사결정 기구의 업무를 지원하고 계열사에 대한 투자 자금 및 인적 자원을 할당하는 역할을 한다. 이들은 그룹 내 내부거래를 위한 이전가격 결정과 그룹 차원의 평가·보상 기준 수립에도 관여하기 때문에 시너지를 위한 운영에 매우 중요한 역할을 한다. 이들은 진정한 시너지를 위해서 계열사들의 개별 전략과 협력 전략에 대한 조언을 제공하고, 유·무형 자원의 이전 및 공유를 지원하며, 성과가 낮은 계열사에 대한 직·간접적인 지원을 통해 시너지 전략을 관리해야 한다. 삼성을 비롯한 국내 대기업그룹들이 과거에 비해 그룹 최상위 차원의 막강한 컨트롤 타워 기능을 축소하는 추세이긴 하나, 기업의 지배구조 개선과 병행하여 정당성과 효율성을 겸비한 공식적 컨트롤 타워를 구축하는 계기로 삼을 필요가 있다.

결언: 전략적, 자발적 시너지 추구를 촉진하라

2016년 1월 다보스 세계경제포럼에서 처음 언급된 이후 널리 회자되고 있는 개념인 제 4차 산업혁명은 정보통신기술(ICT)의 발달과 인공지능에 의해 자동화와 연결성이 극대화되는 산업환경의 변화를 의미한다. 4차 산업혁명의 핵심은 기술이나 산업의 '융합'에 의한 초연결, 초지능 사회로의 진화라고 할 수 있는데, 이러한 거대한 사회적 변화의 물결 앞에서 기존의 피상적 수준의 협업으로는 새로운 가치를 창출하기가 점점 어려워지고 있다. 그러나 동시에, 4차 산업혁명은 이러한 변화를 빨리 받아들이고 새로운 길을 적극적으로 모색하는 기업들에게는 제조와 서비스, 오프라인과 온라인, 인공지능과 데이터 기반 사업 등을 막론하고 기술 혁신 및 시장 개척을 선도하기 위한 시너지 창출에 적극 나서도록 부추기는 요인이 되고 있다.

융합 기술의 급격한 발달과 산업 간 경계의 불분명화는 새로운 형태의 시너지 창출 방식의 등장도 예고하고 있다. 전통적으로 단일 사업에 주력하는 기업을 선호하는 영미권에서 복합기업 형태를 오랫동안 유지하고 있는 몇 안 되는 대기업 가운데 하나인 GE는 각 사업부에 최대한의 자율권을 부여하되 'One GE'로서의 통합성이 신규 사업 수주, 신흥 시장 진출 등 경쟁우위의 기반이 되는 경우 적극 협력하도록 유도한 바 있다. 또한 전사적으로 산재된 유무형의 자산을 기업 본부에서 관리하면서 각 사업부가 전략적 필요성에 따라 활용하고 가치를 증대시킨 후 다시 축적해 놓는 방식도 도입했다. 나아가 개방적 혁신 플랫폼의 진화와 함께, 앞으로는 시너지 추구 활동의 파트너를 기업 외부로 대폭 확대하기 위한 탐색적 투자와 조직 정비에도 많은 선진 기업들이 심혈을 기울이고 있다.

시너지 창출은 갈수록 심해지는 경쟁 환경에서 살아남기 위해 필수적인, 혁신과 성장을 위한 핵심 동력 발굴과 다각화된 사업구조에 대한 사회적 정당성 확보를 위한 미래 경영의 핵심 과제다. 예전부터 한국 기업들이 계열사 간 협업을 장려하는 등 시너지 창출을 위한 시도를 한 적은 많이 있으나, 지금까지의 시너지 개념은 단순히 우량 계열사가 성과가 좋지 않은 계열사의 생존을 도와 상생하자는 차원의 접근이 상당 정도 주류를 이루었다. 그러한 가치이전형 협업은 장기적으로 보았을 때 전사적 차원의 성과를 떨어트리는 부정적 결과를 가져온다. 따라서 이제는 참여 주체들 모두가 서로 자극하고 발전할 수 있도록 상호 호혜적인 시너지 성과를 낼 수 있는 조직 역량이 필수적으로 제고되어야 한다. 이를 위해서는 우선 각 핵심 사업의 경쟁력 확보가 전제되어야 하고, 시너지 도출 기준에 따라 협업 기회를 면밀히 탐색해야 한다.

이 때 시너지란 단어의 어감이 주는 긍정적 환상에 사로잡히지 않고 객관적으로 자신의 상황을 분석하는 것이 필요하다. 이렇게 객관적 기준을 통해 잠재적 시너지 창출 분야를 찾았다면, 협업 주체들의 효율적 협력을 유도하기 위해 시스템적 사고를 배양하고, 인센티브 제도를 정비하는 한편, 궁극적으로는 조직 간 공유, 협력과 상호 학습을 중시하는 기업 문화를 구축해야 한다. 마지막으로, 이러한 과정에서 여러 레벨에서의 컨트롤 타워 역할이 중요하기 때문에 최고경영진은 각 사업부에 대한 통제와 자율의 균형을 유지하면서 시너지 참여 조직들을 조율해야 한다. 〈그림 3〉은 지금까지 제시한 한국 기업의 미래지향적 시너지 창출 전략을 정리한 것이다. 요컨대 맹목적, 수동적 협력이 아닌 전략적, 자발적 시너지 추구를 위한 깊이 있는 고심을 바탕으로 한국 기업들이 글로벌 경쟁력을 강화하고 기업가치를 극대화할 수 있을 것이다. 유명 연예 · 체육인들이 함께 출연하는 버라이어티 프로그램이 '뭉쳐야 뜬다' 혹은 '뭉쳐야 찬다' 와 같은 제목으로 등장했다. 그 재치 깃든 제목처럼 뭉치는 건 재미를 주고 인기를 모아 성공으로 가는 좋은 방법 가운데 하나지만, 뭉친다고 무조건 잘 되는 건 아니라는 엄연한 사실 또한 잊지 말아야 한다.

〈그림 3〉 **한국 기업의 시너지 추구 전략 방향 제언**

피상적인 시너지 전략	진정한 시너지 전략
−가치이전(희생적 시너지) −시너지 효과에 대한 안일한 믿음(맹목적 시너지) −상명하달식 강제에 기반(수동적 시너지) −컨트롤 타워의 무분별한 개입(가부장 기능) −뭉치면 뜬다(안일한 기대)	−가치창출(공생적 시너지) −치밀한 과제 도출 및 객관적 평가(전략적 시너지) −시스템적 사고에 기반(자발적 시너지) −컨트롤 타워의 현명한 조정(스튜어드 기능) −잘못 뭉치면 망한다(기회비용 인식)

3장

한국기업의 글로벌전략을
업그레이드하라

●

김광수
건국대학교

한국기업 글로벌전략
업그레이드의 필요성

　지난 40여 년에 걸쳐 한국기업은 국내외 환경변화에 발맞춰 성공적으로 글로벌화를 추진해 왔다. 이 과정에서 한국기업은 국내외 환경변화에 따라 소규모 수출로부터 시작하여 대규모 해외직접투자에 이르기까지 기업의 글로벌화를 지속적으로 확대시켜왔다. 한국기업의 이러한 글로벌화의 노력은 한국이 수출 및 경제 규모에 있어 세계 10위권에 자리매김하는데 큰 역할을 해 온 것으로 평가된다. 그러나 최근 아래와 같은 국내외의 불연속적인 환경변화를 고려할 때, 글로벌 경쟁력 강화를 위한 한국기업의 글로벌전략 업그레이드의 필요성이 제기된다.

먼저 최근 신흥국 기업의 글로벌 경쟁력 도약과 4차 산업혁명 출현 등으로 한국기업의 전략 패러다임의 전환이 절실히 요구되는 상황이다. 한국이 선진국으로 진입하기 위해 한국기업의 전략 패러다임이 빠른 추격자에서 선도자로 탈바꿈을 해야 하며, 이를 위해 선도기술 창출에 필요한 혁신역량을 확보하는 것이 중요하다. 이러한 혁신역량 확보를 위해 한국기업은 글로벌전략의 일환으로 해외연구개발활동을 수행함으로써 국내와 더불어 해외의 기술혁신 인프라를 적극적으로 활용하는 것이 필요하다.

또한 국내시장환경의 변화를 살펴보면, 저출산 및 고령화에 따른 저성장 기조, 선진국 대비 낮은 생산성, 신흥국 도약으로 인한 원가경쟁력 약화, 팬데믹 이후 전반적인 정치 경제적 불확실성 확대, 교육 및 제도 환경으로 인한 급진적 혁신 잠재력의 한계 등으로 특징 지워질 수 있다. 이러한 상황에서 한국기업은 국내시장환경의 변화에 효과적으로 대응하기 위해 보다 적극적인 글로벌화를 추진할 필요가 있다.

게다가 해외시장환경의 변화를 살펴보면, 선진국 기업 중심으로 형성된 기존의 글로벌 경쟁구도에 최근 신흥국 기업이 도전장을 냄으로써 소위 말하는 글로벌 무한 경쟁시대에 접어들게 되었다. 이와 같은 글로벌 무한 경쟁시대의 초입에서 한국기업은 보다 적극적인 글로벌화를 추진하기 위하여 글로벌 경쟁력을 확보해야 할 것이다. 이 과정에서 한국기업은 원가와 혁신 경쟁력 확보 및 해외 고객 욕구 충족 제고를 위해 수출을 넘어 보다 적극적인 생산 및 연구개발 기반의 해외 이전의 노력이 요구되고, 더 나아가 상황에 맞는 높은 수준의 글로벌 네트워크 구축 및 운영의 노력이 요구된다.

본 장에서는 국내외의 불연속적인 환경변화 속에서 한국기업이 글로벌 경쟁력 강화를 위하여 글로벌전략을 어떻게 업그레이드할 것인지에 대해 논의한다. 이를 위해 먼저 한국기업의 글로벌전략 업그레이드의 방향성에 대한 논의 후, 한국기업 글로벌화의 전반적 흐름 및 현황을 분석하고, 더 나아가 한국기업 글로벌전략의 선도사례를 분석한다. 그리고 이러한 분석을 통하여 국내외 환경변화에 효과적으로 대응하기 위한 한국기업 글로벌전략 업그레이드의 방안을 제시하고 결론을 도출한다.

한국기업 글로벌전략 업그레이드의 방향성

한국기업 글로벌전략 업그레이드의 기본적인 방향은 〈그림 1〉에서 보여주듯이 다음과 같은 두 가지 기준을 동시에 추구하는 것으로 정리될 수 있다. 첫째, 한국기업이 글로벌전략의 핵심목적을 적극 추구하는 방향으로 글로벌전략을 업그레이드하는 것이 바람직하다. 이를 통해 한국기업은 자연스럽게 보다 높은 단계의 글로벌전략으로 발전할 수 있게 된다. 둘째, 한국기업이 높은 수준의 글로벌 네트워크를 적극 추구하는 방향으로 글로벌전략을 업그레이드하는 것이 바람직하다. 이들에 대한 설명은 아래와 같다.

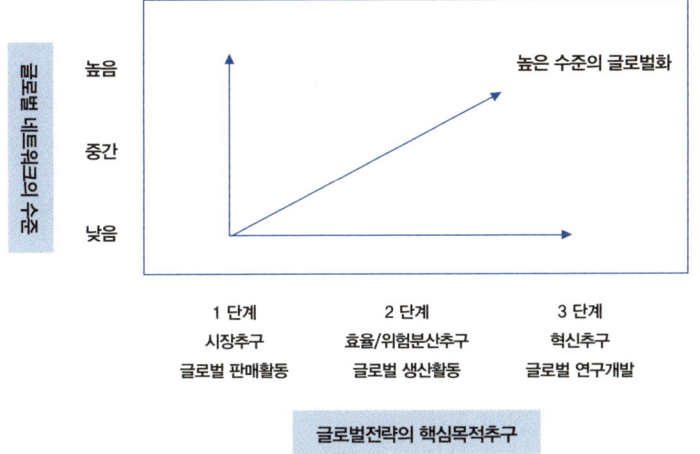

글로벌 네트워크의 수준

높음

중간

낮음

높은 수준의 글로벌화

1 단계	2 단계	3 단계
시장추구	효율/위험분산추구	혁신추구
글로벌 판매활동	글로벌 생산활동	글로벌 연구개발

글로벌전략의 핵심목적추구

글로벌전략의 핵심목적추구와 발전단계

글로벌전략의 핵심목적은 일반적으로 〈그림 1〉에서 보여주듯이 시장추구, 효율추구, 위험분산추구, 혁신추구 등이다. 먼저 시장추구는 기업이 글로벌화를 통해 제한된 규모의 자국시장을 벗어나 글로벌시장으로 확대해 나가기 위한 것이다. 다음으로 효율추구는 기업이 글로벌전략을 통해 노동과 자본 등 생산요소의 비용 절감 및 다양한 활동의 규모와 범위 및 학습의 효과에 의한 비용 절감을 위한 것이다. 또한 위험분산추구란 기업이 글로벌전략을 통해 경영활동을 지역적으로 분산시킴으로써 환율 및 임금률 변동 등의 거시경제적 위험, 정부 정책 변화 등의 정치적 위험 등을 분산하고 관리하기 위한 것이다. 마지막으로 혁신추구는 기업이 글로벌전략을 통해 다양한 시장환경에 노출됨으로써 새로운 자극제로 인한 혁신역량 개발 및 학습의 기회를 가지기 위한 것이다.

글로벌전략의 발전단계는 〈그림 1〉에서처럼 기업의 주요 활동을 중심으로 살펴보면 일반적으로 세 가지 단계로 분류될 수 있다. 첫 번째는 기업이 자국시장을 넘어서 수출 및 해외판매거점 설립을 통해 해외시장에서 제품을 판매하는 단계이다. 두 번째는 기업이 제품의 생산단가 인하가 요구되는 상황이거나, 거시경제적 및 정치적 위험에 노출될 수 있는 상황이거나, 또는 수출 규모의 확대 및 현지국의 유인에 따라 현지생산이 가능해진 상황 하에 해외에서 제품을 생산하는 단계이다. 세 번째는 기업이 해외법인의 현지화 지원 또는 해외 선도기술 확보 및 신기술 개발을 위해 해외에서 연구개발 즉 혁신활동을 하는 단계이다.

글로벌전략의 핵심목적추구와 발전단계는 자연스럽게 연계된다. 기업은 1차적으로 시장추구의 목적을 달성하기 위해 수출과 해외판매거점 설립을 통한 해외판매활동을 하게 되고, 2차적으로 효율 및 위험분산추구의 목적을 달성하기 위해 해외생산거점 설립을 통한 해외생산활동을 하게 되며, 3차적으로 혁신추구의 목적을 달성하기 위해 해외연구소 설립 및 해외공동연구를 통한 해외연구개발 즉 혁신활동을 하게 된다. 하지만 상황에 따라 어떤 핵심목적을 먼저 추구하느냐에 따라 발전단계의 순서는 바뀔 수도 있다.

글로벌 네트워크의 수준

.
.
.

기업은 글로벌전략의 핵심목적추구를 통해 보다 높은 단계의 글로벌 전략을 추진하는 과정에서 수준 높은 글로벌 네트워크를 형성하고 운영 하는 것이 필요하다. 글로벌 네트워크란 간략하게 말해 글로벌환경 하 에서 지역적으로 분산된 다양한 기업 경영활동의 연계를 의미하며, 기 업에게는 글로벌 경쟁력 강화를 위해 이러한 글로벌 네트워크를 어떻게 구축하고 운영해야 하는지가 중요할 것이다.

이러한 글로벌 네트워크를 구축하고 운영함에 있어 기업이 고려해야 할 세 가지의 중요한 요소가 존재한다. 첫째, 기업이 판매, 생산, 연구 활동 등의 주요 활동을 해외시장 어느 곳에, 어느 정도로 분산배치시킬 것인지, 둘째, 기업은 해외시장에 분산된 자회사들에 대해 어느 정도의 특화된 역할을 맡길 것인지, 셋째, 기업은 해외자회사들을 어느 정도로 글로벌하게 조정통합할 것인지 등이다. 따라서 높은 수준의 글로벌 네 트워크를 구축하고 운영한다는 것은 기업이 주요 활동을 해외의 적합한 위치에 폭넓게 분산시키고, 분산된 해외자회사들에게 보다 특화된 역 할을 수행하게 하며, 해외자회사들에 대해 보다 높은 수준의 글로벌 조 정통합을 한다는 것이다.

한국기업 글로벌화의 전반적 현황 파악

앞에서 논의된 한국기업 글로벌전략 업그레이드의 방향성과 연계하여, 먼저 한국기업 글로벌화의 전반적 현황을 파악하고자 한다. 이를 위해 지난 40여 년간 한국기업의 전반적 글로벌화 노력을 보여주는 수출 및 해외직접투자 자료를 활용하여 글로벌화의 특징을 중심으로 살펴본다. 구체적으로 한국기업 글로벌화의 전반적 흐름, 글로벌화의 정도, 글로벌화의 발전단계, 글로벌화의 지리적 범위, 한국기업의 해외시장 진입형태 등에 대해 알아본다.

한국기업 글로벌화의 전반적 흐름

한국기업 글로벌화의 전반적 흐름을 살펴보면, 〈표 1〉에서 보여주듯이 수출과 해외직접투자 자료 모두가 한국기업 글로벌화의 흐름과 관련해 전반적으로 유사한 패턴을 보여준다. 먼저 수출을 통한 한국기업의 글로벌화는 1960년대에 시작되어 70년대와 80년대를 거쳐 90년대까지 빠르게 꾸준히 증가해오다가, 2000년대에 들어와서는 큰 규모로 급격하게 증가하게 되고, 2010년대에 들어와 완만하게 상승하는 추세이지만 초반에 증가하다가 중반에 다소 감소하고 후반에 다시 증가하는 모습을 보인다. 1980년부터 2021년까지의 수출액의 누계는 대략 10조

7,097억불이고, 이중 85% 정도가 2000년도 이후, 그리고 57% 정도가 2010년도 이후에 발생한 것으로 나타난다.

<표 1> 한국의 수출 및 해외직접투자 추이

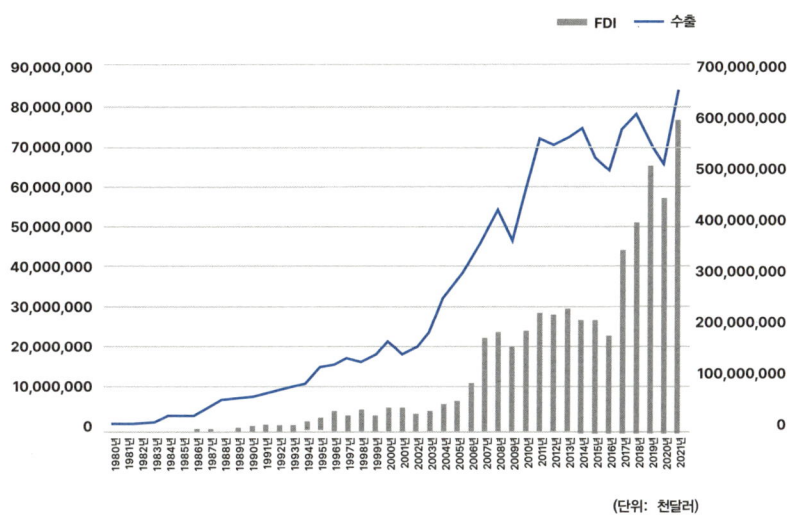

(단위: 천달러)

(출처: 한국수출입은행, 한국무역협회)

또한 해외직접투자를 통한 한국기업의 글로벌화는 1968년에 시작된 후, 70년대 말까지 미미한 상태로 유지되고, 80년대에 소규모이나 상당히 빠르게 증가하며, 90년대 초 해외투자자유화가 시작되면서 90년대 말까지 보다 큰 규모로 빠르게 꾸준히 성장하게 된다. 특히 2000년대에 들어와서는 급격히 증가한 후, 2010년대 초반에는 완만하게 증가하다가 중반에는 다소 감소하는 현상을 보이고 후반에는 대규모로 급격하게 성장하는 모습을 모인다. 1981년부터 2021년 말까지의 해외직접투자금액의 누계는 대략 6,280억 불이며, 이중 94% 정도가 2000년도 이후, 그리고 73% 정도가 2010년도 이후에 발생한다. 또한 이러한 흐름은 해외신규법인수에서도 볼 수 있다. 한국수출입은행 자료에 따르면, 연간 해외신규법인수는 1981년에 50개, 1990년에 345개, 2000년에 2,118개, 2010년에 2,890개, 2019년 4,016개로 증가해 오고 있다.[1] 그리고 1981년부터 2021년 말까지의 해외신규법인수의 누계는 대략 80,311개이며, 이중 대략 85%와 40%가 각각 2000년도와 2010년도 이후에 설립된 것으로 나타난다.

한국기업의 글로벌화 정도

한국기업이 최근 급격한 글로벌화를 추진해온 결과, 외국기업 대비 한국기업의 글로벌화 정도는 어떠할까? 〈표 2〉에서 보여주듯이 한국기업의 글로벌화 정도가 최근 상당히 향상된 것은 사실이지만 외국기업의 글로벌 정도에 비해 상대적으로 여전히 낮은 것으로 파악된다. 구체적으로 말해, 해외자산규모 기준 세계 100대 선도기업의 분석에서뿐만 아니라, 개도국 100대 선도기업의 분석에서도 한국 선도기업의 글로벌화 정도가 아직 100대 선도기업의 전체 평균에 미치지 못하는 것으로 나타난다.

UNCTAD에서 매년 발행하는 'World Investment Report'에 따르면, 해외자산규모가 가장 큰 세계 100대 선도기업에 속한 한국기업의 수는 1995년 1개, 2000년 1개, 2005년 2개, 2010년 2개, 2015년 1개, 2021년 1개에 그친다. 게다가 해외자산비중, 해외매출비중, 해외인력비중

〈표 2〉 한국 선도기업의 글로벌화 정도

해외자산규모 기준	세계 100대 선도기업	개도국 100대 선도기업
	한국기업명 (순위) 한국기업 평균 TNI (전체 평균 TNI)	한국기업 수 한국기업 평균 TNI (전체 평균 TNI)
1995	대우 (52) 47.7% (52.2%)	7개 23.7% (34.9%)
2000	LG전자 (92) 47.5% (58.7%)	5개 23.9% (36.8%)
2005	삼성전자 (87), LG전자 (92) 47.3% (59.8%)	4개 37.5% (50.0%)
2010	삼성전자 (63), 현대자동차 (88) 46.1% (64.7%)	4개 31.6% (50.0%)
2015	삼성전자 (47) 62.9% (65.4%)	7개 46.2% (54.1%)
2021	삼성전자 (39) 56.8% (61.6%)	13개* 44.5% (47.6%)*

(출처: (UNCTAD의 World Investment Report; TNI(Transnationality Index)
*2019년 기준 (개도국 100대 선도기업 NTI 관련 이용 가능한 가장 최근 정보)

등을 고려한 이들 한국기업의 평균 TNI [2] (Transnationality Index, 글로벌화 지수)는 1995년 47.7%, 2000년 47.5%, 2005년 47.3%, 2010년 46.1%, 2015년 62.9%, 2021년 56.8%로, 이는 각 연도의 세계 100대 선도기업의 평균 TNI 보다 낮게 나타난다. 더 나아가 개도국기업 중 해외자산규모가 가장 큰 100대 선도기업에 속한 한국기업의 수는 1995년 7개, 2000년 5개, 2005년 4개, 2010년 4개, 2015년 7개, 2019년 13개이다. 또한 이들 한국기업의 평균 TNI는 1995년 23.7%, 2000년 23.9%, 2005년 37.5%, 2010년 31.6%, 2015년 46.2%, 2019년 44.5%로 이는

각 연도의 개도국 100대 선도기업의 평균 TNI 보다 낮게 나타난다.[3]

한국기업 글로벌화의 발전단계

·

한국기업 글로벌화의 발전단계를 파악하기 위해 글로벌 판매, 생산, 연구개발 활동의 발전과정 및 정도를 분석한다. 우선 글로벌 판매활동의 발전과정 및 정도를 살펴보면, 한국기업은 60/70년대에 소규모 수출을 시작하여 80년대에 들면서 늘어난 수출과 더불어 소수의 해외판매법인 및 해외지점 설립을 통한 글로벌 판매활동을 시작한다. KOTRA의 한국기업 해외직접투자자료에 따르면, 한국기업의 연대별 다양한 목적을 가진 해외직접투자의 총건수 중에서 해외판매법인 및 해외지점 설립을 위한 각각의 투자 건수가 차지하는 비중은 70년대에 가장 높은 22.1%와 43.7%, 80년대에 가장 높은 27.9%와 20.6%로 나타난 반면, 90년대에 상대적으로 낮은 12.5%와 9.4%, 2000년대에 13.9%와 5.6%, 그리고 2010년대에 14.7%와 10.2%로 나타난다.

또한 글로벌 생산활동의 발전과정 및 정도를 살펴보면, 한국기업은 70년대와 80년대 초반까지 해외생산의 필요성을 크게 느끼지 못하고, 80년대 중후반에 들면서 국내 임금 상승으로 인해 저임금 활용을 위한 해외생산활동이 조금씩 증가하기 시작한다. 그러다가 90년대 초 해외투자자유화의 시기와 맞물려 저임금 활용을 위한 해외생산활동이 빠르게 증가하고, 2000년대와 2010년대에 들어와 해외생산법인의 설립을 더욱 크게 늘리면서 보다 높은 수준의 글로벌 생산활동을 하게 된다. KOTRA

의 한국기업 해외직접투자 자료에 따르면, 한국기업의 연대별 총 해외직접투자 건수 중 해외생산법인설립을 위한 투자 건수는 70년대에 가장 낮은 5.9%, 80년대에 상대적으로 낮은 18.0%를 차지한 반면, 90년대에 48.7%, 2000년대에 49.5%, 2010년대에 37.7%를 차지한다.

마지막으로 글로벌 연구개발활동의 발전과정 및 정도를 살펴보면, 한국기업은 1981년을 시작으로 90년대 말까지 27개만의 해외연구소를 설립함으로써 거의 대부분의 연구개발활동을 국내에서 진행하게 된다.[4] 그러다가 한국기업이 2000년대에 들어와 연구개발활동을 보다 빠르게 해외로 확대하고 있지만, 해외연구개발활동을 수행하는 정도 및 기업의 수에 있어서 여전히 낮은 것으로 파악된다. 한국산업기술진흥협회의 보고서에 따르면, 2004년 기준 해외연구개발활동이 활발한 한국기업도 전체 연구개발비 중 2.9%만을 해외연구개발에 투자하며, 이는 유럽(34.9%), 미국(33.0%), 일본(10.4%, 2001년 기준)에 비해 아주 낮은 수준이다.[5] 또한 위의 보고서에 의하면, 2007년 기준 한국기업의 해외연구소의 누적 설립수는 72개이며, 이는 국내연구소의 누적 설립수인 14,975개에 비해 0.5% 수준에 불과하다. 게다가 2012년 삼성경제연구소의 연구보고서에 의하면, 분석 대상인 966개 한국의 대기업 및 중견중소기업 중 2%인 19개 기업만이 해외연구소를 운영하고 있고, 6%인 62개 기업만이 글로벌 개방연구개발활동을 수행하고 있다.[6] 또한 2019-2020 산업통상자원부 백서에 따르면, 연구개발활동을 수행하는 국내기업 중 글로벌 기술협력을 수행하는 대기업의 비중은 6.8%이며 중소기업의 비중은 3.4%로 영국기업 24%와 프랑스기업 14% 등에 비해 현저히 낮고 OECD 국가 중 가장 낮은 수준이다. 그리고 이 백서에 의하면, 2015년 기준 국내기업연구 개발비의 국제조달은 0.7%이며, 이는 54.3%로 1위인 이스라엘기업에 비해 현격히 낮고 최하위권에 속한다.[7]

한국기업 글로벌화의 지리적 범위

한국기업이 글로벌화를 추진해온 과정에 초점을 맞춰온 지역시장을 살펴보면, 우선 80년대 말까지는 수출과 해외직접투자에서 북미지역시장(각각 37%, 42%)에 가장 큰 비중을 두고, 그 다음으로 아시아지역시장(각각 32%, 25%)에 비중을 둔다. 그러나 90년대에 들어와 상황이 완전히 바뀌어 수출과 해외직접투자에서 중국을 중심으로 한 아시아지역(각각 46%, 45%)에 가장 큰 비중을 두게 되고, 그 뒤로 북미지역(각각 22%, 29%)과 유럽지역(각각 17%, 16%) 순으로 이어진다. 그리고 이러한 현상이 2000년대에 들어와 더욱더 가속화되어 아시아지역은 수출과 해외직접투자에서 각각 51%와 50%로 대폭 늘어난 반면, 북미지역은 각각 16%와 22%로 현저하게 줄어들고, 유럽지역은 각각 18%와 16%로 비슷하게 유지되는 것을 알 수 있다. 또한 2000년대의 패턴이 2010년대에도 유사하게 나타난다. 이처럼 최근 한국기업은 아시아지역시장에 역점을 두고 있으며, 따라서 아시아지역시장에 대한 의존도도 아주 높게 나타난다. 그리고 아시아지역 중 중국의 비중이 수출에서는 2000년대 39%에서 2010년대 44%로 높아지고, 해외직접투자와 신규법인수에서는 2000년대 각각 45%와 66%에서 2010년대 각각 32%와 40%로 낮아진다.

한국기업의 해외시장진입형태

한국기업의 해외직접투자를 통한 해외시장진입형태를 살펴보면, 모든 시대에 걸쳐 법인 지분 인수보다 신규법인 신설이 아주 선호되는 것으로 나타나지만, 2000연대에 들어 법인 지분 인수의 비중이 빠르게 증가되고 있다. 투자금액을 기준으로 볼 때, 신규법인 신설과 법인 지분 인수를 통한 해외시장진입은 80년대에 각각 98.8%와 1.2%, 90년대에 93.7%와 6.3%, 2000년대에 77.5%와 22.5%, 2010년대에 73.5%와 26.5%로 나타난다. 또한 신규법인수를 기준으로, 80년대에 각각 99.2%와 0.8%%, 90년대에 98.5%와 1.5%, 2000년대에 93.6%와 6.4%, 2010년대에 88.7%와 11.3%로 나타난다.

한국기업 글로벌전략의 선도사례 분석

앞에서 제시한 글로벌전략 업그레이드 방향성의 기준에 따라, 한국기업 글로벌화의 전반적 현황 파악에 이어, 한국기업 글로벌전략의 선도사례를 간략하게 분석한다. 이를 위해 국내의 대표적 글로벌기업인 현대자동차와 삼성전자를 대상으로 한다. 이들 기업이 1)글로벌전략의 발전단계와 관련하여, 글로벌전략의 핵심목적(시장, 효율, 위험분산, 혁신)을 추구하기 위해 주요 경영활동(판매, 생산, 연구개발)을 글로벌하게 발전시켜온 과정을 중심으로 살펴보고, 2)글로벌 네트워크 수준과 관련하여, 주요 경영활동을 어느 정도 글로벌하게 분산하고 특화하며 조정통합해 오고 있는지를 중심으로 살펴본다. 결론부터 말하자면 산업 및 기업 특성에 맞추어 두 기업 모두 글로벌전략의 핵심목적을 충실하게 추구해 오고 있으며, 또한 수준 높은 글로벌 네트워크의 구축 및 운영을 위해 지속적으로 노력해 오고 있음을 알 수 있다.

현대자동차

우선 현대자동차는 글로벌전략의 핵심목적을 활발하게 추구해 오고 있다. 현대자동차는 해외시장으로 진입하기 위해 1976년 에콰도르에 첫 수출을 시작한 후 현재 184개국에 수출하고 있다. 더 나아가 현대자동차는 수출을 지원하고 해외시장을 확대하기 위해 1983년 캐나다와 1985년 미국에 판매법인 설립을 시작으로 21개의 해외판매법인을 두고 있다. 2015년 기준 총 매출액 91.9조원 중 해외매출액이 55%를 차지한다. 또한 현대자동차는 해외 신기술 탐색 및 확보를 통한 혁신을 추구하기 위해 1995년 일본기술연구소와 유럽기술연구소를 설립한 후, 지금까지 미국, 중국, 인도를 포함한 5개국에 8개의 기술연구소, 디자인센터, 주행시험장 등을 해외에 설립해 오고 있다. 2015년 기준 총 연구개발비 2.2조원 중 해외연구개발비의 비중이 12–15%이다. 그리고 현대자동차는 관세장벽을 극복하고 효율을 추구하며 위험을 분산하기 위해 1997년 터키에 첫 생산법인을 설립하고, 인도, 중국, 미국, 체코, 러시아, 브라질을 포함한 7개국에 9개의 해외생산법인과 12개의 해외 생산공장을 두고 있다. 2015년 총생산대수인 495만 대 중 해외생산의 비중이 62.5%이다.

또한 현대자동차는 위에서 설명한 대로 판매, 생산, 연구활동을 글로벌시장에서 적합한 위치에 상당히 적극적으로 분산배치해 오고 있다. 하지만 이러한 분산배치의 결과인 글로벌화 정도를 보면, 현대자동차는 글로벌 경쟁사에 비해 아직 낮은 편이다. 2015년 기준 UNCTAD의 TNI에 의하면, 현대자동차의 경우 해외자산비중, 해외매출비중, 해외인력비중에서 각각 21%, 55%, 40%이며 전체 글로벌화 정도는 38.8%이다. 이는 거대한 국내시장을 가진 GM 37.9%와 포드 38.8%와 같은 수준인 반면, 폭스바겐 59.5%, 도요타 59.1%, 르로 59.3%, 혼다 76.0% 등에 비해서 낮은 수준이다.

또한 현대자동차의 분산된 해외법인은 상당히 특화된 역할을 수행한다. 우선 생산활동과 관련해, 현대자동차는 대형차를 국내에서만 생산하고 중소형차를 국내와 해외에서 생산하며, 해외생산법인은 주로 현지 및 지역시장을 타겟으로 생산활동을 수행한다. 터키생산법인은 유럽, 중동, 아프리카를 타겟으로 i10과 i20 모델 생산에 특화하고 있는 반면, 체코생산법인은 유럽, 중동, 아프리카를 타겟으로 ix20, ix35, i30 모델 생산에 특화하고 있다. 브라질법인은 현지시장을 타겟으로 지역 전용 모델인 HB를 생산하고 있으며, 인도법인은 인도 또는 유럽을 타겟으로 지역전용모델인 Eon과 i10과 i20를 생산하고 있다. 중국법인은 고급 차량을 제외하고 모든 모델을 생산하며, 미국법인은 쏘나타, 엘란트라(아반떼), 싼타페 모델을 생산한다. 그리고 연구개발과 관련해, 일본기술연구소를 제외한 모든 해외연구소는 기본적으로 제품 현지화를 위한 연구개발 및 현지 생산 및 판매 기술 지원에 초점을 맞추고 있다. 일본기술연구소는 신기술/신소재 탐색 및 현지 연구기관과의 협력 개발, 인도기술연구소는 국내연구소와 해석 개발 협업과 현지 생산 모델의 어퍼바디 설계 및 부품 현지화 개발, 중국기술연구소는 현지 생산 모델의 어퍼바디 설계 및 부품 현지화 개발, 미국과 유럽기술연구소는 현지 특화 성능개발과 신기술탐색 및 현지 연구기관과의 협력 개발에 중점을 두고 있다.

더 나아가 현대자동차는 분산된 해외법인의 경영활동에 대한 조정 통합의 노력을 상당히 기울인다. 현대자동차는 현지/지역시장 중심의 경영활동을 지향하고 현지/지역의 상황에 맞는 현지화 전략을 추구하며 경영활동을 글로벌하게 조정통합하기 위해 ERP 시스템을 지역 중심으로 구축하되 본사에서도 필요한 정보를 습득할 수 있도록 연계하고 있다. 그리고 다양한 교육 프로그램을 통해 해외법인 임직원에게 조직의 비전 및 가치를 공유하고, 부문별 본사와 해외법인의 임직원이 참여하는 컨퍼런스를 통해 상호 이해를 높이고 공동 목표를 공유하며, 주재원 파견을 통해 역량 및 업무지식을 제공하고 본사의 전략적 방향성을 공유하고 있다. 또한 표준화된 절차 및 규정 등을 통해 해외법인의 경영 활동을 글로벌하게 조정통합한다. 예를 들어, 해외공장의 운영을 위한 표준화된 절차 및 규정을 본사에서 가이드라인으로 제시하고 해외법인에서 이를 현지의 상황에 맞게 일부 보완하여 사용한다. 그리고 현대자동차는 생산 및 판매 계획, 제조기술, 자재관리, 연구개발계획 등 주요 경영 이슈에 대해 본사가 의사결정 권한을 가짐으로써 경영활동을 글로벌하게 조정통합하며 집권화 경향이 높은 것으로 알려져 있다.

삼성전자

삼성전자는 한국기업뿐만 아니라 글로벌기업의 대표답게 글로벌전략의 핵심목적을 아주 적극적으로 추구해 오고 있다. 삼성전자는 1971년 파나마에 첫 수출을 시작한 후 현재 200개가 넘는 국가에 수출하고 있으며, 더 나아가 수출을 지원하고 해외시장을 보다 적극적으로 확대하기 위해 1978년 미국에 판매법인을 설립하기 시작한 후 53개의 해외판매법인을 두고 있다. 또한 삼성전자는 현지시장에 보다 민감하게 대응하고 효율 및 위험 분산을 추구하며 관세장벽을 극복하기 위해 1982년 포르투갈, 1983년 미국에 생산법인을 설립한 후 38개의 해외생산법인을 두고 있다. 게다가 삼성전자는 신기술을 개발 및 탐색하고 현지법인에 대한 기술 지원을 위해 1988년 미국, 1992년 일본, 2000년 중국, 2004년 스웨덴에 해외연구소를 설립하는 등 34개의 해외기술연구소와 6개의 해외디자인센터를 두고 있다. 삼성전자의 연구개발비는 2015년 기준으로 14.8조원(폭스바겐에 이어 전 세계 기업 중 2위)이며 이중 상당 부분이 해외연구개발비로 투입되었을 것으로 보인다.

또한 삼성전자는 위에서 설명한 바와 같이 판매, 제조, 연구개발활동을 전 세계를 대상으로 적합한 위치에 적극적이고 광범위하게 분산배치 해 오고 있다. 그 결과 2015년 기준 전체 매출액 200.7조가 미주 34%, 유럽 19%, 중국 15%, 한국 10%, 아시아 및 아프리카 22%로 전 세계에 고르게 분포되어 있다. 삼성전자의 글로벌화 정도는 2015년 기준 UNCTAD의 TNI에 의하면 해외자산비중, 해외매출비중, 해외인력비중에서 각각 27%, 90%, 69%이며, 세 영역을 전체적으로 볼 때 62.9%이다. 이는 글로벌 경쟁사와 비교할 때 애플 58.0%, 소니 55.5%, LG전자 51.0%, SK 하이닉스 45.2%보다 더 높은 수준이다.

그리고 삼성전자의 지리적으로 분산된 해외법인은 높은 수준으로 특화된 역할을 수행하고 있다. 먼저 생산활동과 관련하여, 삼성전자멕시코법인(SAMEX)은 TV 라인업을 중심으로 전 세계 TV 물량의 20% 이상을 생산하며 미국, 멕시코, 브라질 등 북미와 남미지역의 전체 시장을 타겟한다. 삼성전자오스틴법인(SAS)에서는 시스템 반도체 생산능력을 확충하기 위해 삼성전자가 독자 설계한 모바일 애플리케이션프로세서(AP)를 특화 생산하며 북미 및 글로벌시장을 타겟한다. 삼성전자베트남법인(SEV)은 휴대폰 생산에 특화하여 전체 휴대폰 생산량의 50%가량을 담당하며 글로벌시장을 타겟한다. 또한 연구개발활동과 관련하여, 일본연구소(SRI)에서는 휴대폰, 반도체, 가전 등의 첨단 기술에 대해 연구하고 있으며, 삼성러시아연구소(SRR)에서는 러시아의 기초과학 경쟁력과 삼성의 사업화 역량을 결합하는 연구를 진행한다. 삼성미국연구소(SRA)는 하드웨어, 소프트웨어, 플랫폼, 서비스 등 다양한 분야에 대해 연구개발하고 있으며, 특히 기기가 주변 환경과 조건을 인식하고 학습하는 인텔리전스, 빅데이터 분석, 사물인터넷에의 5G 기술 적용, 사용자 편의성 극대화 등에 초점을 맞추고 있다.

게다가 삼성전자는 분산된 해외법인의 경영활동을 글로벌하게 적극적으로 조정통합 한다. 특히 정보시스템과 관련하여, 삼성전자는 이전에 사업부별, 사업장별 개별적으로 운영되던 ERP 시스템을 전 세계 모든 법인을 대상으로 표준화된 통합 글로벌 시스템으로 재정립하여 글로벌 운영의 효율성을 제고하고, 동시에 사업부별, 지역별 특징적인 프로세스도 반영하여 편리성을 제공하고 있다. 이러한 통합 글로벌 시스템으로 전 세계 모든 법인의 SAP 데이터 및 리포트가 표준화되어 본사 중심의 데이터 통합 관리가 이루어지게 되고, 이를 통해 글로벌 경영활동의 효율적인 조정통합이 가능하게 된다.

한국기업 글로벌전략의
업그레이드 방안은?

앞에서 논의한 글로벌전략 업그레이드의 방향성과 더불어 한국기업 글로벌화의 전반적 현황 및 선도사례 분석을 바탕으로, 국내외의 불연속적 환경변화에 대응하기 위하여 한국기업에게 다음과 같은 글로벌전략의 업그레이드 방안을 제시한다. 하지만 한국기업은 각기 처해 있는 상황 및 산업 유형, 기업 규모, 글로벌화 정도 등의 특성이 서로 다르기 때문에 제시된 글로벌전략의 업그레이드 방안을 각 기업의 상황과 특성에 맞추어 이해하는 것이 필요하다.

글로벌 혁신활동을 적극 추진하라

앞에서 분석한 바와 같이, 글로벌전략과 관련하여 한국기업은 시장추구, 효율추구 및 위험분산추구를 위한 글로벌 판매활동과 글로벌 생산활동에 비하여 혁신추구를 위한 글로벌 연구개발활동이 상당히 저조함을 알게 된다. 이는 많은 한국기업이 연구개발활동을 여전히 본국 중심의 활동으로 인식하고 있기 때문인 것으로 평가된다. 그러나 최근 급변하는 국내외 환경 하에 한국기업이 빠른 추종자로부터 선도자로의 전략적 변화가 요구되는 상황에서 한국기업에게 혁신의 중요성이 아주 더 높아지고 있다. 이러한 점을 고려할 때, 한국기업은 연구개발활동을 본국 중심의 활동이라는 인식에서 벗어나, 보다 적극적인 글로벌 혁신활동의 추진을 통하여 국내의 혁신 인프라를 최대한 활용할 뿐만 아니라 해외의 혁신 인프라를 적극적으로 활용하는 것이 필요할 것으로 판단된다. 이를 위하여 한국기업은 각 기업의 상황 및 특성을 고려해 글로벌 개방혁신, 해외연구소 설립, 해외신기술 개발 등을 적극 추진할 필요가 있다.

첫째, 한국기업은 글로벌전략을 통한 혁신추구를 위해 글로벌 개방혁신을 보다 적극적으로 추진하는 것이 필요하다. 글로벌 개방혁신이란 국제공동연구에서와 같이 기업이 연구개발 등 기술혁신 과정에서 해외에 있는 기업 외부 자원을 적극적으로 활용하는 것을 의미하고, 이를 통해 기업은 혁신 비용을 절감하고, 연구개발의 속도를 높이며, 해외고객의 욕구를 더 잘 충족시킬 수 있게 된다. 그리고 글로벌 개방혁신은 투자 규모 측면에서 볼 때 해외연구소 설립보다는 대기업뿐만 아니라 중견 및 중소기업에서도 추진이 용이할 수 있다. 예를 들어, 국내 중소 바이오센서 회사인 아이센스는 미국 미시간대학과의 공동연구를 통해 초소형 전해질 센서 기술을 개발하고 제품에 적용하였다. 또한 글로벌 개방혁신은 기업이 직접적으로 해외기관과의 공동연구개발을 통해서뿐만 아니라 기업이 해외연구소를 이용한 해외기관과의 공동연구개발을 통해서도 가능하다. 예를 들어, 현대자동차의 국내연구소는 캐나다의 마그나-슈타이어와 후륜구동 기반 전자식 4륜 구동 기술을 공동 개발하여 제네시스 2세대에 탑재하였고, 아모레퍼시픽은 싱가폴연구소를 통해 싱가폴 국가과학연구기관인 A*STAR 산하의 의생명연구소와의 공동연구를 진행하여 노화방지용 노화유전인자 조절물질을 개발하였다. 또한 더 나아가 삼성전자의 경우 미국 캘리포니아에 삼성 NEXT(글로벌혁신센터)를 설립하고 혁신기업의 인수합병, 전략적 투자, 신생스타트업 기업에 대한 인큐베이션 등을 통한 글로벌 개방혁신에 주력하고 있다.

둘째, 한국기업은 글로벌전략의 일환으로 해외연구소 설립을 통하여 글로벌혁신을 보다 적극적으로 추진하는 것이 필요하다. 해외연구소 설립을 통해 한국기업은 현지의 우수하고 저렴한 연구인력을 보다 용이하게 확보할 수 있고, 규모 및 잠재력이 큰 시장의 고객 욕구를 더 충실히 반영할 수 있으며, 현지의 역동적이고 혁신적인 연구개발의 환경을 효과적으로 활용할 수도 있다. 구체적으로 해외연구소는 현지 신기술 개발의 동향 탐색, 현지법인에 대한 기술 지원, 현지화를 위한 제품과 공정 개선, 핵심 신기술 및 신제품을 위한 연구개발 등의 역할로 나누어진다. 삼성전자의 경우 방글라데시연구소는 무슬림 특화 소프트웨어 및 솔루션 개발에 초점을 맞추어 제품 현지화를 위한 개발, 일본연구소는 휴대폰과 반도체 및 가전 등의 첨단 기술 연구개발 등에 초점을 맞추고 있다.

셋째, 한국기업은 해외연구소를 통하여 핵심 신기술 및 신제품의 연구개발 등 수준 높은 글로벌혁신에 적극 나설 필요가 있다. 지금까지 대부분의 한국기업은 현지법인에 대한 기술 지원 및 제품의 현지화를 위해 해외연구소를 설립하여 낮은 수준의 혁신활동을 수행하고 있다. 하지만 미래에는 보다 높은 수준의 글로벌혁신을 위해, 한국기업이 해외연구소를 통해 핵심 신기술 및 신제품을 개발하여 현지시장뿐만 아니라 다른 시장에까지 적용하거나 타겟하도록 할 필요가 있다. 예를 들어, 삼성전자의 인도연구소에서는 삼성전자의 자체 운영체제인 타이젠과 관련해 현지뿐만 아니라 유럽권까지 겨냥한 신제품 개발에 힘쓰고 있다.

사실 한국기업의 해외연구소를 통한 신기술 개발 수준은 매우 낮은 상황이다. 이용 가능한 가장 최근 정보인 OECD의 2015년 자료에 따르면, 2010-12년 동안 한국기업이 미국 및 유럽특허청으로 출원한 특허 건수는 총 32,359건으로 전체 299,315건 중 10.8%를 차지하며 26개국 중 일본과 미국에 이어 3번째로 높은 것으로 나타난다〈표 3〉참조).[8] 이는 그 당시 한국기업의 연구개발 투자 규모가 국내 GDP의 3.09%로 세계에서 이스라엘(3.51%)에 이어 2번째로 가장 높은 것과 맥을 같이 한다.[9] 하지만 〈표 3〉에서 보여주듯이, 한국기업이 미국과 유럽

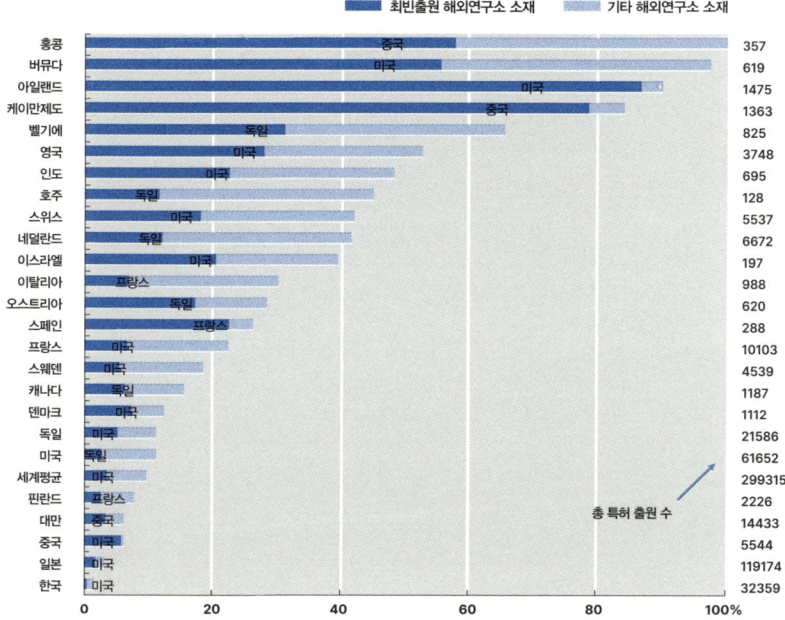

〈표 3〉 국가별 글로벌기업 해외연구소의 특허출원 현황(2010~2012)

최빈출원 해외연구소 소재　　기타 해외연구소 소재

국가	최빈출원 해외연구소	총 특허 출원 수
홍콩	중국	357
버뮤다	미국	619
아일랜드	미국	1475
케이만제도	중국	1363
벨기에	독일	825
영국	미국	3748
인도	미국	695
호주	독일	128
스위스	미국	5537
네덜란드	독일	6672
이스라엘	미국	197
이탈리아	프랑스	988
오스트리아	독일	620
스페인	프랑스	288
프랑스	미국	10103
스웨덴	미국	4539
캐나다	독일	1187
덴마크	미국	1112
독일	미국	21586
미국	독일	61652
세계평균	미국	299315
핀란드	프랑스	2226
대만	중국	14433
중국	미국	5544
일본	미국	119174
한국	미국	32359

총 특허 출원 수

(출처: OECD, STI Micro-data Lab: Intellectual Property Database, http://oe.cd/ipstats, June 2015)
(이용 가능한 가장 최근 자료)

특허청에 출원한 총 특허 건수 중 해외연구소의 특허출원 비중은 0.5%
밖에 되지 않으며 26개국 중 가장 낮다. 이는 한국기업의 경우 거의 모
든 핵심 연구개발활동을 본국에서 수행하고 있다는 것을 보여준다. 또
한 이는 미국기업의 총 특허출원 건수 중 해외연구소의 특허출원 비중
이 11.3%, 캐나다기업 15.9%, 독일기업 11.4%, 프랑스기업 22.6%, 영
국기업 53% 등 북미 및 유럽기업뿐만 아니라, 일본기업 2.6%, 중국기업

6.2%, 타이완기업 6.8% 등 아시아기업과 비교해도 많이 낮은 수준이다.

아시아권 밖으로 시장을 적극 확대하라

앞에서 논의한 바와 같이, 최근 한국기업의 글로벌화를 위한 많은 노력에도 불구하고 한국기업의 글로벌화 정도는 선진국기업과 비교하면 여전히 낮은 편이다. 특히 저성장 기조, 원가경쟁력 약화, 불확실성 확대 등 국내의 환경변화를 고려할 때, 한국기업은 시장추구, 효율추구, 위험분산추구 등을 위해 수출 및 해외직접투자를 통한 보다 적극적인 글로벌시장으로의 확대가 요구된다. 이를 위해 한국기업은 각 기업의 상황과 특성을 고려해 중국과 아시아시장을 넘어 글로벌시장으로의 확대를 추진할 필요가 있다.

다수의 한국기업이 수출 및 해외직접투자를 통해 90년대 초부터 시장규모와 잠재력 및 지리적, 문화적 접근성을 갖춘 중국과 아시아시장으로의 확대를 적극적으로 추진해온 것은 바람직하다. 그러나 위험분산 및 시장규모의 한계성을 고려할 때 한국기업이 중국과 아시아시장에 모든 자원과 역량을 집중하기 보다 이들 시장을 포함한 글로벌시장으로 확대 지향하는 것이 필요해 보인다. 특히 이는 최근 한국과 중국 간의 정치적 갈등으로 인해 한국기업이 중국정부로부터 불이익을 경험하는 것을 보면 분명해질 것이다. 이러한 측면에서 한국기업은 아시아지역기업에서 글로벌기업으로 거듭나는 방향으로 업그레이드해야 할 것이다. 이와 관련해 락앤락이 좋은 사례로 보인다. 락앤락은 주방생활용품 회사로써 2004년 중국 상해에 판매법인의 신설을 시작으로, 2010년 이전까지 중국, 베트남, 태국, 인도네시아, 일본 등에 총 10개의 영업법인을 설립하고 아시아시장에 주로 초점을 맞추어 왔다. 그러나 2010년에 들면서 독일, 이탈리아 등 유럽뿐만 아니라 칠레 등 남미에도 판매법인을 설립하면서 글로벌시장으로 빠르게 확대해 가는 상황이다. 현재 락앤락은 중국과 베트남에 5개의 해외생산법인과 중국 상해에 1개의 해외연구소를 두고 있으며, 미국을 포함한 119개국으로 수출을 하고 있다.

해외인수합병을 적극 추진하라

한국기업은 해외인수합병 등을 통하여 글로벌시장으로 보다 적극적이고 신속하게 확대할 필요가 있다. 앞에서의 현황 분석 결과에 따르면, 지금까지 한국기업은 해외시장으로 진입할 때 인수합병 보다 신규법인 신설의 방법을 압도적으로 선호해 왔다. 한국기업은 법인 신설로 해외시장에 진입함으로써 자사의 시스템과 문화 등을 그대로 이전할 수 있다는 장점도 있지만, 법인을 신설하는데 시간이 많이 걸리고, 또한 글로벌 또는 현지의 유휴 생산능력을 더 키울 수 있다는 단점도 있다. 그런가 하면 최근 중국과 인도 등의 신흥국기업이 해외인수합병을 무기로 공격적이고 신속하게 글로벌시장에 진입하는 추세와 더불어 글로벌시장에서 기업 간의 경쟁이 더욱더 빠르고 치열하게 진행되는 추세도 존재한다. 이러한 점들을 감안할 때, 한국기업도 향후 인수합병을 통한 보다 신속한 해외시장진입을 긍정적인 대안으로 적극 검토하고 추진하는 것이 중요해 보인다.

그리고 이러한 인수합병을 통한 글로벌시장의 진입은 대기업과 더불어 중견 및 중소기업에서도 추진될 수 있다. 예를 들어, 최근 삼성전자가 미국의 오디오 전문 업체인 하만인터내셔널을 인수함으로써 글로벌 전장시장으로 신속하게 확대 진입하였듯이, 당시 국내 중소기업인 성주 D&D도 독일의 명품 브랜드인 MCM의 인수를 통해 단번에 글로벌 가죽 명품 브랜드 시장에 진입할 수 있었다. 또한 국내 중소기업인 아이센스는 미국의 진단 전문 업체인 CoaguSense를 인수하여 종합 진단 회사로 위상을 갖추며 신속하게 글로벌시장으로 확대해 나갈 수 있게 되었다.

최적화된 글로벌 네트워크를 적극 추진하라

최근 신흥국기업의 진입으로 경쟁이 더욱더 치열해진 해외시장환경을 고려할 때, 글로벌화를 추진하기 위해 한국기업은 글로벌 경쟁력을 확보하고 강화하는 것이 중요하며, 이를 위해 한국기업은 글로벌 네트워크를 적극적으로 구축하고 운영하는 것이 필요하다. 이때 각 기업은 처해 있는 상황과 산업 및 기업 특성이 다르기 때문에 주어진 상황과 특성 하에서 최대한 높은 수준의 최적화된 글로벌 네트워크를 지향하고 보다 적극적으로 추진하는 것이 중요하다. 한국기업은 이러한 글로벌 네트워크를 추진하기 위해 다음과 같은 요소를 고려해야 할 것이다.

첫째, 한국기업은 판매, 생산, 연구개발 등 주요 활동을 글로벌환경 하에서 수행하기에 가장 적합한 위치에 두는 것이 중요하다. 이때 주요 활동의 수행을 위한 적합한 위치는 시장규모 및 잠재력, 현지 정부 정책, 생산요소, 시장 역동성 및 혁신성 등의 다양한 변수에 따라 정해진다. 이로 인해 판매, 생산, 연구개발 등의 주요 활동이 산업 및 기업 특성에 따라 정도는 달라지겠지만 글로벌시장에서 적합한 위치로 분산될 것이다. 최근 3D 프린팅 등 신기술의 흐름을 고려할 때 향후 주요 활동의 지리적 분산이 더 용이해질 것으로 보인다. 혼다자동차가 디자인센터를 이탈리아에 두고, 애플이 중국 폭스콘 공장에서 스마트폰을 소싱하며, 이랜드가 베트남, 미얀마 등 동남아시아에 패션생산기지를 두는 것은 이러한 이치이다. 또한 한걸음 더 나아가 기업은 주요 활동뿐만 아니라 심지어 특정 사업부의 본부를 본국에 두지 않고 해외의 적합한 위치에 두기도 한다. 예를 들어, 덴마크의 신발제조회사인 ECCO는 전 세계 피혁 사업부의 본부를 본국에 두지 않고 네덜란드에 두는 것도 이러한 맥락이다.

둘째, 한국기업은 주요 활동의 수행을 위해 해외시장에 분산된 자회사들에 대해 주어진 상황 하에서 최대한 특화된 역할을 맡기는 것이 필요하다. 이는 서로 다른 두 가지 활동을 각 해외자회사에서 중복 수행하기보다 각 해외자회사에서 한 가지 활동에 특화함으로써 글로벌 규모의 경제 효과를 얻을 수 있기 때문이다. 물론 한국기업이 처해 있는 상황이 산업이나 기업별로 다르기 때문에 일반화하기는 어렵지만, 기업은 주어진 환경 하에서 해외자회사가 특화된 활동을 수행할 수 있도록 글로벌 네트워크를 디자인하는 것이 필요하다. 예를 들어, ECCO의 경우 슬로바키아생산법인에서는 일반 신발의 조립생산에 초점을 맞추고, 태국생산법인에서는 골프화 및 트렉킹부츠와 같은 가장 복잡한 전문 신발의 조립생산에 특화하며, 인도네시아생산법인에서는 갑피 생산을 전문으로 하며, 네덜란드법인에서는 피혁에 대한 연구를 진행하고 또한 피혁을 생산에 특화한다.

셋째, 한국기업은 주요 활동을 수행하는 해외자회사에 대해 주어진 상황 하에서 최대한 조정하고 통합하는 것이 필요하다. 여기에서 한국기업이 해외자회사에 대해 어느 정도 조정하고 통합할 것인지는 주어진 산업 및 기업 특성 등에 따라 다르겠지만, 한 가지 분명한 것은 한국기업이 주요 활동을 지리적으로 분산하면 할수록, 그리고 해외자회사의 역할을 특화하면 할수록 글로벌네트워크 상의 조정통합의 필요성이 더 커지게 된다. 이를 위해 기업은 글로벌 조정통합을 위해 정보시스템과 더불어 사회화,[10] 공식화,[11] 집권화[12] 등의 조정통합 메커니즘을 활용할 수 있다. 이와 관련해 삼성전자의 경우 다른 유형의 조정통합 메커니즘과 더불어 최근 전 세계 사업장을 연결하는 표준화된 통합 글로벌 ERP 시스템을 도입하여 전세계 제조, 물류, 판매, 구매 등의 물동 기능을 글로벌하게 조정통합 하고, 원가, 재고, 손익 등의 경영정보를 실시간으로 제공하여 신속한 의사결정을 지원하고 있다.

글로벌화 마인드와 의지를 제고하고 인적 역량을 강화하라

앞에서 제시한 한국기업 글로벌전략의 업그레이드 방안을 성공적으로 추진하기 위해 우선 한국기업 경영자의 글로벌화에 대한 적극적인 마인드와 의지가 요구되고, 글로벌화의 지원을 위한 인적 역량 강화가 요구된다. 따라서 한국기업은 글로벌전략을 성공적으로 업그레이드하기 위해 다음의 두 가지 사항을 잘 갖추어야 할 것이다.

첫째, 한국기업의 경영자는 글로벌화에 대한 보다 더 적극적인 마인드와 의지를 가져야 할 것이다. 지금까지 한국기업은 짧은 기간 내에 성공적인 글로벌화를 추진해 왔지만, 대부분의 한국기업은 선진국기업과 비교해 아직 부족한 면이 존재하고, 또한 급변하는 글로벌 무한 경쟁시대에서 한국기업이 글로벌 리더로 거듭나기 위해서는 글로벌화에 대한 적극적 마인드와 의지가 반드시 필요한 상황이다. 또한 한국기업의 경영자는 글로벌화에 대한 시각을 본국 중심에서 글로벌 중심으로 전환할 필요도 있어 보인다. 이와 관련해 한국기업은 연구개발과 같은 핵심 활동 및 자원과 역량까지도 글로벌 중심적 시각으로 적합한 위치로 분산시키고 조정통합할 필요가 있다. 삼성전자와 현대자동차가 최근 글로벌 경영을 위해 주재원의 파견을 줄이고 현지 인재 양성에 주력하는 것도 이와 같은 맥락으로 이해할 수 있다.

둘째, 한국기업은 글로벌전략 업그레이드를 위해 필요한 인적 역량을 적극 강화해야 할 것이다. 이를 위해 한국기업은 국내외의 글로벌 안목과 역량을 갖춘 글로벌 인재를 확보하고, 다양한 교육 및 개발 프로그램을 통해 이들의 글로벌 안목과 역량을 지속적으로 강화시켜야 할 것이다. 이와 관련하여 삼성전자는 글로벌 인력의 역량 강화를 위해 본사 인력 중 젊고 유능한 인력을 해외 지역에 파견해 지역전문가로 양성한 후 해외 주재원으로 활동하게 하며, 또한 해외 우수 대학에 대한 장학금 지급을 통해 현지의 우수 인력을 확보하기도 한다. 또한 현대자동차는 본사 인력을 대상으로 한 주재원 선발 및 교육과 더불어, 현지의 신임 리더를 위한 계층별 신임자 리더십 교육 및 미래 임원이 될 현지 우수 인재에 대한 글로벌 전문가 교육을 통해 글로벌 인적 역량을 강화시킨다.

맺은 말

한국기업이 지금까지 성공적으로 글로벌화를 추진해 온 것은 사실이다. 그러나 최근 불연속적인 국내외의 환경변화 속에서 한국기업은 글로벌 경쟁력 강화를 위해 각 기업이 처해 있는 상황에 맞추어 글로벌전략을 업그레이드해야 할 것으로 판단된다.

우선 한국기업에게는 국내외의 환경변화로 인해 빠른 추격자에서 선도자로 전략 패러다임을 바꿔야 하는 상황으로 혁신역량을 확보하고 강화하는 것이 중요하다. 이러한 이유로 한국기업은 글로벌전략을 혁신추구를 위한 도구로 활용해야 할 필요성이 더욱더 커지게 된다. 하지만 혁신추구를 위한 한국기업의 글로벌 연구개발활동은 일반적으로 저조한 실정이기 때문에 이를 개선하는 방향으로 글로벌전략을 추진하는 것이 필요하며, 한국기업은 글로벌전략을 통해 혁신을 보다 충실하게 추구해야 할 것이다. 이를 위해 한국기업은 글로벌 개방혁신 및 해외연구소 설립 등을 적극적으로 추진하고, 특히 해외연구소 설립을 통한 핵심 신기술 및 신제품 개발 등 수준 높은 혁신을 보다 적극적으로 추구해 나갈 필요가 있다.

또한 저성장 기조, 제한된 시장규모, 원가경쟁력 약화, 불확실성 확대 등의 국내시장환경 속에서 한국기업에게는 지속적인 성장과 발전을 위해 적극적인 글로벌시장으로의 확대가 절대적으로 중요하다. 한국기업은 일반적으로 글로벌화 정도에서 선진국기업에 비해 상대적으로 낮은 상황이기 때문에 글로벌시장으로의 확대를 더욱더 적극적으로 추진하는 것이 필요하다. 따라서 한국기업은 한국시장에서 아시아시장으로, 아시아시장에서 글로벌시장으로 더욱 확대해 나가고, 또한 해외인수합병 등을 통한 보다 적극적인 글로벌시장 진출을 시도해 나가야 할 것이다.

나아가 한국기업이 무한 경쟁에 접어든 글로벌 시장환경 속에서 보다 적극적으로 글로벌시장으로의 확대를 추진하기 위해 글로벌 경쟁력을 확보하고 강화하는 것이 중요하다. 이를 위해 한국기업은 처해 있는 상황 하에서 최대한 높은 수준의 최적화된 글로벌 네트워크를 적극적으로 추진하는 것이 필요하다. 따라서 주어진 상황 하에서 한국기업은 판매, 생산, 연구개발 등 주요 활동을 글로벌시장에서 수행하기에 가장 적합한 위치에 두고, 분산된 해외자회사에게 최대한 특화된 역할을 맡게 하며, 해외자회사를 대상으로 글로벌하게 최대한 조정통합하는 것이 필요하다.

마지막으로 위에서 제시한 적극적인 글로벌 연구개발활동, 적극적인 아시아권 밖으로의 시장 확대, 적극적인 해외인수합병, 적극적인 글로벌 네트워크의 구축과 운영 등을 성공적으로 추진하기 위해 우선 한국기업 경영자의 글로벌화에 대한 적극적인 마인드와 의지가 요구되고, 글로벌화 관련 역량을 갖춘 글로벌 인재가 필요하다. 한국기업

경영자는 국내외의 시장환경 관련 다양한 이슈들에 대한 해답은 기업의 글로벌화에 있다는 점을 깊이 인식하고 이를 적극적으로 추진할 의지를 가지는 것이 중요하다. 또한 글로벌화를 효과적으로 지원하기 위해 국내외의 글로벌 안목과 역량을 갖춘 글로벌 인재를 확보하고 다양한 교육 및 개발 프로그램을 통해 이들의 글로벌 안목과 역량을 지속적으로 강화시켜야 할 것이다.

국내외의 불연속적인 환경변화 속에서 효과적인 글로벌전략의 업그레이드를 통해 한국기업이 글로벌 경쟁력을 강화하고 지속적으로 성장하고 발전함으로써 다수의 한국기업이 현재의 삼성전자와 현대자동차를 뛰어넘는 글로벌기업으로 성장하기를 기대해 본다.

Part **3** / **포스트 펜데믹 시대,
창조적 혁신으로
돌파하라**

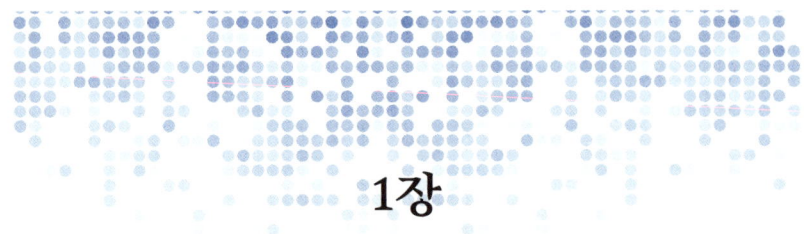

1장

플랫폼 사업에서 승자가 되려면
현대판 봉이 김선달이 되라

●

이제호
서울대학교

서 론

최근 스마트폰, 자동차, 엔터테인먼트, 금융, 여행 및 숙박 서비스 등 다양한 영역에서 플랫폼에 대한 관심이 고조되고 있다. 특히 인공지능 기술이 여러 플랫폼 사업에 접목되기 시작하였다. 예를 들면, 자율주행 관련 플랫폼 시장을 선점하기 위해 구글은 '웨이모 원(Waymo One)' 이란 무인 택시 서비스를 2018년부터 미국, 피닉스에서 제공하고 있다. 스마트폰으로 이 서비스를 호출하면 기사가 없는 무인 택시가 승객을 목적지까지 운송한다. 엔비디아는 90년대 PC 게임용 GPU를 개발하여 사업을 시작하였지만, 지난 10년동안 인공지능 플랫폼 회사로 거듭났다.

단순 GPU라는 단품을 판매하는 회사가 아니고, 인공지능 연산을 위한 컴퓨터 언어, 다양한 소프트웨어와 하드웨어 등, 관련 솔루션들을 구비하여 개발자나 사용자가 편하게 쓸 수 있도록 인공지능 솔루션 생태계를 구축하였다. 최근 마이크로소프트는 사무용 소프트웨어인 워드, 엑셀, 파워포인트 등에 생성형 인공 지능(AI) 시스템 GPT4 기술을 적용하겠다고 선언하였다. 이 기술이 접목되면 사용자가 사무용 자료를 준비하는데 시간을 줄일 뿐만 아니라 좀 더 창의적인 자료를 만들 수 있을 것으로 기대된다.

이러한 추세와 함께 플랫폼 전략은 한 마디로 '현대판 봉이 김선달 전략'으로 인식되고 있다. 봉이 김선달은 조선시대 말기 평양에 거주하던 인물로 기발한 슬기를 지닌 것으로 전해진다. 대동강 물을 상인들에게 대금을 받고 팔았다는 일화가 유명하다. 플랫폼은 현재 예상하지 못했던 영역에서까지 관심의 대상으로 부상하고 있지만, 2000년대 초만 해도 대부분의 국내 경영자들은 큰 관심을 보이지 않았다. 플랫폼 관련 사업을 하지 않았기 때문이 아니었다. 관련성이 있음에도 불구하고, 자신의 사업을 플랫폼으로 만들어가겠다는 생각을 전혀 하지 않았기 때문이었다.

삼성전자는 TV를 비롯하여 다양한 가전제품과 MP3 플레이어 등의 전통적인 하드웨어 '전자 박스' 사업을 해왔다. 새천년 초반, 필자의 수강생 중에는 삼성전자에서 근무하고 있는 직원들도 있었다. 필자는 그들에게 'TV나 옙을 전자 박스로만 취급하지 말고, 플랫폼 개념을 적용하여 사업을 하면 어떻겠냐'고 제안한 적이 있었다. 전자 박스의 관점에서 사업을 지속하면 삼성 TV가 세계 1위를 해도 삼성 TV를 구매한 고객이 다시 삼성 TV를 구매할 것이라는 보장이 없다. 특히, 후발업체들이 가격을 인하하면 대응하지 않을 수 없고, 가격경쟁으로 인해 수익성이 악화된다. 당시에 '삼성 TV를 플랫폼으로 인식하고 여기에 연결된 많은 영화 및 TV 프로그램과 기타 앱들을 잘 엮어 생태계를 구성하면 다른 경쟁사 제품과 차별화할 수 있고, 고객의 발에 족쇄를 채울 수 있기 때문에 가격 경쟁에 덜 노출될 수 있다'는 요지의 강의를 한 기억이 있다. 그러나 삼성전자 직원들은 기업의 현실을 잘 모르는 괴짜 교수의 '괴상한 발상(發想)'으로 받아들인 것 같다.

새천년 초반, KT에서는 전화, 초고속 인터넷 서비스, IP TV 등 다양한 통신서비스를 제공했는데, 이들 또한 플랫폼의 관점에서 사업 모델을 재편할 수 있었다. 하지만 2010년 이전까지 KT는 전통적인 '망 사업'의 관점에서 사업을 유지하였고, 플랫폼 전략에는 관심을 보이지 않았다. 하지만 지난 10여년 동안 이런 기업들이 너도나도 플랫폼 사업을 시도하는 것을 보면서 격세지감(隔世之感)이 들었다.

도대체 플랫폼 사업이란 무엇인가? 국내 기업들에게는 매우 생소한 사업인데, 과연 잘할 수 있을까? 환경의 변화로 인해 이 사업을 하지 않으면 안될 경우 필승 전략은 무엇인가? 이 장에서는 이러한 문제에 대한 답을 지난 25년간 필자의 연구 및 강의 경험을 토대로 정리하고자 한다.

플랫폼 전략의 핵심은, 환경변화에 따른 자본 흐름의 변화를 기민하게 파악하고 향후 펼쳐질 세상에서 길목을 미리 선점하는 자가 시장에서 패권을 장악한다는 점이다. 길목을 선점하기 위해서 플랫폼 사업자는 생태계 육성에 대한 안목이 있어야 한다. 생태계는 플랫폼의 가치를 높이기 위한 장이다. 예를 들어, 안드로이드에는 전세계에서 수많은 업체가 앱을 제공하여 안드로이드 플랫폼의 가치를 높이는 데 기여한다. 전체 생태계의 가치를 어떻게 키우고, 높아진 가치를 관련 업체와 어떻게 공유할 것인지에 대한 비전을 제시할 수 있는 역량이 플랫폼 사업의 성패를 결정짓는다.

생태계의 가치를 높일 수 있는 협력 업체를 잘 끌어들이면 생태계가 활기를 띠게 되고, 그러면 더 많은 업체들이 돈을 벌기 위해 해당 생태계로 뛰어들 것이다. 이를 통해 플랫폼의 가치를 더 높이고, 더 많은 고객들을 유인할 수 있다. 플랫폼 사업은 선순환 구조로 진화할 수 있고, 이러한 진화를 통해 생태계는 급성장할 수 있다. 여기서 봉이 김선달과 같은 전략적 사고의 기발함과 기민함이 필승 요소이다. 경쟁사가 자사의 생태계를 조성하여 선순환 구조로 돌입하기 전에 먼저 전략적 포석을 놓는 것이 필요하다. 사업 기회를 남보다 빨리 간파하고 생태계 이해 관련자들이 받아들일 수 있는 기발한 수익모델을 완성하는 것이 전략적 포석의 핵심이다. 따라서, 플랫폼 전략에서 성공하려면 전략적 사고에 능해야 한다. 봉이 김선달은 머리를 기발하게 잘 쓰는 사람이었다는 사실을 절대로 잊어서는 안 된다.

그러나, 플랫폼이란 말을 들을 때마다 필자의 마음 속에는 안타까움과 답답함이 교차한다. 국내 기업의 현실을 고려할 때, 플랫폼 사업은 결코 쉬운 사업 영역이 아니기 때문이다. 아마존, 구글이 스피커에 음성비서 서비스를 연동해 플랫폼 사업을 한다고 마냥 '따라하기' 를 해서될 일이 아니다. 하드웨어 스피커와 음성 인식 서비스 등 구색만 갖춘다고 사업이 탄력을 받는 것이 아니기 때문이다. 해당 플랫폼으로 어떤 생태계를 만들고, 어떻게 육성하여 수익모델을 완성할 것인가에 대한 밑그림이 없으면 사업은 겉돌게 된다. 유행 따라 플랫폼 사업을 벌여 놓았지만, 사업이 겉돌게 되면 악순환의 늪에 빠질 수 있다. 그러면 결국, 사업에 가담했던 인재들이 짐을 싸는 사태가 벌어질 가능성이 크다.

이 글을 읽은 후 플랫폼이 처음에 생각했던 것보다 복잡하고 플랫폼 사업에서 잘 할 수 있을 것 같지 않다는 생각이 들면 빨리 사업을 접는 것도 현명한 선택이라는 점을 강조하고 싶다. 어려운 사업이지만 꼭 플랫폼으로 승부를 걸 의지가 있는 사람들은 이 글의 마지막 부분에 제시된 필승 요소를 마음 속에 두고두고 되새기면서 사업을 추진하기를 당부한다.

플랫폼은 무엇이고 생태계는 왜 중요한가?

플랫폼은 그 자체보다는 다양한 보완재를 통해서 고객에게 다양한 가치를 제공하는 재화나 서비스다. 보완재란 플랫폼에 연결되어 고객에게 특정 혜택을 제공하는 재화나 서비스를 뜻한다. 예를 들어 스마폰에 탑재된 수많은 앱들은 안드로이드 플랫폼이나 iOS 플랫폼의 보완재 역할을 한다. 플랫폼 사업자와 보완재 업체들은 사용자를 유인하여 수익을 추구하기 위해 생태계를 형성한다. 〈그림 1〉에 제시된 바와 같이 생태계는 최종 사용자, 플랫폼과 보완재의 세 가지 요소로 구성되어 있다. 그림에서는 플랫폼 A와 플랫폼 B가 경쟁하고 있다. 이들은 애플의 iOS와 구글의 안드로이드로 생각할 수 있다. 여기서 보완재는 iOS나 안드로이드에 연동된 앱으로 생각하면 된다. 플랫폼 A에는 6개의 보완재가 연동되어 특정 사용자들을 유인하고, 플랫폼 B에는 5개의 보완재가 또 다른 사용자들을 끌어들인다. 여기서 놓치지 말아야 할 것은 보완재가 있기 때문에 특정 사용자가 플랫폼을 선택한다는 점이다. 따라서 보완재 업체는 고객들을 끌어오는 또 다른 고객으로 볼 수 있다.

〈그림 1〉 생태계와 구성원

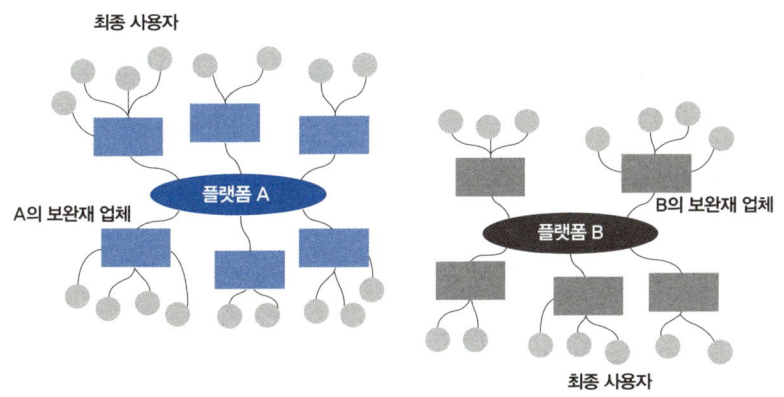

과거 휴대폰의 주 기능은 사용자 간에 통화를 할 수 있게 해 주는 것이었다. 그러나 스마트폰이 출현한 이후 전화 기능 및 통화 품질은 기본 사양으로 당연하게 인식되었다. 지난 15년 동안 사용자는 전화 기능 이외의 다른 기능에 더 많은 관심을 쏟았다. 예를 들어, 스마트폰을 통해서 음악을 듣고, 지도를 보고, 신문을 읽고, 유투브 방송을 보거나, 주식을 사고 파는 등, 기능의 다양성이 더 중요해졌다. 다양한 보완재가 구비되지 않은 단순 전화기는 더 이상 가치를 인정받기 어렵다.

보완재를 갖추지 못한 플랫폼은 '앙꼬 없는 찐빵'과 같다. 다른 조건이 같다면 고객은 더 많은 혜택을 제공하는 보완재를 갖춘 플랫폼을 선택하게 된다. 따라서, 플랫폼 사업을 하기 위해서는 다양한 고객의 취향을 망라할 수 있는 보완재를 갖추어야 하는데, 플랫폼 사업자가 혼자서 이것을 모두 갖추는 데 한계가 있다. 많은 보완재 업체들을 끌어들여 자신만의 차별적 생태계를 구축한 플랫폼 사업자는 고수익을 누릴 수 있다.

필자는 "삼성전자의 스마트폰 전략은 애플의 전략과 어떤 차이가 있나?"라는 질문을 자주 받는다. 삼성전자는 애플처럼 스마트폰 사업을 하고 있지만, 애플과 달리 플랫폼 사업자는 아니다. 안드로이드 생태계에 하드웨어 보완재를 제공하는 보완재 업체 중의 하나일 뿐이다. 만약 삼성전자가 안드로이드 플랫폼을 탑재하지 않고 스마트폰 사업을 한다면 어떤 일이 발생할까? 2019년 화웨이에 어떤 일이 발생했는지를 알면 이 문제를 깊이 이해할 수 있다. 2019년 트럼프 정부는 화웨이에 대한 제재를 시작했는데, 화웨이 스마트폰에 구글의 안드로이드와 주요 앱의 탑재를 금지시켰다. 그 해 하반기에 유럽과 남미에서 화웨이의 스마트폰 시장점유율은 가파르게 하락했다. 사용자들이 중요하게 생각하는 보완재를 접속할 수 없다는 것이 무엇을 의미하는지 적나라하게 보여준 사례였다.

자체 플랫폼을 보유한 애플은 삼성전자와 대비하여 수익성이 훨씬 더 높다. 그 이유 중의 하나는 아이폰 사용자가 애플이 만든 생태계를 벗어나는 것이 쉽지 않기 때문이다. 아이폰 사용자가 아이폰의 여러 보완재에 이미 익숙해진 상황에서 안드로이드 폰으로 이전할 경우 득보다 실이 더 크기 때문이다. 반면, 삼성전자 스마폰 사용자는 오포, 비보, 샤오미 등의 안드로이드 대체재로 쉽게 이전할 수 있기 때문에 가격 경쟁에서 자유롭지 않다. 삼성전자가 애플 대비 시장점유율이 더 높지만 수익성이 상대적으로 많이 떨어지는 가장 큰 이유가 여기에 있다.

생태계의 기원은 오래되었지만, 이 용어를 처음 사용한 기업은 인텔로 알려져 있다. 1990년대 초 PC 시장을 호령하던 IBM이 리더십을 상실하자 PC 아키텍처의 진화를 주도할 기업이 없어졌다. 일반적으로 특정 기기의 아키텍처에 혁신이 별로 없으면 사용자는 기기에 높은 가격을 지불하고 싶어하지 않는다. 따라서, 전체 산업의 성장 정체로 이어질 수 있다.

1990년대 초 인텔의 고민은 바로 여기에 있었다. 인텔이 아무리 열심히 마이크로프로세서의 성능을 개선해도 다른 부품의 성능이 함께 개선되지 않으면 PC 사용자의 입장에서는 마이크로프로세서의 성능 개선을 크게 느낄 수 없게 된다. 이것은 마치 8차선 고속도로를 만들어도 중간에 병목현상이 일어나는 곳이 있으면 고속도로 차량의 평균 속도가 빨라질 수 없는 것과 같은 원리다. 인텔은 '인텔 아키텍처 랩' 이라는 조직을 만들어 PC 아키텍처의 혁신을 주도하기로 결정하였고, 그 이후 인텔은 플랫폼 리더로 거듭나게 되었다. 예를 들면, 인텔은 프린터, 마우스, 외장하드 등의 주변기기와 PC를 연결시키는 방식이 서로 달라 PC 사용자에게 불편을 초래하고 성능을 저하시킨다는 점을 인식하였다. 이에 인텔은 서로 다른 방식을 하나로 통일시키고 성능도 개선할 수 있는 USB(Universal Serial Bus)라는 표준을 만들었고, 주변기기 업체들과 소프트웨어 회사들을 설득하여 결국 생태계 전체가 USB 표준으로 이전하는데 지대한 공헌을 하였다.

90년대 인텔은 "인텔이 혼자서 시장을 만들 수 없다" 는 사실을 잘 인지하고 있었으며, 이것이 인텔의 플랫폼 전략의 출발점이 되었다. PC 생태계를 지속적으로 발전시키기 위해서는 보완재 업체와의 협력이 절실하였고, 이들을 책임지고 지원하기 위한 부서를 만들었는데 이들을 '잡2' (Job 2)라고 불렀다. 이는 인텔의 주력사업 부서인 '잡1' (Job 1)과 대비된다. 잡1이 수익을 내는 부서라면, 잡2는 비용만 발생하고 단기적으로 수익을 내는 일과 거리가 먼 부서라고 볼 수 있다. 당장 돈이 되지 않는 일이지만 PC 생태계를 지속적으로 발전시키는데 필요하다고 생각하여 인텔은 보완재 업체 지원에 회사의 자원을 투입하는데 주저하지 않았다. 그리고, 가파르게 성장하는 리눅스 기반 소프트웨어를 적극 수용해 서버 CPU 시장에서도 생태계를 구축하였고, 결국 인텔은 전체 CPU 시장에서 철옹성을 쌓아 제국을 만들었다. 2017년 인텔의 시장점유율은 PC시장에서 95%, 서버시장에서는 99%였다.

하지만, 최근에 인텔 제국은 흔들리고 있다. AMD가 고성능 CPU로 인텔의 아성을 무너뜨리고 있으며, 애플도 자체 설계한 CPU를 노트북에 탑재하기 시작하였다. 뿐만 아니라, 인텔의 고객사로 간주되었던 구글, 아마존은 자체 설계한 서버용 CPU 및 인공지능용 반도체를 자사 클라우드에서 사용하기 시작하였다. CPU 생태계를 구축하여 철옹성을 쌓았던 인텔 제국이 어떻게 이렇게 흔들리게 된 것인가?

이러한 변화의 핵심은 인텔의 생태계를 와해시키는 새로운 생태계의 출현 관점에서 이해할 수 있는데, 그 중심에 TSMC가 있다. TSMC의 창업자 모리스 창은 퀄컴이나 엔비디아 같은 회사가 반도체 생산 시설에 투자하지 않아도 반도체 사업을 할 수 있도록 반도체 위탁생산 서비스를 제공했다. 동시에 각 분야 전문업체들을 끌어들여 개방형 생태계를 구축하여 애플이나 퀄컴 같은 업체들이 설계에만 집중할 수 있도록 하였다. 예를 들어 ARM과 같은 설계자산 업체를 생태계에 끌어들여 이 업체의 설계 기술이 TSMC 공정과 호환이 되도록 하였다. 애플이나 퀄컴은 자신들이 모든 것을 개발할 필요가 없었고, ARM 자산을 사용하여 설계를 할 수 있었기 때문에 시간과 비용을 줄일 수 있었다. 이것이 바로 개방형 생태계의 장점 중의 하나다.

인텔은 설계 기술과 공정 기술 모두를 자신에 특화시켜 폐쇄적 생태계를 구축하였다. 그리고, 이 기술들을 외부에 공개하지 않는 전략을 고수하였다. 하지만, 최근 반도체 개발의 복잡성이 증가하면서 이 전략의 한계가 드러나고 있다. 반도체 내부에 들어가는 트랜지스터의 집적도가 갈수록 높아졌고 이와 동시에 공정 혁신도 어려워지면서, 인텔은 CPU 개발과 생산에서 지연 사례에 잦아졌고, 새로운 공정 이전의 난항, CPU 부족 등의 문제를 일으켰다. 이는 생태계 참여자들을 실망시켰다. 반면, TSMC가 구축한 개방형 생태계에서는 전문 업체들이 각자의 기술을 공개하며 협업을 통해 문제를 풀었다. TSMC가 새로운 공정을 개발하면, ARM과 같은 보완재 업체들은 이 공정으로 반도체가 적기에 생산될 수 있도록 관련 기술들을 동시에 개발했다. 이러한 협업 덕분에 애플이나 퀄컴은 매년 신제품의 성능을 향상시킬 수 있었고, 개방 생태계 관련 업체들이 성장의 과실을 나눌 수 있게 하였다. 한 때 인텔과의 경쟁에서 밀려 도산 위기까지 같던 AMD가 회생을 한 후 고성장을 하는데 지대한 공헌을 했던 것도 바로 TSMC의 개방형 생태계였다. 현재 시스템 반도체 시장 상황은 서로 다른 적들이 인텔이 방어하는 성을 포위하고 있는 공성전과 유사하다. 보급선이 차단되고, 파상공세에 취약한 방어선의 일부가 무너지면 인텔은 감당하기 어려운 국면을 맞이할 수 있다. 반도체 기술의 복잡성이 증가하면서 TSMC가 구축한 개방적 생태계는 인텔 제국을 위협하고 있다.

플랫폼 전략은 복잡계적 사고가 필요하다

플랫폼 전략은 생태계의 복잡성으로 인해 복잡계적 사고를 필요로 한다. 혹자는 "생태계가 전통적 공급사슬과 큰 차이가 있나?" 라고 반문할 수 있다. 한 가지 중요한 차이는 생태계라는 개념이 사고의 전환을 필요로 한다는 점이다. 생태계는 복잡계 먹이사슬이다. 복잡계 먹이사슬에서 구성원 일부가 몰락하면 연쇄반응에 의해 전체 시스템이 동반 몰락할 수 있다.[1] 반대로, 인공으로 만든 시냇물에 외부의 물고기를 투입한다고 급조된 생태계가 갑자기 활기를 띠면서 작동하는 것도 아니다. 생태계는 나름의 작동하는 원리가 있고, 이를 거스르면 생태계는 고사한다.

이 점이 바로 마이클 포터의 전략과 극명하게 대비되는 부분이다. 포터의 경쟁 전략의 핵심은 공급사슬 내의 이해관계자 사이에서 협상력을 높여 수익을 극대화하는 것이다.[2] 특히, 공급사나 고객사와의 힘 싸움에서 기선을 제압하는 것이 수익 극대화의 핵심이다. 상대방이 갑의 지위를 인정하지 않을 수 있기 때문에 갑과 을이 누구인지 힘 싸움을 통해서 보이는 것이 필요할 수 있다. 거래 상대방에게 협상력이 있다는 것을 확인시켜야 좋은 조건으로 거래를 성사시킬 수 있고, 그 결과로 더 많은 수익을 챙길 수 있기 때문이다.

포터의 세계에서 힘을 키우려면 타사에 대한 의존도를 줄여야 한다. 우리 회사가 상대 거래 업체에게 의존하지 않아도 사업을 잘 할 수 있다는 점을 인식시켜 주는 것이 협상력이 생기는 원리이다.

하지만 생태계에서 포터의 관점처럼 개별 경쟁우위로만 승부수를 던지면 실패할 수 있다. 이러한 전략은 생태계를 고사시킬 수 있기 때문이다. 특히, 보완재 업체를 을로 생각하는 순간 지는 게임을 하게 된다. 〈그림 1〉에서 제시된 바와 같이 보완재 업체는 고객을 끌어오는 또 다른 고객이기 때문이다. 1980년대 아타리가 게임시장을 장악하던 시절, 닌텐도는 새로운 게임기를 출시하였는데, 이 게임기와 같이 출시된 게임 타이틀이 고객에게 신선한 충격을 주어 시장의 판도를 바꾸었고, 이로 인해 아타리와 아타리 생태계는 동반 몰락했다. 고객의 마음을 사로잡는 보완재가 얼마나 중요한지 단적으로 보여주는 예다.

플랫폼 사업자가 지원하는 생태계에서 보완재 업체들이 수익을 낼 수 있는 기반을 제공하지 못하면 이들 중 능력 있는 업체는 생태계를 떠난다. 이러한 일이 반복되면 생태계 전체는 악순환에 빠져 빠르게 고사하고, 고객들도 등을 돌리게 된다. 생태계를 육성하려면 많은 구성원이 함께 상생할 수 있는 복잡계의 원리를 이해해야 한다. 보완재 업체에게 동기부여를 잘하여 고객의 관심을 끄는 보완재가 개발되고 이로 인해 생태계가 활기를 띠면, 더 많은 보완재 업체가 생태계로 오게 될 것이다. 그러면 더 많은 고객들이 해당 생태계로 몰려들고, 수익을 낼 수 있는 가능성이 높아지면서 더 많은 보완재 업체들이 진입하게 될 것이다. 플랫폼 사업은 선순환 구조로 진화할 수 있고, 이것이 바로 복잡계의 "자기 조직화" 원리이다.[3]

안타깝게도, 지난 20년간 필자의 경험과 관찰에 의하면 국내 기업들은 단기 실적에 집착하는 경직된 사고와 이를 부추기는 보상체계의 한계로 인해 소탐대실을 자초하는 경우가 많았다. 장기적인 비전을 가지고 플랫폼을 육성하여 선순환 구조로 진화시키는 일보다는 보완재 업체에게 '어떻게 통행세를 더 많이 부과하여 단기 실적을 빨리 올릴 것인가'에 집착하는 경향이 더 강했다. 생태계가 잘 육성되지 않고 플랫폼 전략이 제대로 작동되지 않았던 이유가 여기에 있었던 것 같다.

생태계의 복잡성은 플랫폼 리더십을 요구한다

생태계는 다양한 이해집단이 각자 실리를 추구하는 장이다. 이해관계자의 목표가 한 방향으로 잘 설정되어 구심점이 생기면 고객가치를 창출하는데 탄력을 받을 수 있다. 즉, 전술한 자기 조직화 선순환 구조가 발현될 수 있다. 그러나 이해관계자 간에 상반된 이해로 인해 갈등이 심화되면 가치 창출의 걸림돌이 될 수 있다. 구성원이 각자의 이익 추구에만 집착하면 생태계 전체 성장은 뒷전으로 밀릴 수 있다. 이 과정에서 구성원 간 협력보다는 갈등이 심화되고, 그러면 최종 플랫폼 사용자에게 가치를 제공해야 하는 지상 목표에서 오히려 멀어지게 될 것이다.

따라서, 이런 갈등을 선제적으로 통제하고, 이해관계자들이 서로 가치 창출에 건설적으로 기여할 수 있는 방향으로 움직이게 하는 플랫폼 리더십이 필요하다. 플랫폼 사업에 승부수를 던지는 기업은 생태계 전체의 가치가 무엇이고, 어떻게 구성원 간의 협력을 유도하여 이 가치를 창출할 것인가에 대한 비전을 제시할 수 있어야 한다. 리더십이 효과를 발휘하기 위해서 당근을 제시할 수 있어야 한다. 인텔은 차세대 플랫폼을 개발할 때, 이 플랫폼을 사용하여 제품을 만들거나 관련 보완재 사업을 할 의사가 있는 벤처기업에 투자했다. 90년대 인텔 캐피탈이란 조직을 만들어 보완재 업체의 자금 지원에 앞장섰다.

또한, 플랫폼 리더가 되기 위해서는 어느 정도의 힘도 필요하다. 경우에 따라 대세를 거스르는 구성원에게 채찍을 사용할 수 있어야 한다. 그러나, 시장 지배력을 지닌 기업이 채찍을 너무 과하게 사용하면 마이크로소프트처럼 반독점 시비에 휘말려 미래 전략을 수립하는데 어려움을 겪을 수 있고, 새로 펼쳐지는 플랫폼 시장에서 리더십을 잃을 수도 있다. 플랫폼 리더십은 많은 구성원들이 공감할 수 있는 비전 제시, 당근과 채찍을 동시에 활용할 수 있는 절묘한 균형 감각을 갖추는 것을 필요로 한다.

플랫폼 전쟁에서의 필승 요소는?

플랫폼 전쟁에서 승리하기 위해서 플랫폼 사업자는 최소 네 가지의 필승 요소를 갖추어야 한다. 아래 제시되는 요소들은 우리 회사가 과연 플랫폼 리더의 자질을 갖추고 있는지 간단하게 진단할 수 있는 리트머스 테스트 항목으로 볼 수도 있다.

첫째, 유연한 전략적 사고가 가장 중요하다. 환경변화에 따른 금맥(金脈)의 흐름을 빨리 파악하고, 이 흐름의 요충지를 경쟁사보다 먼저 선점하여 수익으로 연결시킬 수 있는 봉이 김선달식의 기발한 슬기가 필요하다. 특히, 사고방식에 있어서 실리콘밸리에서 볼 수 있는 창의적 DNA가 뼛속 깊이 자리잡고 있어야 한다. 기민한 인수합병을 통해 경쟁사보다 더 빠르게 고객기반을 구축하는 것은 말할 것도 없다.

그러나, 우리는 대부분 어릴 때부터 정답이 있는 문제를 암기하는 '붕어빵' 교육을 받은 사람들이다. 우리의 교육은 개인의 사고를 정형화된 틀에 가두어 경직된 사고를 조장하였다. 플랫폼 사업은 고정 관념을 깨고 새로운 사업 모델을 만드는 창의력이 필수 조건인데, 우리 기업들은 이 부분이 매우 취약하다. 특히, 플랫폼 사업은 대기업의 상명하복 문화에 순응하던 체질로 승부수를 던질 수 있는 사업이 아니다.

이런 약점을 극복하기 위해서 회사 내 토론 문화를 정착시키고, 플랫폼 사업의 본질에 대해 집요하게 의견을 교환하는 자세가 필요하다. 과거 인텔이 승승장구하던 시절, 인텔에서는 계급장을 떼고 고위 임원과 말단 사원이 함께 모여 난상토론을 즐겨 하였다고 한다. 빠르게 변하는 현장의 목소리를 듣고, 고위 임원이 놓친 아이디어를 똑똑한 부하 직원을 통해 배우기 위한 장이었다. 사업의 본질에 대한 끊임없는 난상토론을 통해 집단지성이 발현될 수 있었기 때문에 창의적인 전략이 나올 수 있었던 것이다. 배움에 인색한 곳에서는 창의적인 아이디어가 나올 수 없다. 창의적 사고가 결여된 곳에서 플랫폼 사업은 어렵다.

둘째, 리더십을 발휘하기 위해서 플랫폼 사업자는 생태계 구축의 비전을 설정하고 소통하는 것이 매우 중요하다. 플랫폼 사업은 보완재 업체와 최종 사용자에게 플랫폼의 비전을 파는 사업이다. 플랫폼 사업자 혼자 모든 것을 할 수 없기 때문에 타인의 마음을 움직이는 것이 중요하고, 이것이 바로 플랫폼 리더십의 핵심이다.

1990년대 말 스티브 잡스는 가파르게 몰락하던 애플로 귀환하여 '디지털 시대의 허브가 되겠다' 는 새로운 비전을 제시하였다. 그는 비전 소통에 남다른 재능이 있었다. 회사가 몰락하여 자원이 매우 부족한 상황에서 새로운 기회에 투자하고 회사를 재건해야 하는 어려움이 있었지만, 비전 소통의 재능을 발휘하여 신제품을 출시할 때마다 줄을 서서 기다리는 애플 마니아를 양산하였다. 이 비전 실행의 일환으로 아이팟, 아이폰, 아이패드, 아이튠즈 스토어, 앱스토어 등의 신제품 및 새로운 서비스를 출시하며 디지털 시대의 허브로 한 걸음씩 전진하였다. 그리고, 마침내 애플이 디지털 시대의 허브가 되는 모습을 보면서 그는 눈을 감을 수 있었다.

2014년 필자가 연구년으로 뉴욕 대학을 방문하고 있었을 때, 애플은 아이폰6를 출시하면서 애플 페이라는 모바일 결제 서비스를 시작하였다. 2주 동안 미국 신문과 방송에서 애플 페이에 대한 내용을 대서특필하였다. 애플은 근거리 무선통신(Near Field Communication, NFC) 기능을 탑재하여 아이폰으로 지갑을 대체하겠다는 비전을 제시했다. 이와 동시에 백화점, 편의점, 스타벅스 등을 포함한 20만개 업체들이 애플 페이를 지원하기로 하였다고 보도되었다. 필자의 지갑을 보면 은행카드, 신용카드, 교통카드 등 수많은 플라스틱 카드로 불룩한데, 아이폰만 있으면 지갑을 들고 다니지 않아도 되겠다는 생각이 들었다.

몇 주 후 필자의 거래 은행이었던 뱅크 오브 아메리카(Band of America)에서 '애플 페이를 지원하고 있으니 애플 페이에 가입하라' 는 이메일이 왔다. 어떻게 내 주거래 은행에서 타사 서비스를 가입하라고 권장할 수 있는가? 이 이메일은 많은 생각을 하게 하였다. 이것은 플랫폼 전략에서 비전의 소통이 왜 중요한지를 단적으로 보여준다. 보완재 업체인 은행이 자신의 사업 기회를 만들기 위해 자발적으로 자사의 고객에게 타사의 플랫폼 수용을 독려하는 것이다.

셋째, 플랫폼 전쟁에서 승리하기 위해서는 장기적 안목과 긴 호흡이 필수적이다. 국내 대기업 임원을 평가하는 보편적인 기준은 단기 실적이다. 10여년 전 필자가 모 대기업 임원에게 "플랫폼 사업은 장기적 안목과 긴 호흡이 중요하다" 고 강조했더니 신경질적인 반응을 보였다. 연말에 회사를 떠나야 할지 계속 다닐 수 있을지 모르는 불확실한 상황에 놓여있는 그의 입장에서 필자의 이야기는 '철 밥통' 교수의 신선 놀음 정도로 들렸던 것 같다.

단기 실적에 집착하게 만드는 평가 기준으로는 플랫폼 전쟁을 치를 수는 없다. 임기가 장기간 보장되지 않은 임원에게 플랫폼 전략을 맡기는 것은 전쟁을 치를 의사가 없는 장수를 전장에 내보내는 것과 다를 바 없다. 이것은 마치 군사와 장수들의 손발을 묶어 놓고 전쟁을 하라는 것과 같다. 단기 실적이 최우선적으로 중요하다면 처음부터 플랫폼 전쟁에 출사표를 던지지 않는 것이 현명한 선택이다. 왜냐하면, 플랫폼 전쟁에 일단 가담하게 되면 많은 자원과 실탄을 전쟁에 투입해야 하기 때문이다. 미국처럼 인수합병 시장이 활성화 되어있지 않은 상황에서 앞뒤 생각 없이 저질러 놓고 나면 중간에 발을 빼기도 쉽지 않다.

넷째, 플랫폼 전쟁은 충분한 실탄을 확보한 기업에게 유리하다. 자원이 부족한 기업은 돈과 시간에 쫓기게 되고, 따라서 장기적 안목과 긴 호흡을 유지하기 어렵기 때문이다. 이런 기업이 플랫폼 전쟁에 참전할 경우 처음부터 피 말리는 악순환의 늪에 빠질 가능성이 크다. 돈을 잃고 있는데 경쟁사의 배팅에 응수하지 않으면 안 되는 상황은 당해보지 않은 사람은 이해하기 어렵다.

자원이 부족하지만 플랫폼 사업을 꼭 하고 싶다면, 남들보다 새로운 기회를 먼저 파악해야 한다. 그리고, 내가 모든 것을 다하겠다는 욕심을 버리고 우군을 끌어들여 생태계 성장을 가속화하면 성공할 수도 있다. 한 마디로 요약하면, 자원이 부족한 플랫폼 사업자의 경우에는 협력업체와 함께 승자가 될 수 있는 전략을 잘 수립한다면 자원의 한계를 극복하고 성공할 수도 있다는 것이다. 여기서 중요한 것은 무엇을 버려야 하는지 예지(豫知)할 수 있는 사고 역량이다. 패를 잘못 버리면, 몇 년

후 협력업체는 승자가 되고 해당 플랫폼 업체는 패자가 될 수도 있다. 반면에 모든 패를 가지고 사업을 할 경우 자원의 한계로 생태계의 선순환적 성장이 요원해질 수 있다. 자원이 부족하기 때문에 봉이 김선달식 사고 역량이 더욱 더 절실하다.

결론

플랫폼 사업에 대한 안목과 비전이 없으면 모든 것을 갖추고도 실기 (失機)할 수 있다. 1980년대 애플은 매킨토시(Macintosh)라는 출중한 개인용 컴퓨터를 개발하였지만 회사가 어려워지자 창업자인 스티브 잡스는 회사를 그만두게 되었다. 출시 당시, IBM PC용 소프트웨어는 셀 수 없이 많았던 반면, 매킨토시의 보완재는 별로 없었다. 컴퓨터 자체의 성능 및 운용체제는 파격적이었으나 보완재의 부재로 '앙꼬 없는 찐빵' 의 신세가 되었고, 결국 젊고 혈기왕성했던 스티브 잡스에게 실패를 안겨주었다.

플랫폼 사업의 핵심은 자사 플랫폼의 생태계를 구축하고 육성하여 경쟁사보다 빨리 금맥 흐름의 요충지를 장악하는 것이다. 그러나, 포터 관점의 개별 경쟁우위만으로 승부하는 것은 실패를 자초할 수 있다. 생태계는 복잡계 먹이사슬이기 때문이다. 생태계를 육성하려면 많은 구성원이 함께 상생할 수 있는 복잡계의 원리를 이해해야 한다. 보완재 업체에게 동기부여를 잘하여 고객의 관심을 끄는 보완재를 개발하고 이로 인해 생태계가 활력을 띠면, 플랫폼 사업은 선순환 구조로 진화할 수 있게 된다.

플랫폼 사업자는 단기적 수익보다는 전체 생태계의 가치를 키워 선순환 구조로 안착시킬 수 있는 전략적 사고 역량을 갖추고, 생태계 성장의 과실을 관련 보완재 업체와 어떻게 공유할 것인지에 대한 비전을 소통할 수 있을 때 플랫폼 전쟁에서 승리할 수 있다. 다시 한번 강조하지만 플랫폼 전쟁의 필승조건 중 가장 중요한 것은 유연한 전략적 사고다. 전쟁을 하려면 삼국지에 나오는 장비와 같은 장수가 물론 필요하다. 그러나 플랫폼 전쟁에서 최종 승자가 되기 위해서는 장비와 같은 임원만으로는 어렵다. 제갈량 같은, 전략적 사고에 능한 임원이 나서서 전쟁의 전체 흐름을 미리 파악하고, 경쟁사가 손을 쓰기 전에 선제적으로 포석을 놓을 수 있어야 한다. 복잡계에서 선순환을 발현시킬 수 있는 시기를 놓치면 경쟁하기 어렵기 때문이다.

필자가 이 글을 쓰게 된 동기는 많은 국내 기업이 플랫폼 전략을 수립하고 실행하여 플랫폼 리더가 되라는 것이 아니다. 위에서 제시된 필승요소(표1의 요약내용 참조)를 따져보고 자신이 속한 기업이 플랫폼 리더로서 자질이 부족하다는 판단이 서면 플랫폼 전략을 빨리 포기하는 것이 현명하다는 점을 다시 강조하고 싶다. 반면, 플랫폼으로 꼭 승부를 걸기를 원한다면 창의적 사고를 할 수 있도록 기업의 체질을 변화시켜야 한다. 계급장을 떼고 고위 임원과 말단 사원이 난상토론을 즐길 수 있는 문화를 정착시키는 것이 필요하다. 이것이 당장 어렵다면 플랫폼 사업을 위한 별동대를 조직하여 본사의 영향권에서 벗어나서 플랫폼 사업을 실행해야 그나마 성공 확률을 조금이라도 높일 수 있다.

<표 1> 필승 요소 요약

1) 환경변화에 따른 금맥(金脈)의 흐름을 빨리 파악하고, 이 흐름의 요충지를 경쟁 사보다 먼저 선점하여 수익으로 연결시킬 수 있는 봉이 김선달식 전략적 사고 역량이 필요하다.

2) 플랫폼 사업은 보완재 업체와 사용자에게 플랫폼의 비전을 파는 사업이다. 따라서 플랫폼 사업자로 리더십을 발휘하려면 생태계 구축의 비전을 소통할 수 있는 능력이 매우 중요하다.

3) 플랫폼 전쟁에서 승리하기 위해서 장기적 안목과 긴 호흡이 필수적이다.

4) 플랫폼 전쟁은 충분한 실탄을 확보한 기업에게 유리하다. 자원이 부족한 플랫폼 사업자의 경우에는 협력업체와 함께 승자가 될 수 있는 전략을 잘 수립한다면 자원의 한계를 극복하고 성공할 수도 있다. 여기서 중요한 것은 무엇을 버려야 하는지 예지(豫知)할 수 있는 사고 역량이다.

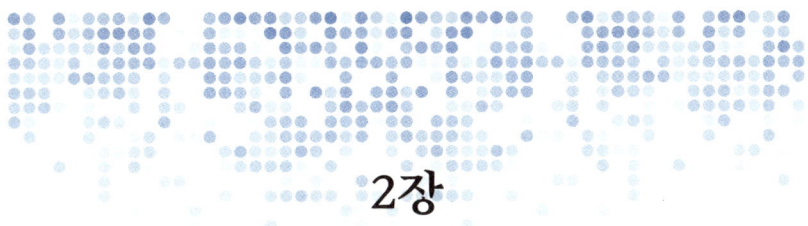

2장

1등이 되려면 환경감지 역량을 키워라[1]

●

허문구

경북대학교

국가경쟁력이 지속 하락하고 있다. 우리 경제의 견인차였던 수출 감소 추세가 이어지며, 무역수지 적자가 확대되고 있다. GDP 기준 세계 8위까지 진입했던 경제 규모도 10위권 밖으로 밀려났다. 1인당 국민소득(GNI)도 2022년에는 20년만에 대만에 역전당하며, 세계 30위권 밖으로 후퇴하고 있다. 산업화에 시동을 걸었던 1960년대 이후 줄곧 발전과 성장을 이뤘던 우리 경제는 이제 정체를 넘어 퇴보할지도 모른다는 우려가 커지고 있다.

이러한 현상의 이면에는 산업과 기업의 구조적 문제가 자리하고 있다. 2000년대 이후 우리나라의 산업구조 변화 속도는 매우 느려졌고, 근래에는 산업구조의 고착화 정도가 더 심화되고 있다.[2] 메모리반도체 등 주력 제조업이 경제에서 차지하는 비중은 더욱 커졌다. 문제는 이런 분야가 경기 변동에 큰 영향을 받아 부침이 크며, 부가가치가 점점 낮아지고 있다는 점이다. 반면, 헬스케어, 금융, 의료 등 부가가치가 높은 지식기반 서비스업은 좀처럼 성장하지 못하고 있다. 또한 인공지능, 항공우주, 슈퍼컴퓨팅, 로봇 등과 같은 미래산업 분야에서도 성과를 거두지 못하고 있다.[3] 4차 산업혁명으로 일컬어지는 산업구조 변화에도 대응이 늦어지고 있어, '4차 산업혁명, 한국은 없다' 는 말까지 나온다. 주력 산업의 부진을 대체할 산업, 기업을 찾기 어렵다.

이러한 현상의 근본 원인은 우리 산업과 기업이 당면한 구조적 요인에 기인한다. 즉 선진국을 빨리 쫓아가는 '모방추격형 산업발전 모델' 의 한계다. 이러한 인식을 바탕으로, 이 글의 주요 내용은 다음과 같다. 한국의 대표 기업들은 빠른 추격자 전략으로 급성장했으며, 이를 가능케 한 것은 '기회포착 역량' 이다. 그러나 한국경제 성장을 견인한 빠른 추격자 모델은 한계에 직면했다. 게임의 규칙을 바꾸고 시장을 창출하는 '창조적 리더' 로 변신해야 한다. 이를 위해서는 한국기업에 결여된 '환경감지 역량' 이 무엇보다 필요하다. 환경감지 역량을 강화하기 위한 방안을 결론으로 제시한다.

패러다임 변화 시기, 동적 역량 강화가 필요하다

성공의 원천, 동적역량

경영전략은 기업 성공의 원천을 탐구하는 학문이다. 기업이 성공하고 실패하는 이유가 무엇인가를 연구한다. 많은 기업이 쇠퇴하는 반면 세상이 바뀌어도 오래도록 살아남는 장수기업도 있다. 무엇이 다른가? 이런 질문에 대해 최근의 전략이론은 '동적 역량(dynamic capabilities)' 이 중요하다고 본다.

동적 역량이란 기업이 보유하고 있는 유무형의 자원과 능력을 환경에 대응하여 효과적으로 활용하거나 환경 변화에 따라 변화시키고 재구성할 수 있는 기업능력을 말한다. 동적역량은 핵심역량과는 다르다. 핵심역량은 특정 산업이나 환경에서 성공의 원천으로 작용하는 기업 내부의 자원이나 능력을 의미한다. 그런데, 환경이 바뀌면 핵심역량이 무용지물이 되는 경우가 흔하다. 오히려 핵심역량이 변화의 발목을 잡는 실패의 원천이 되기도 하는데, 이를 '핵심역량이 핵심경직성(core rigidity)이 된다' 고 한다.

피처폰 시장에서 노키아의 핵심역량은 플랫폼식 생산방식과 글로벌 아웃소싱이었다. 이를 통해 노키아는 다양한 모델의 휴대폰을 경쟁자

보다 저렴한 가격으로 개발, 생산할 수 있었다. 그러나 스마트폰으로 시장이 바뀌자 노키아의 핵심역량은 오히려 노키아의 변신에 발목을 잡는 요인으로 작용했다. 환경이 바뀌자 성공의 원천이 '실패의 덫'이 된 것이다.

동적역량의 구성 요소

동적 역량은 환경의 감지, 기회의 포착, 재구성/변혁이라는 세 요소로 구성된다.[4] 첫째, 환경감지(sensing) 역량은 환경의 기회와 위협을 규명하고, 분석 평가하는 역량을 말한다. 또한 환경의 기회를 활용하거나 위협에 대처하기 위하여 비즈니스 생태계를 형성하고 구축하는 역량을 포함한다. 기술적 기회의 탐색, 고객의 기호와 시장에 대한 면밀한 관찰과 조사, 비즈니스생태계 전반에 대한 탐색 같은 것이 환경감지를 위한 활동이다.

환경감지 역량은 대체로 기업가적 통찰력과 비전을 필요로 한다. 일론 머스크가 온라인결제(Paypal), 우주여행 및 개발(SpaceX), 전기차(Tesla), 태양광(SolarCity) 등 다양한 비즈니스를 키운 것도 세상의 변화 속에서 사업의 기회를 감지하는 능력이 뛰어나기 때문이다. 아마존이 세계 최대 전자상거래 기업으로 성장한 밑바탕에는 인터넷의 발전에 따라 온라인서점의 가능성에 주목한 제프 베조스의 기회감지 역량이 자리하고 있다. 국민 메신저 카카오톡의 성공에도 아이폰의 출시에 따라 모바일 메신저 시장의 가능성에 먼저 주목한 김범수 의장의 기회 감지가 중요한 역할을 했다.

둘째, 기회포착(seizing) 역량은 환경의 기회에 부응해 자원을 동원하고 이를 통해 가치를 포착하는 역량이다. 기술과 제품특성의 선택, 비즈니스모델의 설계, 그리고 이를 위한 자원의 동원과 투자가 이 단계의 특징이다. 기회포착 활동은 주로 언제 어느 분야에 얼마나 자원을 배분하고 투자할 것인가 하는 결정을 동반한다. 새로운 기술이나 시장의 기회를 감지하면, 기업은 신제품이나 서비스, 새로운 비즈니스모델 개발을 통해 기회를 포착하고 가치를 창출한다. 제품개발이나 상용화 과정에 대한 자원 할당과 투자가 뒤따라야 하며, 특히 자원동원과 투자의 타이밍이 중요하다. 기업이 기회를 감지하더라도, 신제품이나 비즈니스모델 개발에 실패하거나, 적절한 타이밍에 투자하지 못해 가치창출에 실패하는 것은 기회포착 단계의 문제이다.

셋째, 재구성(reconfiguring) 또는 변혁(transforming) 역량은 환경변화에 대응하여 기업의 자원과 능력을 지속적으로 갱신하거나 재구성하고 변화시킬 수 있는 기업능력을 말한다. 기회의 감지와 포착을 통해 성공을 거두면, 기존 자원과 역량을 부분적으로 개선하는데 몰두하게 된다. 성공은 규칙적인 루틴(routine)을 낳고, 루틴은 운영효율성을 높인다. 따라서 환경의 큰 변화가 있을 때 까지는 루틴이 성공을 지속하는데 도움이 된다. 그러나 파괴적 기술이나 새로운 경쟁자의 등장과 같이 급격히 환경이 바뀌거나 현 시장을 뒤바꾸는 전혀 새로운 사업기회가 발생하면, 이에 대응하기 위해 새로운 자원과 역량이 필요해진다. 이처럼 환경이 불연속적으로 변하면 기존 자산이나 역량을 재조합, 재구축하고 변혁할 수 있는 역량이 생존의 관건이 된다. 가장 성공적이었던 음반기업 EMI가 다운로드와 파일 공유 중심의 변화된 음악환경에 적응하는

데 어려움을 겪은 것은 기존 역량과 루틴이 새로운 환경에서 효과적이지 못했기 때문이다. 휴대폰 시장에서 압도적인 경쟁력을 가졌던 노키아의 실패는 스마트폰 시장에 맞게 자신의 역량과 프로세스를 재구축하지 못했기 때문이다. 즉 변혁(재구성) 역량이 미흡한 탓이다.

〈그림 1〉 환경변화에 대한 적응방법: 지속적 변화 vs 단속적 변혁

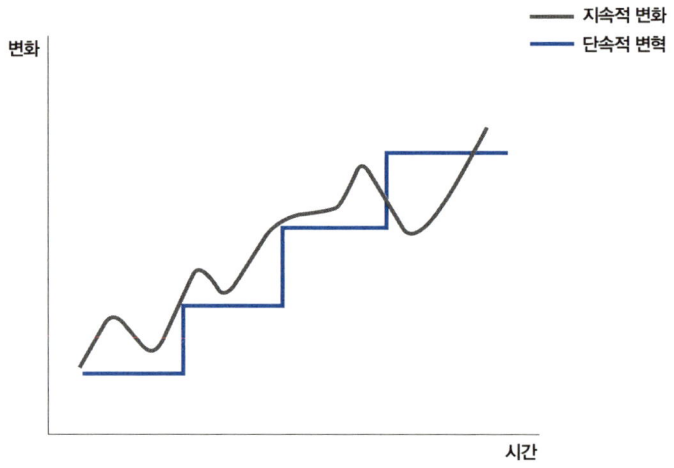

오늘날과 같이 급격한 환경 변화에 대응하기 위해서는 지속적으로 자신을 갱신할 수 있는 루틴과 역량을 갖추거나, 아니면 간헐적으로 혁명적인 변화를 실행할 수 있는 능력이 필요하다. 전자와 같은 방법은 개인의 자율과 혁신을 중시하는 유연한 문화를 갖고 있는 3M, 구글, 페이스북과 같은 기업이 택하고 있는 방법이다. 후자와 같이 간헐적으로 혁명적 변화를 통해 환경변화에 대응하는 예로서는 거스너가 주도한 IBM의 회생 사례가 대표적이다.

한국 기업들은 전자처럼 혁신적인 문화를 통해 계속 변화하는 방식이 아니라 후자와 같이 주기적으로 대대적인 조직변화를 통해 불연속적 환경에 적응하는 방식을 택해왔다. 즉 오너나 최고경영자의 강력한 리더십에 의해 탑다운 방식으로 조직의 변혁을 이루었다. '마누라와 자식빼고 다 바꾸자'는 삼성의 신경영은 오너인 이건희 회장의 주도 아래 이뤄졌다. 삼성의 신경영은 질 중시 경영을 통해 세계 초일류기업을 목표로 경영전략, 가치관과 문화, 관리방식과 시스템, 인재상과 인사관리 등 기업 전반의 변혁을 이끌어냄으로써, 삼성이 세계적인 기업으로 도약하는 촉매가 되었다. 정몽구 회장이 주창한 '품질경영'도 기업활동 전반을 품질 중심으로 바꿈으로써 현대자동차가 도약하는 계기가 되었다.

산업화 시대 한국기업의 성공 방정식: '빠른 추격자 전략'

한국의 대표 기업들은 빠른 추격자 전략으로 성공했다

산업화 시대 한국 기업들은 빠른 추격자 전략으로 눈부신 성공을 거두었다. 빠른 추격자 전략이란 선도기업이 신기술, 신제품으로 창출한 시장에서, 제품, 기술, 경영방식을 모방하여 앞선 기업을 빠르게 추격, 시장을 잠식하는 후발기업의 전략을 말한다. 이 전략은 기술, 지식, 사업

경험, 경영능력 등 자원이 부족하고 역량이 취약한 상황에서 불가피하면서도 합리적인 선택이었다. 반도체, 휴대폰, 가전, 조선, 해운, 철강, 석유화학 등 우리나라의 주력산업은 대부분 빠른 추격자 전략을 통해 비약적으로 성장했으며, 국가경제의 압축성장에 기여했다.

세계 최고의 경쟁력을 가진 삼성의 반도체 사업도 빠른 추격자 전략을 통해 성공을 거둔 사례다. 1983년 미국의 마이크론테크놀로지와 일본의 샤프로부터 반도체 설계 및 제조기술을 전수받아 사업을 시작한 초기 10여년 동안 삼성은 선진업체와의 기술격차 축소에 전력을 기울였다. 통상 2년 정도 소요되는 기흥의 VLSI 공장도 불과 6개월만에 완성했다. 공기를 단축하면 제품을 빨리 출시할 수 있고, 그만큼 선발자와 격차를 줄일 수 있기 때문이다. 빠른 추격자 전략은 기술개발에도 적용되었다. 미국의 현지법인과 국내에서 동일 제품을 동시에 개발하도록 하는 동시개발 전략이 그것이다. 개발자나 관리자는 회사에 야전침대를 갖다놓고 밤낮없이 D램 개발에 매진했다. 주말에는 일본의 전문가나 현장 기술자를 초청하여 기술지도나 제조현장의 노하우를 전수받았다. 기술도입, 연구개발, 투자의사결정, 공장건설, 생산, 공정관리 등 모든 활동이 선진기업을 빠르게 추격하는데 초점을 두고 이루어졌다.

현재의 스마트폰 사업도 빠른 추격자 전략의 결실이다. 1980년대 초 국내에 이동전화서비스가 시작된 후 모토롤라는 약 10년간 국내시장의 80% 이상을 장악한 부동의 1위였다. 삼성, LG등 국내기업은 선발자인 모토로라가 오랜 기간 시행착오를 거쳐 축적한 제품기술을 리버스엔지니어링(reverse engineering)5)을 통해 빠르게 모방, 흡수하여 모토롤라를 따라잡는데 성공했다.

조선산업도 일본, 유럽의 기술을 도입, 모방하는 전략을 통해 성장했다. 특히 기술이 전무한 상태에서 우선 선박을 수주한 후 기술을 습득하는 방법을 택했다. 기술격차를 빨리 줄이려는 빠른 추격자 전략의 전형적 예다. 선박을 수주한 후, 해외에서 기자재와 장비를 도입하고 기술자문을 통해 기술을 이전 받았으며, 해외의 감독자와 기술자가 파견되어 건조작업을 지휘하거나 국내 기술자를 훈련하였다. 이런 방식을 통해 축적한 설계 지식 및 건조 기술은 국내 조선업체가 단기간에 급성장하는 원동력이 되었다.

현대자동차는 설립 초기 미쓰비시와 기술제휴를 통해 자동차 제조기술을 도입, 흡수하였다. 자동차산업은 제조 및 생산기술의 내부화가 중요한데, 1970년부터 약 30여년에 걸쳐 일본의 생산관리기술을 적극 도입함으로써, 현대자동차가 글로벌 메이커로 도약하는 계기가 되었다. 포스코도 창업 초기 일본철강업계로부터 제철소 건설과 생산에 대한 기술을 전수받았다. 기술자와 직원들은 일본제철소 연수를 통해 기술을 습득하고 지식을 축적했다. 포스코는 제품설계부터, 조업(생산), 품질관리, 조직관리, 인사제도 등 기술과 경영의 전 부문에 걸쳐 일본의 제도를 도입, 습득, 학습하는 과정을 빠르게 성장했다.

기회포착 역량이 빠른 추격자 전략의 성공을 이끌었다

빠른 추격자 전략이 성공을 거둘 수 있었던 것은 한국기업의 기회포착 및 활용 역량이 탁월했기 때문이다. 기회포착 역량은 환경의 기회에 대응하여 자원을 동원, 투자하고 이를 통해 가치를 포착하는 역량이다. 기회포착 및 활용 역량은 주로 언제 어느 분야에 얼만큼 자원을 투자할 것인가 하는 의사결정을 수반하며, 제품아키텍처(product architecture)[6]와 비즈니스모델의 선택도 이 단계에서 중요한 활동이다.

일반적으로 시장이 형성되는 초기에는 기술적 특성이나 표준이 서로 다른 여러 제품들이 출시된다. 시장선점을 위한 선발주자 간의 경쟁과 고객의 선택을 거쳐 시장에서 표준으로 받아들여지는 지배적 디자인(dominant design)이 등장한다. 지배적 디자인, 곧 표준기술이나 제품이 등장하면 기업의 선택범위는 훨씬 좁혀진다. 국내기업은 지배디자인이 등장할 때까지 기다렸다가 승자가 정해지고 불확실성이 해소되면 신속하고 과감한 투자의사결정을 하고, 역량과 자원을 총동원해서 시장에서 창출되는 가치를 확보하려는 전략을 선택해 왔다. 소위 '스피드 경영'은 한국 기업이 앞선 기업을 빨리 추격하여 시장의 과실을 나누어 가지려는 기회포착 역량을 단적으로 나타내는 사례다.

전자산업에서 일본기업들이 삼성, LG에 뒤처진 것은 기회포착 역량의 차이 때문이다. 기술이 앞서 있었지만, 기회를 활용하기 위해 과감하게 자원을 동원하고 빠른 의사결정을 내리는 투자의사결정과 타이밍 측면에서 소니, 마쓰시다, 히다치 등은 우리 기업의 적수가 되지 못했다. 한국기업의 수직계열화된 사업구조도 신속한 기회포착에 중요한 역할을 했다. 제품 생산의 수직적 가치사슬 단계를 조직 내부로 통합하면 조정이 용이해져서, 빠른 의사결정과 실행이 촉진되기 때문이다.

스마트폰 시장을 살펴보자. 삼성은 휴대폰 시장에서 세계 2위였지만 피처폰의 다음 단계가 무엇이 될지 몰랐다. 모토로라를 모방하여 휴대폰 산업에 진입한 이래, 삼성은 항상 선두기업의 성공을 쫓아갔을뿐, 미래 흐름을 예측하지 못했다. 반면 노키아는 스마트폰 시대의 도래를 예측하고, 세계 최초의 스마트폰인 '노키아9000 커뮤니케이터'를 출시하였다. 즉 노키아는 삼성에 없었던 환경감지 역량을 바탕으로 시장 기회를 인식하고 있었다. 이때 애플은 아이폰의 성공으로 스마트폰 시장을 창출했다. 삼성은 피처폰 시장에서도 그랬듯이, 선도기업이 출시한 제품을 통해 시장이 만들어지자(애플이 개발한 아이폰을 통해 스마트폰 시장의 가능성이 확인되자), 아이폰을 모델로 삼아 자원과 역량을 총동원하여 스마트폰 개발에 전력투구했다. 그 결과 갤럭시 S 시리즈를 개발, 출시하여 애플의 경쟁자로 급부상했다. 반면, 노키아는 삼성보다 기회를 먼저 인식하고 있었지만, 투자 기회를 놓쳐 스마트폰 시장에서 실패하였다. 기회포착 역량의 차이가 성공과 실패를 가른 것이다. 선도기업이 기회를 먼저 감지하고 이에 대응한 제품이나 서비스를 출시한 후 그 성공가능성이 확인 되면, 과감한 투자와 신속한 실행력을 통해 선발 기업을 맹추격하는 삼성의 성공 DNA가 휴대폰 시장에서도 여실히 드러난다.

이를 가능케 한 것이 신속한 기회포착 및 활용을 통해 선도기업을 빠르게 추격하는데 최적화된 한국기업의 경영방식이다. 구체적으로 과감한 투자를 신속하게 결정할 수 있는 오너 중심의 지배구조, 수직적 명령체계와 상명하복의 문화, 구성원의 조직충성심과 '월화수목금금금'으로 대변되는 업무 강도와 같은 삼성이 자랑하는 스피드 경영이 자리하고 있다. 이러한 요소는 한국기업의 기회포착 역량을 단적으로 나타내고 있다. 이처럼 한국기업은 전략적 통찰력은 취약하지만, 전략실행력은 강한 특징을 가진다.

기회포착 역량이 강한 것은 우리 기업의 성공 DNA이기도 하지만 추격을 하는 후발기업의 이점 덕분이기도 하다. 시장에서 지배적 위치를 가진 선발기업은 성공을 오래 누리기 위해 그리고 신제품이 기존제품의 시장을 잠식하는 카니벌라이제이션(cannibalization)을 피하기 위해, 자사의 강점을 해체하는 역량파괴적 혁신을 꺼린다. 반면 시장지위가 취약한 후발기업에게 환경의 불연속적 변화는 선발기업을 따라 잡을 수 있는 절호의 기회가 된다. 따라서 야심만만한 후발 기업이라면 이런 불연속적 환경 변화의 시기에 신기술에 과감히 배팅한다. 삼성과 LG가 TV 시장에서 소니를 추월한 것도 아날로그에서 디지털로 기술이 바뀌는 시기에 과감히 투자한 덕분이다.

우리 기업의 성공에는 유독 과감한 투자, 돌관경영, 공기단축, 일사불란한 조직력, 실행 중심 등의 수식어가 따르는 것은 후발기업으로서 주어진 기회를 포착하기 위한 활동에 경영의 초점이 있었다는 것을 증명한다. 그리고 반도체, 휴대폰, 디스플레이, 조선, 철강, 자동차, 석유화학 등 한국기업이 전통적으로 강한 산업은 주로 대규모 자원동원과 신속한 투자가 중요한 분야, 즉 기회포착과 활용이 경쟁력 확보에 중요한 분야라는 점도 한국기업이 기회포착 역량이 뛰어나다는 것을 반증한다.

요약하면, 한국의 대표적인 기업들은 선도기업의 제품, 기술, 비즈니스 모델, 경영방식 등을 모방하여 효율성과 실행력을 바탕으로 앞선 기업을 빠르게 추격함으로써 성공했다. 이는 기회포착 역량이 뛰어났기 때문이다. 오너 중심의 과감한 투자와 장기적 의사결정, 수직적 조직구조와 권위주의적 문화, 실행 중심의 스피드 경영, 구성원의 헌신과 치열한 업무강도와 같은 한국기업의 성공 DNA는 앞선 기업을 빨리 추격하고 신속하게 기회를 포착하는데 최적화된 경영 관행이다.

빠른 추격자에서 창조적 리더로 거듭나야 한다

빠른 추격자 전략은 더 이상 유효하지 않다

한국 기업의 성공 DNA인 빠른 추격자 전략은 사용기한이 지났다. 더 이상 우리 기업의 성공 전략이 될 수 없다. 근래 지속되고 있는 한국경제, 한국산업, 기업의 침체는 빠른 추격을 통해 성장한 주력 제조업체들이 한계 상황을 맞이한 결과다. 서울공대의 각 분야 전문가들도 이구동성으로 모방과 추격에 기반한 한국형 성장모델이 이제 한계에 도달했음을 지적하고 있다.[가]

선진기업을 모방, 추격하는 전략이 더 이상 유효하지 못한 이유는 크게 경제/산업 패러다임의 변화, 후발 기업들의 거센 추격, 사회적 가치관 변화라는 세 측면에서 찾아볼 수 있다. 먼저 경제, 산업의 패러다임 변화 측면에서 살펴 보자. 세계 경제는 산업경제에서 인터넷 기반의 정보화 경제로, 다시 디지털 기술을 기반으로한 창조와 융합의 경제로 빠르게 변화하고 있다. 인공지능, 사물인터넷, 빅데이터, 지능형로봇, 바이오헬스케어 등이 4차 산업혁명을 이끌며, 이종 산업간 기업간 융복합을 통해 산업의 경계가 파괴되고 비즈니스 모델의 대변혁이 예상된다. 이러한 경제/산업 패러다임의 변화로 시장선도자의 과실은 커지는 반면, 후발 추격자는 곤경에 빠질 것이다.

첫째, 많은 산업에서 기술과 시장의 변화가 급속히 빨라지고 있다. 급속한 변화 속에서 기회를 선취하기 위해서는 우월한 환경감지 역량이 필수적이다. ChatGPT로 대변되는 AI기술의 발전은 제조업과 서비스업의 경계를 허물고 융합을 촉진하고 있다. 이에 따라 많은 산업 분야에서 누가 빨리 새로운 AI 기술을 적용하느냐가 경쟁력을 좌우할 것이다. 전통산업에서도 환경감지 역량은 중요하다. 패스트패션(fast fashion) 시장을 만들고, 환경변화가 빠른 패션 시장에서 급성장한 자라(Zara)가 좋은 예다. 자라는 수백 명의 디자이너가 세계 주요 도시의 길거리에서 직접 고객의 기호 변화를 분석, 평가한다. 그 결과를 즉시 디자인에 반영하여 불과 2-3주 만에 신제품을 출시한다. 또 세계 곳곳의 매장에서 고객이 제품을 구매하거나 선택하지 않는 이유를 실시간으로 수집, 즉시 디자인에 반영한다. 이처럼 자라의 성장은 고객의 기호에 대한 신속한 분석과 평가(빠른 환경 감지를 통한 기회 발견)와 이를 반영한 빠른 제품 출시(기회 포착)가 조화를 이룬 결과다.

둘째, 불연속적 환경 변화가 일상이 되는 상황에서 창조와 혁신은 환경 적응에 가장 효과적인 방법이다. 시장을 창출한 선발자와 따라가는 추격자의 격차가 엄청나게 커지고 있다. 스마트폰 시장을 선점하여, 하드웨어와 소프트웨어를 결합하고, 애플리케이션 개발자, 콘텐츠 제공자, 통신업체 등으로 차별적 생태계를 지속 발전시키고 있는 애플과 삼성의 격차는 갈수록 커지고 있다. 이는 창조와 혁신을 통한 가치창출의 대가가 효율성 향상을 통한 대가와는 비교할 수 없을 정도로 크다는 것을 잘 보여준다.

셋째, 빠른 추격자 전략이 모든 산업분야에 효과적인 전략은 아니다. 그동안 우리가 빠른 추격자 전략을 통해 성공을 거둔 분야는 기술체제(technological regimes) 측면에서 후발기업이 추격하기가 상대적으로 용이하다는 특성을 가진다. 혁신의 빈도가 적고 기술발전 속도가 느린 산업(조선, 철강, 석유화학 등), 자동차와 같이 첨단 기술에 대한 의존도가 낮고 대량생산에 의한 규모의 경제가 중요한 산업, 메모리반도체의 DRAM과 같이 기술발전은 빠르더라도 기술개발 방향을 예측할 수 있는 산업(기술혁신은 빈번하지만, 기술변화가 연속적인 특성을 가지는 산업), 기술도입 및 지식이전이 쉽게 이루어질 수 있는 구조를 가진 산업(조선)이 그것이다. 우리나라의 새로운 먹거리로 부각되고 있는 이차전지 산업도 메모리 반도체 등과 같이 과감한 설비투자와 생산 경험의 축적에 따른 공정기술이 중요하다는 특징을 가지고 있다.

반면, 최근 들어 엄청난 가치를 창출하는 산업일수록 선발자의 우위가 뚜렷하다. AI, 슈퍼컴퓨팅, 항공우주 산업 등에서는 소수의 선발자들이 혁신을 주도하며 세계 시장을 장악하고 있다. 한때 삼성이 의욕적으로 투자하였지만, 결실을 보지 못한 소프트웨어와 컨텐츠 분야도 이런 특성을 갖고 있다. 구글, 페이스북, 네이버와 같은 플랫폼 비즈니스도 네트워크 효과로 승자독식, 선발자 우위가 뚜렷한 산업이다. 공유경제 플랫폼을 통해 비즈니스모델을 혁신한 에어비앤비나 우버도 후발자가 따라잡기는 매우 어렵다. 위의 예에서 새로운 산업분야일수록, 소프트웨어나 비즈니스모델이 중요한 산업일수록, 4차산업과 같이 융합과 창조가 중요한 분야일수록, 기회선점이 훨씬 중요해서 선발자의 우위는 현격해지는 반면, 한번 뒤처지면 후발기업이 따라잡기 어렵다는 특성을 가진다.

이와 같은 경제/산업의 패러다임 변화와 함께, 중국 등 후발국의 거센 추격도 빠른 추격자 전략의 효과를 저하시키고 있다. 디스플레이, 석유화학 등 주력산업 중 일부는 급속히 경쟁력을 상실하고 있으며, 반면 중국은 여러 산업에서 한국을 추월하고 있다. 이는 추격전략이 한계에 도달했음을 의미하는 신호다. 한국기업의 강점이었던 실행의 속도는 더 이상 우리 기업의 전유물이 아니다. 하이얼은 '정보가 제품보다 중요하다', 빠르게 반응하고, 즉시 행동하라' 는 슬로건을 모토로 단기간에 세계 최대의 가전업체로 부상했다. 세계 스마트폰 시장에서 애플과 삼성의 간극은 커지는 반면, 중국 시장에서는 비보, 오포, 샤오미 등이 삼성을 크게 추월하고 있다.

사회적 가치관의 변화도 한국기업의 변화를 요구한다. 과도한 근로시간과 쉼없는 직장생활은 빠른 추격자 전략의 부산물이다. 선진국으로 진입하며 일과 삶의 균형을 중시하고 여가를 즐기는 라이프스타일이 확산되고 있으며, 이러한 성향은 MZ세대의 등장과 함께 더욱 뚜렷해지고 있다. 이런 환경에서 장시간 근무나 상명하복에 기반한 수직적 조직관리 방식은 더 이상 수용되기 어렵다. 기업이 원하는 창조적 인재의 영입이나 유지를 위해서도 변화는 필수적이다.

창조적 리더로 거듭나야 한다

창조적 리더란?

한국기업은 이제 창조적 리더(creative leader)의 길을 가야 한다. 창조적 리더란 새로운 제품이나 서비스, 혁신적 비즈니스 모델을 통해 새로운 시장을 창출하거나 기존 시장을 재정의함으로써, 시장과 산업의 변화를 선도하는 기업을 말한다. 애플, 아마존, 테슬라, 구글, OpenAI 등의 예에서 보듯이, 기회 선점을 통해 엄청난 가치를 창출하며 후발자가 모방을 통해 추격하기 어렵다.

'창조적 리더' 는 퍼스트무버(first mover)나 파이어니어(pioneer)와 유사하지만, 좀 더 확장된 개념이며 특히 '창조와 혁신' 에 방점이 있다. 퍼스트무버가 아니더라도 창의적인 방법으로 시장을 재정의하고, 선도적 위치를 차지하면 창조적 리더라 할 수 있다. 온라인서점의 퍼스트무버는 북스택스(BookStacks)였다. Books.com이 1992년 서비스를 선보인 이래, 아마존은 그보다 3년이나 늦은 1995년에 영업을 개시했다. 아마존은 세컨드무버(second mover)였다. 그러나 아마존은 온라인시장에서 당장의 이익보다는 고객확보가 중요하다는 사실에 착안하여, 많은 적자를 감수하면서 물류센터 투자를 통해 빠른 배송에 전력을 다하고, 고객관계 관리를 통한 고객만족에 대부분의 수익을 쏟아부었다. 즉 퍼스트무버와 다른 방식으로 온라인 시장을 재정의하고 비즈니스를 함으로써, 시장에서 선도적인 지위를 구축한 것이다. 아마존은 창조적 리더다. 스마트폰 시장에서도 블랙베리가 선도자였지만, 애플이 아이폰과 앱스토어를 결합시킨 비즈니스 모델 혁신으로 스마트폰의 대중화를 이끌었다. 이러한 점에서 애플도 창조적 리더다.

검색엔진을 처음 개발한 회사는 구글이 아니다. 구글 이전에 검색서비스를 제공하는 회사가 많이 있었으며, 업계에선 검색으론 돈을 벌 수 없으니 야후처럼 인터넷 포털이 되어야 한다고 믿었다. 그러나 구글이 페이지랭크라는 새로운 검색방법을 통해 탁월한 검색서비스를 제공하고, 검색광고를 통해 수익을 확보하는 비즈니스 모델을 개발함으로써, 인터넷 검색 시장에서 게임의 규칙을 바꾸고 시장의 리더가 되었다. 물론 탄산음료 시장을 최초로 개척한 코카콜라, 즉석카메라의 폴라로이드, 일회용 기저귀 시장의 P&G와 같은 퍼스트무버는 당연히 창조적 리더라 할 수 있다.

창조적 리더로 변신이 어려운 이유

추격을 통해 성장한 여러 대기업이 파이어니어의 길을 가겠다고 선언했지만, 아직 성공 사례는 찾기 어렵다. 오히려 성장이 정체되면서 후발기업의 추격을 버거워하는 상황에 이른 산업이나 기업이 흔하다. 스마트폰은 애플을 성공적으로 추격했지만, 이제는 오히려 중국기업의 추격을 걱정하는 상황이다. 디스플레이나 전통 제조업 분야는 상황이 훨씬 안좋아, 후발기업의 추격으로 미래 생존이 위협받고 있다.

구글, 아마존, 페이스북, 우버 등은 불과 10여년 만에 산업화 시대의 강자들을 물리치고, 디지털 시대의 대표기업이 되었다. 최근에는 OpenAI를 필두로 AI, 슈퍼컴퓨팅, 바이오, 항공우주, 에너지 등의 분야에서 혁신적인 기업들이 쏟아지고 있다. 미국의 IT 전문지인 패스트 컴퍼니(Fast Company)의 '세계에서 가장 혁신적인 기업 50' 에는 매년 새로운 기업이 상위권을 차지하고 있다. 반면, 새로운 분야에서 주목할만한 성과를 내고 있는 한국기업은 찾기 어렵다. 〈축적의 시간〉에서는 이를 '모방추격형 산업발전모델의 그림자' 라고 지적한다. 오랜 기간 패스트팔로어 전략을 추구하면서, 자원배분, 조직구조, 업무프로세스, 인력, 문화 등이 모두 기회포착을 극대화하는데 초점을 두고 형성되었기 때문에, 이를 단기간에 바꾸기 어려운 것이다.

새로운 분야에서 시장의 리더가 되기 위해서는 무엇보다 환경의 기회를 민첩하게 감지해야 한다. 그러나 한국기업에게 가장 취약한 역량이 환경의 기회와 위협을 분석, 평가하는 환경감지 역량이다. 왜 그럴까? 국내 기업들은 성장 과정에서 시장과 기술의 기회와 위협을 스스로 규명하고 평가할 필요가 없었기 때문이다. 추격 단계에서는 선진 기업들의 발전 경로를 그대로 따라가는 것이 가장 효율적이다. 새로운 수요나 기술의 가능성을 탐색하고 감지하는 활동은 전적으로 선발기업의 몫으로 맡겨 뒀다. 선발기업들이 환경을 끊임없이 탐색하고 새로운 가능성을 타진하는 비용과 위험, 그리고 불확실성이 큰 활동에 몰두할 때,

국내기업은 이미 시장에서 검증된 확실성만을 효율적으로 추구하면 되었기 때문이다. 그러므로 우리 기업의 성공 DNA에는 선제적으로 환경의 기회를 규명하거나 평가해서 새로운 시장을 창출하는 역량이 존재하지 않는다. 모방에서 혁신으로, 추격자에서 선도자로 변해야 한다고 하지만, 잘 안되는 이유는 국내 기업의 루틴이자 DNA에 환경감지 역량이 결여돼 있기 때문이다.

새로운 기술이 급속히 발전하고 기술과 시장의 융합을 통해 산업의 경계가 허물어지는 상황에서, 민첩한 환경 적응이 기업의 생존을 좌우하고 있다. 민첩한 환경 적응은 빠른 환경 감지(sensing)와 신속한 대응(responding)의 두 가지 요소로 구성된다. 즉 변화하는 환경에 민첩하게 적응하기 위해서는 환경 감지와 대응의 속도가 함께 빨라야 한다. 그러나 빠른 추격자 전략으로 성장한 한국 기업은 〈그림 2〉에 제시한 것처럼 대응의 속도는 빠른 반면, 환경 감지의 속도는 느리다. 환경 감지가 안되기 때문에 항상 앞선 기업보다 출발은 느릴 수밖에 없다. 그리고 이런 '느린 출발'을 만회하기 위해서는 실행의 속도를 높일 수밖에 없다. 그 결과가 수직적 의사결정이 당연시 되고, 창조와 혁신의 씨앗인 토론과 실험이 낭비로 인식되는 조직문화를 낳은 것이다.

한국기업이 창조적 리더로 변신하기 어려운 이유를 정리해보자. 첫째, 빠른추격에 최적화된 경영관행은 창조적 리더가 되기 위해 필요한 방법과 다르다(〈표 1〉 참고). 게다가 빠른 추격을 가능케한 기회포착 역량과 창조적 리더가 되기 위해 필요한 환경감지 역량은 서로 상충된다. 빠른 추격자에서 창조적 리더로 변하기 위해서는 조직과 경영의 구성요소를

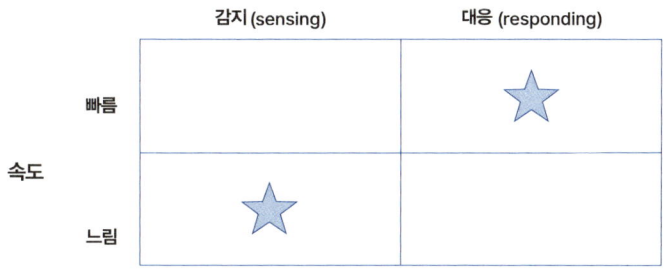

〈그림 2〉 한국 기업의 환경 적응: 환경 감지 속도와 대응 속도 비교

근본적으로 바꾸어야 하므로 변화가 더욱 어렵다. 둘째, 빠른 추격자 전략에 최적화된 경영관행은 이미 기업에 루틴으로 자리잡았다. 루틴은 기존 경영방식의 효율성을 높이지만, 환경이 변화할 때는 루틴이 경직성을 가져서, 변화를 가로막는 관성으로 작용한다. 셋째, '성공의 덫'이다. 현재의 경영방식을 통해 그동안 성공을 거두었기 때문에, 조직에 오래 몸담은 경영자나 관리자일수록 현재의 경영방식이나 시스템을

〈표 1〉 빠른 추격자와 창조적 리더에 적합한 경영방식

전략	빠른 추격자	창조적 리더
전체 조직체계	대규모 조직단위로 구성된 수직적 계층조직	소수 인원으로 구성된 다양한 팀 간의 유기적 협업
조직구조 특징	집권화, 공식화	분권화, 유연화
조직문화	과업지향	학습지향
조직운영 철학	상명하복	창조, 혁신
경영의 초점	효율, 실행, 속도	환경탐색, 기회발견, 민첩성
일하는 방법	work hard	work smart
경영자의 역할	관리자, 지시와 통제	리더, 후원자, 문화보호자

선호하며 이를 바꾸려하지 않는다. 소위 과거의 성공이 현재의 변화(환경적응)을 가로막는 성공의 덫이 된다.

어떻게 창조적 리더로
변신할 것인가? 전략역량의 재구축

환경감지 역량 강화가 필수적이다

급속한 환경변화에 대응하기 위해서는 앞서 제시한 세 가지 동적 역량이 모두 중요하지만, 차별적인 가치를 창조하는 선도 기업 즉 창조적 리더가 되기 위해서는 환경 감지 역량이 우선해야 한다. 커피시장에서의 스타벅스, 온라인쇼핑몰의 아마존, 인터넷 산업에서의 구글, 전기자동차의 테슬라는 빠른 환경감지를 바탕으로 기회포착 역량을 결합한 예다. 일론 머스크는 테슬라를 통해 전기차 사업에 진출한 것을 넘어, 자율주행서비스, 에너지, 우주사업으로까지 사업영역 개척을 거듭하고 있다. 온라인 전자상거래에서 출발한 아마존은 AI를 활용한 음성인식 스피커로 새로운 시장을 창출하고, 클라우드, 콘텐츠, 광고 등 새로운 사업분야를 거듭 개척하고 있다. 마이크로소프트는 ChatGPT를 개발한 OpenAI의 잠재력을 일찍이 알아채고 과감한 투자를 통해 지분을 확보하고, 자사의 다양한 서비스와 제품에 AI의 접목을 확대하고 있다. 이처럼 환경

감지 역량을 바탕으로 기회를 선점하는 기업들이 세계시장을 석권하는 현상이 갈수록 보편화되고 있다.

환경감지 역량 없이 기회포착 역량만으로는 세계 시장에서 성공을 거두기 어려워졌다. 세계적 IT 기업으로 성장한 중국의 텐센트, 알리바바, 바이두는 모두 1998년에서 2000년 사이 창업한 기업이다. 반면 우리나라는 같은 시기에 설립해서 세계적으로 성장한 회사는 찾기 어렵다. 부족한 환경감지 역량을 적극적으로 키우고 육성하려는 노력이 아쉽다.

삼성의 모바일 메신저 '챗온(ChatON)'의 사례도 한국 대기업들의 기회감지 역량이 부족함을 잘 나타내준다. 2010년 출시된 카카오톡이 성공을 거두자, 모바일 메신저 시장의 가능성에 주목한 삼성은 2011년 10월 전세계를 대상으로 모바일 메신저 챗온을 출시했다. 삼성의 글로벌 메신저로 사용되고 갤럭시 시리즈에 자동 탑재되며, 다양한 하드웨어 플랫폼과 연동되는 등 그룹 차원의 지원과 투자가 이루어졌지만, 후발주자로서의 한계를 넘지 못했다. 특히 카카오톡이 고객의 기호와 요구를 반영하여 신속하게 서비스를 업그레이드하는데 비해, 챗온은 선발 메신저와 차별화된 서비스를 제공하는데 실패했다. 이는 고객의 요구를 규명하고 분석하는 능력 즉 기회감지 역량에서 벤처로 출발한 카카오에 비해 대기업인 삼성이 뒤떨어진다는 것을 의미한다.

환경감지 역량을 강화하려면?

기회 감지와 선점에 적합한 비즈니스생태계를 구축하라

기회를 빨리 감지하고 선점하기 위해서는 비즈니스 생태계 조성이 중요하다. 급속한 디지털화와 AI, 빅데이타 등 신기술의 발전으로 산업의 경계가 무너지고 있다. 이로 인해 제품과 서비스의 통합이 가속화되고 있다. 상상도 하지 못한 제품과 서비스의 조합을 통해 고객의 욕구가 새로운 방식으로 충족되고, 새로운 비즈니스모델이 나타나고 있다. 이러한 현상으로 말미암아 개별 기업이 고객의 욕구를 전부 충족하기도 어려워지고 있으며, 고객 니즈와 관련한 실험을 할 여력도 더욱 축소되고 있다.[8] 즉 제품이나 서비스의 새로운 결합을 통해 신사업을 창출하거나 기존 사업을 고도화하기 위해서는 비즈니스생태계의 설계와 구축이 중요해지고 있다.

선도기업에 대한 빠른 추격과 환경 변화에 따라가는데만 익숙한 한국 기업은 스스로 생태계를 만들어 환경의 변화를 감지하고 자신에게 유리한 환경을 조성하거나 새로운 시장을 창출하는 역량이 뒤떨어진다. 국내 기업과 달리 구글, 애플, 마이크로소프트 같은 기업들은 개방적인 생태계를 구축하여, 생태계에 참여한 기업과 함께 새로운 가치를 창조하고, 그 과실을 나누는 협업과 상생에 능숙하다. 스마트폰 산업에서 애플의 경쟁력은 아이폰이라는 단일 제품의 경쟁력을 넘어 다양한 컨텐츠와 애플리케이션, 하드웨어 기기 사이의 연계를 통해 모바일 생태계를 구축하고 있기 때문이다.

생태계의 필요성을 인식하고 생태계 구축을 통해 기회를 창출하는 역량이 뒤떨어지는 것은 대기업의 발전 모델이 수직계열화에 바탕을 두고 있기 때문이다. 수직계열화는 거래 비용을 줄이고, 공급사슬 상의 조정과 통합을 쉽고 빠르게 할 수 있다는 장점이 있다. 이는 스피드 경영에는 중요한 장점으로 작용한다. 전자산업과 휴대폰 사업에서 우리가 선두를 빨리 추격하고 나아가 추월에 성공할 수 있었던 것은, 수직적으로 통합된 사업구조를 활용하여 전후방 사업 간에 신속한 조정, 통합으로 시장기회를 빠르게 포착하는데 성공하였기 때문이다.

그러나 수직계열화는 전후방 사업간 과도한 상호의존성으로 인해 환경 변화에 유연한 대응이 어렵고, 혁신에 나쁜 영향을 미치며, 관료적 통제가 많아진다. 즉 조직의 유연성, 혁신성, 민첩성에 문제가 생긴다. 기회를 빨리 감지하고 혁신을 통해 새로운 시장을 창출하는 창조적 리더가 되기 위해서라면, 수직계열화 모형은 득보다 실이 훨씬 크다.

연전에 삼성전자는 컨텐츠와 소프트웨어 역량 강화를 투자의 최우선 순위에두고 국내외 우수인력을 대거 영입하여 미디어솔루션센터(MSC)를 발족한 적이 있다. 그룹 차원의 집중적 투자와 지원에도 불구하고, 의욕적으로 추진한 전자책, 음악, 동영상, 메신저 등의 신사업에서 모두 성과를 거두지 못하고 실패했다. 새로운 사업분야에서 진입 초기에 생태계를 구축하기 보다는 독자적으로 사업을 추진했기 때문이다. 모든 사업을 직접 수행하고 통제하려는 수직계열화 방식의 한계라 하겠다.

근래 국내기업들도 기존 사업의 경쟁력 강화와 신사업 발굴을 위한 생태계 구축을 서두르고 있다. 네이버는 여러 계열사와 다양한 분야의 기술기업, 벤처, 개발자, 고객이 참여하는 초거대AI 생태계를 구축하여, 초거대 AI의 빠른 상용화와 글로벌 경쟁력 강화를 추진하고 있다.

삼성은 '삼성넥스트' 를 통해 전세계의 기술혁신기업에 대한 투자와 지원을 강화하고 있는데, 이들 기업과의 협력을 통해 가상현실, 모바일, 인공지능, 사물인터넷 등의 분야로 생태계를 확대하고 있다. 철강 중심에서 미래 지향적 사업구조 구축을 적극 추진하고 있는 포스코홀딩스도 미래기술연구원을 만들어 AI, 이차전지 소재, 에너지 분야에서 신기술을 탐색하고 새로운 사업기회 선점을 위해 노력하고 있다. 이러한 노력들은 생태계 구축을 통해 새로운 비즈니스 기회를 발견하고 선점함으로써, 창조적 리더로 변신하기 위한 노력으로 평가할 수 있다.

여러 분야의 기업과 개인(기업가, 엔지니어, 비즈니스개발자, 전략가, 투자자 등)이 상생과 협력을 바탕으로 자발적으로 참여하는 비즈니스 생태계에서는 다양한 정보와 지식이 수평적으로 교류될 수 있으므로 기회를 감지하기가 훨씬 용이하다. 또한 파트너들끼리 지식을 교환, 결합함으로써 큰 위험 부담 없이 새로운 혁신을 창조하고 이를 시장에서 검증하기가 수월해진다. 따라서 비즈니스 생태계 모델은 환경의 기회를 감지하고, 실험과 혁신을 촉진하며, 새로운 시장을 창조하는데 있어서 수직계열화 모형보다는 훨씬 장점이 많다. 환경감지 역량을 강화하기 위해서는 해당 사업분야에서 자사가 모든 것을 통제해야 한다는 생각을 버리고, 다양한 조직 및 개인들과 상생과 협력을 기반으로한 생태계를 구축, 확대하기 위해 노력해야 한다.

창의적 기업가가 나올 수 있도록 EBU를 활용하라

환경감지 역량은 기업가적 역량과 밀접한 관련이 있다. 기업가

(entrepreneur)는 환경의 기회를 기민하게 포착해서, 이를 새로운 사업으로 연결시키는 사람을 의미한다. 기업가는 다른 사람이 보지 못하는 사업 기회를 감지하는데 탁월하며, 흔히 환경 변화에서 새로운 사업기회를 발견한다. 울산 앞바다 허허벌판에서 세계적 조선회사의 가능성을 본 정주영 회장이나, 70-80년대에 이미 아세안, 동유럽, 아프리카에서 기회를 찾아 '세계경영'의 기치를 내걸었던 김우중 회장은 타고난 기업가였고, 이러한 기업가적 역량을 바탕으로 대기업 그룹을 일구었다.

아마존은 인터넷 서점에서 시작해서, 전자책(킨들)을 거쳐 세계 최대의 인터넷 쇼핑몰로 자리매김하는가 싶더니, 아마존웹서비스, 아마존 프라임, 미디어, 아마존스튜디오(엔터테인먼트), 아마존 고(무인점포), 아마존 에코(알렉사; 인공지능비서), 무인배송, 광고 등에 이르기까지 온라인과 오프라인, 유통업과 첨단 IT 분야를 망라하여 비즈니스 영역을 혁신적으로 개발, 확장해가고 있다. 끊임없는 혁신을 통해 4차 산업혁명기에 가장 선도적인 기업으로 평가받는 아마존의 변신을 주도하는 것은 창업자인 제프 베조스의 기업가적 역량이다. 월드와이드웹의 팽창을 보고 인터넷서점 사업을 시작한 이래, IT 기술의 발전과 고객 욕구를 한발 앞서서 읽고 이를 사업으로 연결하는 베조스의 탁월한 환경감지 역량이 아마존의 혁신을 이끌어 왔다.

근래 우리나라는 새롭게 성장한 기업, 혁신적인 기업을 찾기 어렵다. '관리자'(manager)만 많고, '기업가'가 제대로 양성되지 못해서다. 대기업 그룹의 핵심 경영진은 대부분 오너의 지시에 따라 기존 사업을 키우고 관리하며 성장한 사람이지, 스스로 사업을 일군 사람이 아니다. 포스코를 창업한 박태준 회장의 뒤를 이은 경영자들은 관리자이지 기업가가 아니다. 이들은 유능한 관리자이지만, 스스로 사업을 만들고 키워본 경험이 없기 때문에 새로운 사업의 발굴과 추진 역량은 검증받지 못했다. 포스코가 한동안 신사업에서 계속 고전했던 이유이기도 하다.

조직도 문제다. 우리나라 대기업은 사업의 성장에 따라 단위 조직과 사업부의 규모가 커졌으며, 불가피하게 조직이 관료화되었다. 규모가 큰 조직에서 스피드가 강조되다 보니 의사결정은 집권화되고 중앙집권적, 수직적 조직구조를 가지게 되었다. 이는 추격 단계에서는 효과적이지만, 유연한 환경 감지 측면에서는 대단히 불리한 구조다. SBU와 같은 사업부제 조직은 성과평가를 통해 대규모 조직을 효과적으로 관리하는데 적합한 방법이지만, 단기성과주의로 인해 혁신과 신사업 발굴에는 취약하다.

방법은 분명하다. 기업에서 많은 기업가가 탄생할 수 있는 구조와 토양을 만드는 것이다. 기업가적 사업부(entrepreneurial business unit: EBU)를 만들어야 한다. 작은 규모의 EBU를 많이 만들어서 EBU에서 전략의 구상과 실행에 대한 권한과 책임을 가지고, 위험을 감수하면서 독자적으로 사업을 추진할 수 있도록 해야 한다. 근래 한국 대기업들이 사내 벤처를 육성하고 있는 이유이기도 하다. GE도 거대 조직의 혁신과 신사업 추진을 위해 패스트웍스(FastWorks)를 추진하고 있다. 패스트웍스는 린스타트업(lean startup)[9]처럼 의사결정 절차를 최소화하고 제품개발과 시장반응을 신속하게 진행함으로써, 신제품이나 신사업을 빠르게 추진하려는 혁신 프로그램이다.

EBU는 다음과 같이 설계해야 한다.[10] 첫째, 규모가 작아야 한다. 조직은 규모가 커지면 규칙이 늘어나 관료화되고 권한이 집중되어 개인의 자율성이 위축된다. 벤처가 환경변화에 민첩하게 대응할 수 있는 것은 무엇보다 규모가 작기 때문이다. (전 세계 150여 개국에서 사업을 영위하고 수십 만 명의 직원이 있는 ABB의 본사가 100명 정도로 유지될 수 있는 것은 ABB의 모든 조직이 50명 이내의 profit center 중심으로 구성되어 있기 때문이다.) 조직이 작으면 규정이나 제도가 필요치 않으며, 계층도 불필요하다. EBU의 책임자도 구성원과 마찬가지로 항상 환경을 대면하기 때문에, 환경 변화나 기회를 신속하게 감지하고 민첩하게 대응할 수 있다. 둘째, 충분한 자율성을 가져야 한다. EBU는 기업가정신이 충만해야 한다. 자율성을 가지고 독립적으로 운영되어야 환경을 끊임없이 탐색하고, 실험과 실패를 통해 새로운 가능성을 모색하는 창의성이 발휘될 수 있다. 셋째, EBU의 효과적 운영을 위해서는 본사와 지원부서의 권한이 대폭 축소되어야 한다. 그동안 대기업 그룹의 성장 과정에서 기획조정실, 비서실과 같은 조직이 오너의 의사결정을 보좌하고 그룹 차원의 역량을 결집하거나 재조합하는데 중요한 역할을 했다. 그러나 컨트롤 타워에 권한이 집중되면 일선 조직은 약화될 수 밖에 없으며, 그만큼 환경 감지가 어려워진다. 추격보다는 선도가, 기회포착 만큼이나 새로운 기회의 인식과 감지가 중요해진 상황에서, 중앙 스탭 조직은 사업에 대한 관여와 통제보다는 자율화된 조직단위들을 결속할 수 있는 공통의 문화와 가치를 개발, 공유하고 브랜드, 홍보와 같은 그룹 차원의 자원관리와 활동에 역량을 쏟아야 한다.

이처럼 대기업은 EBU의 도입과 운영으로 기업가들이 많이 나타날 수 있는 토양을 구축해야 한다. 이를 통해 환경의 기회를 빠르게 감지하고, 새로운 시도와 실험을 통해 신속하게 시장에 대해 학습하며, 신사업을 창출해야 한다. 거대 조직이 활력을 갖고 환경변화에 능동적으로 대응하기 위해서는, 권한을 위양받아 현재를 관리하는 관리자보다는 새로운 기회를 빠르게 포착하고 미래를 개척하는 기업가들이 중용되고 대우받아야 한다. 내부에서 양성된 기업가들이 기회를 발견하거나 창조하고, 나아가 기회를 선택할 수 있어야 한다.

일선 조직에 권한을 주고 수평적 문화를 정착시켜라

조직은 어떻게 환경의 기회를 감지하는가? 피라미드 하부의 일선 조직 구성원들이 업무를 수행하는 과정에서 환경과 직접 상호작용하며, 이 과정에서 환경 감지가 이루어진다.[11] 시장에서 고객의 충족되지 않는 욕구가 무엇인지, 고객의 기호가 어떻게 변하고 있는지를 가장 잘 아는 사람은 조직 일선의 영업 직원이다. 기업의 기술능력의 강점이나 한계에 대해서 피부로 느끼는 사람은 현장의 엔지니어나 개발자다. 기술변화 추세나 새로운 기술의 가능성에 대해서도 연구자나 개발부서의 직원들이 더 많은 정보를 가지고 있다. 이들에게 권한과 기회를 주는 것이 첫걸음이다.

환경의 기회를 빨리 감지하기 위해서는 일선 조직에 자율성과 권한을 줘야 한다. 우수한 인력이 권위적 문화에 억눌려 창조적인 일을 못하는 것이 한국대기업의 현실이다. 권한은 없이 명령이나 규칙에 따라 일하는 풍토에서, 공급자나 고객과의 만남에서 환경 변화를 읽고 새로운 기회를 탐색하려는 노력을 기대하기 어렵다. 자신들의 의견이나 정보가 중요하게 받아들여진다고 느낄 때, 조직 최일선에서 환경감지 노력이 활성화될 것이다.

나아가 상향적 의사소통과 프로세스가 활발해야 한다. 일선에서 접하는 정보나 구성원들의 생각이 의사결정자에게 신속히 전달될 수 있어야 한다. 기회의 감지나 탐색은 일선에서 이루어지지만, 기회의 선택은 상위 계층의 의사결정이 필요하다. 따라서 조직 일선에 대한 분권화와 더불어, 일선 직원들이 접하는 정보나 생각이 경영진의 의사결정에 반영되어야 한다. 대기업의 수직적 구조와 실행의 스피드를 중시하는 경영방식은 하향적 의사소통에는 효과적이었지만, 상향적 정보 전달에는 아주 취약하다. 환경감지의 마지막 단계인 기회 선택이 잘 이루어지기 위해서는 수평적이고 유연한 조직문화가 필요하다. 더 나아가 소속 부서나 지휘계통에 관계없이, 일선 근로자가 경영층과 이메일이나 SNS를 통해 자유롭게 소통할 수 있어야 한다.

이미 국내 대기업들은 '스타트업 컬처혁신'을 내세우며, 직급 축소/폐지, 수평적 호칭 등을 통해 수평적이고 유연한 조직문화 정착을 위해 노력하고 있다. 기회 감지와 기회 선택이 효과적으로 이루어질 수 있도록 하기 위해서다. 지난 10여년간 구호만 요란하고 결실은 적었던 대기업의 조직문화 혁신이 더 절실한 시점이다. 생존을 위해 이제는 바꾸어야 한다는 경영진의 인식변화가 절실하다.

실패와 학습을 통해 기회발견과 창조를 촉진해야 한다

기회를 빨리 감지하기 위해서는 조직 최일선에서 탐색이 활발히 이루어지고, 새로운 학습이 일어나야 한다. 이를 위해 새로운 시도나 실험을 장려하고 실패를 용인하는 제도와 문화가 필요하다. 우리 기업은 효율성에 바탕을 두고 앞선 기업을 빠르게 추격하여 성장해온 과정에서, 실험을 꺼리고 실패를 두려워하는 문화가 지배하게 되었다. 결과가 불확실한 실험은 자원이나 시간의 낭비이며, 실패는 추격 속도를 떨어뜨리기 때문이다. 〈축적의 시간〉에서도 선진국을 빨리 쫓아가기 위해 시행착오와 실패의 경험을 축적(창조적 축적)하지 못한 것이 이제는 한국산업의 아킬레스건이 되고 있다고 지적한다.[12]

시장이나 기술적 기회의 가능성을 확인하고, 그것이 기회인지 아닌지 판단하는 방법은 실제로 해보는 것이다. 에디슨의 발명은 반복적 실행을 통해 실패로부터 배우고 이를 통해 실패를 극복해가는 과정의 산물이었다. '먼지봉투없는 진공청소기', '날개없는 선풍기' 로 가전업계의 퍼스트무버가 된 다이슨의 창업자 제임스 다이슨도 "성공은 99%의 실패로 이뤄진다. 직원들이 실패하게 하라" 고 한다. 국내 모바일메신저 시장에서 카카오가 시장 선점을 통해 성공할 수 있었던 것은 카카오의 전신인 아이위랩의 실패가 원동력이 되었다. 아이위랩은 '부루닷컴'과 지식검색서비스인 '위지아닷컴' 을 출시하였지만, 타이밍을 놓쳐 시장에서 실패하였다. 이같은 실패 경험 때문에, 시장의 기회를 포착함과 동시에 빨리 제품을 출시하고 고객의 요구를 반영하여 완성도를 높여가는 카카오톡의 전략이 탄생했다.

구글에는 70:20:10 이라는 원칙이 있다. 관리자는 업무시간의 70%는 현재 맡고 있는 사업에, 20%는 현 사업과 인접한 분야에, 나머지 10%는 현 비즈니스와 전혀 무관한 분야에 사용토록 하는 것이다. 이 10%가 원거리 탐색(distant search)이다. 원거리 탐색이란 현재의 시장이나 기술과 전혀 다른 새로운 분야를 탐색하는 것이다. 이를 통해 기업이 당장 얻을 수 있는 과실은 없지만, 전혀 새로운 정보나 기회를 접함으로써 새로운 기회를 창출할 수 있는 가능성을 열어 놓는 것이다.

한편, 조직에서 탐색은 당면 문제를 해결하기 위해서도 이루어지지만, 시간이나 자원의 여유가 있어서 실행되기도 하는데, 이것이 여유탐색(slack search)이다. 문제해결형 탐색과는 달리 여유탐색은 새로운 탐험이나 현재의 기술/지식 기반과 관련이 먼 원거리 탐색을 촉진함으로써, 새로운 사업기회의 발견이나 혁신적 기술개발에 기여할 가능성이 높다. 반면 과도한 근무시간과 치열한 업무강도, 효율을 우선하는 인식은 기회의 발견과 창조에는 오히려 장애가 된다. 따라서 조직에서 기회 발견과 창조가 효과적으로 이루어지기 위해서는 조직구성원이 실패를 두려워하지 않고 새로운 기회를 탐색할 수 있도록 시간, 자원, 제도의 뒷받침이 필요하다.

맺는 말

ChatGPT의 예에서 보듯이, AI, 슈퍼컴퓨팅, 빅데이터, 바이오, 에너지 등의 분야에서 혁신적인 기술이 급속히 발전하고 있다. 이에 따라 기회 선점을 통해 새로운 비즈니스를 창출하는 글로벌 기업들이 쏟아지고 있으며, 기존 기업들도 새로운 기술의 접목이나 제품과 서비스의 융합을 통해 사업을 고도화하고 글로벌 경쟁력을 강화하고 있다. 반면, 2000년대 이후 한국의 산업구조는 큰 변화가 없어서 경제의 활력이 눈에 띄게 떨어지고 있으며, 새로운 산업분야에서 두각을 나타내고 있는 기업도 찾기 어렵다. 이러한 문제는 한국 기업이 안고 있는 구조적 문제에 기인한 바 크다.

국내기업들은 그동안 앞선 기업을 추격하면서 모방과 기회포착에 의해 경쟁력을 키웠다. 그러나 빠른 추격자 전략은 한계에 이르렀으며, 이미 여러 주력산업에서 중국 등 후발기업에 추월당하고 있다. 이제는 창조와 혁신을 통해 새로운 길을 개척하는 창조적 리더가 되어야 한다. 신시장을 창출하고 게임의 규칙을 만드는 기업이 되기 위한 첫 단추는 경쟁자보다 먼저 기회를 발견, 창조하는 것이며, 그러기 위해서는 무엇보다 환경감지 역량을 키워야 한다.

이를 위해서는 첫째, 다양한 기업과 파트너가 참여하는 협업과 공생의 비즈니스 생태계를 설계, 구축하고, 이를 통해 새로운 기회를 발굴하고 선점해야 한다. 둘째, 창의적인 기업가가 나올 수 있는 토양이 필요하며, 이를 위해 EBU 조직을 활성화해야 한다. 셋째, 일선 조직의 구성원에게 권한과 자율성을 부여하여, 조직 일선에서 환경 탐색과 기회인식이 활발하게 이루어지도록 해야 한다. 마지막으로, 기회의 발견이 기회의 선택으로 연결되기 위해서는 수평적 문화의 정착이 필요하다.

앞선 기업을 빠르게 추격하는 과정에서 형성된 경영방식과 문화를 탈피하여, 환경감지 역량을 바탕으로 새로운 기회와 시장을 창조하여 파이어니어로 자리매김하는 우리기업들의 모습을 기대한다.

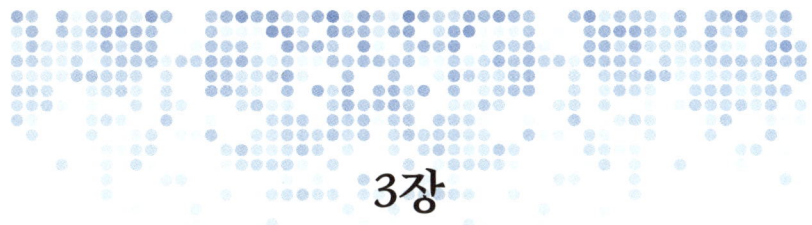

3장

초경쟁 산업, 초연결 시장에서의 전략혁신

•

박경민

연세대학교

초경쟁 산업, 초연결 사회로의 변화가 새 전략을 요구한다

기업이 처한 경영 환경은, 초 경쟁 산업으로 또한 초 연결 사회로 변화하고 있다. 이에 적절히 대응하지 못하면 기업의 생존과 성장은 불가능하므로 기업들은 이에 대해 잘 이해하고 새로운 전략을 수립 및 실행할 필요가 있다. 먼저 초 경쟁 산업과 초 연결 사회의 특징을 살펴본 후, 이러한 경영환경 변화속에서 왜 새로운 형태의 전략이 필요한지 설명하고자 한다.

초 경쟁 산업으로의 변화

•
•
•

　산업환경이 급속도로 변화하고 있다. 과거의 산업환경과 현대의 산업환경이 구체적으로 무엇이 다를까? 최근 산업환경 변화의 두드러진 두 가지 현상은 세계화와 산업경계의 파괴라고 볼 수 있다. 기업은 전 세계를 상대로 여러 나라의 시장에서 제품을 판매할 뿐 아니라 복수의 나라에서 영업과 생산을 동시에 하는 다국적 기업의 형태가 일반화되었다. 이제는 신생 벤처기업도 여러 나라에서 동시에 창업을 하는, 창업 때부터 복수의 국가에서 사업을 시작하는 "본 글로벌(born global)" 현상이 일어나곤 한다. 물론 글로벌화로부터 보호받는, 언어와 문화라는 자연적 장벽으로 글로벌화가 제한적인 금융, 방송 등 몇몇 서비스 산업들이 있다. 그럼에도 불구하고 글로벌화의 추세에서 자유로울 수 있는 제조업은 거의 없다.

　두번째로는 전통적 산업경계가 희미해지거나 붕괴하는 현상이다. 과거에는 여성을 상대하는 미용업과 남성을 상대하는 이용업이 분리되었고 각자의 경계가 있었다. 그러나 남성을 상대하는 이용업은 거의 사라지고 미용업이 대부분의 남성들을 고객으로 맞아들이게 되었다. 과거에는 비디오대여업, 만화방, 문방구, 서점, 옷가게, 식료품점 등이 분리되어 각자의 산업논리가 있었다. 그런데 지금은 이들 모두를 G마켓, 옥션, 11번가 등의 오픈마켓에서 판매하고 있다. 그 와중에 소규모 문방구, 잡화점, 소매점 등 전통적 형태의 소규모의 오프라인 점포들은 우리들의 거리 풍경에서 사라지게 되고 대신 편의점이 동네 곳곳에 자리잡게 되었다. 스마트폰을 생각해보라. 스마트폰으로 인하여 사라진 여러 독자적 특성을 지녔던 많은 산업들을. 기존의 전자사전과 mp3 플레이어, 그리고 디지털카메라 시장의 상당부분이 잠식되었다. 게임기 시장의 상당부분도 휴대폰에 이은 스마트폰의 등장으로 인해 축소되었다고 볼 수 있을 것이다.

이러한 초 경쟁 산업화의 결과는 기업 성과의 시간적 지속성이 과거에 비해 낮아졌음을 의미한다. 어제의 우량기업이 더 이상 내일도 우량기업이라고 장담하기가 어려워졌다는 것이다. 또한 같은 산업이라고 하더라도 기업성과의 편차가 매우 높아졌다는 것이다. 기업의 성과가 산업 내에서 수평적으로 이질성이 심하고 같은 기업이라도 시계열적으로도 편차가 심한, 기업성과가 시공간적 차원에서 매끈하게 연속적인 것이 아니라 산업 내 기업간에, 동일 기업내 시간 간에 불연속성이 심한 상황이 되었음을 의미한다.

초 연결 사회로의 변화

산업혁명 이후 발달한 철도와 자동차 등의 교통수단과 전신 및 전화 등의 통신수단은 사람과 사람간, 그리고 사람과 지역간의 시간적, 심리적 거리를 대폭 축소시켰다. 이에 더하여 컴퓨터, 통신, 정보기술의 발달로 사무생산성은 획기적으로 증대했으며 가상적 공간인 인터넷을 통하여 전세계의 사람들과 기업들은 상호 연결되었고 스마트폰의 등장으로 실시간으로 고객네트웍, 공급자네트웍, 기업내 및 기업간 네트웍이 형성되었으며 사람들은 페이스북, 카카오톡과 같은 사회연결망서비스

(SNS)를 통하여 촘촘하게 연결되었다. 제4차 산업혁명의 중심에 있는 로봇, 인공지능, 사물인터넷, 자율주행 기술 등은 사물 대 사물, 그리고 인간 대 사물의 높은 차원의 상호작용을 가능하게 한다. 예를 들어, 프로기사와 바둑인공지능 프로그램이 함께 세계바둑대회에 출전하여 서로 겨루기도 하며,[1] 인공지능 왓슨이 사람의 병을 진단해 주기도 한다.[2] 미래의 도로에서는 인공지능 프로그램이 장착된 운전자 없는 자동차들이 서로 통신하며 자율주행으로 교통사고와 교통혼잡 없는 도로교통을 실현 할지도 모른다.[3]

초 경 쟁
초연결 시대 전략 어떻게 변화해야 하는가?

초 경쟁 환경에서는 글로벌화와 산업경계의 붕괴로 기업간 기술 및 자원의 모방이 치열하다. 진입장벽을 쌓아서 획득가능한 독과점적 이윤을 기대하기 힘들며, 기업이 보유한 자원의 희소성과 모방 불가능성에 기반한 자원기반 이윤을 기대하기도 힘들다. 산업간 장벽, 기업간 장벽이 붕괴되어 기업간 성과차이가 크고 성과의 지속성이 낮은 환경에서는 기업이 거둘 수 있는 초과 이윤은 혁신 이윤이 지배적이다. 물론 독과점적 이윤과 자원기반 이윤 확보가 불가능하지는 않으나 그 비중은 점점 줄어들게 된다.

초 연결 사회에서 고객은 세분화와 타겟팅의 대상으로서의 고객이 아니라 소통과 공감의 파트너로 협력상대이다. 공급자 역시 원가관리 대상으로서 위협적 존재가 아니라 협력적 관계로 생산의 파트너이다. 다른 기업들 역시 경쟁자로서 존재할 뿐 아니라 협력과 보완의 파트너로서 존재하며 경쟁자의 부재는 오히려 혁신을 약화시킬 수 있다. 초 연결 사회는 초 경쟁을 더욱 가속화하는 역할도 하는데 기업은 더 이상 기존 고객들과의 관계를 지속적으로 이끌어 가기 쉽지 않을 것이다. 과거에 새로운 제품, 서비스의 시장진입은 대개 높은 광고비 지출의 관문과 높은 브랜드 충성도 때문에 어려웠다. 하지만 SNS의 확산은 기업으로 하여금 높은 비용지출 없이도 고객 네트워을 통한 입소문에 의해 시장진입을 할 수 있다는 점에서 초 경쟁을 가속화한다. 역량이 부족하거나 자원이 없는 기업도 시장에 진입할 수 있다. 한편 반도체 산업의 TSMC, 바이오제약 산업의 삼성바이오로직스와 같은 생산계약에 전문화된 CMO 형태의 기업이 성장하는 등 생산자 네트워크의 활발한 형성은 기업이 제품 아이디어만 갖고도 충분히 공급자와의 협력을 통해 시장에 진입을 가능하게 만든다. 또한 기업은 소비자와의 협력을 통해, 신제품 아이디어와 업무분담을 통해 역량을 강화하고 새로운 형태의 서비스를 제공할 수 있다.

초 연결 사회로의 변화
초 연결 시대에 대응한 글로벌 기업들의 경영전략은?

초 경쟁 · 초 연결 시대에는 혁신적 아이디어가 기업의 성공에 핵심적이며 시장지배력 확보나 기업내부의 기술축적이 필수적인 요소는 아니다. 해외의 글로벌 기업들도 산업에서 시장지배력 강화를 통해 이윤을 늘리거나 자원 및 역량에 투자하여 기술력 또는 명성을 높여서 전략적 요소의 선점을 추구하는 형태보다는 아이디어를 통해 혁신하는 기업체가 성공하는 경우가 많다. 비즈니스 모델을 지속적으로 혁신하는 GE 와 IBM, 플랫폼 비즈니스 모델을 새로운 영역에 접목하는 아이디어를 통해 전통사업을 혁신하는 우버, 에어비엔비, 알리바바 등의 기업들이 그러하다. 꼭 새로운 기술이 혁신에 필요한 것은 아니다. 여러 다른 분야의 기술, 제품, 서비스를 재구성하는 형태로도 성공할 수 있는데, 드론과 카메라를 접목하는 고프로, 포켓몬스터라는 컨텐츠와 증강현실을 결합시킨 포켓몬고가 대표적인 사례이다. 또한 유전자정보 분석을 대중화하는데 성공한 23andMe 나 파일공유서비스를 선도해온박스(Box)와 같은 회사들은 기술력보다도 미래추세의 전망이 사업 모델의 핵심인 것이다.

고객과 공급자와의 협력을 통해 가치를 창출하는 글로벌 기업들도 있는데 마이크로소프트, GE 등은 이노센티브(InnoCentive) 나 캐글 (Kaggle) 등과 같은 문제해결 플랫폼을 활용하여 자사의 문제에 대해 해결책을 찾곤 한다. 아예 트립어드바이저(TripAdvisor), 옐프(Yelp)처럼 호텔, 레스토랑 등의 평가를 위해 고객들의 도움을 얻어서 기업의 핵심역량인 평가자료를 확보하기도 한다. P&G 는 기존의 내부 자원 및 역량에만 의존하는 폐쇄적 R&D 개념에서 벗어나 기업경계 바깥에 전세계에 존재하는 고객 및 연구자의 아이디어와 기업내부의 역량을 연결하는 C&D(Connect

&Develop)라는 새로운 형태의 개방적 R&D시스템을 통해 혁신적 신제품을 개발하고 있다. 구글벤처스, 볼보그룹 벤처캐피탈 등은 사내벤처기업 투자를 통해서 새로운 혁신 동력을 얻으려고 하기도 한다. 구글은 알파고 소프트웨어 프로그램의 설계도인 소스코드를 다른 개발자를 대상으로 개방해서 에코시스템을 만들어 협력하고 있고 고급 전기자동차의 상업화에 성공한 테슬라 역시 전기자동차 특허를 개방하고 있다.

초 경쟁 및 초 연결 시대에 더욱 절실한 블루오션 전략

초 경쟁과 초 연결의 미래 산업에서 기업의 바람직한 경영전략은 어떠해야 할까? 초 경쟁 산업환경에서는 산업의 구조 내에서 경쟁의 위협을 대처할 수 있는 위치선정 (positioning)이나 기업의 자원/역량 축적 보다 연속적인 혁신의 실행이 중요하다. 왜냐하면 초 경쟁의 상황은 산업의 경계가 붕괴되고 축적된 자원/역량이 쉽게 모방되는 환경이기 때문이다. 다음으로 초 연결의 시대에는 각종 네트워이 형성되어 있으므로 고객, 사용자, 공급자, 경쟁자, 또는 이해관계자와의 협력과 공생적 동반자로서의 관계가 매우 중요하다.

이러한 초 경쟁 및 초 연결 산업에서는 매우 빠르게 레드오션화가 진행되므로, 초과수익을 거두는 기업이 거의 존재하지 않게 된다. 진입장벽도 점점 낮아지고 있다. 예전에는 접근하기 어려운 기술지식이 인터넷, 모바일을 통해 급속히 확산되고 있으며, 자본조달도 이전에 비하면 훨씬 쉬워졌으며, 전통적 유통채널을 인터넷 온라인과 모바일 채널이 대신하면서 시장진입 장벽이 없어지거나 낮아졌다. 과거의 기술특허나 핵심 자원 및 역량의 축적에 의해 거두어 오던 이윤도 시장의 선호가 바뀌거나 기반기술의 전환으로 후발자의 추격 및 모방이 쉬워짐에 따라 어제의 1등기업이 오늘의 1등기업이 되는 경우가 점점 드물어지고 있다. 디지털 카메라의 등장으로 글로벌 필름 산업에서 1위를 차지했던 코닥은 사라졌고, 스마트폰의 출현으로 핸드폰 시장에서 1위였던 노키아는 몰락했다. 선도자로서 추격자가 따라오지 않도록 지속적으로 기술궤적을 따라 혁신하면 기업의 성장이 보장될 것 같지만, 이러한 존속적 혁신 (sustaining innovation)이 효과적인 산업은 제한적이라고 할 수 있다.[4] 수요산업 또는 수요자들의 선호가 그 기술진보의 방향과 일치해야하는데 대개는 혁신자의 딜레마에 빠지게 된다. 복사기의 속도도, 마이크로프로세서의 성능도, 자동차엔진의 성능도, 백화점의 화려함도 수요산업과 수요자가 요구하는 수준을 초과하는 오버슈팅(overshooting) 현상이 빈번하게 발생한다.

초 경쟁 및 초 연결의 산업환경에서는 새로운 시장 공간을 창출하는 블루오션이 유일한 대안이다. 효과적인 블루오션전략의 2가지 특징으로는 독특성과 개방성이다. 신시장 공간의 창출방법에는, (1)시장 공간의 확대 및 변환 (2)신 시장플랫폼의 창출, 두가지로 나누어 볼 수 있는데 시장공간의 확대 또는 변환에는 비즈니스 아이디어의 독특성이 필요하고, 신 시장 플랫폼의 창출에는 독특성에 더하여 개방성이 필요하다.

다른 시장 참가자들을 경쟁자로 생각하는 폐쇄적인 경쟁은 초과 이윤을 추구하는 형태에 있어서 독과점적 이윤 또는 자원효율에 따른 이윤을 추구하므로 대규모의 투자와 역량 축적을 필요로 하게 될 것이다. 주로 진입장벽을 쌓거나 다른 기업이 우리의 역량을 모방하지 못하게 하는 전략적 행동이 많다. 산업에 고객네트웍, 공급자네트웍 등이 형성 및 연결되지 않은 경우에, 기업들은 개방적인 시스템을 갖추기 보다 폐쇄적으로 될 수 밖에 없다. 그런데 초 경쟁의 경영환경 그리고 초연결의 사회네트웍 구조일수록 이미 존재하는 제품과 비슷한 제품으로는 시장에 아무런 영향을 줄 수 없다. 우리 주변에는 미처 발견하지 못한 숨겨진 시장의 허술한 공간이 있고 이를 발견할 때 이는 이전에 존재하지 못한 독특한 사업의 블루오션이 창조되는 것이다. 에어비엔비를 생각해보면, 이전에는 비어있는 집을 여행자들에게 빌려줄 수 있는 방법이 없었다. 그런데 에어비엔비를 통하여 사람들은 빈집의 사용권을 놓고 거래할 수 있게 된 것이다. 이것은 매우 독특한 비즈니스 모델이다. 우버나 리프트도 마찬가지로 어딘가로 가고 싶은 사람과 가는 길에 태워주고 싶은 사람을 연결해 줄 수 있는 방법이 과거에는 없었다. 또한 지역에 기반을 둔 맛집, 솜씨좋은 미장원 들은 지역경계를 넘어서 홍보하고 판매할 수 있는 방법이 제한적이었는데 그루폰, 티켓몬스터, 쿠팡 등은 이를 실현시켰다. 페이팔의 경우도 역시 기존 신용카드 결제 대신 온라인으로 지불결제 플랫폼을 매우 편리하게 만들었으나 처음에 고객이 쉽게 모이지 않았다. 페이팔의 최초 가입 이용자는 모두 페이팔 직원으로 24명에 불과했다. 그래서 가입회원에게 현금을 지급하고 회원이 친구들을 소개하면 추가적으로 현금을 주는 방식을 도입하여 4-5개월만에 수십만의 사용자를 갖게 되었고 나중에 서비스 수수료 수입은

1인당 고객확보비용 20달러를 상회하였다. 이와 같이 신 시장 플랫폼은 서비스의 독특한 가치도 있어야 하지만 사용자와 다른 사이트 이해관계자의 채택과 동의를 촉진하는 개방성이 필요하다.

초 경쟁 및 초 연결 시대 국내 기업 전략은 유효한가?

한국기업들의 사업전략과 추구하는 경쟁우위의 형태를 보면 초기 우리 기업들은 좁은 사업범위에서의 원가우위를 추구하는 집중된 원가주도(focused cost leadership) 전략을 추구했다. 1970~80년대 현대자동차, 삼성전자, LG 전자 등 대기업들은 제품의 질은 낮지만 저렴한 가격을 장점으로 하는 특정 제품군에 집중하여 생산하고 수출하여 기업을 성장시켰다. 현대자동차의 포니, 전자업체들의 흑백TV, 초기 메모리반도체 생산 및 수출 등이 그러한 사업전략의 결과였다. 이러한 과정에서 생산경험과 경영능력을 축적한 후 제품군이나 진출 지역을 확대하여 넓은 범위에서의 원가우위를 추구하는 포괄적 원가주도(broad cost leadership)전략을 추구했다. 현대자동차는 소형세단에서 중형, 대형 세단, SUV 차량으로 제품군을 확대했다. 1990년대에 들어서면서 대부분의 세계시장으로의 진출이 이루어졌고 이 때부터 중국 제조업이 본격적으로 부상하면서 한국기업들은 기존의 낮은 원가 중심의 전략에서 탈피하여 품질위주의 차별화 전략으로 전환할 필요가 절실해졌다. 2000년대에 접어들면서 전자산업의 가전, 메모리반도체 등을 선두로 세계시장에서 차별화우위를 달성하는 것이 가능해졌고 2010년대에는 휴대폰 및 스마트폰시장에서 어느 정도 차별화 우위를 어느정도 달성하게 되었다. 자동차 산업의 경우에는 넓은 원가우위 추구에서 차별화 우위로 이행하고 있는 단계라고 할 수 있을 것이다. 대개 차별화 기업들은 지속적으로 번영하든지 아니면 가성비 높은 저가 경쟁자들에 의해 도전받게 되어 기존 시장에서 좁은 니치마켓으로 축소되는 과정을 거치게 된다. 가성비 높은 저가 제품 제조 기업에 제대로 대응하지 못하고 지나치게 고성능의 제품을 만들어 일부 고급제품 수요 고객의 선호에 맞추다가 다른 경쟁 차원을 요구하는 대규모 수요층의 등장을 예상치 못하고 잘나가던 선도기업이 몰락하고 열등했던 저가의 제품이 품질개선을 통해 대중적 시장을 장악하는 과정을 파괴적 혁신 (disruptive innovation)이라고 하는데 우리가 차별화 우위를 달성한, 가전, LCD 등 일부 산업에서 한국기업이 중국이나 인도의 저가형 기업들의 파괴적 혁신 제품에 제대로 대응하고 있는지 의문이다.

한국기업들이 초 경쟁시대에 적합한 전략을 구상해야 하나 과거의 성공 공식에 지나치게 의존하고 있다는 점이 심각한 문제점이다. 신 시장 공간창출은 독창적인 제품—서비스 개발과 함께 개방적 혁신 전략을 구상해야 하나 현재 대부분의 기업들은 모방 제품 개발 또는 폐쇄적 혁신 전략을 구사하고 있다. 삼성전자, 현대자동차 등 한국기업의 경우 혁신전략을 많이 구사하고 있으나 지난 수십 년간의 조직 관성을 극복하지 못하고 추격형 모방전략 또는 혁신하더라도 폐쇄적 혁신전략에 익숙한 상황이다.

한국기업들은 선제적 설비 투자를 통하여 규모의 경제를 확보하려 하였고 해외수출 및 해외직접투자를 통하여 글로벌 차원의 규모의 경제를 추구하였고 경험곡선을 활용하여 원가를 더욱 낮추고 신제품에 있어서도 낮은 원가를 실현하였다. 이러한 성공공식은 LCD 산업, 조선산업, 철강산업 등 제조업에서 반복되었다. 이러한 전략은 추격형 모방전략 또는 폐쇄적 혁신 전략이라고 볼 수 있다. 세계시장 1위의 선두에 있다 하더라도 추격형 모방전략의 정신은 동일하다. 현재의 연장선상인 미래의 1위인 자기자신을 추격할 뿐으로 창의적 실험과 혁신성이 없는 일차원적인 목표를 가진 단순한 전략이다.

이러한 성공공식은 레드오션적 사업전략으로, 선제적 설비투자를 통해서 원가우위를 확보하고 진입장벽을 구축하며 기술 및 경영 역량을 시간을 두고 꾸준히 축적해서 격차를 벌려 놓는 것이다. 이러한 사업전략 실행에는 경영관리층의 끊임없는 경영노력과 막대한 설비 및 연구개발 투자가 요구된다.

레드오션에서 블루오션으로 가는 전략

한국기업들은 모방추격형 제품개발 및 패쇄형 혁신전략이라는 과거의 성공공식을 탈피하지 못하고 있다. 모방추격형 제품개발과 폐쇄형 혁신전략을 추구하는 한국기업들은 중국을 비롯한 신흥추격기업의 저가형 파괴적 혁신과 또다른 패스트 팔로워들에 의해 전과 같은 성과를 거두지 못하고 원가만 증대하여 레드오션에 빠지게 될 것으로 전망된다. 그러므로 한국기업들은 초 경쟁 환경 및 초 연결 사회에 대응하여 블루오션으로 가기 위한 전략으로 산업과 기업 중심의 사고에서 벗어나서 아이디어 중심의 사고를 할 필요가 있으며, 제품 및 서비스의 맹목적 품질 개선에 치중하기 보다 가성비 개선에 초점을 맞출 필요가 있으며, 이전 산업의 규칙과는 다른 게임의 규칙으로 산업경계를 재정의할 필요가 있으며, 협력을 통한 개방적 에코시스템을 만들 필요가 있다.

산업과 기업 보다는 아이디어에 투자하라

초 경쟁의 산업환경에서는 경쟁을 하면 산업이 레드오션이 되어 산업 전체가 공멸할 수 있다. 진입장벽을 높이기 위해서 자본 투자를 한다 든지 엄청난 광고비를 지출하는 것은 더 이상 기업에게 초과이윤을 가져다 주지 못한다. 산업은 더 이상 경계가 닫혀 있지 않고 경계가 열려 있고 상호 대체, 대안이 될 수 있는 산업이 많다. 또한 좋은 자원과 인재 또는 역량을 보유하고 축적하는 방식으로 경쟁하려고 하는 것도 지나친 자본투자와 비용이 들 수 있을 것이다. 기업의 경계가 닫혀 있지 않고 열려 있으므로 우리 회사만이 갖고 있는 고유 기술, 핵심 역량은 장기적으로 존재하지 않고 모두 모방되거나 유출될 수 밖에 없는 것이다. 그러면 기업이 할 일은 산업구조에 투자하거나, 기업 내부에 자원을 축적하기 위해 투자하는 것보다, 실제 혁신을 실행하는 것이다. 또한 기업 경계 또는 산업 경계 밖에 있는 다른 기업으로부터 새로운 아이디어를 얻을 수 있다. 그래서 오히려 R&D 투자보다 M&A 또는 조인트 벤처 및 기술

협력 등 기술의 다양성과 혁신성을 높이려는 노력이 더 필요하다.

〈그림 1〉에서 볼 수 있듯이 가장 혁신적인 기업은 R&D 지출 1위 기업이 아니라 실제 혁신하는 기업이다. BCG의 조사에 의하면, 애플의 경우 2018년부터, 2019년을 제외하고 2022년까지 연속으로 세계에서 가장 혁신적인 기업으로 선정되었으나 R&D 지출액 순위에서는 20위권에 처음으로 2015년에 포함되었는데 18위로 60억 달러를 지출하였고 2018년에 8위(116억 달러), 2020년에와서야 5위(188억 달러)에 올랐다.

〈그림1〉세계 10대 혁신기업 구성의 변화

Rank	2018	2019	2020	2021	2022
1	Apple	Alphabet/	Apple	Apple	Apple
2	Google	Amazon	Alphabet/	Alphabet/	Microsoft
3	Microsoft	Apple	Amazon	Amazon	Amazon
4	Amazon	Microsoft	Microsoft	Microsoft	Alphabet/
5	Samsung	Samsung	Samsung	Tesla	Tesla
6	Tesla	Netflix	Huawei	Samsung	Samsung
7	Facebook	IBM	Alibaba	IBM	Moderna
8	IBM	Facebook	IBM	Huawei	Huawei
9	Uber	Tesla	Sony	Sony	Sony
10	Alibaba	Adidas	Facebook	Pfizer	IBM

(출처: BCG, https://www.bcg.com/publications/most-innovative-companies-historical-rankings)

폭스바겐, 인텔, 화웨이, 로쉬, 존슨앤존슨 등은 거의 100억 달러 이상의 연구개발비를 지출하여 R&D지출액 세계 10위권에 있으나 혁신기업 10위권과 거리가 멀다. 반면 〈그림1〉에서 2018년 부터 연속하여 혁신

기업 10위권에 이름을 올리고 있는 테슬라모터스는 연간 연구개발비가 가장 높은 2022년에 고작 31억 달러를 지출하였다. IBM의 경우는 그보다는 조금 더 높아서 2022년 66억달러를 지출하였다.

제품, 서비스의 맹목적 품질 향상 추구보다 가성비를 개선하라

연구개발비를 많이 지출하나 혁신을 이루지 못하는 이유는 고객이 그다지 원하지 않는 성능개선에 연구개발하고 있거나 아니면 그쪽으로의 성능개선을 원하는 고객의 비중이 줄어드는 경우이다. 블루오션 전략 프레임웍에서 대표적인 ERRC 구성표(Eliminate-Reduce-Raise-Create grid)는 구매자의 편익을 결정하는 주요 전략적 요소들에 대해 제거할지, 감소시킬지, 증가시킬지, 창조할지를 재검토 해서 각 셀에 해당하는 전략요소가 있을 때 블루오션을 창출할 가능성이 높다고 한다. 증가와 창조를 통해 구매자편익이 증대하고 감소와 제거를 통해 생산자의 비용이 감소하여 전반적으로 경제적 가치가 증대되어 가치혁신에 이른다는 것이다. 제품의 질을 구성하는 요소 중에 감소나 제거되는 부분이 있어야 이를 통하여 원가가 절감된다. 구매자에게 중요한 부분을 증가시키거나 새로운 전략요소를 추가하여 구매자의 편익을 증가시킬 수 있다. 즉 가치의 혁신이 이루어져야 가성비가 획기적으로 개선되도록 가격을 인하할 수도 있는 것이다. 한국의 기업들은 맹목적으로 품질을 항상 개선해 오는 관성에 젖어 있으므로 더하기에는 능하지만 빼기는 익숙치 않다. 덧셈 게임보다 뺄셈 게임을 잘해야 혁신에 성공할 수 있다. 태양의 서커스는 기존 전통 서커스 산업에서 산업의 관행으로 당연시 되었던 동물쇼, 곡예사를 제거함으로써 비용을 절감하였고 간식판매와 3개의 공연링을 없애서 관객들이 공연에 집중하도록 유도했다. 반면에 스토리라인, 예술적 음악과 춤을 추가하여 고객편익 증대를 꾀하였다.

제품 및 서비스의 몇 요소를 제거하거나 줄이면서 비용이 줄어드는 것은 좋으나 구매자의 편익이 지나치게 감소해서 가성비가 떨어진다면 이는 잘못된 전략변화이다. 그러므로 구매자의 편익의 변화를 잘 예측하여 전략변화의 방향을 잡아야 한다.

다른 게임의 규칙으로 경쟁을 보라

예로부터 바다와 육지를 여행하는 사람들은 하늘의 별자리를 통해 위치를 파악하였다. 사실 별자리는 실제 존재하는 것이 아니고 하늘의 별들을 묶어 알아보기 좋게 약속으로 정해 놓은 것이다. 이와 같이 산업이나 시장의 개념도 복잡한 비즈니스의 세계에서 위치를 잡는데 도움을 주기 위해 기업들을 편의상 묶어 놓은 것이다. 그런데 경영자의 의사결정을 도와주기 위해 존재하는 산업 및 시장의 틀이 기업가의 시야를 좁히고 시장기회를 보지 못하게 한다면 안타까운 일이다. 산업 및 시장의 경계를 재구성하여 볼 줄 알아야 한다. 다른 별자리를 통해 별을 볼 수 있어야 한다. 자동차 기업의 경쟁자는 자동차기업에만 있는 것이 아니라 산업 바깥에 있을 수 있다. 고속철도와 항공여객 산업은 자동차의 전형적인 대체재이고, 자동차의 목적이 부의 과시라면 보석, 시계와 대안재이다. 전기자동차의 사용목적이 에너지의 저장 및 생산이라면 발전기 및 에너지저장장치 (ESS) 와 대안재적 관계를 갖고 있다. 그러므로 시장의 경계를 가능한한 경쟁재뿐 아니라 대체재 및 대안재까지 확대하여 전략캔버스를 작성하고 새롭게 시장을 본다면 빈 시장공간이 발견되거나 새로운 제품의 출현을 기대할 수 있을 것이다. 전통 서커스 산업에서 연극과 오페라와 뮤지컬로 산업의 경계를 넓혀 태양의 서커스 같은 예술성 높은 스토리 있는 서커스 작품들이 공연될 때 비고객이었던 일반 성인 남녀 계층이 태양의 서커스 고객이 되었다.

협력을 통한 개방적 에코시스템을 만들라

기업이 추구하는 블루오션이 플랫폼 제품이라면 협력을 통한 개방적 에코시스템을 만들어야 한다. 구매자들은 SNS, 커뮤니티 등을 통해 연결되어 있고, 부품 및 소프트웨어 공급자들도 네트워으로 연결되어 있다. 경쟁자들간에도 상호 인적교류, 학연, 지연 등을 통해 연결되어 있다. 새로운 플랫폼이 출현할 때 누구와 함께 일하는 것이 더 유리한지 시장 참여자들은 이미 실시간으로 알고 있다. 더 큰 가치를 창출하면서 시장참여자에게 가치를 배분하는 플랫폼에 시장참여자들은 참여하며 플랫폼의 발전을 위해 자발적으로 협력을 하게 되어 있다. 더 큰 파이를 창출해서 소비자, 공급자, 개발자, 종업원, 지역공동체 등에 분배할 때 더 높은 수준의 인재가 오고 뛰어난 부품개발자와 소프트웨어 개발자 들이 협력할 것이다.

기업을 개방적 시스템으로 운영하기 위해서는 기업이 모든 것을 다 갖고 있으면 개방적으로 운영하기 힘들다. 기업 내부에 모든 종류의 자원과 역량이 있다면 외부에서 조달하기 힘들다. 가능한 한 가볍게 핵심 활동에 집중해서 기업을 운영할 필요가 있다. 기업의 핵심 활동은 혁신활동을 중심으로 꾸려져야 하며 이를 위해서 고객을 포함하여 종업원, 거래 파트너 등을 끌어들일 수 있는 기업의 비전과 가치를 설정하는 것이 기업의 주요 역할이 되며 시장 참여자들을 이끌 수 있는 CEO의 리더십이 필요하다.

블루오션 전략으로의 변화 시 나타나는 문제점을 극복하려면?

추격자 학습순환으로 성공한 과거 50년

한국 기업들의 성장과정을 보면 미국, 일본, 유럽 기업을 목표로 하여 추격하는 과정이었다. 추격과 모방을 할 때는 목표가 있으므로 무엇을 해야 할지 명확하다. 기업의 위험감수 또는 조직탐색에 대한 행동적 기업이론 연구에 의하면 기업의 성과가 비교하는 준거집단의 성과에 미치지 못하면 기업의 성과가 실패라고 규정하고 그 갭이 커질수록 문제를 해결하기 위한 조직 탐색의 강도가 높아진다고 한다. 준거집단이 국내시장 기업들에서 미국, 일본 및 유럽 등의 글로벌 기업들로 바뀌면 국내기업과 비교하는 대상기업들의 성과가 국내기업의 상대적 성과가 낮아지게 된다. 이때 경영자는 이를 경영실패로 인식하게 되고 성과개선을 위해, 문제해결 탐색활동 또는 위험감수 행동을 하게되는 경향이 높다.[5] 글로벌 기업들과 비교하는 국내기업은 경영실패를 극복하기 위해 보다 적극적인 설비투자나 연구개발 투자를 실행하곤 한다. 이렇게 적극적 연구개발 활동과 함께 대규모 투자를 통한 선도적 생산경험이 축적되면 규모의 경제효과와 학습곡선 효과로 인해 단위원가가 낮아지면서 이는 제조역량의 제고로 이어지고 다시 이는 글로벌 시장진출 확대로 나타난다. 국내기업의 글로벌 시장진출 확대는 더 많은 미국, 일본 및 유럽 기업들을 준거집단으로 포함하게 만들면서 다시 글로벌화−선도적 투자확대−제조역량 향상−글로벌화 순환사이클을 가동시킨다. 이러한 추격자 학습의 순환이 계속 이어지게 된다. (〈그림 2〉 참고).

〈그림 2〉 추격자 학습사이클

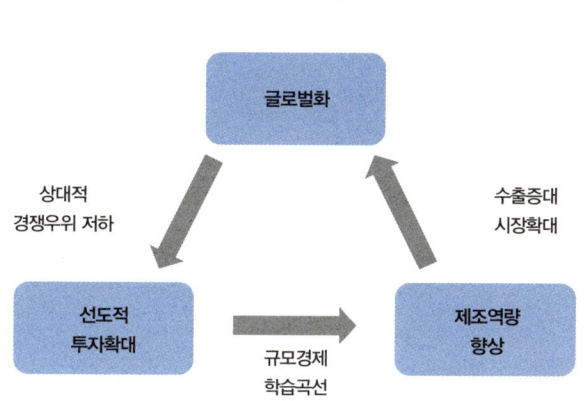

혁신자 학습사이클로 성공할 미래 기업

:

　기업내부의 창의적 문화, 실험 및 협력 장려 등이 활성화되면 시장공간의 확대및 변환이든 신시장 플랫폼 창출이든 신시장 공간이 창출된다. 그러면 이는 다시 혁신의 성공으로 인해 여유자원이 증대하고 개방적 혁신의 과정으로부터 협력한 고객, 공급자, 경쟁자 등을 포함하여 혁신 파트너가 증가하게 된다. 이러한 여유자원의 증대와 혁신 파트너 증가는 창의적 문화와 실험 및 협력의 장려로 이어지게 된다 (그림 3 참조).

〈그림 3〉 혁신자 학습사이클

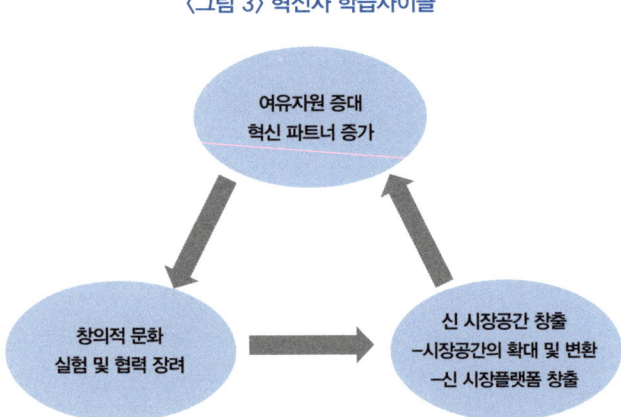

위기조성을 통한 추격자 조직학습에서
위험감수의 혁신자 조직학습으로

〈그림 2〉의 추격자 학습사이클이든 〈그림 3〉의 혁신자 학습사이클이든 한번 시작되면 조직은 관성을 갖고 주어진 패턴을 반복하면서 강화시킨다. 또한 주어진 학습사이클을 벗어나 성격이 다른 학습사이클로 전환하는 것은 매우 어렵다. 과거 또는 현재진행형인 한국기업의 추격자 학습사이클은 한국기업의 조직학습 패턴으로 굳어져 있으며 경영자들은 의도적 위기조성을 통하여 이러한 조직학습을 가속화했다.[6] 위기의식의 고양을 통하여 경영자들은 조직의 단결과 목적달성의 시급성을 통하여 전체조직의 긴장감을 높여 스피드 있는 업무처리와 함께, 신속한 역량 구축으로 선도자를 추격할 수 있었다. 반면 혁신자 학습사이클에서는 조직의 위기가 조성되면 실험적 위험감수가 불가능해지며 다양한 관점 및 지식의 수용을 저해하는 등 학습사이클의 작동에 부정적으로 작용할 것이다. 풍부한 여유자원이 바탕이 되어 자발성에서 우러나오는 실험정신과 자유로운 의사소통이 신시장 공간의 창출을 가속화할 것이다. 이러한 조직 학습사이클의 전환은 조직구성원의 세대 교체가 되면 필요성이 더욱 증대될 것이다. 조직 학습사이클의 전환은 기업 CEO를 비롯한 리더의 비전 제시와 기업내 각종 제도 운영과 관행의 변화를 통해 구체적으로 실현될 것으로 생각된다.

먼저 리더가 혁신자 조직학습형으로 바뀌어야 하는데 이에 적합한 리더는 조직내부와 외부에 협력하는 분위기를 조성하고 새로운 아이디어를 유도하고 실행하는 리더가 되어야 할 것이다. 이러한 리더는 타고나는 것 보다는 학습 및 육성되어야 할 기업의 자원이다. 기업은 구체적으로 혁신자 리더로서 갖추어야 할 바람직한 활동을 도출하여 리더를 양성하고 동기부여해야 할 것이다. 또한 이러한 혁신자 학습사이클이 원활하게 작동하려면 조직 구성원들의 자발성이 필요하다. 조직구성원들의 자발적 전략실행에 대한 협력과 혁신 노력을 유도하려면 기업의 전략 수립과 실행, 평가 및 보상 모든 과정에서 절차적 공정성을 준수하여야 할 것이다. 이는 형식적 준수가 아닌 모든 구성원들에 대한 상호존중의 마인드로부터 나오는 것으로 이를 통하여 구성원들은 업무에 대한 동기부여와 함께 신시장 공간 창출을 위한 혁신 전략에 동참하며 조직 내 구성원 상호간에도 협력의 활성화를 통하여 공식적으로 명시된 업무 외 추가적 역할도 기꺼이 수행하는 등 조직 내 시너지효과가 증대될 것이다.

결론

경영환경은 지리적 글로벌화와 산업경계의 붕괴로 초 경쟁 환경으로 바뀌고 있으며 IT, 인터넷, SNS의 보급으로 사회구조는 초 연결 사회로 바뀌어 가고 있다. 이러한 초 경쟁 환경에서는 마이클 포터를 중심으로 전통적으로 주장되어 온 경쟁전략이 더 이상 유효하지 않다. 즉 산업구조로부터 오는 경쟁적 위협을 줄이려고 제품 질을 개선하는 방식으로 차별화하는 방법은 장기적으로 광고 및 연구개발 등 자본 지출만 늘어나고 경쟁적 모방에 의해 수익은 늘지 않아 산업전체가 레드오션화하여 기업들이 공멸할 수 있다. 또한 초 연결 사회에서는 고객, 공급자, 경쟁자, 이해관계자 집단 각자가 IT와 SNS 의 발달로 실시간으로 연결되어 더 이상 기업활동의 객체로 대할 수 없게 되었고 기업과 상호 커뮤니케이션을 통한 협력이 중요하게 되어 기업이 창출하는 가치를 공유하는 파트너로서 위치하게 되었다. 신 시장 공간인 블루오션을 창출해야 하는 초 경쟁 및 초 연결 시대의 경영전략은 특유성과 개방성을 가져야 한다.

시장 공간의 확대 및 변환과 신시장 플랫폼의 창조 두 가지 형태의 블루오션 창출을 위하여 한국기업이 가야 할 길을 다음과 같이 제시하고자 한다. 산업 및 기업에 대한 투자보다도 아이디어에 집중 투자해야 하며, 맹목적인 품질향상 추구보다 가성비 개선을 추구해야 하며, 새로운 게임의 규칙으로 경쟁을 바라보아야 하며, 끝으로 산업의 경계를 넘어 창출된 가치를 시장참여자 모두 공유할 수 있는 에코시스템을 창출해야 한다.

마지막으로 한국기업의 경영자들은 추격자 마인드의 학습사이클에서 벗어나서 혁신자 마인드의 학습사이클로 전환해야 한다. 이를 위해서는 시장참여자와 조직구성원이 요구하는 활동에 초점을 두는 리더가 필요하며, 절차적 공정성을 조직 내에서 실현하여 조직구성원의 자발성에 바탕을 둔, 혁신을 위한 지식기반 조직으로 전환하여야 할 것이다.

Part 4 / 지속가능경영
시스템을
구축하라

1장

지속가능성 증진을 위한 ESG 경영:
핵심을 파악하고 체계적으로 실천해라![1]

●

이재혁

고려대학교

급변하는 경영환경과
지속 가능성의 중요성 증대

우크라이나 전쟁 장기화, 미국 인플레이션 감축법(IRA)과 유럽 핵심 원자재법(Critical Raw Materials Act), 세계경제 성장률 둔화. 코로나19 팬데믹에 이어 최근에 기업들이 대응해야 할 경영환경 변화의 몇 가지 예이다. 이러한 급격한 변화 앞에서 기업들은 다양한 전략적 변화를 모색하게 된다. 특정한 국가나 지역으로부터 철수하거나, 그 과정에서 M&A 나 전략적 제휴를 적극 추진하기도 하고, 때로는 구조조정과 같은 극약 처방을 내놓기도 한다. 이런 형태의 기업 차원 전략(corporate-level strategy)

이외에도 사업 차원의 전략(business-level strategy), 즉 경쟁사보다 어떻게 더 저렴한 가격으로 제품/서비스를 제공할 것인지, 혹은 경쟁사보다 어떻게 더 차별화된 제품/서비스를 제공할 것인지에 대해서도 재검토하게 된다. '비용 우위' vs. '차별화' 프레임워크의 암묵적 가정은, 둘 중에 하나를 선택하면 (어느 정도) 경쟁력이 생길 수 있다는 것이다. 따라서 비용 우위 전략을 추구하고자 하는 기업들은 월마트(Wal-Mart)를, 차별화 전략을 추구하고자 하는 기업들은 애플(Apple) 등을 롤 모델로 삼아서, 해당 기업을 벤치마킹하며 '따라 하기'를 추구한다.

하지만 지금까지 재계 및 학계에서 강조해온, 사업 차원 전략이나 기업 차원 전략의 수많은 예들을 잘 실행하더라도, 기업들이 경쟁우위를 유지하거나 확보하는 것은 점점 어려워 보인다. S&P500 상장 기업의 평균 수명은 1958년 61년이었지만, 1975년에는 22년으로 급감하였고, 2027년에는 12년에 불과할 것으로 전망되고 있다. Fortune 500에 포함된 기업들의 면면을 살펴보면, 지난 수십 년 동안 기업의 흥망성쇠가 여지없이 드러난다. 2011년 이후 10년간 Fortune 500에 포함된 기업 중 164개가 교체되었다. 개별 기업의 재무적 성과를 통해서도 유사한 추세를 발견할 수 있다. 2011년 Fortune 500 상위 10개 기업 중 절반 가량을 차지했던 쉘(Shell), 엑슨모빌(ExxonMobil), 쉐브론(chevron), 코노코필립스(ConocoPhillips) 등 석유화학 업체들은 10년 뒤인 2021년에는 상위 10대 기업에서 대거 탈락했다. 세계경제의 굴곡, 산업별 특성, 국가별 거시경제환경 변화, 글로벌화에 따른 환율 문제 등 고려해야 할 것이 물론 많이 존재하지만, 얼핏 보기에도 소위 말하는 '초 우량' 기업들의 견고한 성장을 앞으로도 계속 기대하기는 쉽지 않은 것 같다. 이러한 현실을 반영하듯, '경쟁우위의 종말' 을 애기하면서 차라리 일시적 우위 (transient advantage)에 관심을 기울이자는 현실적(!)인 의견이 학계에서 등 장하기까지 한다.[2]

한국기업들의 상황도 결코 예외가 아니다. 부존자원의 절대적 부족, 부품소재 산업의 경쟁력 미비, 인구구조변화에 따른 소비고령화와 인력구조 불균형 등에 대한 비관적 예측. 이러한 상황을 반영하듯, Fortune 500에 포함된 한국기업들의 수는 2010년에 10개에서 2015년에는 17개로 증가했지만, 2022년에는 16개로 감소하였다. 지난 수년 동안의 재벌기업 랭킹 변화 역시 기업 성장이나 생존이 얼마나 어려운지를 극명하게 보여주고 있다. 2000년 국내 주식시장 시가총액 Top 10 기업중에서 2023년에도 그 리스트에 이름을 올린 기업의 숫자는 2개에 불과하다. 자산 기준 2010년 Top 30 기업 중에서 1/3정도가 2022년 리스트에서 탈락했다. 10대 그룹 중에서 영업이익률이 악화된 기업은 9개에 달한다. 경쟁력을 상실해 어려움을 겪는 '한계기업', 즉 이자조차 갚지 못한 상태가 3년째 계속된 기업은 2021년에 4,478개로 2011년부터 한 해도 빠짐없이 매년 증가하였으며 2016년부터 2021년까지 불과 5년 사이에 두 배 정도 급증했다. 중소기업이나 벤처기업은 더 말할 나위도 없다. '3만5천 벤처기업 시대' 가 열렸다고 하지만, 국내 벤처기업의 5년 생존율(29.2%)은 OECD 주요국 평균(41.7%)에 비해 매우 저조한 실정이다.

그렇다면, 과연 한국기업들이 기존의 경쟁우위를 좀더 오래 유지하거나, 새로운 경쟁우위를 좀더 용이하게 확보하기 위하여 무엇이 필요한가? 즉 한국기업의 지속가능성을 높이기 위한 방안은 무엇인가? 이에 대한 정답은 'ESG경영'의 핵심에 대한 정확한 이해를 바탕으로, 그 실천방향을 전략적으로 수립하고 체계적으로 실천하는 것이다.

기업 지속 가능성과 ESG경영의 관계는 무엇인가?

기업 지속가능성은 왜 중요한가?

지속 가능성이란 특정한 활동을 미래에도 계속할 가능성으로 이해할 수 있다. 따라서 지속가능성은 그 대상에 따라, 지속 가능한 지구촌, 지속 가능한 국가, 지속 가능한 사회, 지속 가능한 도시 등 여러 수준에서 논의될 수 있다. 예를 들어 1987년 UN의 세계환경개발위원회(WCED: World Commission on Environment and Development)에서 발표한 브룬트란트 보고서(The Brundtland Report)에서 언급된 '지속가능한 발전(Sustainable Development)'은 "미래세대가 그들의 필요를 충족시킬 능력을 저해하지 않으면서 현 세대의 필요를 충족시키는 발전"이라고 정의하였다. 즉 지속가능성의 개념을 특정한 국가나 산업이 아니라 지구촌의 관점에서 접근한 것이다. 2015년 9월 UN 총회에서 만장일치로 채택한 지속가능발전목표 (SDGs) 역시

2030년까지 '전 세계' 가 달성할 목표를 제시한 것이다.

하지만 지속가능성을 논의할 때 대부분은 '기업' 의 지속가능성에 관심을 둘 수밖에 없다. 다국적 기업이라고 불리는 몇몇 거대 기업들의 경제적 위상은 상상을 초월할 정도이다. 2022년 기준 Walmart 매출액($5,727억)은 스웨덴 GDP ($5,356억; GDP랭킹 세계 22위)보다 높은 수치이다. 특정 기업의 존재 여부와 함께 각종 재무성과가 그 기업과 직간접 관계가 있는 국가나 사회, 도시뿐만 아니라 지구촌에 미치는 영향이 큰 이유이다. 앞서 언급했던 지속가능발전목표 (SDGs)를 달성하기 위해서도 기업의 역할에 크게 의존할 수밖에 없다. 모든 UN 회원국들이 2030년까지 자국의 SDGs 달성을 위해 국가적인 차원에서 노력이 필요하지만, 공공기관, 시민사회와 함께 기업의 적극적 참여가 필수적이다. 실제로 '지속가능발전을 위한 2030 의제' 의 제67항에서, "민간 기업활동, 투자 및 혁신은 생산성, 포괄적인 경제성장 및 일자리 창출의 주요 동인입니다. 우리는 영세기업에서 협동조합, 다국적기업까지 민간부문의 다양성을 인식합니다. 우리는 모든 기업이 지속가능발전의 도전과제들을 해결하기 위해 창의력과 혁신을 발휘할 것을 요청합니다" 라고 밝히고 있다.

기업의 지속가능성은 기업의 존재이유, 즉 이윤창출을 위해 하는 경영활동을 향후에도 계속할 가능성으로 이해할 수 있다. 기업은 경제적 수익성 뿐만 아니라 사회적 · 환경적 요소들을 함께 고려하는 경영기반을 구축하여, 지속적으로 기업 가치를 높여 나가는 경영활동을 추구해야 한다. 유럽연합(EU)가 "기업이 자발적으로 비즈니스 활동과 이해관계자와의 상호관계에 있어 사회적, 환경적 관심을 통합적으로 반영하는 개념"으로 지속가능경영을 정의한 것과 같은 맥락이다.

　이윤창출 과정에서 사회로부터 손가락질 당하는 기업에 대해서는 이윤 창출 여부와 상관없이 지속가능성에 의문을 제기할 수 밖에 없다.[3] 포춘지(Fortune)에서 '글로벌 500대 기업'(Global 500)과 함께 '존경받는 기업'(Most admired companies), '일하고 싶은 기업'(Best companies to work for)의 리스트가 같이 등장하는 것도 우연의 일치는 아니다. 하지만 이런 양적 성장과 질적 발전을 동시에 달성하는 것은 결코 쉽지 않다. 이 세가지 리스트의 Top 10에 이름을 모두 올린 기업은 아직 존재하지 않는다.

이해관계자 자본주의의 시사점은 무엇인가?

．
．
．

　기업의 범위 및 개념은 오랜 기간에 걸쳐 변화되어 왔다.[4] 과거에 기업을 '전통적 생산 관점'에 기반하여 단순한 생산자로 파악했을 때는, 기업이란 공급자와 수요자를 연결하는 과정에서 매우 제한적 상호작용을 반복하는 주체일 뿐이었다. 이후 기업의 역할을 '경영관리적 관점'에서 파악하면서, 기업의 상호작용 대상이 확대되었지만 주로 회사내의 종업원이나 주주에 국한된 경향이 있었다. 하지만 최근에는 '이해관계자 관점'을 바탕으로 기업의 범위와 역할을 더욱 확대하여 논의하고 있다. '조직의 행동, 의사결정, 정책, 관행 또는 목표에 영향을 미치거나 영향을 받는 개인 또는 그룹'으로 정의되는 이해관계자는 주주, 종업원, 고객, 협력사, 지역사회, 미디어, 특수관계자, 경쟁자 등을 포함한다. 이렇듯 다양한 이해관계자는 내부 이해관계자 vs. 외부 이해관계자, 1차 이해관계자 vs. 2차 이해관계자 등으로 더욱 세분화되기도 한다. 이제 기업은 다양한 집단과 상호작용을 맺어가고 있는 주체로 이해해야 한다.

그렇다면 기업의 역할에 관한 원칙을 '현대화'(modernizing)하면서, '이해관계자 자본주의'(stakeholder capitalism)의 등장을 실질적으로 촉발하게 되었다는 2019년 '비즈니스 라운드테이블(BRT)' 선언의 본질은 무엇인가? 배제가 아닌 포괄적 성장, 단기가 아닌 장기적 주주가치를 외쳤지만, 핵심 사항은 '다양한 이해관계자'를 고려해야 한다는 자성의 목소리였다. 즉 기업이 가치창출 활동을 하는 과정에서 다양한 이해관계자들의 이익을 장기적인 관점에서 증진시켜야 한다는 것에 대해서 공감대가 형성된 결과이다. 이와 관련된 논의 과정에서 주주자본주의와 이해관계자 자본주의를 상호 배타적인 선택지로 간주하곤 한다. 기업이 주로 주주의 눈치를 보는 과정에서 다른 이해관계자들에 대한 관심과 배려가 부족했다는 사회적 공감대가 반영된 결과일 것이다. 하지만 주주는 '여전히' 이해관계자 중의 하나 이기 때문에, "주주자본주의가 아닌 이해관계자 자본주의를 추구해야 한다"라는 주장은 그 자체가 논리적 모순이다.

이해관계자에 대한 사회적 논의의 급증이 기업에게 시사하는 것은 무엇일까? 기업이 주주 이외에도 고객이나 종업원, 지역사회와 같은 다양한 이해관계자들의 목소리를 고려하면서 경영을 실천해야 한다는 것은 자본주의 사회의 발전과 같은 맥락이다. 하지만 이해관계자의 대상 및 범위의 확장과 그에 따른 책임의 증가에 대해 좀더 적극적으로 대응해야 한다. 그 과정에서 이윤 추구 활동 이외에도 법과 규정의 준수 및 윤리적 경영과 함께 다양한 이해관계자의 요구사항에 적극적으로 대응하는 시스템을 갖추어야 한다는 점을 명심해야 한다. [5]

ESG경영의 본질은 무엇인가?

ESG경영의 본질을 정확히 파악하기 위해서는 기업의 존재 이유를 다시 한번 상기해야 한다. 코로나19 팬데믹이나 산업 융합화 같은 외부환경의 끊임없는 변화와 무관하게, 기업의 존재이유는 과거에도 그러했고, 미래에도 변함없이 이윤창출이다. 각종 재무성과 지표로 표현되는 이윤창출이라는 '결과'에 따라 해당 기업의 지속가능성을 판단하는 것이 오랜 기간 동안의 관행이었다. 하지만 이윤창출은 기업이 향후에도 지속적으로 경영활동을 할 수 있을지 여부를 판단하는 최소한의 조건일 뿐이다. 예를 들어 환경법규를 준수하지 않고, 위험공정을 외주화하고, 취약한 기업지배구조를 개선하지 않으면서 창출된 이윤이 지속가능성의 토대가 되는 것은 이제 더 이상 가능하지 않기 때문이다. 즉 재무적 성과로 대변되는 경영활동의 결과 뿐만 아니라 경영활동 과정에서의 비 재무적 성과가 지니는 중요성이 커지고 있다.

기업이 이윤창출 과정에서 절차적 공정성(procedural justice)을 준수하려는 전사적 노력이 ESG경영의 본질이다. ESG경영의 궁극적인 목적은 ESG의 경영 내재화를 통해 기업의 지속가능성을 증진하는 것이다. [6] ESG 관련 이슈들을 모두 망라하는 것은 현실적으로 불가능하다. 환경(E), 사회(S), 지배구조(G)는 서로 배타적이 아니라 상호 연관성이 높은 편이다. 그럼에도 불구하고 환경(E)관점에서는 기후변화 및 온실가스 배출, 대기 및 수질오염, 환경법규 준수, 재생에너지 사용, 폐기물 관리 등, 사회(S)관점에서는 지역사회 참여 및 사회공헌, 노사관계, 근로자 안전, 차별금지, 소비자 안전 및 보건 등, 지배구조(G) 관점에서는 주주 권리 보호, 이사회 다양성, 감사제도, 뇌물 및 부패 방지, 내부 고발자 제도 등이 주요 관심대상이다.

ESG경영은 누가 어떻게 평가하는가?

다양한 형태의 절차적 공정성을 기업이 얼마나 잘 준수하고 있는지 여부는 내외부 이해관계자 모두의 관심 사항이다. 하지만 지속가능경영 보고서나 각종 미디어가 제공하는 정보만을 통해 특정기업이 실천하고 있는 ESG경영의 현황을 정확히 판단하기는 쉽지 않다. 투자자를 포함한 다양한 이해관계자들이 글로벌 평가사들이 제공하는 평가결과에 주로 의존하는 이유이다. 가장 대표적인 글로벌 평가사는 모건스탠리캐피털 인터내셔널(MSCI)이다. 2003년 시작한 이후 전 세계에서 가장 많이 사용 되는 평가지표이다. ESG와 관련된 주요 이슈에 대해서 매일 모니터링하 고, 새로운 정보를 매주 반영하는 절차를 통해 최신 정보를 빠르게 반영 하는 특징이 있다. 전 세계 8,700여 개 기업을 대상으로 평가를 진행하 며, 국내 기업도 100개 이상이 포함되어 있다. 평가방법에 있어서 가장 큰 특징은 2차 자료, 즉 기업의 공시자료, 미디어 자료와 더불어 정부나 연구기관이 발간한 자료에 의존한다는 점이다. 35개 ESG 핵심 이슈에 대한 기업의 노출 정도 및 관리 수준을 점수화하고, 각 기업별 ESG 관련 최근 논란사항에 대해 그 영향을 고려하여 ESG 부문별 점수에 반영하며, ESG 부문별 가중치를 적용한 이후에 산출된 종합점수에 따라 평가 등급을 산출한다.

〈도표 1〉 MSCI 평가결과 예시: Amazon

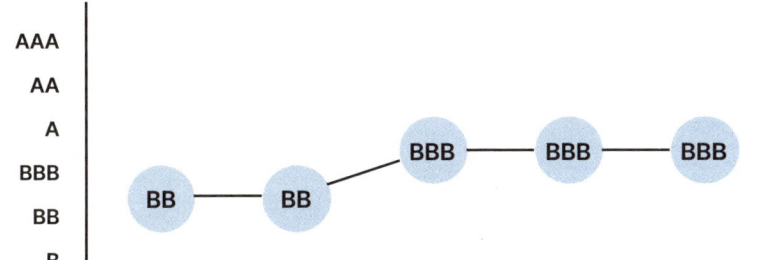

S&P글로벌(S&P Global)은 모건스탠리캐피털인터내셔널(MSCI)와 함께 세계에서 가장 널리 알려진 평가지표 중 하나이다. 1999년에 시작하였으며, 전 세계 7,000여 개 기업을 대상으로 평가를 수행하고 있으며 국내 기업도 200개 이상 포함되어 있다. 지배구조(G) 부문에 일부 재무항목을 반영하여 'ESG + E' 부문으로 평가한다. 매년 초 평가대상 기업에 80~120개 문항으로 구성된 평가문항을 발송하여 취득한 1차자료 기반의 평가를 수행한다. 기업은 직접 평가문항에 대해 응답하고 관련 증빙

자료를 첨부하여 제출한다. 응답내용의 타당성과 함께 각 기업별 ESG 관련 최근 논란사항에 대해 검토한 이후, 문항별, ESG 부문별 가중치를 적용한 후 100점 만점의 점수를 부여한다.

〈도표2〉 S&P Global CSA 평가결과 예시: Volkswagen AG

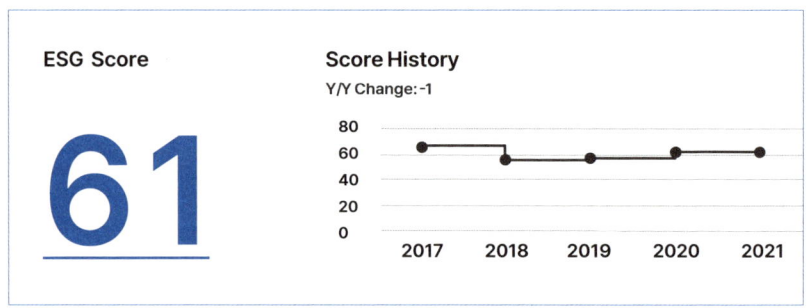

ESG평가 결과는 일관성이 있는가?

기업 지속가능성의 현재 및 미래를 가름하기 위해서 다양한 이해관계자들은 해당 기업의 ESG 평가결과에 의존한다. 예를 들어 투자자들은 네거티브 스크리닝(negative screening), 포지티브 스크리닝(positive screening), 규범기반 스크리닝(norm-based screening), 지속가능 테마 투자(sustainability themed investing), 임팩트 투자(impact investing), 주주관여 활동/주주행동(corporate engagement/shareholder action), ESG 통합(ESG integration) 등 다양한 투자전략을 추구한다. 국제신용평가사 피치(Fitch)는 에너지 산업에서 석유생산(oil production)과 같은 몇몇 분야는 2050년에 이르러서는 존립 자체가 위협받을 것이라고 경고하고 있다.[7] 2017년부터 2022년 6월까지의 미국 판매 데이터를 분석한 연구결과에 따르면, ESG 친화적 제품에 대해서는 소비자의 구매 및 반복 구매가 매우 높은 것으로 나타났다.[8] 2023년 대한상공회의소의 '우리 기업에 대한 국민들의 호감인식' 조사결과에 따르면, ESG효과로 인하여 기업 호감도가 10년 전과 비교해 크게 상승하였다.[9]

투자자를 포함한 다양한 이해관계자가 의존하는 ESG 평가결과들은 과연 상호 일관성이 있을까? 애플(Apple), 아마존(Amazon), 마이크로소프트

〈도표 3〉 미국의 시가총액 20대 기업에 대한 ESG평가 결과

Company	Sector	Weight	Provider1	Provider2	Provider1	Provider2	Provider1	Provider2	Provider1	Provider2
Apple	Technology	3.52%	0.41	0.43	0.69	0.96	0.10	0.42	0.54	0.19
Amazon	Cyclical	2.82%	0.23	0.07	0.25	0.13	0.15	0.20	0.51	0.06
Microsoft	Technology	2.78%	0.88	0.94	0.89	0.92	0.90	0.83	0.74	0.84
Alphabet	Technology	2.76%	0.33	0.48	0.54	0.67	0.50	0.75	0.10	0.10
Facebook	Technology	2.00%	0.29	0.20	0.77	0.23	0.32	0.63	0.07	0.01
Berkshire Hathaway	Financial	1.97%	0.04	0.04	0.06	0.07	0.04	0.24	0.04	0.04
JPMorgan Chase	Financial	1.53%	0.79	0.76	0.97	0.75	0.88	0.82	0.45	0.45
Johnson & Johnson	Health Care	1.34%	0.95	0.87	0.95	0.90	0.97	0.45	0.78	0.92
Bank of America	Financial	1.27%	0.59	0.81	0.86	0.79	0.58	0.88	0.29	0.54
Exxon Mobil	Energy	1.24%	0.70	0.53	0.45	0.35	0.65	0.91	0.86	0.37
Wells Fargo	Financial	1.10%	0.84	0.31	0.82	0.87	0.80	0.30	0.70	0.03
Visa	Financial	1.07%	0.75	0.65	0.67	0.63	0.53	0.37	0.98	0.71
Walmart	Cyclical	1.03%	0.72	0.35	0.64	0.77	0.61	0.10	0.73	0.42
Intel	Technology	0.89%	0.75	0.99	0.81	0.84	0.99	0.99	0.37	0.99
Cisco	Technology	0.86%	0.98	0.98	0.88	0.86	0.95	0.98	0.93	0.78
AT&T	Telecomm	0.86%	0.94	0.86	0.98	0.82	0.84	0.50	0.80	0.87
UnitedHealth Group	Health Care	0.84%	0.18	0.51	0.16	0.60	0.20	0.16	0.40	0.67
Pfizer	Health Care	0.84%	0.68	0.67	0.65	0.59	0.85	0.66	0.39	0.57
Chevron	Energy	0.82%	0.32	0.30	0.32	0.21	0.41	0.87	0.35	0.25
Boeing	Industrial	0.82%	0.51	0.24	0.48	0.42	0.38	0.08	0.63	0.47

(출처: https://www.researchaffiliates.com/publications/articles/what-a-difference-an-esg-ratings-provider-makes)

(Microsoft) 등 미국의 시가총액 20대 기업에 대한 두 평가사의 평가결과를 살펴보자.

애플(Apple)에 대해서 두 평가사는 ESG 총 점수를 유사 (0.41 vs. 0.43) 하게 부여하였다. 하지만 E 점수(0.69 vs. 0.96), S 점수(0.10 vs. 0.42), G 점수(0.54 vs. 0.19)와 같이 애플(Apple)의 개별부문에 대한 두 평가사의 평가 결과는 서로 매우 큰 차이를 드러낸다. 페이스북(Facebook)은 환경(E) 측면에서 좋은 기업인가? 어느 평가사의 점수 (0.77 vs. 0.23)를 '선택' 할지에 따라 다른 대답이 나올 수밖에 없다. 이렇듯 ESG 평가 결과에 있어서 일관성이 없는 주요 이유는 평가에 실제로 활용되는 평가지표 수, 개별항목에 대해 부여하는 가중치, 공시자료를 포함한 구체적 자료수집 방법 등이 글로벌 ESG 평가기관마다 다르기 때문이다.

한국에서의 상황은 어떨까? 한국기업지배구조원과 서스틴베스트는 한국의 대표적인 평가기관으로서, 두 기관 모두 국내 상장기업의 지속가능성을 ESG 성과로 평가하고 이해관계자에게 판단 정보를 제공하는 것을 목적으로 하고 있다. 하지만 E, S, G 개별부문에 대한 두 기관의 평가 점수는 큰 차이를 보이고 있다.

한국기업지배구조원과 서스틴베스트의 평가 체계와 부여 등급을 비교 분석한 최근의 연구는 "두 기관의 부여 등급 간 상관관계와 등급자간 신뢰도는 높은 편은 아니었으며, 정보 공개의 범위와 폭이 넓을수록 오히려 평가 의견이 엇갈리는 것으로 나타났다. 이는 기존 해외 문헌의 결과와 일치하며 아직 국내외 ESG 평가 체계가 강건하지 못함을 보여주고 있다" 라는 결론을 도출하였다. [10]

〈도표 4〉 한국기업지배구조원과 서스틴베스트의 E, S, G 개별 점수 상관관계

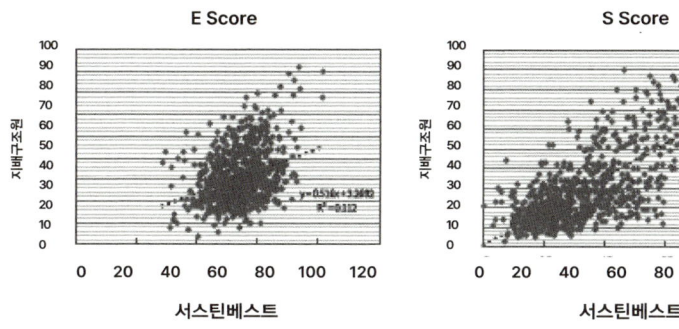

	Pearson	Spearman
E	0.74	0.72
S	0.75	0.69
G	0.33	0.29

(출처: http://www.kcmi.re.kr/report/report_view?report_no=1241)

한국 기업의 ESG경영 내실화를 위한 제언

이해관계자와 적극적으로 소통하라

:

유럽이나 미국에 비해서 한국의 ESG에 대한 관심은 늦게 시작한 편이다. 하지만 2021년 대기업들의 신년사와 관련하여 "ESG"라는 단어가 각종 미디어에서 본격적으로 등장한 이후, "ESG부서 신설", "ESG 인재 영입", "ESG보고서 발간", "ESG 위원회 정식 출범", "ESG 전문성을 고려한 이사회 구성", "ESG 제품 출시", "ESG 전문가 사외이사 선임", "ESG 캠페인 실천", "ESG신사업 본격 진출", "ESG 협약 체결", "ESG 우수 등급 획득" 등의 제목에서 유추할 수 있는 것처럼, 한국 특유의 '압축적' 성장이 ESG경영에서도 숨가쁘게 이루어지고 있는 느낌이다.

외부의 ESG평가에 대한 준비 뿐만 아니라 내부 공감대 형성을 위하여 자사가 추구하는 ESG 경영의 구체적 내용을 기업내외부의 이해관계자와 적극적으로 소통해야 한다. 지속가능경영보고서 공시기업은 2021년 78개사에 불과하였지만, 2022년에는 128개사로 증가하고 있는 추세이다. 2025년부터 자산 2조원 이상인 코스피 상장사들을 대상으로 지속가능경영보고서 공시가 의무라는 현실을 반영한 결과일 것이다. 하지만 기업 규모에 따라 지속가능경영보고서 공시는 큰 차이가 존재한다. 시가총액 10조원 이상 기업의 경우 72%가 지속가능경영보고서를 공시한데 비해 1조원 미만 기업은 6%에 불과하다.

중소기업의 경우는 더욱 열악한 실정이다. 애플(Apple) 등 글로벌 주요 기업들은 ESG 경영 수준이 미흡한 협력사들과는 거래를 중단하고 있다. 전 세계적으로 공급망이 재개편 되고 있는 상황에서, 중소기업의 ESG경영은 더 이상 중소기업만의 이슈가 아니다. 유럽에 제품을 수출하기 위해서 대기업들은 중소기업과 같은 협력업체의 ESG경영 현황도 보고해야 한다. 실제로 국내 수출기업의 절반 이상(52.2%)이 공급망 내 ESG경영 미흡 때문에 원청기업으로부터 계약 파기 위기감을 느끼고 있지만, 대다수(77.2%)가 원청기업의 ESG실사에 대한 대비는 부족한 실정이다.[11]

지속가능경영보고서 공시의 절대적 수치만큼 중요한 것은 무엇을 공시할 것인가에 대한 공감대가 형성되어 있는지 여부이다. 2021년 1월 금융위원회에서 발표한 기업공시제도 개선방안의 취지는 기업의 공시부담은 줄여주고 투자자 보호는 강화하는 것이었다. 수많은 평가기관이 각기 다른 평가기준을 가지고 다른 평가결과를 쏟아 내고 있는 현재 상황에서 그 취지가 달성되고 있는지 의문이 생길 수 밖에 없다.[12]

ESG경영을 체계적으로 운영하라

지속가능성을 증진하기 위하여 ESG경영을 실천하는 과정에서 기업은 체계적이어야 한다. ESG와 관련하여 국내외 600여개 이상의 평가지표가 있기 때문에, 모든 것을 동시에 달성하는 것은 현실적으로 불가능하기 때문이다. 따라서 국내외적으로 어느 이슈가 공통으로 중요한지 판단하는 절차가 필요하다. 이런 목적으로 개발된 K-ESG 가이드라인은 주요 ESG범주를 글로벌 13개 ESG 평가제도 및 공시표준 (e.g., DJSI, MSCI, EcoVadis, Sustainalytics, World Economic Forum, Global Reporting Initiative)과 비교하여 제시하고 있다.

〈도표 5〉 글로벌 13개 ESG 평가제도 및 공시표준 비교

ESG 범주	A사	B사	C사	D사	E사	F사	G사	H사	I사	G사	K사	L사	M사
정보공시 형식						●			●		●		
정보공시 내용	●	●	●	●		●	●	●	●			●	●
정보공시 검증		●											
환경경영 목표	●			●	●	●	●	●	●				●
원부자재		●			●	●							●
온실가스	●	●	●		●	●	●	●	●	●	●	●	●
에너지	●	●	●		●	●	●		●	●	●	●	●
용수	●	●	●		●	●			●	●	●	●	●
폐기물	●	●	●		●	●			●	●	●	●	●
오염물질	●	●			●	●			●	●		●	●
환경법/규제위반													
환경 라벨링	●					●	●		●				●
사회 목표	●				●	●			●			●	●
노동	●	●	●		●	●	●	●	●	●	●	●	●
다양성 및 양성평등	●	●				●	●	●	●	●	●	●	●
산업안전	●	●			●	●	●		●	●	●		●
인권	●	●	●		●	●	●	●	●	●	●	●	●
동반성장	●	●	●		●	●	●	●	●	●	●	●	●
지역사회	●				●	●	●	●	●	●	●	●	●
정보보호		●			●								●
사회/법 규제 위반	●				●	●		●	●	●		●	●
이사회 구성	●	●	●			●		●	●	●	●		
이사회 활동	●	●				●		●	●	●	●		
주주권리			●			●		●	●	●	●		
윤리경영	●				●	●						●	●
감사기구		●	●			●		●	●	●	●		
지배구조/규제위반			●			●			●		●		

(출처: K-ESG 가이드라인 v1.0)

이를 바탕으로 공통적이고 핵심적인 61개 사항을 도출하여 산업 전반의 ESG 수준 제고를 위한 가이드라인을 제시하고 있다. 한국기업들은 이 가이드라인을 바탕으로 산업 전반에 걸쳐 중요한 이슈로 등장하고 있는 요인들을 파악해야 한다.

<도표 6> K-ESG 가이드라인 구성

정보공시	정보공시 형식	ESG 정보공시 방식	목표	목표 수립 및 공시	지배구조	이사회 구성	이사회 내 ESG 안건 상정
		ESG 정보공시 주기	노동	신규 채용 및 고용 유지			사외이사 비율
		ESG 정보공시 범위		정규직 비율			대표이사 이사회 의장 분리
	정보공시 내용	ESG 핵심이슈 및 KPI		자발적 이직률			이사회 성별 다양성
	정보공시 검증	ESG 정보공시 검증		교육훈련비			사외이사 전문성
환경	환경경영 목표	환경경영 목표 수립		복리후생비		이사회 활동	전체 이사 출석률
		환경경영 추진체계		결사의 자유 보장			사내이사 출석률
	원부자재	원부자재 사용량	다양성 및 양성평등	여성 구성원 비율			이사회 산하 위원회
		재생 원부자재 비율		여성 급여 비율(평균 급여 대비)			이사회 안건 처리
	온실가스	온실가스 배출량 (Scope1&Scope2)		장애인 고용률		주주권리	주주총회 소집 공고
		온실가스 배출량 (Scope3)	산업안전	안전보건 추진체계			주주총회 집중일 이회 개최
		온실가스 배출량 검증		산업재해율			집중/전자/서면 투표제
	에너지	에너지 사용량	인권	인권정책 수립			배당정책 및 이행
		재생에너지 사용 비율		인권 리스크 평가		윤리경영	윤리규범 위반사항 공시
	용수	용수 사용량	동반성장	협력사 ESG 경영			
		재사용 용수 비율		협력사 ESG 지원		감사기구	내부감사부서 설치
	폐기물	폐기물 배출량		협력사 ESG 협약사항			감사기구 전문성 (감사기구 내 회계/재무전문가)
		폐기물 재활용 비율	지역사회	전략적 사회공헌			
	오염물질	대기오염물질 배출량		구성원 봉사참여		지배구조 법/규제위반	지배구조 법/규제위반
		수질오염물질 배출량	정보보호	정보보호 시스템 구축			
	환경 법/규제위반	환경 법/규제 위반		개인정보 침해 및 구제			
	환경 라벨링	친환경 인증 제품 및 서비스 비율	사회 법/규제위반	사회 법/규제 위반			

(출처: K-ESG 가이드라인 v1.0)

그 다음 단계로 개별기업은 자사가 속한 산업의 특성, 자사의 핵심역량 및 비즈니스모델, 보유하고 있는 경영자원의 현황 등을 파악하여 실행 가능한 ESG경영 전략과 구체적 실천대상의 우선순위를 결정해야 한다.

이를 위해 중대성(materiality) 평가, 즉 이해관계자들의 관심도와 기업활동이 성과에 미치는 영향도에 따라 기업이 중요하게 대응해야 할 이슈를 선정하는 방법을 고려할 필요가 있다.

〈도표 7〉 중대성 평가의 단계별 고려 요소 및 체계적 분석 절차

구분	단계별 고려 요소	적용 가능 이론
1단계	기업의 목적 및 산업 특성에 따른 이슈 분석 및 평가 : 글로벌 트랜드 및 정부 정책, 산업 동향 및 산업의 구조적 특성은?	산업경제론, 제도이론, 산업구조론 등
2단계	산업 혹은 기업의 수명주기 측면에서 이슈 포지셔닝 : 현재 산업 혹은 기업의 특성을 고려한 이슈의 진화(발전) 정도는?	수명주기 이론 등
3단계	도출한 각각의 이슈에 대한 각 이해관계자의 예상반응 정도 평가 : 조직과 연관된 이해관계자들은 누구인가, 어떠한 이슈에 반응할 것인가?	이해관계자 이론, 조직이론 등
4단계	이해관계자가 기업운영에 미치는 영향과 평판, 이익 감소 등을 초래할 수 있는 가능성과 범위에 대한 평가 : 기업은 이해관계자의 영향력에 대한 어떠한 대응/활동/전략을 추진해야 하는가? 이는 기업의 재무적/비재무적 성과에 어떠한 영향을 미치는가?	자원기반이론, 여유자원이론, 신호이론 등

(출처: 이해관계자 중심 경영: 이해관계자 자본주의 시대의 ESG 경영)

이와 같은 일련의 체계적 절차를 통해서 중대성 평가를 진행할 경우, 핵심 이슈 도출 과정이 효과적으로 운영될 것이다. 또한 이해관계자와의 상호작용에 대한 분석을 바탕으로 기업이 실제로 수행해야 할 ESG 경영의 방향성과 구체적 실천방안을 정확히 파악할 수 있으며, ESG경영을 향후에 어떻게 변화시켜야 하는지에 대한 기본 정보도 쉽게 얻을 수 있을 것이다.[13]

ESG의 미래에 대비하라

∙
∙
∙

한때를 풍미하고 사라졌던 과거의 경영방식이나 경영철학과 달리 ESG는 앞으로도 오랜 기간 동안 기업과 우리사회의 중심에서 그 중요성이 유지될 것이다. 따라서 기업입장에서는 ESG와 관련된 미래 변화를 미리 예측하고 체계적으로 준비하려는 노력이 필요하다.

무엇보다도 향후에는 ESG 관련 자료에 대한 수요가 더욱 커질 것이다. 예를 들어 온실가스와 관련하여 더욱 구체적인 자료를 이해관계자가 요구하고 그런 요구가 공시의 확대로 이어질 것이다. Scope1은 조직의 경계 내에서 직접 배출되는 것, Scope2는 외부 전력 및 열 소비로 인해 배출되는 것, Scope3는 조직이 소유하고 관리하는 사업장 외 가치사슬에서 발생하는 간접적 온실가스 배출을 의미한다. Scope1, Scope2와 달리 Scope3는 아직 감축의무 대상은 아니지만 투자 리스크 분석과 기업 가치 평가에서 매우 중요한 요소이다. 따라서 Scope3 공시의 필요성에 대한 공감대가 형성되고 있었지만 측정 방법의 어려움 때문에 국제지속가능성기준위원회(ISSB)가 공시를 유예하거나 각국 규제당국과 면책 조항을 마련하기로 작년 10월 결정했다. 전과정평가(LCA: Life cycle assessment) 기법의 향상으로 인해 Scope3 측정이 조만간 가능해질 것이기 때문에 기업은 Scope3에 대한 대책을 마련하고 정보공시를 준비해야 한다.

ESG경영에 대한 요구사항은 향후에 더욱 까다로워 질것이다. 예를 들어 현재 많은 기업들은 탄소 중립(carbon neutral) 요구에 대응하느라 어려움을 겪고 있다. 하지만 탄소 중립은 그 단어 자체가 의미하는 것처럼,

현재의 생태계 상황을 악화시키지 않고 단순히 유지하는 것에 그치게 된다. 따라서 앞으로는 탄소 중립이 아니라 탄소 네거티브(carbon negative)를 추구하는 ESG경영이 요구될 것이다. 구체적 방법론으로 탄소 포집 활용 저장 기술 (CCUS)이 활용될 수 있다. 반면 애플(Apple)은 산림활동을 통한 탄소배출권 획득에 집중하고 있다. 맹그로브숲과 초원 보호 사업 등 산림 활동을 통해 2021년에는 16만 7천톤의 CO_2e 탄소배출권을 획득하였고, 이런 성과를 자사의 지속가능경영보고서를 통해 과시하고 있다.

〈도표 8〉 Apple의 탄소배출관련 현황

Corporate emissions[1] (metric tons CO₂e)	Scope 1 (gross emissions)	55,200	47,430	52,730
	Natural gas, diesel,propane	40,070	39,340	40,910
	Fleet vehicles	12,090	4,270	6,950
	Process emissions[2]	3,040	3,830	4,870
	Scope 2 (market-based)	2,780	0	0
	Electricity	0	0	0
	Steam,heating,and cooling[3]	2,780	—	—
	Scope 3 (gross emissions)[4]	23,130,000	22,550,000	24,980,000
	Business travel[5]	22,850	153,000	326,000
	Employee commute[6]	85,570	134,000	195,000
	Corporate carbon offsets[7]	−167,000	−70,000	—
Public life cycle emissions[8] (metric tons CO₂e)	Manufacturing (purchased goods and servicies)	16,200,000	16,100,000	18,900,000
	Product transportation (upstream and downstream)	1,750,000	1,800,000	1,400,000
	Product use (use of sold products)	4,990,000	4,300,000	4,100,000
	End-of-life treatment	80,000	60,000	60,000
	Product carbon offsets[9]	−500,000	—	—
Total gross carbon footprint (without offsets)[10] (metric tons CO₂e)		23,200,000	22,600,000	25,100,000
Total net carbon footprint (after applying offsets)[10] (metric tons CO₂e)		22,530,000	22,530,000	25,100,000

7. We retired 167,000 metric tons of carbon credits from the Chyulu Hills project in Kenya to maintain carbon neutrality for our corporate emissions in fiscal year 2021. This project is certified to the VCS and CCB standards.

(출처: Apple의 지속가능경영보고서)

ESG시대의 등장과 함께 경쟁우위의 분석단위가 바뀌고 있다는 사실을 인지해야 한다. 전통적으로 경쟁우위의 존재여부는 자사와 경쟁사의 비교를 통해 파악하곤 했다. 하지만 ESG경영의 대상과 범위가 확대되면서 이제는 개별기업이 아닌 '생태계'가 경쟁우위의 분석단위이다. 즉 A기업과 B기업의 단순 경쟁이 아니라 A기업이 속해 있는 생태계와 B기업이 속해 있는 생태계간의 포괄적 경쟁이다. 따라서 자사의 경쟁우위를 유지하기 위해서는 가치사슬상에서 협력관계를 맺고 있는 파트너 기업들과 공동대응이 절실하다. 이런 관점에서 전략적 제휴 파트너를 선정하거나 M&A를 고려할 때 해당기업의 ESG경영 수준을 꼼꼼하게 파악해야 한다. 공급망 ESG 실사법으로 최근 공급망 관리가 중요한 전략적 이슈로 등장하는 것도 같은 맥락에서 이해해야 한다.

결어

ESG시대의 대두를 기업들은 위협이 아니라 새로운 경쟁우위를 창출할 수 있는 기회로 활용해야 한다. 이를 위해 ESG경영에 대한 전략적 접근이 필요하다. 자사의 핵심역량을 감안하여, ESG경영의 목표를 설정하고 달성 수단을 구체화시켜야 한다. 이 과정에서 내외부이해관계자와 적극적으로 소통하면서 ESG경영활동의 객관적 평가 결과를 공유해야 한다. 뿐만 아니라 ESG와 관련된 새로운 추세나 시대적 요구사항을 빨리 파악하고 그에 대한 선제적 대응을 준비해야 한다. 이런 전사적 접근 방식을 통해 한국기업들의 지속가능성이 더욱 증진되길 기대한다.

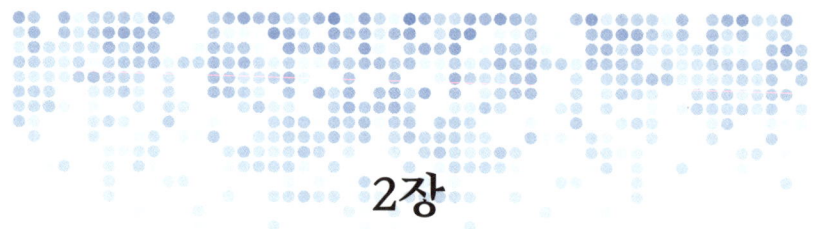

2장

기업의 경쟁력 강화를 위해선
능동적인 이사회가 필요하다

박종훈 서강대학교
김봉진 이화여자대학교

이사회 개혁이 왜 필요한가?

이사회는, 회사 경영진의 요청에 단지 승인만 해 주는 수동적인 조직이 아니다. 이사회 본연의 역할은, 회사의 중대한 전략적 안건 의사결정에 능동적으로 참여하면서 CEO를 포함한 경영진이 회사가치 극대화 및 장기 성장을 지속적으로 추구하도록 경영진에 대한 견제와 지원을 적극적으로 수행하는 것이다. 일반적으로 이사회는 회사의 해산 및 합병 의결, 중장기 경영계획 입안, 영업보고서 및 재무제표 승인, 주식의 발행 및 취득과 출자 승인, CEO 선임, 경영진 평가 및 보상 등 '회사의 생존 및 성장' 과 밀접한 전략적 안건에 대한 의사결정을 내린다.

능동적인 이사회는 그 역사가 40년도 되지 않은 최근에 두드러지게 나타나는 현상이다. 이사회 제도와 운영이 선진화되어 있는 미국의 경우, 1990년대 이전에는 이사회가 CEO를 해고하는 '이사회 반란'은 거의 없었다가 1992년 GM의 당시 CEO 로버트 스템펠(Robert Stempel)이 이사회에 의해 밀려난 사건을 계기로 '능동적 이사회'가 시작되었다. 당시 GM이 심각한 위기에 빠져 있었는데도 불구하고 경영진은 내부 경쟁력에는 별 문제가 없다고 하며 모든 문제를 경기 침체와 외국기업의 불공정한 경쟁 탓으로 돌리고 있었다. GM의 경쟁력 상실 문제가 갈수록 심각해지자 이사들은 만약 GM이 잘못될 경우 자신들에게 돌아오게 될 비난을 의식해서 경영자 교체를 단행한 것이다. 이후 아메리칸익스프레스(American Express), 웨스팅하우스(Westinghouse), 코닥(Kodak), IBM 등이 그 뒤를 따랐다. 그러다가 2001년 엔론 사태 이후 사베인즈-옥슬리 법안(Sarbanes-Oxley Act) 통과에 따라 이사회 책임이 더욱 강화되자 이사회 반란은 더욱 빈번하게 일어나고 있다. 최근에는 HP, 보잉(Boeing), 디즈니(Disney), AIG, 페니메이(Fannie Mae), 폭스바겐 그룹(Volkswagen Group), GE 등 대기업의 '유명 CEO'들도 기업 경쟁력 상실 문제를 초래할 경우 능동적인 이사회에 의해 교체되고 있는 실정이다.

반면, 우리나라의 경우 다수 기업에서 이사회가 능동적 역할을 하고 있다고 보기 어렵다. 그래서 일각에선 국내기업 이사회는 CEO의 뜻에 따라 움직이는 거수기에 불과하다고 비난하기도 한다. 우리나라에선 CEO가 기업 경쟁력을 훼손하고 다양한 이해관계자들에게 막대한 피해를 주는 뉴스와 사건이 심심찮게 일어난다. 회사의 운명과 가치에 나쁜 영향을 미치고 심각한 사회적 파장까지 불러 일으키는 중대 사안임에도 불구하고 이사회가 신속하게 안건 통과에 적극 협조하는 경우도 자주 일어난다. 이런 뉴스와 사건을 접할 때마다 여러 가지 의문이 우리 머리 속에 떠오른다. 과연 우리나라 기업 이사회는 제대로 된 역할을 하고 있는가? 이사회 이사들은 기업이 직면하고 있는 중대한 사안들을 제대로 파악하고 있을까? 이사들은 업계 상황과 회사 미래에 대해 심각하게 고민하고 있는가?

설상 가상으로 국내 기업의 이사회 제도 및 운영은 국제적 기준 관점에서 보면 상당히 미흡한 수준인 것으로 나타나고 있다. 예를 들면, 2001년부터 CG Watch 발간을 통해 아시아 및 태평양 지역의 12개국의 기업지배구조 평가를 하고 있는 아시아기업지배구조협의회(Asian Corporate Governance Association)의 평가결과에 의하면, 한국은 지속적으로 9위권을 벗어나지 못하고 있다. 한 때 우리와 함께 '아시아의 4마리 용'으로 불리던 싱가포르, 홍콩, 대만은 줄곧 상위권을 차지하고 있는 반면, 한국은 중국, 필리핀, 인도네시아와 함께 지속적 하위권 그룹에 머물러 있는 실정이다.

이런 문제를 개선하기 위해서 국내 정치권, 일부 학계, 시민단체 등에선 보다 급진적인 방향으로 기업지배구조 개혁이 필요하다고 주장하고 있지만, 이에 대한 재계의 반발이 큰 것도 사실이다. 정치권과 시민단체에선 대주주의 전횡 견제 및 소수주주 보호에 초점을 맞춰 이사회의 독립성을 한층 강화해야 한다고 주장하고 있다. 반면, 재계에선 이사회의 독립성 강화가 효율적인 이사회 운영을 어렵게 하고 오히려 외국계 투기 자본의 영향력을 강화시킬 수 있다고 우려하고 있다. 양측의 입장 차이가 워낙 커서 양측이 기존 입장만을 계속 고수할 경우 타협점을 찾기가 어려워 보이는 상황이다.

필자들은 양측의 타협점을 찾기 위한 방편으로 "지속적 경쟁력 강화 관점"에서 한국 기업 이사회가 어떻게 변화하는 것이 바람직한지에 대해 제안하고자 한다. 2절에선 한국 기업 이사회 제도의 발전 과정을 살펴보고 한국 기업 이사회의 현 주소를 진단하여 국내 기업 이사회가 안고 있는 문제점을 분석할 것이다. 3절에선 미래 경쟁 환경에서 기업의 지속적 경쟁력 강화를 위해 이사회는 어떻게 변화해야 하는지 기본 방향을 제시한 뒤, 4절에서 좀 더 구체적인 내용을 제언할 것이다.

한국 기업 이사회의 현주소는?

한국 기업의 이사회 제도의 발전 과정

1997년 외환위기 이전 우리나라 기업에는 사실상 이사회가 존재하지 않았다. 1996년 1월 3일 정몽구 회장이 현대그룹 회장 취임식에서 당시 대기업들이 시기상조라고 꺼리던 '사외이사제 도입'을 천명하면서 상당한 논란을 불러 일으킨 바 있을 정도였다. 이사회가 존재했다고 하더라도 사실상 유명무실한 형식적인 존재였다. 당시 재벌 기업에는 지배주주와 동일인의 이해관계자나 내부 경영진만이 이사회 이사로 선임되어 이사회의 경영진 견제 및 감독은 원천적으로 봉쇄되었다. 대다수 기업들이 별 다른 견제 없이 과도한 차입 기반의 비관련 다각화를 추진하였고 그 결과 급격한 환경변화에 매우 취약한 부실기업이 되었다. 이사회가 경영진에 대한 견제와 감시를 제대로 하지 못한 '취약한 기업 지배구조'가 외환위기 초래의 중요한 원인 중의 하나로 지목되었다.

그래서, 우리 정부는 외환위기 이후 IMF 권고에 따라 이사회와 관련한 제도와 정책을 도입하기 시작했다. 1998년 유가증권시장 상장 규정의 개정으로 사외이사의 비율 및 수에 대한 규제가 처음으로 도입되어 상장회사의 이사회는 반드시 이사 총수의 1/4 이상, 최소 1명의 사외이사를 선임하도록 규제하였다. 2000년 증권거래법은 자산 2조원 이상의 기업에 대해 이사 총수의 1/2 이상, 최소 3명의 사외이사를 선임하게 하여 대규모 기업에 대해 보다 엄격한 기준이 적용되게 하였다.

그 후 사외이사 선임에 대한 규제, 감사위원회 설치에 대한 규제, 집중투표제 및 전자투표제 도입 등 대주주 전횡 방지를 위한 다양한 제도들이 도입되었다. 2009년 상법 개정에 따라 사외이사후보추천위원회에 관한 조항이 최초로 신설됐으며, 자산 총액 2조원 이상의 상장기업에 한해 과반수의 사외이사로 구성된 사외이사후보추천위원회 설치 강제하는 의무조항도 법령화되었다. 또한, 2009년 상법 개정으로 주주총회 활성화를 위한 '전자투표제'가 도입된 이후 최근까지 기업의 실제 활용이 거의 없었다가 전세계적으로 유행한 코로나 바이러스 전염증-19(COVID-19)에 대한 대응으로 상당 수의 기업들이 전자투표제를 활발하게 활용하였다. 예를 들어, 2022년 기준으로 보면, 유가증권 시장 기업의 약 60%(일반 상장사 726개 회사 중 419개 기업)가 전자투표제를 실시한 것으로 보고되었다.

우리나라에선 기업 특성에 따라 이사회 내 다양한 위원회를 자율적으로 설치할 수 있으나(상법 제393조의 2 제1항), 법 상 특정 요건을 충족하는 회사는 감사위원회 및 사외이사후보추천위원회의 설치가 의무화되어 있다. 예를 들어, 자산 총액 2조원 이상 상장기업은 감사위원회와 사외이사후보추천위원회의 도입이 의무화되어 있지만 보상위원회는 자율 도입할 수 있다.

공정한 사회 실현에 대한 국민의 열망이 더욱 고조됨에 따라 앞으로도 대주주 전횡 방지와 소수주주 보호 차원에서 이사회의 독립성을 더욱 강화하려는 시도가 계속해서 이어질 것으로 전망된다. 국회에서 사외이사 독립성 강화, 감사위원 분리 선출, 다중대표소송제 도입 등을 담은 상법 및 상법 시행령 개정안을 2020년 12월 가결시켰다.[1] 사외이사의 자격 요건을 더 강화시켰고, 감사위원을 분리선출하게 하였으며 주주가 자회사 이사의 책임을 추궁할 수 있는 다중대표소송을 가능하게 하였다. 하지만, 엄격한 제도나 규제에만 의존해서 독립된 이사회를 구축하는 것은 기업 경쟁력 및 장기지향적 경영에 오히려 걸림돌이 될 수 있다는 것이 문제이다.

한국 기업 지배구조에 대한 국제 평가

홍콩에 본부를 두고 있는 아시아기업지배구조협의회(Asia Corporate Governance Association)는 2001년부터 CG Watch 발간을 통해서 아시아 국가의 기업지배구조에 관한 분석 및 평가 보고서를 발표하고 있다. ACGA는 대략 2년에 한 번씩 CG Watch 발표를 통하여 아시아 각 국의 이사회 포함한 기업지배구조 전반에 대한 평가를 수행해 왔다. 2016년 평가부터 호주가 처음으로 포함되었는데, 호주는 들어오자마자 기업지배구조 제도 및 운영의 전 분야에서 아시아 다른 국가들보다 훨씬 앞서는 것으로 평가되었다.

우리나라 기업지배구조 성적표는 실망스러운 수준을 넘어 참담한 수준이라고 할 수 있다. 호주가 제외됐던 기간에는 한국이 8위~9위를 차지하다가, 호주가 포함된 후에는 줄곧 9위권에 머무르고 있기 때문이다.

⟨표 1⟩에는 2010년부터 2020년까지 조사대상국가의 지배구조 평가 점수를 보여주고 있다. 평가기간 동안 한국의 기업지배구조 평가점수는 45점(2010년)에서 53점(2020년)으로 다소 향상되었지만 순위 상으로는 여전히 하위권에 머무르고 있다. 최근 평가인 2020년 평가를 보면, 호주는 최상위권에, 싱가포르, 홍콩, 대만 등은 상위권을 차지하고 있지만, 한국은 중국, 필리핀, 인도네시아와 함께 단골 하위권에 머물러 있기 때문이다.

〈표 1〉 CG Watch Market Score

	2010년	2012년	2014년	2016년	2018년	2020년
1.호주	–	–	–	78	71	75
2.싱가포르	67	69	64	67	59	63
3.홍콩	65	66	65	65	60	63
4. 대만	55	53	56	60	56	62
5. 말레이시아	52	55	58	56	58	59
6. 일본	57	55	60	63	54	59
7. 인도	49	51	54	55	54	58
8. 태국	55	58	58	58	55	56
9. 한국	45	49	49	52	46	53
10. 중국	49	45	45	43	41	43
11. 필리핀	37	41	40	38	37	39
12. 인도네시아	40	37	39	36	34	34

(출처: 아시아기업지배구조협의회; 상기 평가는 1) Government & public governance, 2) Regulators, 3) CG rules, 4) Listed companies, 5) Investors, 6) Auditors & audit regulators, 7) Civil society & media 등 7개 부문으로 구성되어 있으며 총 100점.)

한편, CLSA(Credit Lyonnais Securities Asia)의 아시아 국가의 기업지배구조 평가 역시 ACGA와 매우 유사한 결과를 보여주고 있다(〈그림 1〉 참고). 앞서 살펴본 바와 같이 한국이 1997년 외환위기 이후 지속적으로 기업지배구조 개선을 위한 노력을 나름대로 기울여 왔음에도 불구하고, CLSA 평가 역시 한국을 12개 조사대상국 가운데 '최하위권'으로 자리매김하고 있다. 이러한 국제 평가기관의 부정적인 시각을 획기적으로 뒤집기 위해서는, 한국이 종전과 다른 새로운 방향으로 기업지배구조 발전을 모색하여야 할 것이다.

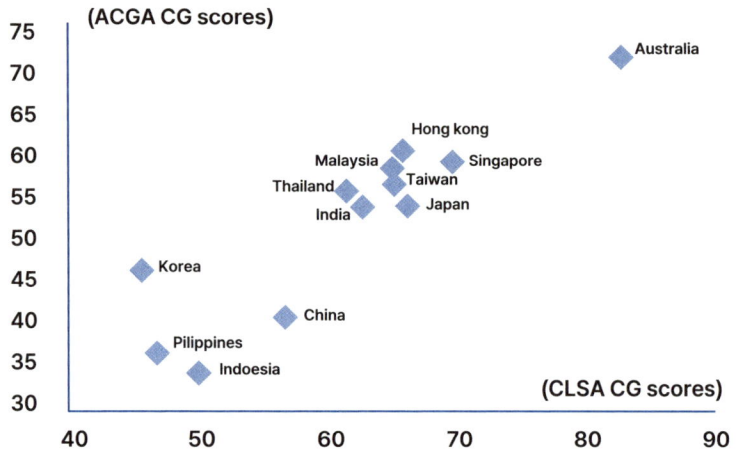

〈그림 1〉 CG Score: ACGA vs. CLSA

(출처; CG Watch 2018, p.5)

한국 기업 이사회에 대한 국내 평가

국내기업의 기업지배구조를 평가하는 대표적인 기관은 '한국ESG
기준원' (구 '한국기업지배구조원') (Korea Institute of Corporate Governance
and Sustainability, 이하 KCGS로 칭함)이라고 볼 수 있다. KCGS는
ESG(Environmental responsibility, Social responsibility, and Governance)의 틀 속
에서 기업지배구조를 연구하는 최신 트렌드에 맞춰 2022년 9월 기관
명칭을 한국기업지배구조원에서 한국ESG기준원으로 개칭하였고 종전
의 기업지배구조 평가를 ESG 평가로 확대하였다. KCGS는 2003년부
터 기업지배구조 평가를 실시해왔으며 2011년부터는 사회적 책임과 환

경경영이 포함된 ESG 평가를 통해 매년 국내 상장회사의 지속가능경영 수준을 평가하고 있다.

　KCGS는 매년 국내 상장 법인에 대해 각종 공시자료를 바탕으로 7단계 등급으로 지배구조 평가를 하고 있는데, 매우 우수한 수준의 S등급부터, 우수한 수준의 A+와 A 등급, 보통 수준의 B+ 등급, 그리고 미흡한 수준의 B 이하 등급 등으로 국내 상장기업들의 지배구조 수준을 발표하고 있다.

〈표2〉 국내 상장기업 지배구조 평가등급 비교: 2014년~2022년

등급	2014년		2015년		2021년		2022년	
S	0	0.0%	0	0.0%	0	0.0%	0	0.0%
A+	13	1.9%	12	1.7%	17	2.1%	8	1.0%
A	30	4.3%	37	5.3%	181	21.8%	103	12.4%
B+	111	16.0%	89	12.8%	353	42.6%	191	23.0%
B	308	44.4%	284	40.9%	219	26.4%	162	19.3%
C	223	32.1%	250	36.0%	47	5.7%	165	9.6%
D	9	1.3%	23	3.3%	12	1.4%	211	25.1%
합계	694	100%	695	100%	829	100%	840	100.0%

(출처) 한국ESG기준원)

　〈표 2〉는 KCGS의 2020년 이전 평가와 이후 평가를 비교하고 있는데, 한국기업들의 지배구조가 전반적으로 개선되고 있는지 여부에 대해 개략적인 방향을 보여주고 있다. 먼저, 2014년과 2015년 평가에서 전체 상장사의 약 20% 정도(2014년 22%, 2015년 19%)가 B+ 이상의 평가를 받았

으며, 나머지 80%의 기업들은 '미흡한' 지배구조를 갖고 있는 것으로 평가되었다. 2022년부터 KCGS가 국내기업 이사회에 대한 평가기준을 보다 엄격하게 강화했지만, 최근의 2021년과 2022년 평가에서 전체 상장사의 최소 35% 이상의 기업이 B+ 이상의 평가를 받은 것으로 나타났다 (2021년 66%, 2022년 36%). 이런 결과를 바탕으로 볼 때, 다수의 우량 한국 기업들이 KCGS로부터 보다 나은 평가를 받기 위해 나름대로 이사회 개선을 위한 노력에 심혈을 기울이고 있다고 해석할 수 있다.

최근까지 지속적으로 우수한 평가를 받고 있는 상장기업들을 구체적으로 파악하기 위해서, KCGS의 2020년부터 2022년까지 3년에 걸친 평가 결과를 심도 있게 분석한 결과, 3년 연속 A등급 이상을 받은 기업은 94개사 기업인 것으로 나타났다. 구체적으로, 제조 분야에선 SK이노베이션, LG이노텍, S-Oil, 풀무원 등이 이에 해당했고, 금융 분야에선 한국스탠다드차타드은행, KB금융, 삼성카드 등이 이에 속했으며, 민영화 기업에선 KT, POSCO홀딩스 등이 이에 해당했다. 공기업 가운데선 한국지역난방공사가 모범적인 기업지배구조를 갖고 있는 것으로 평가되었다. 그리고, 코스닥시장 등록기업 중에선 클래시스, 현대바이오랜드 등이 우수기업으로 지속적인 평가를 받고 있다.

이들 기업 이사회의 공통적인 특징은, 우수한 기업지배구조를 보유한 이사회가 상대적으로 보다 활발하게 작동하고 있다는 점이다. 이들 기업의 이사회는 연간 평균 9.7회 정도 모이며, 감사위원회는 연간 평균 7.6회 회의 개최를 하는 것으로 나타났다. 같은 기간 동안 유가증권시장 상장기업의 감사위원회 개최 회수가 평균 2.9회인 것을 감안하면,

우수한 기업지배구조를 보유한 기업들이 상대적으로 보다 활발하게 이사회와 전문위원회가 작동하고 있음을 알 수 있다. 하지만, 아쉽게도 우수한 지배구조를 보유한 기업이더라도 대표이사—이사회 의장 겸직 형태가 보편적이었으며, 일부 소수 기업에서만 대표이사—이사회 의장 분리 형태가 존재했다. 대표이사—이사회 의장 분리 기업 가운데서 비(非)CEO 사내이사가 이사회 의장을 맡는 경우와 사외이사가 이사회 의장을 맡는 경우가 각각 존재했다.

이와 같이 우수 기업지배구조를 갖고 있는 것으로 평가되는 기업들도 있었지만, 대다수 국내 상장기업들은 지배구조가 상당히 취약한 수준에 머물러 있는데 다음과 같은 문제점 때문에 이사회가 제대로 작동하지 않는다고 볼 수 있다.

첫째, 대체로 국내 기업들은 이사회의 역할 강화를 원하지 않는 것처럼 보인다. 대체로 국내 기업들은 법에서 정한 기준을 충족하는 범위에서 사외이사 비율을 가능하면 낮게 유지하고 있는데, 이런 문제는 KCGS의 평가등급이 낮을수록 더욱 두드러지게 나타났다. 자산 2조원 이상의 기업으로 국한해서 볼 때도, 법적 최소 기준인 과반수 기준을 압도적으로 상회하는 수준으로 사외이사 비율을 보유한 기업은 14개사에 그쳤다.

둘째, 다수 기업에서 대주주나 CEO가 선호하는 사람들이 사외이사로 추천되는 경향이 있다. 국내 기업을 대상으로 'CEO와 사외이사의 사회적 연고'에 관해 분석한 연구에 의하면, 연구대상 기업의 전체 사외이사 가운데 약 24% 정도의 사외이사가 CEO와 동향이거나 동일 고교 출신인 것으로 조사되었다.[2] CEO와 동향이거나 고교 동창인 사외이사가 그렇지 않은 사외이사보다 교체될 가능성이 낮은 것으로 나타났다. 그리고, 'CEO와 사회적 연고가 있는 사외이사'가 그렇지 않은 사외이사보다 이사회 출석률이 낮았지만, 사외이사의 이사회 출석률이 교체 가능성에 미치는 효과는 유의하지 않은 것으로 나타났다. 반면, 이사회에서 반대표를 행사한 사외이사가 찬성표를 던진 사외이사보다 '연임되지 않을 가능성'은 확연히 높은 것으로 나타났다.[3] 이는 국내 기업에서 CEO가 사회적 연고가 높은 이사를 선호하고 반대하는 이사는 연임에서 배제하는 등 사외이사 선임 및 연임 의사결정에서 중요한 영향을 미치고 있다는 것을 시사한다.

셋째, 이사회 구성원들이 자신의 역할과 책임에 대한 명확한 인식을 제대로 갖추지 못한 것으로 보인다. 필자들은 우수 기업지배구조를 보유한 우량기업의 이사회 구성원들을 대상으로 인터뷰를 한 적이 있는데, 인터뷰 과정에서 일부 이사들은 "사외이사로서 회사의 의사결정에 어느 정도까지 참여해야 하는지, '견제와 협력 역할' 가운데 어떤 역할에 중점을 둬야 하는지 정확히 모르겠다"는 고충과" 그렇지만 가능하면 오랫동안 사외이사로 활동하고 싶다"는 솔직한 심경을 들은 바 있다. 이사회가 명확한 인식이 부족한 이사들로 구성되면, 그 이사회는 제대로 된 역할과 책임 있는 활동을 수행하기 힘들 것이다.

넷째, 이사회와 이사에 대한 제대로 된 평가가 매우 미흡한 것으로 나타났다. 국내외 지배구조 모범규준에 따르면 매년 이사회 구성원을 평가하고 그 결과를 공개하도록 권고하고 있지만, 2022년 유가증권 상장기업 중 소수인 26개사만이 이사회에 대한 평가를 실시하고 있다고 발표하였고 그 중 21개사만이 평가에 대한 정보를 일부 또는 전체 공개하고 있다.[4] 더 심각한 문제는, 이사회 평가를 공개하는 기업들 중 다수가 평가기준이나 평가점수 등의 구체적인 근거 정보를 제시하지 않고 단순히 '우수함' 이라고 형식적인 평가 결과를 공개하고 있다. 따라서, 이사회 성과 평가를 통해 이사회의 역할 및 책임을 밝힘으로써 이사회 운영 상의 효율성을 향상시킬 수 있다는 장점이 있음에도 불구하고 대부분의 국내 기업들은 여전히 이사회 평가 및 결과 공개를 소홀히 하고 있다고 볼 수 있다.

환경 변화에 따라 새로운 이사회가 필요하다

환경불확실성 증대로 인해 오늘날 기업들은 '창조적 혁신' 을 통해 경쟁력을 확보해야 하는 상황에 직면해 있다. 과거의 외부환경은 비교적 안정적이었기 때문에, 선제적으로 유망 분야를 예측하고 대규모 생산 시설 및 유통망에 투자한 후, 원가 절감, 수율 관리, 규모의 경제 등을 조기에 실현할 수 있었다면 상당한 이익을 얻을 수 있었다. 그러나, 오늘날 시장의 세계화와 첨단기술의 융합 때문에 끊임없이 새로운 경쟁자들이 나타나서 전통적 산업계 가치사슬이 전례 없이 빠른 속도로 파괴되고 새로운 거대 생태계가 출현하고 있다.

2000년대 후반 휴대폰 산업에 파괴적 혁신의 파도가 닥치면서 노키아, 모토롤라 등 전통 강자들이 역사의 뒤안길로 물러났고 애플, 구글 등 신흥 강자들이 새로운 생태계를 주도하고 있다. 머지 않아 자동차, 유통, 금융, 의료 산업 등 많은 산업에서 새로운 시대가 열릴 것이다. 새로운 각 축장에서의 승패는 "누가 더 빠르게 혁신을 주도하는가?"에 달려 있다. 새로운 환경이 종전의 효율성 기반의 경쟁에서, 상시적인 창조적 혁신을 통해 새로운 판을 창조하고 주도하는 경쟁으로 '게임의 룰'을 바꾸었다.

혁신 주도권 경쟁에서 요구되는 무형자원은 기업 독자적으로 내부의 지식 자산에 대규모 투자를 한다고 저절로 형성되는 것은 아니다. 임직원의 열정과 창의성, 탁월한 기술력, 고객 충성도, 존경과 신뢰받는 기업이미지 등의 무형자원은 해당 이해관계자와 지속적 신뢰 구축, 진정한 교류, 약속 이행 등을 실천하는 과정에서 형성되는 것이다. 다양한 이해관계자와 우호적 관계를 쌓아야 혁신 주도 경쟁에서 유용한 무형자원을 축적할 수 있고 궁극적으로 창조적 혁신도 성공적으로 완수할 수 있게 된다. 독자생존형 조직보다 외부협력형 조직이 다양한 이해관계자의 목소리에 귀 기울이고 이들을 적극적으로 참여시키는 개방적 혁신을 통해서 기존의 판을 흔드는 파괴적 제품 및 서비스와 비즈니스를 창조할 가능성이 상대적으로 더 높다.

불확실한 미래 시대를 주도하려면, 환경 변화에 맞게 기업 이사회의 역할과 책임이 변화해야 할 것이다. 기업이 환경 변화에 효과적으로 대응하기 위해선 이사회는 표면적 독립성은 가급적 지양하고 전문 지식과 다양한 경험을 보유한 이사들이 보다 능동적인 역할을 수행할 필요가 있으며 경영진이 장기지향적 경영을 추구하도록 견제하고 협력하는 의사결정기구로 변화해야 한다.

장기지향적 경영은 주주 외에 다른 이해관계자들의 이익도 함께 고려하면서 동반 성장과 번영을 추구하는 폭넓은 시각의 경영으로서 장기적으로 주주가치 제고에도 부합된다. 최근 기업지배구조 유관기관들은 글로벌 경기 침체의 극복을 위해 기업이 책임져야 할 이해관계자의 범주를 주주에서 근로자, 고객, 협력사, 지역사회, 환경 등으로 확장 권고하는 내용을 담은 모범규준 개정안을 발표한 바 있다.[5]

지속적 경쟁력 강화를 위한
이사회 개편 방향은?

기업이 불확실한 미래에서 지속적 경쟁력을 확보하고 강화하려면, 시대적 환경 요구에 맞게 이사회가 변화해야만 한다. 첫째, 이사회는 표면적 독립성을 지양해야 한다. 둘째, 능동적 이사회로의 변혁이 필요하다. 셋째, 이사회는 CEO의 장기지향적 경영을 유도할 필요가 있다. 이 순서에 따라 이사회의 개편 방향에 대해 구체적으로 설명하고자 한다.

표면적 독립성은 지양하라

이사회 개편 방향의 첫 번째는 표면적 독립성 추구를 지양하는 데 있다. 이를 위해선 이사회의 전문성과 독립성 간 균형이 필요하며, 이사회의 평가 강화가 필요하다. 외형적 이사회의 독립성을 지나치게 추구할 경우 회사와 업계에 관한 전문지식과 경험이 없는 사외이사들 위주로 이사회가 구성되어 이사회가 제 역할을 하지 못할 가능성이 높다.

이사회의 전문성과 독립성 간 균형이 필요하다

이사회는 회사의 전략적 의사결정에 참여하는 과정에서 경영진에 대한 견제 및 감독을 하는 동시에 경영진에게 조언과 자문을 제공하면서 회사가치가 극대화될 수 있도록 경영진을 유도해야 한다. 경영진 감독 역할과 조언 및 자문 제공 역할은 본질적으로 서로 충돌하는 역할이기 때문에 이 둘 간의 균형을 이루게 하는 것은 대단히 어렵지만 매우 중요한 과제이다.

표면적 측면에서 이사회의 독립성만을 추구할 경우에 이사회에 심각한 문제가 발생할 수 있다. 대외적으로 비춰지는 이사회의 독립성만 추구할 경우 언뜻 보면 이사회의 경영진 감독 기능이 강화될 것 같지만, 오히려 경영진 감독 기능마저도 약화될 수 있다. 지나치게 이사회의 독립성만을 추구할 경우, 회사 및 업계에 대한 전문지식과 경험이 전혀 없는 사외이사의 비중이 늘어나게 되는데 이들은 이사회 부의 안건에 대한 이해도가 매우 낮아 자리에 앉아 눈치만 보면서 반대를 위한 반대를 하거나 대주주나 CEO의 의견에 따라 찬성표를 던지는 양 극단의 행동을 할 가능성이 높다. 따라서, 사외이사는 회사와 업계에 관한 전문지식과 경험이 있어야 한다.

다수의 한국 기업에선 전문성을 갖춘 사외이사를 찾는 것이 힘들다는 고충을 토로하고 있다. 삼성경제연구소(2001)에 의하면, 미국 기업 이사회에는 80% 이상의 사외이사가 경영자 출신인데 비해 한국 기업 이사회에는 그 비율이 30% 미만에 그치고 있다. 2010년 자료를 분석한 연구에서도 유사한 결과가 나왔다. 기업인 사외이사 비중이 유가증권시장 상장회사에선 30%, 코스닥시장 등록회사에선 39%인 것으로 나타났다. 한국에선 전문성을 갖춘 사외이사를 찾는 것이 힘들기 때문에, 이사회의 독립성을 지나치게 강화할 경우 이사회가 제대로 된 역할을 수행하기 어려울 가능성이 높다.

전문성을 갖춘 사외이사를 찾는 것이 어렵기 때문에 오히려 사외이사 전문성 제고를 위한 구체적인 방법을 모색하고 이를 실행해야 할 것이다. 삼일PWC(2022)에 의하면, 국내기업들이 공시한 사외이사들의 전문분야는 경영/경제, 회계/재무, 법률 등 개략적인 분야 제시 수준에 그치는 것으로 나타났다. OECD 기업지배구조 모범규준은 사외이사 후보의 지식, 경험, 전문성 등이 현재 이사회를 적절하게 보완하는지에 대해 용이하게 파악할 수 있는 방식으로 제시하라고 권고하고 있지만, 국내기업들은 주주총회 이사 선임 안건에서 사외이사 후보 개인에 대한 소정의 정보 – 생년월일, 최대주주와의 관계, 추천인, 주된 직업 및 약력, 회사와의 최근 3년 거래내역 등 – 만을 제공하는데 그치고 있어 신임 사외이사가 전체 이사회에서 어떤 역할을 수행할지, 전체 이사회 구성원들의 전문성은 어떻게 분포되는지에 대해 파악하기 매우 어렵다. 이러한 문제를 해소하기 위해서 해외에서는 이사회 구성원들이 보유하고 있는 전문성 및 경력을 일목요연하게 보여주는 이사회의 역량구성표 (skill matrix)를 공시하도록 권고하고 있다. 이러한 추세에 따라 미국 S&P 500 기업 가운데 주주총회 서류에 이사회의 역량구성표를 공개하는 기업의 수가 증가하고 있다.[6]

이사회가 경영진 '견제와 협력' 역할에서 균형을 이루는 것은 매우 중요하며, 이를 위한 전제조건으로 회사 및 업계에 대한 전문 지식과 다양한 경험을 보유한 이사들이 선임될 필요가 있다.

이사회에 대한 평가 강화가 필요하다

이사회와 사외이사에 대한 평가를 강화해야 한다. 사외이사에 대한 연임 결정권이 사외이사후보추천위원회에게 주어질 경우 사외이사의 책임성 확보를 위해 이사회와 사외이사들의 활동에 대해 냉정한 평가가 이루어져야 하며, 이사회와 사외이사에 대한 평가보고서는 주주총회에 제공되어야 할 것이다. 이러한 평가는 연임 동기를 보유한 사외이사들이 경영진에 대한 견제 및 협력 역할을 더욱 충실하게 수행하도록 할 것이다. 일부 기업에선 이사회 구성원간 상호평가가 이루어지고 있지만, 이사회 평가를 보다 강화하고 평가 결과를 이사 연임 의사결정에 활용할 필요가 있다. 사내이사 평가는 CEO 승계와 관련된 자료로 사용되고, 사외이사 평가는 연임 결정에 중요한 자료로 활용될 필요가 있다.

언론과 재계 일각에선 기업의 투자 회피가 이사회의 지나친 견제와 관련이 있다고 주장한다. 예를 들어, Business Week(2005)는 "이사회 관련 법규 강화로 이사들이 주주들에게 소송 당할 가능성이 높아지자 사외이사들은 CEO를 지나치게 감시하고 CEO의 투자결정에 제동을 거는 등 걸림돌이 되기도 한다"는 인터뷰 기사를 낸 바 있다. 이사회가 경영진을 너무 느슨하게 견제하는 것도 문제지만 지나치게 견제만 하는 것은 더 심각한 문제이다.

능동적 이사회를 추구하라

이사회 개편 방향의 두 번째는 능동적 이사회를 추구하는 데 있다. 이를 위해선 이사회가 중점을 둬야 할 핵심 업무에 집중할 필요가 있으며, 이사들이 이사회 업무에 할애하는 시간을 대폭적으로 확대할 필요가 있다. 아울러, 이사회 운영도 보다 효율적인 방식으로 전환할 필요가 있으며, 이사회 내 소통과 협력 증진이 무엇보다 필요하다.

이사회의 핵심 업무에 집중하라

이사회에서 가장 중요하게 다뤄야 할 핵심 직무는 1) 회사의 중장기 전략 수립에 관한 큰 틀을 잡는데 기여하는 일, 그리고 2) CEO 실적 평가를 하는 일이다.

첫째, 이사회는 회사의 전략 수립에 관한 큰 틀을 잡는 일에 상당한 회의 시간을 안배하여야 한다. 이사회가 회사의 미래에 영향을 끼치는 전략적 사안(strategic issue)과 주요 사업 성과와 관련된 사안에 대해 경영진과 심도 있게 논의할 수 있도록 회의의 초점이 잡히는 것이 바람직하다. CEO와 이사회는 매년 초에 향후 5년~10년간 기업의 성패를 가름

할 주요 사안들을 찾아내고 각각의 사안이 연례 전략 토론회나 정기 회의에서 논의될 수 있도록 회의 일정에 반영해 넣어야 한다. 예를 들면, 미래 성장 동력, 연구개발 현황, 브랜드 가치, 인재 개발, 경쟁사 전략 변화, 향후 사업구조 재편, 인수 후 통합 등이 주요 사안이 될 수 있는데, 이런 사안들은 그 중요성에도 불구하고 이사회가 주목할 만큼 회사가 심각한 위기를 겪지 않는 상황에서는 대체로 이사회 부의 안건으로 채택되지 않는다. 경영진이 주요 사안에 대한 토론 자료를 철저히 준비하여 이사들에게 사전에 제공하면, 이사회에서 해당 사안에 대한 논의를 위해서 적절한 시간을 안배할 수 있을 것이다.

둘째, 이사회는 CEO 평가의 전 과정을 철저하게 이행해야 한다. CEO 평가 과정에 모든 사외이사들이 참여하게 해야 하며 사내이사 및 다른 고위 임원들까지도 참여할 수 있게 해야 한다. 효과적인 CEO 평가 과정을 제시하면 다음과 같다. 먼저, CEO가 자신의 지난해 실적에 대한 자체평가와 전반적인 내년 계획을 스스로 제시할 수 있게 한다. 이사회는 CEO의 실적과 회사가 거둔 성과를 구별해서 CEO의 성과 평가를 하는 방법을 사전에 논의하고 확정한 뒤, 개별 이사들이 익명으로 CEO 성과에 대한 개인적인 평가를 내리도록 한다. 개별 이사들의 평가 의견을 취합한 뒤, 모든 이사들이 이를 공유하고 추가적인 논의를 거쳐 최종 평가 결과를 확정한다. CEO 평가의 전 과정에 CEO를 제외한 모든 이사들이 논의에 적극적으로 참여해야 한다. 이런 논의를 통해 이사들은 동료 이사들이 CEO의 실적에 어떤 평가를 내리는지 알 수 있고 결과적으로 더 공신력 있는 의견으로 수렴하게 된다. CEO 실적 평가는 이사들이 회사와 경영진에 대한 지식을 쌓고 활용할 수 있는 매우 소중한 기회이다. 그리고, 이사회는 CEO 실적 평가를 통해 CEO가 회사 발전은 물론 개인적인 발전에 대해 어떻게 생각하고 있는지에 대해 심도 있게 이해할 수 있게 된다.

이사의 투입시간을 대폭 확대하라

외부환경의 불확실성 증대로 인해 이사회가 고민하고 처리해야 하는 안건의 난이도가 과거에 비해 현격하게 높아지고 복잡해졌다. 과거 안정적인 환경에서 핵심사업을 영위했던 기업에서는 이사들이 기술적 문제에 대해 거의 이해할 필요가 없었고 미래의 혁신기술 등장에 대해 크게 염려할 필요가 없었다. 그러나, 오늘날에는 대부분의 기업에서 이사회 구성원들이 향후 업계에서 일어날 것으로 예측되는 경쟁 상황과 기술 혁신에 대한 전문지식과 안목을 갖춰야 하고 이를 지속적으로 강화해 나가야 한다. 이사회가 처리해야 하는 안건의 난이도는 급격하게 복잡해 지고 있는데, 이사들의 이사회 업무 투입 시간이 현저하게 적다는 것이 국가를 불문하고 나타나는 일반적인 문제이다.

북미 기업과 유럽 기업의 '평균적인' 이사는 이사회 업무를 위해서 일년에 평균 7번 이사회 회의에 참석하는 등[7] − 회의 참석 외에 혼자서 정보를 수집하고 검토하는 시간도 포함하여 − 대체로 일년에 약 100시간 정도를 투입하는 것으로 조사되었다. 다른 연구에 의하면, 미국 기업 이사가 이사회 회의 참석을 위해 일년에 10일(약 80시간) 정도를 할애했고 회의 준비 시간과 경영진과의 일상적인 대화 시간까지 추가하면 매년 총 125시간 정도를 투입한다고 했다.[8] 연간 100시간~125시간의 업무량은 약 2주 정도에 해당하는 시간이다. 만일 회사 업무 및 사업의 복잡성이 낮은 기업에서 이사회가 경영진에 대한 감독자 역할만을 수행하고자 한다면, 1년에 2주의 시간이면 충분할 지도 모른다. 그러나 중대한 변화가 진행되고 있는 산업환경에 직면한, 기업의 이사회는 경영진에 대한 감독자 역할뿐만 아니라 경영진에 대한 조언과 자문 역할도 철저히 수행해야 한다.

중장기 전략의 방향을 설정하는 논의와, 미래지향적인 사업구조로의 재편과 같은 기업전략 안건 결정에 진지하게 참여하려면, 이사들은 이사회 업무에 할애하는 시간과 노력을 현재보다 "대폭적으로" 늘려야 할 것이다. 물론 상당한 시간과 노력을 이사회 업무에 이미 할애하고 있는 사외이사들이 우리나라 기업에도 존재할 것이라고 믿지만, 이런 사외이사들은 아마 소수일 것이다.

이사회 운영 방식을 변화시켜라

사외이사들이 이사회 업무에 할애하는 시간과 노력을 대폭적으로 늘린다고 하더라도 이사회가 현재보다 훨씬 더 효율적인 방식으로 운영될 필요가 있다. 사외이사가 이사회 내에서 제 역할을 담당하지 못하는 데는 사외이사 나름대로의 고충과 불만이 있다.

첫째, 이사회가 회의시간에 비해 과도하게 많은 운영적 안건을 한꺼번에 한자리에서 다루려고 하기 때문에, 사외이사들은 정말로 중요한 전략적 사안에 관해 경영진과 논의할 수 있는 시간이 거의 없다고 불만을 토론한다. 운영적인 안건을 다루는 것이 중요하지 않다는 의미가 아니라, 전략적으로 중요한 도전과제에 높은 우선순위를 두고 더 많은 시간을 할애할 필요가 있다는 의미이다.

둘째, 시간 제약 속에서 복잡한 의사결정을 해야 하는 압박을 덜어주기 위해 경영진은 사외이사들에게 보다 핵심적인 정보를 체계적으로 정리하여 제공할 필요가 있다. 대체로 기업들은 사업부서별로 원래 관리하던 형태 그대로의 자료를 군데군데서 골라 하나로 묶어서 사외이사들에게 제공하는 경향이 있다. 그래서 사외이사들은 자료의 양 부족보다는 오히려 방대한 자료 속에 묻혀서 정작 중요한 사안의 핵심은 제대로 파악하지 못한 채 이사회 의사결정에 참여하곤 한다. 단순히 과거의 재무실적과 전망에 관한 자료를 통째로 사외이사에게 제공하는 것보다 주요 현안에 맞게 자료를 재구성하고 요약해서 제공해 주면, 사외이사는 이사회 업무를 훨씬 더 효율적인 방식으로 수행할 수 있을 것이다.

이사회 내 소통과 협력을 증진하라

이사회가 제 역할을 하려면 이사회 내 소통과 협력이 절대적으로 필요하다. 이사들끼리 자신들의 안목과 견해를 제시하고 교환하면서 전체 이사들의 지식의 깊이와 넓이는 한층 강화될 수 있다. 이사들간에 의견 일치를 보이는 분야와 그렇지 못한 분야를 파악하는 등 이사들이 심도 있게 안건에 접근할 수 있게 된다.

대부분의 기업에서 사외이사늘은 CEO이외 경영진과 비공식적인 자리에서 충분한 대화를 나누지 못하며 업계 전문가와 교류하는 데도 한계를 갖고 있다. 사외이사들이 회사의 전략적 의사결정에 적극적으로 참여하도록 하려면, 사외이사들이 핵심부문 담당임원, 업계 전문가들과 회사의 현황과 미래에 대해 허심탄회하게 논의할 수 있는 기회를 빈번히 갖도록 기업에서 적극적으로 자리를 마련해야 한다. 또한 사외이사들만의 빈번한 비공식적 모임을 통해 이들간의 허심탄회한 자유로운 소통이 촉진될 필요가 있다.

CEO의 장기지향적 경영을 유도하라

이사회 개편 방향의 세 번째는 경영진이 장기지향적 경영을 추구하도록 이사회가 유도하고 협력하는 데 있다. 이를 위해선 이사회는 경영진의 단기성과 제고 동기를 견제하는 대신 미래 유망 사업분야의 토대에 지속적인 투자를 하도록 동기 부여할 필요가 있으며, 이사회가 미래 경영진 육성과 CEO 승계 과정에 적극적으로 참여할 필요가 있다.

'단기 성과 위주' 벗어나 '장단기 성과 균형'을 지향하라

2020년 들어 글로벌 환경의 불확실성이 급격히 증가함에 따라 미래를 예측하고 준비하는 것이 매우 어려운 과제가 되었다. COVID-19 대응을 위한 각국의 긴급 유동성 공급, 미국-중국 간의 패권경쟁으로 인한 글로벌 공급망 재편, 러시아-우크라이나 전쟁으로 인한 원자재 가격 급등, 물가 상승 억제를 위한 각국 중앙은행의 급속한 금리 인상 등이 서로 맞물리면서 글로벌 경제를 경기 침체의 늪으로 끌고 가고 있다. 이에 상당수의 우리 기업들은 미래 성장동력에 대한 대규모 투자를 주저하고 기존 핵심사업에서 자산 매각, 인력 감축 및 사업구조조정 등을 통해 비상 경영 체제에 돌입하면서 글로벌 경기 침체에 대응하고 있다. 하지만, 한국경제는 기업의 투자 부진으로 인해 실업 증가와 소비 위축, 그리고 성장 부진으로 이어지는 악순환 속에서 장기 침체의 늪에 더욱 깊이 빠질 가능성이 있다.

기업의 투자 부진 문제는, 이사회의 CEO 평가가 장기 성과보다 단기 성과에 치중되어 있는 'CEO 실적 평가 제도'로 유도할 가능성이 높다. 다수의 국내 기업 이사회에서 EVA(economic value added)를 중요한 CEO 평가지표로 사용하고 있다. EVA는 한정된 자원을 효율적으로 배분하여 부가가치를 창출하게 유도하는 좋은 지표이지만, 이 지표는 미래에 유망할 것으로 예측되지만 실패 확률이 높은 사업 분야에는 투자를 못하게 하는 문제점이 있다. 이사회가 CEO에게 EVA 중심의 평가를 하면, 현재 사업과 유사한 분야에는 상당한 투자가 이루어지지만 미래 성장동력의 기반에는 투자가 부진하게 되어 결국 이 기업은 향후의 혁신 경쟁에서 도태될 가능성이 높다. 이사회의 CEO 평가가 단기 성과에 치중했을 때 발생하는 더 심각한 문제는, CEO가 이익을 유망 분야에 재투자하여 지속적 경쟁력 강화에 전력하기보단 배당 및 자사주 매입을 통해 단기 주주수익률 관리에 더 신경을 쓰게 된다는 점이다.

이와 같은 문제들을 해결하기 위해서는 이사회의 CEO 평가 제도를 개선하는 것이 필요하다. 이사회는 경영진이 단기 주주가치를 높이려고 하는 동기를 견제하고 대신 미래 유망 사업분야의 토대에 지속적 투자를 하도록 동기를 부여해야 한다. 이사회는 유망 분야에 투자를 촉진하게 하는 지표를 개발하고 이사회의 CEO 평가에 반영해야 할 것이다. 창조성 기반 경쟁을 위해서는 실패 확률이 높더라도 유망한 분야에 과감하게 투자하는 것을 주저하지 말아야 하며, 비록 초기에 단기 성과가 부진하게 나오더라도 뚝심을 가지고 지속적으로 투자하여 미래 성장 동력을 발굴하고 육성해 나가야 한다.

미래 경영진 육성 및 CEO 승계 과정에 참여하라

오늘날의 기업에서는 이사회가 '미래 경영진의 육성' 과 'CEO의 승계' 에 적극적인 역할을 해야 한다. 불확실성이 높은 혁신 주도권 경쟁에 임하려면, 우수한 인재를 조기에 발굴하여 체계적인 역량 개발을 통해 이들을 차세대 경영진으로 육성하고 이들 중 미래 전략 수행의 최적임자를 CEO로 발탁하는 것이 필요하다. CEO와 이사회는 책임의식을 가지고 차기 CEO 후보군의 선정, 평가 및 최종 선발에 적극적으로 참여하고 협력해야 한다. 모범적인 CEO 승계 프로그램을 운영하는 해외기업들은 CEO, 이사회와 평가보상위원회, 그리고 HR 부서가 미래 경영자 육성과 승계의 전(全) 과정에서 적극적인 협업을 하며, CEO 포함 모든 이사회 구성원들의 평가에서 'CEO 승계 과정에 적극 참여하는 것' 이 중요한 평가지표 중 하나이다.

그런데, 아직까지도 우리 기업의 이사회는 미래 경영진 육성 및 CEO 승계에서 주도적인 역할을 수행하지 못하고 있다. 한국 기업 이사회가 미래 경영자 발굴 및 육성에서 제대로 된 역할을 수행하기 위해서 다음의 사항이 시급히 개선되어야 할 것이다. 첫째, 기업의 이사회와 관련 전문위원회가 서로 유기적으로 협력할 수 있는 체계를 구성하여 미래 시대적 환경에 적합한 CEO 후보를 육성하고 선임하는 '장기 승계 계획' 을 설계하고 집행해 나가야 한다. 둘째, 이사회가 CEO 평가를 공정하고 철저하게 수행한다는 전제로, 유능한 CEO가 가급적 장기간 조직을 이끌 수 있도록 하는 것이 바람직하다. 마지막으로, 정부 및 정치권 등 외부 세력이 기업의 CEO 교체에 직간접적으로 영향을 미치려고 하기보다 기업이 지속적 책임경영을 할 수 있도록 제도와 환경을 조성하는 것이 바람직하다.

맺은말

급변하는 환경 변화 속에서 모든 기업들이 저조한 실적을 내고 있는 것은 아니다. 위기 속에서 오히려 빛을 발하면서 새로운 스타로 떠오르는 기업들도 다수 존재한다. 과거의 성공 경험과 모델에 의존하면서 기존 방식을 고수했던 기업들이 쇠퇴 일로를 걷고 있지만, 실험 정신으로 무장하고 파괴적 혁신을 주도하면서 고부가가치 제품 및 서비스와 비즈니스를 주기적으로 창조해 내는 기업들은 글로벌 경기 침체 속에서도 한층 더 성장하면서 세계 정상급의 자리를 유지하고 있거나 그 자리로 도약하고 있다.

기업은 '균형 상태'에선 초과이윤을 얻기 어렵지만 종전의 판이 새로운 판으로 바뀌는 '불균형 상태'에서는 초과이윤을 얻을 수 있는 기회가 많이 생긴다. 그래서 새 판이 조성되면 많은 기업들이 혁신 선도자를 따라 새 판으로 이동하는 '쏠림 현상'이 일어나고 새로운 시장의 규모는 더욱 더 확대되는 가운데 혁신 선도자는 자신이 구축한 기술 표준화 덕분에 파괴적 혁신의 결실로 막대한 부가가치를 획득할 수 있게 된다.

구글, 애플, 아마존, 테슬라 등은 기존의 토대 위에 새로운 것을 쌓는 쪽이 아니라 아예 토대를 새 것으로 바꾸는 쪽을 택했다. 이들은 수년 간 적자를 보면서도 두려워하지 않고 뚝심을 가지고 장기 투자를 밀고 나간 결과 마침내 새로운 장을 열고 확장된 거대 생태계를 구축할 수 있었다. 이들 기업에는 서로 다른 모습의 이사회가 존재했지만, 이들의 공통점은 CEO가 창조적 혁신 비전을 제시하고 실패와 역경을 두려워하지 않으면서 지속적으로 혁신에 대한 장기 투자를 밀고 나갈 수 있었다는 점과, CEO의 독단은 견제하면서 CEO가 제대로 된 방향으로 나갈 수 있도록 조언과 협력을 아끼지 않는 '능동적 이사회'가 제대로 작동하고 있다는 점이다.

이들 기업은 '이사회의 표면적 독립성' 추구보다는 CEO와 이사회 간 상호 협력 체제'를 확립하고 가동하는데 전력을 다하고 있다. 창조적 혁신 과제는 실패 확률이 매우 높은 데다가 장기에 걸친 투자 후에 비로소 결실이 나타나는 대단히 어려운 과제이다. 회사와 업계에 대한 전문 지식과 다양한 경험을 보유한 이사들로 구성된 능동적 이사회는 CEO가 독단적으로 잘못된 선택을 하지 않도록 견제하고 조언해 줄 수 있기 때문에 기업이 도산 위기에 빠질 위험과 비용을 줄이는 동시에 중장기적 관점에서 가치 창출할 수 있도록 도와주기에 기업의 지속적 경쟁력 강화에 크게 기여할 수 있다.

앞으로 우리나라 기업은 이사회 관련하여 큰 변혁의 물결을 피하기어려울 것이다. 마지못해 법과 규제에서 요구하는 기준에만 맞추는 데급급할 경우 표면적으론 모범적인 이사회인 것처럼 보이지만 실제로는제 역할을 다하지 못하는 이사회로 진화될 수도 있다. 최근 대기업집단을 중심으로 그 동안 그룹 컨트롤 타워 역할을 해온 조직을 해체하고 앞으로는 각 계열사의 대표이사와 이사회 중심의 경영을 강화하는 쇄신안을 발표한 바 있다. 한국ESG기준원 또한 2022년 평가결과 발표 시"ESG 수준이 양호한 것으로 평가되기 위해서는 이사회 및 최고경영진중심의 ESG 관행 개선이 전제되어야 하며, 근본적인 ESG 체질 개선이없는 상태에서의 실무진 중심의 ESG 개선활동만으로는 한계가 존재한다" 고 밝힌 바 있다.

진정으로 능동적 이사회가 작동하게 하려면 누구보다 대주주와CEO의 전폭적 지지가 절대적으로 필요하다. 우리 기업의 이사회가전문적이고 능동적인 이사회로 변화하여 장기적인 시각에서 창조적 혁신 과제에 도전하고 우리 기업과 한국 경제가 함께 성장할 수 있기를간절히 기대한다.

3장

유니콘 벤처,
어떻게 만들 것인가?

•

이병헌

광운대학교

유니콘 벤처가 주도하는 제2의 벤처 붐

2017년 3월 세계 반도체 산업의 절대강자 인텔이 1999년 이스라엘에서 설립된 종업원 600명 규모의 벤처기업 모빌아이를 17조원에 인수하였다. 모빌아이가 갖고 있는 시각센서 기술을 자율주행 차량에 활용하기 위한 것이다. 2010년 이후 모빌아이와 같이 상장 전 기업가치가 10조원이 넘은 초대형 스타업 기업들이 세계 여기저기서 나타나고 있다. 미국 카우보이벤처스의 창립자 에일린 리(Aileen Lee)는 이러한 비상장 벤처기업을 영험한 능력의 뿔을 지닌 전설속의 동물 유니콘에 비유했는데, 유니콘은 창업 후 단기간에 초대형으로 성장하는 벤처기업을 일컫는 말로 자리잡았다.

최근 인공지능(AI), 사물인터넷(IoT), 클라우드 컴퓨팅과 빅데이터, 로봇, 블록체인 등 4차 산업혁명을 추동하는 기술혁신이 가속화되고, 전세계적으로 2000년 전후의 벤처 투자 열풍에 버금가는 제2의 벤처 붐이 형성되면서, 미국과 중국을 중심으로 수 많은 유니콘 벤처 기업들이 탄생하고 있다. 전문 조사기관 CBinsight에 따르면 2016년까지 174개에 불과했던 전 세계의 유니콘 벤처기업의 수는 2023년 3월 현재 1,208개로 크게 증가하였다. 코로나 팬데믹으로 전 세계적으로 비대면 활동이 증가하는 한편, 저금리와 양적완화로 인한 유동성 증가가 대규모 벤처 캐피탈 투자로 이어지면서, 유니콘 벤처 탄생의 밑거름이 된 것이다.

우리나라 벤처기업의 역사는 이용태 회장이 삼보컴퓨터를 설립한 1980년으로 거슬러 올라 간다. 그 후로, 1981년 카이스트 교수 출인 이범천 사장의 큐닉스, 1983년 조현정 회장의 비트컴퓨터, 1985년 이민화 교수의 메디슨, 1989년 한글과 컴퓨터, 휴맥스 등이 창업하였으며, 초고속 인터넷 혁명기인 2000년 전후 1차 벤처 붐을 이루었다. 그러나 곧바로 닷컴 버블이 붕괴되면서 긴 시간 침체기를 거쳤졌다. 다행히, 2010년대 중반 이후 디지털혁명과 플랫폼비즈니스 모델의 등장으로 벤처버블 붕괴 이전 수준으로 벤처 창업과 투자가 회복되었다.[1]

특히, 최근 유니콘이 주도하는 제2의 벤처 붐은 우리나라에서도 일어났다. 2016년 '쿠팡', 'CJ 게임즈', '옐로우 모바일'로 단 세개에 불과했던 우리나라의 유니콘 벤처 기업은 2023년 상반기에 총 25개까지 증가하였다.[2] 패션 플랫폼 무신사, 핀테크 기업 두나무와 비바리퍼블리카,

여행 플랫폼 야놀자, 코스메틱 기업 지피클럽과 엘엔피코스메틱 등이 새롭게 탄생한 유니콘 벤처기업이다.

유니콘이 주도하는 벤처 창업과 투자 열기에 힘입어 우리나라 벤처 생태계의 위상도 전 세계 10위 권으로 크게 높아졌다. 1차 벤처 붐이 최고조였던, 2001년 11,400여 개였던 벤처기업의 수는 2022년 말 35,000개로 3배 이상 증가하였고, 같은 시기 벤처기업 투자도 연간 2조원 규모에서 10조원 규모로 5배 증가하였기 때문이다. 벤처기업 종사자 규모는 81만 7천여명으로 4대 그룹 고용 규모 69만 8천명을 훌쩍 넘고 있으며, 총매출액 역시 삼성그룹 다음으로 많은 206조원에 달하는 수준으로 성장하였다.

하지만, 벤처기업이 잠재 성장률 1%대로 성장 한계에 직면한 한국 경제의 성장을 견인해 나아가기 위해서는 양적으로나 질적으로 더 큰 발전이 요구된다. 기술 집약적 스타업과 벤처기업이 생산과 고용에서 차지하는 비중이 30% 수준이 되어야 선진 경제로 지속적인 발전이 가능할 것이나, 현재 이들이 한국 경제에서 차지하는 비중은 10% 미만에 불과하다.

우리나라의 벤처 생태계는 다산다사(多産多死)를 특징으로 하고 있으며, 유니콘과 같이 빠르고 크게 성장하는 벤처기업들이 드물다. 대부분의 벤처기업들이 한정된 국내 시장을 대상으로 하고 있어 연 매출 100억원대에서 더 이상 성장이 안 되는 경향이 있다. 1980년에 삼보 컴퓨터가 창업한 이래로 2018년까지 10만개 이상의 벤처기업이 설립되었으나 그 중에서 2020년 매출 1,000억을 돌파한 기업들은 633 개에 불과하였다. 이들 중에서 글로벌 기업으로의 지속적인 성장을 하고 있는 기업들은 네이버, 휴맥스, NC소프트 등 극히 소수에 불과하다. 자산규모 10조원이 넘어 재벌기업으로 분류되는 벤처기업은 다음과 합병한 카카오와 바이오의약품 생산 벤처기업 셀테리온뿐이다. 한경희생활과학, 터보텍, 엠텍비젼, MP맨탓컴, 레인콤 등 한 때 주목을 받았던 유망한 벤처기업들이 성장을 지속하지 못하고 추락하였다.

유니콘 벤처와 같이 글로벌 기업으로 성장하는 벤처기업들이 많이 나타나야 우리 경제의 성장을 견인하고, 젊은 세대에게 양질의 새로운 일자리를 제공할 수 있다. 본 장에서는 유니콘 벤처기업들의 성장 전략과 성공요인을 살펴보고, 우리 벤처기업들이 유니콘으로 성장하기 위한 전략과 조직관리 방안을 제시한다. 그 다음으로는 유니콘의 출현을 가능케 하는 벤처 생태계의 필요조건과 우리나라 벤처생태계의 혁신 방안을 모색해 본다.

유니콘 벤처, 그 탄생의 비밀

Intel, HP, Microsoft, Dell 등과 같이 1980년대와 1990년대에 성장한 벤처기업들은 주로 새로운 기술이나 독특한 아이디로 제품의 성능이나 기능 향상에 집중하거나 원가절감을 통해 제품의 공급가격을 획기적으로 낮추는 전략으로 커다란 성공을 거두었다. 이들이 크게 성장하기까지는 비교적 많은 시간이 필요했는데, 기업가치의 90% 이상이 주식시장에 상장한 후에 만들어 졌다.

반면 Facebook, LinkedIn, Uber, Airbnb 등 최근에 탄생한 유니콘 벤처들은 대부분 스마트폰, SNS, 클라우드 컴퓨팅, 사물인터넷(IoT), 핀테크, 인공지능 등과 같은 신기술을 활용하여 최종 고객과 서비스 공급업자, 솔루션 개발업체들이 쉽게 참여할 수 있는 플랫폼을 구축하는 전략을 구사한다. 이를 통해, 창업 후 4-5년 만에 10억 달러 이상의 기업가치를 인정받을 정도로 빠르게 성장하고 있다. 유니콘은 기존에 없던 새로운 서비스와 시장을 개척하고, 고객들에게 새로운 가치를 제공하는 비즈니스 모델을 구축하는데 성공한 기업이다. 이들은 기업, 정부, 언론, 교육기관, 의료기관 등 모든 사회적, 경제적 시스템을 혁신하여 새로운 기업 생태계를 만드는 전략을 추구하고 있다.

그러나 전세계의 모든 유니콘들이 신 산업을 개척하는 선발자 전략을 추구하는 것은 아니다. 중국에서 가장 대표적인 유니콘으로는 샤오미와 디제이아이(DJI)를 꼽을 수 있다. 이들은 선발 기업을 모방하고, 기술혁신에 의한 차별화 대신 원가우위 전략으로 경쟁한다. 샤오미는 애플이나 삼성 등 선도기업의 제품을 빠르게 따라 하며 훨씬 저렴한 가격으로 제품을 출시하고 있다. 디제이아이(DJI)도 기술적 우위를 추구하기보다는 일반 소비자들이 구매할 수 있는 저가의 보급형 드론 생산에 초점을 맞추고 있다. 인도의 가장 대표적인 유니콘인 플립카트(Flipkart)는 인도의 '아마존'으로 불리는 전자상거래 기업이며, 영국의 유니콘 펀딩써클(Funding Circle)은 P2P 대출업체이다. 한국을 대표하는 유니콘으로 알려진 쿠팡도 소셜커머스의 원조인 미국 구루폰(Groupon)의 성공을 보고 창업한 회사이다.

유니콘들의 성장 전략과 성공요인은 그 기업이 탄생한 국가의 벤처 생태계나 목표로 하는 고객과 산업에 따라서 다르기 때문에 이를 일반화하기는 어렵다. 또한 대부분의 유니콘들은 매출이 급속히 성장하고는 있으나 영업이익을 실현하지 못하는 단계에 있으며, 일부는 아직도 수익성이 입증된 비즈니스 모델을 확립하지 못하고 있어 성공 자체를 판단하기도 어렵다.

이 장에서는 유니콘 벤처기업의 일반적인 성장 전략이나 성공요인을 논하기 보다는 우리나라의 벤처기업 경영자나 정책 입안자들에게 보다 많은 교훈과 시사점을 줄 수 있는 유니콘 벤처를 선정하여, 그들의 성장전략과 성공요인을 구체적으로 살펴보기로 한다. 처음에 살펴볼 사례는 구글이고, 그 다음으로는 우리나라의 최초 유니콘 쿠팡 사례이다. 두 기업 모두 지금은 상장을 하였기 때문에 유니콘으로 분류되지는 않지만, 창업 과정과 성장 전략으로 부터 배울 것이 많은 유니콘 벤처의 전형이라고 할 수 있다.

유니콘 벤처의 효시 구글의 탄생과 성장

1998년 스텐퍼드대학교의 박사과정 학생들이었던 세르게이 브린과 래리페이지가 창업한 구글은 창업 20년 만에 세계 최고의 IT 기업으로 성장하였다. 구글의 모회사 알파벳의 2022년 매출은 약 2,828억불로 한화로 약 367조원이다. 한국의 일등기업 삼성전자의 2022년 매출

302조원을 넘어섰다. 2016년에는 구굴의 매출이 환화로 약 100억원이었던 반면, 삼성전자는 201조원이었던 것과 비교하면, 구글의 비롯한 알파벳 자회사들의 성장세를 알 수 있다. 2022년 알파벳의 영업이익은 748억불, 약 97조원인 반면, 삼성전자의 영업이익은 43조원으로 알파벳의 절반에 못미친다.

구글 창업의 토대가 된 인터넷 검색 기술은 미국과학재단의 지원을 받아 박사과정의 연구주제로 시작된 전자도서관 프로젝트로부터 발전되었다. 1997년 초 이들은 인터넷 페이지들 간에 링크되어 있는 구조로부터 특정 페이지의 인기나 중요도를 측정하는 페이지랭크 알고리즘을 고안하여 새로운 검색엔진을 개발했다. 구글의 검색 서비스는 야후, 알타비스타 등 기존의 검색서비스와 달리 배너광고나 부적합한 검색결과 없이, 검색 서비스 이용자가 원하는 가장 적합한 정보들을 선별하여 제공함으로써 사용자들로부터 커다란 호응을 얻었다.

1998년 8월 하순 스탠퍼드 대학의 데이비드 체리턴 교수는 이들에게 마이크로시스템즈 공동창업자였으며, 실리콘밸리 최고의 엔젤투자자로 활동하는 백톨샤임을 소개해 주었다. 그는 구글의 서비스를 살펴보고, 10만 달러 수표를 써 주는 것으로 투자했다. 백톨샤임의 투자를 받아 회사는 그해 9월에 설립되었고, 첫 번째 직원으로 스탠퍼드 대학 박사과정 학생 그레이크 실버스타인을 채용하여 시험서비스를 진행하였다.

구글은 1999년 7월 실리콘밸리의 유명한 벤처캐피탈 클라이너 퍼킨스와 세쿼이아 캐피탈로부터 2,500만 달러를 투자 받으면서 컴퓨터 서버 등 대중을 대상으로 한 본격적인 서비스에 필요한 데이터 센터를 구축하였다. 1999년 말 하루 평균 700만 건의 검색을 수행할 정도로 구글의 검색 서비스는 매우 빠른 속도로 사용자들에게 확산되었다. 그러나 이렇다 할 수익모델은 아직 없었다.

2000년 인터넷 버블이 꺼지면서 실리콘밸리에 대규모 해고와 파산이 이어졌는데, 벤처캐피탈로부터 충분한 투자자금을 확보하고 있었던 구글은 이 시기를 이용하여 유능한 소프트웨어 엔지니어와 수학자들을 대거 채용할 수 있었다. 특히, 2000년 12월 썬마이크로시스템즈의 CTO와 노벨의 CEO를 역임한 전문 경영인 에릭 슈미트를 영입하였다. 에릭 슈미트는 구글의 비전을 체계화하고, 경영 시스템과 조직문화를 구축하여 오늘날 세계 최고의 IT기업으로 성장하는데 결정적인 기여를 한다.

2001년부터 구글은 지금까지 확보한 대규모 사용자를 기반으로 수익을 창출하기 위한 새로운 서비스를 기획하였다. 구글의 경쟁업체 야후에 인수된 오버추어라는 벤처기업이 처음 고안한 검색어 경매 방식을 도입한 것이다. 이 서비스를 통해 구글은 2002년 4억 4천만 달러의 매출과 1억 달러의 이익이라는 엄청난 성공을 거두었다. 구글은 2004년 4월 상장을 하였으며, 상장 후 1년이 지난 6월 초 시가 총액은 80억 달러에 달하게 되었다.

안정적인 수익원을 확보한 구글은 이후 신규 서비스로의 확장과 더불어 해외 시장으로 적극 진출하게 된다. 2004년 자체 개발한 Gmail 서비스를 오픈 하였으며, 유투브, 구굴어스(구글 맵스), 안드로이드 스마폰 사업, 알파고를 통한 인공지능 서비스 등으로 사업을 확장하였다. 영국을 비롯한 유럽 각 국가와 일본과 한국 등 아시아 여러 나라에 자회사를 두고 있으며 세계 각지에 R&D센터를 운영하고 있다. 이러한 사업 확장은 주로 M&A를 통해 추진되어 왔는데, 2001년 검색엔진 Deja.com을 인수한 이래 2016년 10월까지 총 200의 기업을 인수했으며, 지금도 전세계에서 다양한 기업들에 투자하고 M&A를 하고 있다.

〈그림 1〉 구글의 사업 구조

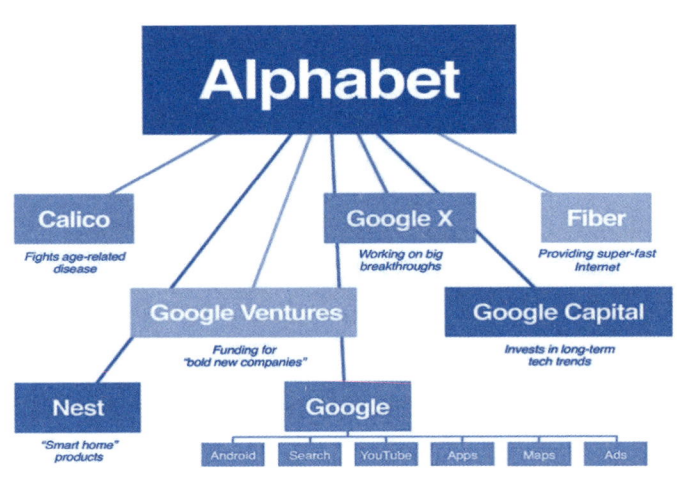

한국에서 탄생한 유니콘, 쿠팡

쿠팡의 창업자 김범석은 한국에서 태어나 유년기에 아버지를 따라 미국으로 이민 갔다. 하버드 대학 정치학과를 졸업하였는데, 재학 시절 대학 잡지 '커런트' 를 만들어 유력 언론사인 뉴스위크에 매각했다. 큰 돈을 벌지는 못했지만 이 과정에서 제품 및 서비스 개발, 마케팅, 조직관리, 재무, 투자 등 다양한 업무를 경험하였다고 한다. 이후 보스턴

컨설팅그룹 본사에서 2년 가량 일한 뒤 또 다시 '빈티지미디어'라는 대학 잡지를 창간하였으며 이를 유력 언론사 애틀랜틱 미디어에 매각했고 어느 정도의 이익도 남겼다. 이후 MBA 과정을 하면서 다시 사업 아이템을 찾던 중 당시 떠오르던 소셜커머스 기업 구루폰에 주목하고, 이를 한국 시장에 적용해 보자는 아이디어로 2010년 쿠팡을 창업했다.

2010년 쿠팡이 설립될 당시 SNS를 기반으로 한 공동구매를 지향하는 소셜커머스 시장은 초기 투자비용이 적은 이유로 진입장벽이 낮아 이미 수십 개의 업체들이 난립해 있었다. 이러한 상황에서 대다수 소셜커머스 업체들은 자신들의 미션을 유통업으로 정의하고, 싼값에 물건을 제공하는 쿠폰 제공 및 판매에만 열중하였고, 판매되는 제품의 질에 대한 소비자 불만은 도외시하였다.

티몬 등 경쟁 업체들에 비해 한발 늦게 출발한 쿠팡의 김범석 대표는 국내의 소셜커머스 업체들이 고객응대에 적극적이지 않다는 점을 주목하고, 고객 만족을 통한 서비스의 차별화를 도모하였다. 이를 위해 업계 최초로 환불정책을 시행하고, 배송지연 및 품절 포상제, 빠른 배송 서비스, 365일 고객 상담센터, 먹거리 안전센터 등과 같은 차별화된 고객 응대 서비스를 도입하였다. 그 결과 매출은 2013년 478억원에서 2017년 2조 7천억원으로 60배 가까이 늘었다. 이후에도 매년 2배 이상 매출이 증가하였고, 코로나 팬데믹으로 온라인 쇼핑이 증가하면서 2022년에는 매출이 26조 5천억원에 달하게 되었다.

쿠팡은 2014년과 2015년에 걸쳐 세쿼이아 캐피탈로부터 1억달러, 블랙록으로부터 3억달러, 소프트뱅크로부터 1조 1천억원 등 대규모 외부 투자를 유치하면서 비즈니스 모델의 혁신을 추구하였다. 상품판매자와 소비자 사이의 상품거래를 단순 중개하는 모델에서 상품의 직접 구매와 판매, 배송을 담당하는 본격적인 E-Commerce 기업으로 전환한 것이다. 이를 위해 쿠팡은 전국 단위로 물류센터를 구축하고, 배송전담 직원인 쿠팡맨을 직접 채용하여 주문 후 24시간 내에 전국 어디나 배송하는 로켓배송 배송체계를 확립하였다. 2016년에는 오픈마켓 채널 '아이템마켓' 을 선보였다. 2017년에는 창업 초기에 시작했던 지역별 할인쿠폰 판매서비스를 중단하면서, 직매입을 통한 로켓배송과 오픈마켓이 양대 수익 모델이 되었다. 하지만 이러한 전략은 많은 투자와 비용을 동반하고 있는데, 2015년 쿠팡은 국내 온라인 쇼핑 사업자 가운데 가장 많은 규모인 5,470억원의 영업손실을 기록하였으며, 이후 2021년까지는 매년 1조원 내외의 영업손실을 감수한 투자가 계속되었다. 쿠팡은 2022년 3사분기와 4사분기에 각 각 1,000억원 규모의 영업이익을 실현하면서, 손익분기점을 넘어서는데 성공하였다.

한편 쿠팡은 기업의 성장에 필요한 인재들을 다양한 채널을 통해 확보하였다. 아마존, 야후 등 글로벌 IT 기업과 NHN, SK M&C, 두산 등 국내 유수 기업에서 경력을 쌓은 전문가들을 영입하였다. 2014년에는 오라클과 인포믹스 등 글로벌 IT 기업에서 일했던 짐 다이(Jim Dai)를 CTO로 영입하였으며, 2015년에는 아마존에서 근무했던 루디 다르마완(Rudy Darmawan)을 기술총괄 임원으로 영입하였다. 또한 제일모직 '빈폴 컴퍼니' 의 신명은 전무를 부사장으로 스카웃하는 등 사업다각화에 필요한 인력을 끊임없이 외부로부터 충원하고 있다. 또한 해외투자자들로부터 유치한 막대한 자본금을 바탕으로 미국 실리콘밸리와 시애틀, 중국 상하이 등에 연구개발센터를 두고 현지 기술인력을 활용하고 있다.

최근 들어 쿠팡은 M&A를 새로운 성장 전략으로 채택하였다. 2016년 투자개발실을 신설하고, 사업 시너지가 높은 회사를 대상으로 투자나 M&A를 추진하고 있다. 기존 사업과 연계 가능성이 큰 IT기술기업, 커머스(상거래) 기업, 디지털 컨텐츠 기업, 핀테크 기업 등을 우선적인 투자대상으로 고려하고 있다.

2021년 3월 쿠팡은 뉴욕증시에 상장되어 유니콘을 졸업하였다. 상장 당시 쿠팡의 공모가 기준 기업가치는 약 72조원이었으며, 상장 직후 주가가 오르면서 시가총액이 100조원을 넘어서기도 했다. 국내 기업들 중에서 쿠팡보다 시가총액이 큰 기업은 삼성전자와 SK하이닉스 정도이다.

유니콘 특유의 성장 전력과 성공요인은 무엇인가?

1980년대 후반 이후 경영학에서 많은 연구들이 벤처기업 또는 하이테크 스타업의 성공 요인을 다각도로 규명해 왔다. 중소기업청장을 지낸 한정화 교수는 이를 종합하여, 벤처기업의 성공(VP)을 결정하는 요인을 크게 기업가(E), 자원과 역량(R), 산업환경(I), 전략(S)로 구분하고, $VP = f(E, R, I, S)$ 라는 성공 함수식을 제시하였다.

이중 기업가(E)과 관련된 요인은 기업가의 역량과 더불어 창업팀을 구성하는 핵심인력의 사전 경험과 지식, 창업팀 내부의 팀워크와 상호 보완관계 등이 중요한 성공요인으로 제시되고 있다. 나아가 창업 이후 성장과정에서 대기업을 경영해본 경험이 있는 전문경영인의 확보도 중요한 성공요인이 된다.

자원과 역량(R) 측면에서는 우수인력의 확보와 더불어 연구개발이나 마케팅 및 생산에 투자할 자금을 벤처캐피탈 등으로부터 조기에 충분히 확보하는 것이 성공요인으로 지적된다. 또한 수평적이고 개방적인 조직구조와 문화를 확립하여 우수 인력들이 자발적으로 혁신에 몰입할 수 있는 분위기를 형성하는 것도 중요한 성공요인으로 지적되고 있다.

산업 환경(I) 측면에서는 새로운 시장 수요의 존재, 실리콘 밸리와 같이 풍부한 인력과 투자자금의 공급환경에 입지하는 것 등을 중요한 성공요인으로 들고 있다. 전략(S)에서는 창업 초기 제품/시장 영역의 집중과 순차적 확대, 활용(exploitation)과 탐험(exploration) 전략의 순차적 전개를 통한 비즈모델의 수정과 확립이 주요한 성공요인이다. 이러한 전략을 린스타업(Lean Start up)과 피봇팅(Pivoting) 전략이라고 부른다.

이러한 요인들은 구글이나 쿠팡과 같은 유니콘들에서도 중요한 성공요인으로 작용하고 있다. 첫째, 구글과 쿠팡 모두 창업자들이 해당 사업을 수행하는데 필요한 기술적 능력이나 벤처 사업 운영 경험을 보유한 사람으로 구성되었으며, 창업자들 간의 상호 보완적 역할을 통해 시너지를 발휘하였다. 구글의 창업자 브린과 페이지, 그리고 벤처캐피탈의 투자 후에 합류한 슈미트는 최고경영진의 일원으로 각 각 사업개발,

기술개발, 경영관리로 역할을 분담하여 각자의 역량을 발휘하였다. 쿠팡도 창업 직후부터 짐 다이, 루디 마르미완 등 실리콘 밸리의 기술 기업들에서 많은 경험을 쌓은 엔지니어를 최고경영진으로 영입하였으며, 대기업에서 일했던 송경찬을 CFO로 영입하였다.

둘째, 창업 초기 이들 두 기업은 시장의 최초 진입자는 아니었으나, 산업의 태동기에 진입하여 고객들의 핵심적인 불만이나 미충족 욕구를 해결하는데 집중하는 차별화 전략으로 경쟁자들을 물리치고 시장을 장악하였다. 구글은 검색서비스 사용자들이 과도한 광고 메시지로부터의 혼란을 피하고 원하는 정보를 쉽게 찾을 수 있도록 해줬으며, 쿠팡은 소셜커머스를 통해 제품을 구매하는 소비자들의 불만을 해소하는데 주력하여 모바일 커머스 시장의 강자로 부상할 수 있었다.

셋째, 두 기업 모두 설립 직후부터 대규모 외부 투자를 적극적으로 유치하여 우수 인력 확보와 연구개발 및 운영설비 투자를 할 수 있었다. 구글은 실리콘밸리의 유명 벤처캐피탈로부터 창업 초기 대규모 투자금을 유치하여 인터넷 버블이 붕괴되는 상황에서 우수인력 채용과 데이터 센터 구축에 투자할 수 있었다. 쿠팡은 소프트뱅크의 투자자금을 활용하여 로켓배송에 필요한 물류 인프라를 구축하고, 개발 인력과 운용 인력을 대폭적으로 충원할 수 있었다.

넷째 두 기업 모두 외부 투자 유치와 더불어 신규 서비스나 사업으로 확장하면서 창업 초기의 단순했던 비즈니스 모델을 보다 다양하고 견고하게 구축하였다. 구글은 투자 이후 검색어 경매 방식의 광고서비스를 도입하였고, 쿠팡은 SNS 기반의 공동구매 서비스에서 모바일 오픈마켓, 직구매 서비스 등으로 수익모델을 다변화하였다. 특히 이 과정에서 구글은 신기술 기업이나 스타트업 기업을 적극적으로 M&A 하는 전략을 통해 사업영역을 빠르게 확장할 수 있었다. 쿠팡도 이러한 전략을 준비 중에 있다.

다섯째, 창업초기부터 적극적인 해외 진출을 통해 조기에 글로벌화를 이룩하였다. 구글은 설립 직후부터 세계 여러 나라의 언어로 서비스를 시작하였으며, 세계 각지에서 연구개발센터를 운영하고 있으며, 쿠팡도 해외에서 서비스를 제공하고 있지는 않지만, 설립 초기부터 중국과 미국에 R&D 센터를 설치하여 외국의 우수 인력과 기술을 활용하는 전략을 펼치고 있다.

여섯째, 수평적이고 투명한 조직구조와 창의적인 조직문화를 통해 우수인력을 유인하고, 이들의 창의성을 극대화하여 기술개발과 사업확장에 활용한다는 점이다. 구글은 각 사업부문들로 의사결정을 분권화하고, 엔지니어들이 전체 근무 시간의 20%를 자신의 관심 분야 쓸 수 있도록 하고 있다. 쿠팡은 조직의 설계 및 운영에 있어서 Agile 방법론을 도입하여 서비스를 끊임 없이 개편하고, 그에 따라 수많은 테스크포스(TF)가 생겨나고 사라지도록 하고 있다.

그렇다면, 보통의 벤처와 다른 유니콘에서만 나타나는 특징적인 성장 전략이나 성공요인은 무엇일까? 이에 대해 최근 몇몇 벤처 연구자나 컨설턴트들이 유니콘 벤처들을 조사하여 밝힌 내용을 중심으로 알아보기로 한다.

유니콘이라는 용어를 처음 사용한 아일린 리(Aileen Lee)는 2003년 이후 미국에서 설립된 기술벤처들 중 39개의 유니콘 벤처들을 조사하고, 몇 가지 특징들을 정리했다.[3] 그녀가 제시한 내용들 중에서 유니콘의 성장 전략과 성공 요인을 뽑아보면 다음과 같다.

첫째, 급진적인 기술혁신이 유니콘의 탄생과 성장의 기회를 제공한다. 1960년대 반도체 혁명과 인텔의 등장, 1970년대 PC의 탄생과 애플, 오라클, 마이크로소프트의 창업, 1980년대 유선통신망의 확대와 시스코의 성장, 1990년대 현대 인터넷의 보급과 구글의 창업, 2000년대 스마트폰에 의한 소셜네트워크 혁명으로 인한 페이스북과 우버의 성장이 이를 입증한다.

둘째, 유니콘의 주요 비즈니스 모델은 소비자 상거래, 소비자 청중모집, 소프트웨어 서비스(SaaS), 기업용 소프트웨어 등이며 네트워크 효과를 통한 사용자 가치 증진을 목표로 한다. 상당수의 유니콘은 물리적인 생산 및 서비스 설비를 보유하고 있지 않으며, B2B 보다는 B2C 시장을 목표로 한다. 특히 2020년 코로나 팬데믹으로 비대면 활동이 증가하면서, 온라인 플랫폼이나 온라인 상거래 및 결제를 비즈니스 모델로 하는 유니콘 벤처들이 크게 늘었다.

셋째, 유니콘 벤처는 평균 나이 30대 중반의 사업 경험이 있는 엔지니어와 기업가들 여러 명이 공동으로 창업하는 경우가 많으며, 공동 창업자들은 대학이나 직장에서 함께한 경험을 갖고 있다. 창업자들은 이전 창업 경험이 풍부하였으며, 20대 초반에 창업한 경우나 공동이 아닌 단독으로 창업한 경우는 매우 드물다.

넷째, 대부분의 유니콘들은 창업 초기에 수립한 사업의 비전을 유지

한다. 초기에 설정한 제품이나 서비스의 본질적인 개념을 충실히 따르면서, 시장에 제공되는 제품이나 서비스의 가치 증진과 비즈니스 모델을 수익지향적으로 변화시키기 위한 부분적인 변화만을 모색한다.

한편, 영국의 GP Bullhound 라는 벤처투자 컨설팅 회사의 창업자 Manish Madhvani는 유럽의 유니콘 벤처기업들에 대한 조사를 통해서 대규모 외부 자금 유치를 통한 장기적인 투자와 인수합병이 유니콘들의 주요한 성장전략이라고 설명한다.[4] 이들의 조사에 따르면 미국의 유니콘들은 평균 5억 6천만 달러의 자금을 투자 받았고, 유럽의 유니콘들은 2억 6천만 달러의 투자를 받았으며, 외부 투자 유치 후 회수까지 8년에서 10년 동안 지속적인 투자를 행하는 것으로 나타났다. 이 과정에서 기업들은 평균 5건 이상의 M&A를 통해 새로운 기술을 확보하거나 신규 사업에 진출하는 것으로 나타났다.

유니콘을 잉태하는 벤처 생태계의 조건과 우리의 과제

벤처 생태계는 벤처기업이 창업해서 중소기업과 중견기업으로 성장하여 다른 기업에 인수되거나 IPO를 통해 대기업으로 발전해 나가는 장이라고 정의할 수 있다. 벤처 생태계는 벤처기업 만이 아니라 이들에게 기술, 인력, 자금을 공급하고, 성장을 지원하거나 사업 상 협력 관계를 갖는 기업 등 다양한 협력 주체로 구성된다. 다음 〈그림 2〉에서와 인력과 기술을 공급하는 대학과 연구기관, 제도와 정책을 통해 성장을 지원하는 정부, 자금을 공급하는 자본시장의 투자자들, 대학 및 연구기관과 기업간의 기술이전을 알선하고 기술의 사업화를 컨설팅 하는 기관, 벤처기업의 창업과 시장 진입을 도와주는 엔젤, 인큐베이터, 엑셀러레이터, 기업 간 M&A를 중개하고 투자하는 벤처캐피탈과 사모투자펀드 등이 벤처생태계를 구성하는 주요 경제 주체들이다.

〈그림 2〉 벤처 생태계의 구조

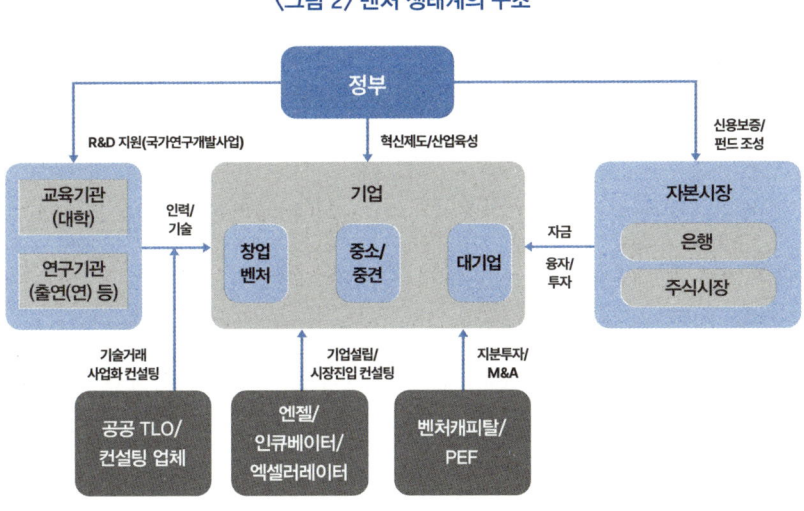

앞서 설명했듯이 유니콘은 벤처생태계가 잘 발달된 특정 지역에서 보다 빈번하게 탄생하고 있다. 가장 대표적인 실리콘 밸리를 중심으로 벤처생태계의 어떠한 조건들이 유니콘 벤처의 탄생을 돕고 있는지 살펴보고, 그 것

과 비교하여 한국 벤처 생태계의 문제점과 발전과제를 짚어보기로 한다.

첫 번째 조건은 비교적 젊고, 기업가적 역량과 열정이 충만한 창업자들이 끊임없이 몰려든다는 점이다. 실리콘밸리의 경우 그 지역 스탠퍼드 대학 졸업생을 비롯하여 우수 대학을 졸업한 많은 인재들이 인텔이나 마이크로소프트 같은 이미 성공한 벤처 기업에 취직하여 경험과 지식을 쌓은 후 자신만의 사업 기회를 추구하기 위해 회사를 나와서 창업에 나서고 있다. 특히 이렇게 경험을 갖춘 인력들이 팀을 이루어 창업하는 것이 일반적이다. 실리콘밸리 유니콘의 경우 평균 3명이 공동 창업하는 것으로 나타났다.

최근까지 우리나라의 젊은 인재들은 공공 부분의 안정된 직장을 찾거나, 삼성과 같은 대기업에 취업하기를 희망하였고, 창업을 하거나 벤처기업에 일하려는 사람은 극히 적었다. 벤처기업협회가 매년 시행하는 벤처 정밀 실태조사 결과에 따르면,[5] 우리나라 벤처기업 창업자들 중 대기업에 근무하다가 창업한 사람은 18.7%, 대학 교수나 공공 연구기관의 연구원으로 있다가 창업한 경우는 7.1%이며, 일반 중소기업에 근무하다가 창업한 경우가 61.4%로 대부분을 차지하고 있다. 또한 혼자 창업한 경우가 88.0%로 절대 다수이며, 팀을 이루어 창업한 경우는 12.0%에 불과하다. 글로벌 전략컨설팅회사 맥킨지의 분석에 의하면, 미국의 ICT 분야 벤처 창업자들 중 석사 또는 박사 학위 소지자의 비율이 40%(박사학위 소지자는 10%)인 반면 한국은 18%(박사 학위 소지자는 3)에 불과하다.[6] 우리나라의 벤처 기업가들은 경험과 기술 지식이 충분하지 않은 상태에서 생계를 목적으로 창업하는 경우가 많기 때문에, 차별화 요소가 없는 유사

서비스가 난립하고 있다고 매킨지 보고서는 진단하였다.

하지만, 최근 제2 벤처 붐이 형성되면서 이러한 기류에 변화가 나타나고 있다. 마켓컬리의 김슬아 대표와 같은 해외 유학파 출신, 리멤버를 창업한 최재호 대표와 같은 글로벌 컨설팅회사 출신, WATCH를 창업한 카이스트 졸업생 박대훈 대표 등과 같이 젊은 인재들이 창업한 벤처가 유니콘으로 성장하는 사례가 늘어나고 있다. 의사와 교수들의 창업도 늘고 있으며, 벤처기업에 취업하기를 원하는 젊은 인재들도 많아지고 있다.

두 번째 조건은 창업 초기 단계의 엔젤투자, 성장 단계의 벤처캐피탈 투자, 기업 공개 전 단계의 사모펀드(PEF)의 투자 등 성장 단계별로 투자되는 풍부한 모험자본의 존재이다. 모험자본 시장이 가장 발달한 미국과 이스라엘의 경우 GDP 대비 모험자본의 벤처기업 투자액 비중은 각 각 0.28%, 0.38%로 우리나라의 0.06%에 비해 4배 이상이다.[7] 중국의 경우 해외 벤처캐피털들의 투자가 총 벤처 투자의 70%나 되고, 인민폐(RMB) 외에 달러 표시 투자도 활발하다. 앞서 살펴보았듯이 유니콘들은 최소 1억 달러 이상의 투자금을 필요로 하기 때문에 대형 벤처캐피탈 펀드나 사모펀드의 조성이 필요하다. 모두 41개의 유니콘에 투자한 Sequoia Capital, 19개의 유니콘에 투자한 Accel Partners, 14개에 투자한 Kleiner Perkins Caufield & Byers 등은 모두 실리콘밸리를 주 활동 무대로 하는 벤처캐피탈이다.

우리나라의 경우 정부의 자금 지원에 힘입어 2015년 벤처캐피탈의 투자규모가 2조원을 돌파하였고, 2022년에는 연간 투자가 10조원 규모로 성장하였으나, 미국이나 이스라엘 등 벤처 선진국에 비하면 여전히 적은 규모이다. 때문에 우리나라의 벤처기업들은 창업 후 투자에 필요한 신규 자금을 조달하는데 있어서 개인자금이나 은행의 융자에 99% 의존하고 있고, 엔젤이나 벤처개피탈의 투자로부터 조달되는 자금의 규모는 0.1%에 불과하다. [8]

앞의 맥킨지 보고서에 따르면. 우리나라 벤처기업들이 필요한 자금을 조달하기 가장 어려운 단계는 창업 초기 기술개발이나 시장 개척을 하는 단계이며, 그 다음으로는 글로벌 시장으로 사업확장을 하는 단계이다. [9] 벤처기업 투자의 대부분을 차지하는 벤처캐피탈 펀드의 투자 중에서 업력 3년 미만의 초기단계에 투자되는 비중은 30% 정도에 불과하고, 초기단계 투자만을 전문으로 하는 엔젤펀드의 투자규모는 전체 벤처캐피탈 투자의 4.88%에 불과하다. 반면 미국의 경우 엔젤투자 규모는 벤처캐피탈 투자의 50% 수준에 달한다. [10]

또한 우리나라의 경우 벤처기업의 성장 후반부 사업다각화와 글로벌 시장 진출 단계에서 대규모로 투자할 수 있는 사모펀드들이 발달되어 있지 않고, 외국계 펀드들의 투자도 활발하지 않은 상황이다. 미국의 사모펀드들은 펀드 당 10개 미만의 벤처에 집중 투자하고 이들 기업의 성장을 밀착 지원하는 방식으로 운영된다.

최근 들어, 우리나라의 벤처투자 업계에도 변화의 움직임이 일고 있다. 성공한 벤처기업가들 중에서 유망 벤처를 발굴하여 투자하는 사람들이 늘고 있다. 네오위즈와 첫눈이라는 두 개의 벤처기업을 창업하고, 이들을 상장하고 M&A를 하여 큰 돈을 번 장병규 대표는 본엔젤스라는 벤처캐피탈을 설립하여 유망 벤처기업에 투자를 하고 있다. 또한 벤처캐피탈이 운용하는 펀드의 규모가 대형화되면서, 유니콘이 필요로 하는 대규모 투자도 가능해졌다. IMM인베스트먼트, 한국투자파트너스, 아주IB, 프리미어파트너스 등 상위 벤처캐피탈의 운용자산 규모는 1조 원 이상으로 커졌고, 최고 5조원 규모의 펀드를 운용하는 경우도 있다.

　세 번째 조건은 벤처기업의 성장을 실질적으로 지원할 할 수 있는 전문성과 역량을 갖춘 인큐베이터 또는 엑셀러레이터의 존재이다. 이들은 벤처의 사업전략 형성과 제휴 및 M&A 등 성장 전략의 실행에 적극적으로 관여하여 벤처의 성공 가능성을 극대화하는 역할을 한다. 실리콘밸리나 이스라엘에서는 벤처기업의 설립과 성장 과정에서 창업 공간과 자금, 경영 컨설팅과 세무 및 법무 관련 서비스 등을 종합적으로 지원하는 엑셀러레이터들이 활발하게 활동하고 있다. 이들은 창업 벤처를 성장 시키기 위해 전문 경영인 영입을 알선하거나 M&A와 제휴 대상을 물색해 주기도 한다. 2005년 미국에서 설립된 대표적인 엑셀러레이터 Y Combinator는 74억 달러의 투자재원으로 946개의 스타업을 육성하였으며, 그 중 Airbnb와 Dropbox는 유니콘으로 성장하였다.

　2000년 제1차 벤처 붐 당시 정부의 지원 아래 많은 대학과 지자체들이 창업보육센터를 설립하여 벤처기업의 창업과 성장단계를 지원하는 역할을 해왔다. 그런데 이들 공공 영역의 창업보육센터들은 저가의 사무실 임대 서비스 만을 제공할 뿐, 벤처의 창업과 성장에 필요한 자금지원이나 기술 개발 및 마케팅 활동에 대한 지원은 부족했다. 특히 이들 창업 보육센터는 대부분 20개 내외의 기업을 입주시키고 있기 때문에 집적에 의한 벤처기업 간 시너지를 창출하지 못하고 있다.

한편, 2010년대 중반부터 우리 정부는 이와 같은 문제점을 해결하기 위해 창업보육 시설과 엑셀러레이터의의 대형화와 전문화를 추진해 왔으며, 이를 통해 새롭게 설립되거나 육성된 조직들이 제2 벤처붐을 형성하는데 일조하였다. 정부는 2015년 강남구 역삼동에 100개 이상의 벤처기업을 입주시킬 수 있는 팁스타운을 건설하였고, 같은 시기 아산나눔재단은 팁스타운 맞은편에 마루180이라는 창업보육시설의 개소하였다. 서울시가 마포에 조성한 서울창업허브, 중기부가 전국 4곳에 조성한 스타업파크 등은 벤처기업 집적시설이 되었다. 또한, 성공한 벤처기업가들이 Y Combinator와 같은 민간 엑셀레이터를 설립하여 벤처기업의 창업과 성장을 지원하고 있다, 이니시스 설립자 권도균 대표가 세운 프라이머, 다음커뮤니케이션 창업자가 세운 메위업엔젤스를 비롯하여, 퓨쳐플레이, 블루포인트파트너스 등 민간의 역량 있는 엑셀러레이터들이 유니콘 벤처를 육성하면서 공공의 창업보육센터 역할을 대신하고 있다.

유니콘 벤처 탄생을 위한 네 번째 조건은 창업 초기 벤처와 기존 대기업들 간의 협력적 공생관계의 존재이다. 대기업들이 창업 초기 단계의 벤처기업에 지분을 투자하고, 기술을 이전해 주거나 시장을 제공하는 등 상호간 제휴를 통해 공생하는 관계를 형성할 때 벤처기업의 성장은 가속화될 수 있다. 실리콘밸리의 500 Startups라는 벤처 엑셀러레이터와 INSEAD 경영대학원이 공동으로 조사한 바에 따르면, 전체 유니콘 중에서 61.7%가 투자은행을 포함한 기존 대기업들로부터 투자를 받은 것으로 나타났다.[11] 또한 아래 〈표 1〉에서와 같이 유니콘 이었거나 그 이상으로 성장한 대기업들이 유니콘에 투자하여 서로의 성장을 보완하기도 한다.

〈표 1〉 유니콘에 투자한 주요 대기업

순위	대기업계 투자기관		투자 유니콘
1	텐센트(Tencent)	Tencent Holdings	iCarbonX, Huochebang, Didi Chuxing
2	알리바바(Alibaba)	Alibaba Group	Didi Chuxing, Magic Leap, One92 Communications, Lyft
3	구글(Google)	Google Ventures	Carbon3D, Oscar, Flatiron Health, Gusto
		CapitalG	Snap, Ten-X, Stripe, Thumbtack
4	세일즈포스 (Salesforce)	Salesforce Ventures	Gusto, Anaplan, Domo, Apttus
5	컴캐스트(Comcast)	Comcast Ventures	Instacart, Houzz, Vox Media, DocuSign

주: 2012-2017(2월) 기준
자료: CB Insights
김보경(2017) 재인용

그동안 한국에서는 벤처기업에 대한 대기업이 투자가 매우 제한적으로 이루어졌다. 때문에 2015년 다음카카오(지금의 카카오)가 설립 5년차 기업인 네비게이션 서비스(김기사) 업체 록앤올을 626억에 인수한 것은 매우 이례적인 사례였다. 삼성벤처투자, CJ창업투자, 두산네오플러스, 한화인베트먼트, 코오롱인베트먼트 등 재벌 대기업 계열의 벤처캐피탈이 활동해 왔으나, 상호출자 제한 대기업들이 벤처캐피탈을 소유할 수 없도록 법적으로 규제해 왔기 때문에, 모기업으로부터 많은 지분투자를 받아서 모기업의 사업과 관계 있는 벤처기업에 전략적으로 투자하는 기업벤처캐피탈(CVC)의 역할을 하지 못했다.

최근 제2 벤처붐이 일면서, 대기업과 벤처기업의 전략적 제휴와 협력의 필요성에 대한 사회적 공감대가 형성되었고, 2021년 정부와 국회는 출자 제한 대기업들이 CVC를 설립할 수 있도록 공정거래법을 개정하였다. 그 결과 롯데, 한화, LX, 동국제강, 대웅제약 등 전통적인 제조업 분야의 대기업들이 CVC 설립을 통해 벤처기업에 대한 전략적 투자를 늘리고 있다. 한편, 2018년에서 2021년에 걸쳐 벤처기업이 보유한 기술에 대한 보호장치를 강화하고, 기술을 불법으로 탈취하는 행위에 대한 제재를 강화하는 입법도 함께 이루어졌기 때문에, 향후 대기업의 CVC가 대규모 투자를 통해 신생 벤처기업을 제값에 인수하는 사례가 크게 늘 것으로 보인다.

다섯 번째 조건은 벤처기업에 투자한 자금을 원활하게 회수할 수 있는 자본 시장의 발달이다. 벤처기업에 대한 투자는 주식시장 상장을 통하거나 M&A를 통해 회수되는데, 투자 후 가능한 빨리 IPO를 하거나 M&A를 할 수 있어야 대규모 투자가 가능하다. 미국의 경우 나스닥에 상장하는 벤처기업들이 창업 후 상장까지 걸리는 시간은 평균 6.8년이며, 중국의 경우 3.9년인 것으로 알려져 있다.[12] 반면 한국은 12년으로 매우 긴 편이며, 이렇게 길 경우 M&A를 통해 상장 전에 투자금을 회수할 수 있는 통로가 있어야 하는데 그렇지 못하다. 벤처캐피탈의 투자금 회수 유형 중에서 M&A는 전체 투자회수금의 3.2%에 불과하다. M&A를 통한 중간 회수 시장이 잘 발달되어 있는 미국과 이스라엘의 경우 그 비율은 각 각 89.6%와 83.8%로 매우 높다. 유럽의 핀란드와 스웨덴도 그 비율이 각 각 31.8%, 22.8% 이다.[13]

쿠팡이 국내 대신 뉴욕증거래소에 상장한 이유 중 하나는 창업자이자 CEO인 김범석에게 차등의결권 주식의 부여가 가능하기 때문이었다. 유니콘 벤처는 성장과정에서 대규모 외부 투자를 유치해야하고, 이 과정에서 창업자의 지분율은 크게 낮아지기 때문에 이들에게 1주 당 20-30배의 차등 의결권 부여가 가능한 주식거래소를 찾게 된다. 정부도 이러한 문제점을 인식하고, 2021년 벤처 기업에 한해 차등 의결권을 허용하는 입법을 추진하였으나, 국회의 반대로 무산되었다. 다만, 2021년에 기술특례상장 절차를 간소화하는 제도 개선이 이루어져 플랫폼과 바이오 분야 우량 유니콘 벤처의 코스닥 상장이 보다 쉬워졌다.

마지막 여섯 번째 조건은 신산업을 자유롭게 추진할 수 있는 제도적인 환경을 갖추는 것이다. 우버의 차량공유 서비스, Airbnb의 온라인 숙박 공유 서비스, 중국 루펙스의 P2P 대출 서비스와 DJI의 드론 사업, 이스라엘 모빌아이의 자율주행 솔루션 등 유니콘 벤처들이 추진하는 사업은 기존의 시장 질서를 재편하여 신 산업을 창출하는 것이다. 따라서 관련 사업에 대한 규제가 심할수록 유니콘의 성장을 기대할 수 없다.

기업활동에 대해 서구 자본주의 국가들은 네거티브 규제를 원칙으로 하여 자유로운 사업활동을 보장하되, 예외적인 사항만을 규제하고 있다. 반면 우리나라는 법과 제도가 허용하는 것 이외에는 원칙적으로 금지하는 포지티브 규제방식을 택하고 있어서 기존에 없던 혁신적인 제품과 서비스에 장애가 되고 있다. 일례로, 2016년 정부가 클라우드펀딩 사업을 허용하면서 개인의 투자 한도를 500만원 이내로 규제함으로 인해 클라우드펀딩 업체의 사업활동이 제한을 받게 되었다. 심야버스 공유 서비스 '콜버스', 온라인 자동차 경매 서비스 '헤이딜러' 등은 기존에 없던 서비스로 긍정적인 시장반응을 얻었지만 불법논란으로 위기를 겪었다.

이에 정부는 혁신적인 제품과 서비스에 대한 규제를 완화하기 위해 2019년 '규제샌드박스'와 '규제자유특구'를 도입하였다. 이 제도는 특정 사업과 지역을 정해 일정 기간 사업화를 허용하고, 후속으로 법령을 정비하여 합법화하는 것이다. 이 제도를 통해, 핀테크를 활용한 금융서비스나 원격의료 분야의 벤처기업들이 서비스를 시장에 출시하였다.

더 많은 유니콘들을 기다리며

지금까지 구글과 쿠팡의 사례와 기존의 연구와 조사 결과를 통해 유니콘 벤처의 창업과정과 성장전략을 살펴보고, 그들의 성공 요인을 파악해 봤다. 또한 유니콘 벤처가 잉태되고 탄생되기 위한 생태계의 조건에 대해서도 알아봤다.

크게 될 나무는 그 씨앗이 튼실하듯이, 유니콘으로 성장하는 벤처기업은 젊고 역량 있는 기업가들이 팀을 이루어 사회가 직면하고 있는 거대한 문제나 인간의 본질적인 욕구를 해결하는 것을 목표로 창업한다. 창업 이후에는 외부로부터 자금과 인재를 적극적으로 유치하고, 이를 활용하여 기술개발과 사업모델의 혁신에 과감한 투자를 한다. 엑셀러레이터, 벤처캐피탈, 사모펀드 등은 이들이 필요로 하는 대규모 자금을 단계적으로 제공하면서 이들의 성장을 지원한다. 대기업들은 M&A와 전략적 제휴를 통해 이들이 보다 빠르게 시장을 확장할 수 있도록 돕는다. 정부는 이들의 자유로운 사업활동을 촉진하기 위한 법제도적인 기반 조성에 노력한다.

2000년 벤처 버블이 붕괴되고 나서 2010년대 중반까지 우리나라의 벤처 생태계는 빙하기에 처해 있었다. 척박한 환경 속에서도 기업가정신이 충만했던 창업자들과 이들을 믿고 투자한 벤처캐피탈과 정부의 노력이 이어졌으며, 그 결과 최근 유니콘 벤처가 주도하는 제2의 벤처 붐이 형성되었고, 우리나라 벤처 생태계의 세계적 위상도 크게 높아졌다. 하지만, 벤처기업이 우리의 산업구조를 혁신하고, 경제 성장을 견인하는 성장동력으로서의 역할을 다하기 위해서는 벤처 생태계가 실리콘 밸리 이상으로 발전되어야 한다. 이를 위해 생태계로 유입되는 인재, 기술, 자금이 양적으로나 질적으로 증대되어야 하고, 벤처기업의 활동 무대도 전세계 시장으로 확장되어야 한다.

포스트 팬데믹 시대 한국 기업, 전략 패러다임 대전환으로 글로벌 초일류로 도약하라

●

송재용
서울대학교

한국 기업 전략 패러다임 대전환을 위한 7대 제언

이 책은 포스트 팬데믹 시대 국내외 경제의 구조적 저성장, 글로벌 초경쟁과 공급망의 대전환, 4차 산업혁명과 지식기반 네트워크 경제화 등으로 대변되는 21세기 초반의 메가트렌드와 이러한 외부환경 상의 메가트렌드가 동시 다발적, 중첩적으로 나타나면서 발생한 불연속적인 환경 변화에 대응하여 한국 기업들이 전략 패러다임을 어떻게 변화시켜야 하는지에 초점을 맞추어 기술하였다. 특히 사업 포트폴리오 조정, 신성장동력 창출, 창조적 혁신, 지속가능성 등 전략의 제 영역에서 다각도로 연구를 진행하여 한국 기업들의 미래 전략 패러다임에 대해 구체적인 제언을 하였다.

첫번째 파트 '한국 기업 전략 패러다임의 대전환이 필요하다'에서는 포스트 팬데믹 시대에 나타나고 있는 4차 산업혁명의 본격화, 글로벌 가치사슬의 대전환 등 외부 환경상의 메가트렌드를 분석하고 이로 인한 한국 기업의 전략 패러다임 위기의 본질을 규명한 후, 중장기 저성장을 경험한 일본 기업들의 성공, 실패 사례로부터 교훈을 찾아 보았다. 두 번째 파트 '성장전략을 재설정하라'에서는 기업전략 및 성장전략에 초점을 맞추어 외부 환경상의 메가트렌드에 대응하여 한국 기업들은 사업 포트폴리오를 어떻게 조정해야 하며, 시너지 창출 방식을 어떻게 변화시켜야 할 지, 그리고 글로벌 전략을 어떻게 업그레이드시켜야 할 지에 대한 분석과 제언을 제시하였다. 세번째 파트 '창조적 혁신으로 돌파하라'에서는 패러다임 대전환기의 한국 기업이 빠른 추격자에서 시장 선도자로 변신하기 위해 플랫폼 리더십을 어떻게 확보해야 할 지, 플랫폼 전쟁에서의 필승 요인은 무엇인지에 대해서 먼저 살펴 보았다. 또한 시장 선도자로서 필요한 동적 역량, 특히 환경 감지 역량 강화를 제언하였고, 초경쟁 및 초연결 시대 새로운 시장 공간을 창출하는 블루 오션 전략이 필요함을 역설하였다. 네번째 파트 '지속 가능 경영 시스템을 구축하라'에서는 지속가능성 제고를 위한 ESG경영, 이사회 중심의 지배구조 개선, 그리고 유니콘 벤처 육성의 차원에서 한국 경제와 기업의 지속 가능성 제고 방안을 모색하였다.

이 책의 각 파트와 장에서 제시한 내용을 바탕으로 다음과 같이 포스트 팬데믹 시대 한국 기업의 전략 패러다임 대전환을 위한 7대 제언을 다음과 같이 제시한다.

한국 기업의 전략 패러다임 대전환을 위한 7대 제언

1. 빠른 추격자 전략에서 탈피하여 혁신을 통한 시장 선도자로 변신하라.

2. 지식기반 네트워크 경제와 4차 산업혁명에 부합하는 방향으로 혁신역량과 전략적 민첩성을 강화하라.

3. 고도성장기에 형성된 선단식 사업 포트폴리오를 저성장, 초경쟁 상황에 적합한 관련 다각화와 집중화 기반의 사업 포트폴리오로 전환시켜라.

4. 4차 산업혁명 등 외부환경의 메가트렌드에 부합하는 방향으로 신성장동력을 창출하라.

5. 글로벌 공급망 대전환에 적극 대응하면서 혁신 네트워크 구축을 통해 글로벌전략을 업그레이드하라.

6. 플랫폼 전쟁의 필승 요소를 잘 이해하여 플랫폼 리더십을 확립하라.

7. ESG경영을 통한 지속가능성 제고를 전략의 핵심 요소로 반영하고 사회적 정당성과 경쟁력을 동시에 확보하는 방향으로 지배구조 개선을 도모하라.

이 책의 각 장에서 제시한 제언들을 바탕으로 한국 기업 전략 패러다임 대전환을 위한 7대 제언을 보다 구체적으로 기술하면 다음과 같다.

빠른 추격자 전략에서 탈피하여
혁신을 통한 시장 선도자로 변신하라

이 책을 관통하는 핵심적인 메시지는 한국 경제와 기업의 고도 성장을 이끌어 내었던 빠른 추격자 전략이 이제 많은 산업 분야에서 한계에 부닥쳤기에 패러다임의 대전환이 일어나고 있는 포스트 팬데믹 시대에는 빠른 추격자 전략을 탈피하여 상시적 혁신 내지 창조적 혁신을 통한 시장 선도 전략으로 전환해야 한다는 것이다.

신동엽 교수는 한국 기업들의 전략 패러다임 위기의 본질을 심층 분석하였는데 한국 기업들이 현재 당면하고 있는 위기는 경쟁 규칙의 불연속적인 변화로 인해 기존 전략 패러다임이 더 이상 통하지 않게 되면서 발생한 '패러다임 위기' 라고 규정하였다. 신 교수는 기존의 한국형 전략 패러다임은 빠른 추격자 전략의 극대화인데 이는 수직적 위계 질서에 기반한 신속한 양적 성장 전략으로서 20세기 한강의 기적을 이루어낸 합리적인 선택이었다고 보았다. 하지만 21세기 들어와 세계화와 시장간 경계파괴, 주요 기반기술들의 동시 발전과 융복합화를 통한 상시 기술 혁신 가속화, 디지털 변혁과 4차 산업혁명의 가속화, 코로나 팬데믹의 4차 산업혁명과 세계화에 대한 복합적 영향 등 네 가지 불연속적 환경 변화가 본격화되고 상호간에 상승 작용이 일어나면서 20세기 경쟁환경과는 전혀 다른 21세기 경쟁 환경이 도래하였기에 한국 기업들도 빠른 추격자 전략 대신 상시 창조적 혁신을 기반으로 한 새로운 전략 패러다임을 모색해야 한다고 제언하였다. 이러한 외부 환경 변화로 인한 불연속적 환경 변화로 산업과 기술의 경계가 파괴되면서 융복합화가 일어나고 무한경쟁이 발생하는 등 경쟁의 규칙 자체가 바뀌었기에 농업적 근면성을 기반으로 한 빠른 추격자 전략은 더 이상 유효하지 않다는 것이다. 따라서 한국 기업들은 시급히 빠른 추격자 전략에서 탈피하기 위한 탈학습이 필요한 상황이지만 성공의 덫에 빠져 변신에 소극적인 경우가 많은 점을 우려하는 신 교수는 환경이 바뀌면 전략도 변해야 한다는 전략경영의 펀더멘탈로 되돌아가 즉시 각자의 전략경영모델을 제로베이스에서 재검토해야 한다고 강조하였다. 신 교수는 '상시 창조적 혁신' 경쟁을 위한 한국형 전략패러다임의 4대 요건으로 연결의 양면성과 위기대응력, 순발력과 회복탄력성, '언택트' 와 '컨택트' 의 융복합화와 모순경영, 사회적 가치와 기업 가치의 동시 추구를 제시하고 구체적인 실행 방안을 통찰력있게 제시하였다.

허문구 교수도 한국 산업과 기업의 '모방추격형 산업 발전 모델' 은 이제 더 이상 유효하지 않기에 빠른 추격자 전략을 탈피하여 게임의 규칙을 바꾸고 시장을 창출하는 '창조적 리더' 로의 변신이 시급히 필요하다고 주장하였다. 비슷한 맥락에서 박경민 교수는 초경쟁, 초연결 시대에는 산업이 빠르게 레드오션화되어 초과수익을 거두는 기업이 거의 존재하지 않게 되는 상황이 자주 나타나기에 혁신을 통해 새로운 시장 공간을 창출하는 블루오션 전략이 필요함을 역설하였다.

이제호 교수는 최근 다양한 분야에서 떠오르고 있는 플랫폼 비즈니스에서 시장 선점의 중요성을 강조하고 있다. 플랫폼 전쟁의 승자는 흔히 네트워크 효과와 수확 체증의 법칙에 힘입어 승자 독식으로 가는 경우가 많기에 플랫폼 전쟁에서는 빠른 추격자 전략 자체가 성립하지 않을 가능성이 높다. 따라서 새로 떠오르는 신생 산업이 플랫폼 비즈니스의 특성을 보이고 있다면 자사 플랫폼의 생태계를 구축하고 육성하여 경쟁사보다 빨리 플랫폼 전쟁의 요충지를 장악하기 위한 플랫폼 리더십이 필요하다.

마지막으로 더 많은 한국 기업들이 시장 선도자로 부상하기 위해서는 대기업의 변신과 함께 중견, 중소 기업의 독일식 '히든 챔피언' 화와 유니콘 벤처 육성도 중요하다. 이형오 교수가 지적하였듯이 일본의 잃어버린 20년에서 특정 분야 즉 니치에서 세계 최고의 경쟁력을 갖춘 일본판 히든챔피언인 소위 GNT(Global Niche Top) 기업들은 지속 성장을 하면서 세계로 뻗어 나갔다. 이들은 특히 부품, 소재, 설비와 같은 B2B 제품 영역에서 세계 최고의 기술력을 확보하여 세계 시장을 선도하였는데 한국의 중견, 중소 기업 중에서도 이런 히든 챔피언 내지 GNT 기업이 더욱 많아져야 할 것이다.

또한 이병헌 교수가 강조하였듯이 플랫폼 비즈니스나 새로 떠오르는 지식 기반 산업 등을 중심으로 하여 유니콘 벤처가 많아져야 한다. 유니콘 벤처는 대기업과의 경쟁에서 불리점을 일거에 극복하기 위해 흔히 새로 떠오르는 분야에서 시장 선도 전략으로 승부수를 던지는 것이 전형적인 전략이고 이를 위해 조기 글로벌화(born global)도 과감히 추진하기 때문이다. 유니콘 벤처가 많이 나오도록 하려면 유니콘 벤처가 대거 탄생할 수 있는 벤처 생태계를 조성하는 것이 매우 중요하다는 점을 이 교수는 강조하고 있다.

지식기반 네트워크 경제와 4차 산업혁명에
부합하는 방향으로 혁신 역량과 전략적 민첩성을 강화하라

·
·
·

한국 기업이 빠른 추격자에서 창조적, 상시적 혁신을 주도하는 시장 선도자로 변신하기 위해선 지식기반 네트워크 경제와 4차 산업혁명에 부합하는 방향으로 동적 역량(dynamic capabilities), 특히 혁신 역량과 전략적 민첩성을 강화할 필요가 있다. 신동엽 교수는 21세기에는 과감하게 기존 경계 너머로 나아가 존재하지 않던 새로운 고객가치와 경쟁우위를 끊임없이 창조하는 상시 창조적 혁신이 전략 패러다임의 핵심이라고 강조하고 이를 위한 한국 기업의 동적 역량 강화를 주문하고 있다.

허문구 교수도 한국 기업이 빠른 추격자에서 창조적 리더로 시급히 변신하기 위해서는 동적 역량 강화가 중요함을 강조하였다. 특히 허 교수는 빠른 추격자 전략을 추구하면서 한국 기업들은 동적 역량 중에서 기회포착 역량에서는 강점을 가졌지만 환경감지 역량이 취약했는데, 창조적 리더로의 변신을 위해서는 환경감지 역량을 획기적으로 강화해야 한다는 점을 지적하였다. 허 교수는 한국 기업이 환경 감지 역량을 강화하기 위한 방안을 전략, 조직문화 및 구조, 비즈니스 생태계 관점에서 제시하였다. 구체적으로 일선 조직 구성원에게 권한과 자율성 부여와 수평적 문화 정착, 실패와 학습을 통한 기회 발견과 혁신 촉진, EBU 조직의 구성과 활용을 통한 창의적 기업가가 나올 수 있는 구조와 토양 형성, 기회 감지/선점에 적합한 비즈니스 생태계 구축을 제안하였다.

박경민 교수 역시 한국 기업이 추격자 학습 사이클에서 혁신자 학습

사이클로 시급히 전환해야 함을 강조하였다. 혁신자 학습 사이클로 전환하게 되면 기업 내부의 창의적 문화, 실험, 협력 장려 등이 활성화되어 신시장을 창출하는 혁신이 일어나 성공하게 되면 여유 자원이 증대하고 혁신 파트너가 증가되는 선순환의 메커니즘을 창출할 수 있다는 것이다. 또한 김광수 교수는 빠른 추격자에서 시장 선도자로 변신하기 위해서는 글로벌 네트워크 상에서 혁신 역량을 강화하는 것이 중요하다고 강조하였다. 송재용 교수 역시 글로벌 가치사슬의 대전환에 대응하여 한국 기업들은 시장접근형 오프쇼어링을 강화해야 하는데 이 과정에서 선진국에 연구소를 짓는 등 글로벌 가치사슬 상에서의 혁신 역량 강화를 해야 한다고 주장하였다.

이처럼 21세기 지식기반 네트워크경제와 4차 산업혁명 시대에는 동적 역량, 특히 혁신역량 강화가 중요하기에 기업의 가치사슬의 앞단과 뒷단에 있는 R&D, 디자인, 소프트웨어, 콘텐트 개발 역량과 고객 맞춤형 솔루션 역량 등 지식 기반 역량 강화가 특히 중요해진다. 〈그림 1〉에서 보듯이 산업이나 기업의 활동이 연결되어 있는 가치사슬 상에서 이익율 내지 부가가치의 축이 과거 20세기 전통적 산업혁명기의 역 U자형 커브에서 21세기 지식기반 네트워크 경제의 도래로 U자형 커브로 급속히 이행되고 있는 소위 스마일 커브 (smile curve) 현상이 나타나고 있기 때문이다.

그러면 한국 기업들이 시장 선도자로 전환하기 위해 세상에 존재하지 않는 새로운 제품, 기술, 서비스, 비즈니스 모델을 창출해 내는 창조적 혁신을 잘 하기 위해서는 어떠한 변화가 필요한 것인가? 수십년 간

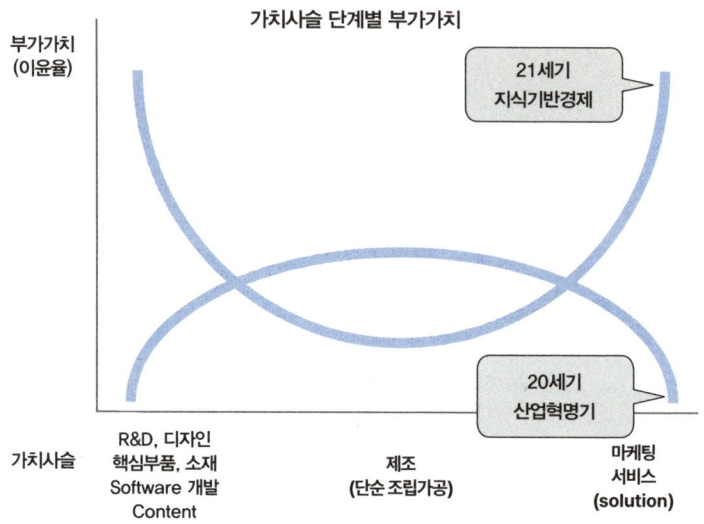

〈그림 1〉 21세기 지식기반 경제에서의 스마일 커브

가치사슬 단계별 부가가치

부가가치
(이윤율)

21세기
지식기반경제

20세기
산업혁명기

가치사슬

R&D, 디자인
핵심부품, 소재
Software 개발
Content

제조
(단순 조립가공)

마케팅
서비스
(solution)

원가를 낮추기 위한 운영 효율성 제고와 더불어 기존 기술의 모방과 개량에만 초점을 맞추어 온 한국기업들의 입장에서 창조적 혁신에 적합한 새로운 역량, 경영시스템, 조직문화를 단시간에 갖추는 것은 매우 도전적인 과제이다.

한국기업이 기존에 확보한 세계 최고 수준의 운영 효율성을 유지하면서도 창조적 혁신을 잘 하는 기업이 되려면 먼저 양손잡이 조직(ambidextrous organization)의 도입을 적극 고려해야 한다. 즉 기존 조직은 오른손잡이 조직으로서 기존의 역량과 시스템, 문화의 근간을 유지하면서 점진적으로 창의성을 높여가는 한편, 창조경영에 맞는 새로운 역량과 시스템, 문화를 갖춘 별도의 독립적이고 자율적인 왼손잡이 조직을 만들어서 기술, 디자인, 비즈니스 모델 등의 창조적 혁신을 주도하게 해야 한다. 창조적 혁신을 위한 왼손잡이 조직은 창의성, 전문성을 갖춘 도전적인 인재를 중심으로 구성되어야 한다. 또한 창조성의 기반인 다양성, 개방성, 유연성을 존중하는 한편, 실패를 용인하고 실패로부터의 학습을 권장하는 조직문화와 경영시스템이 필요하다. 창조적 혁신은 장기간에 걸친 투자와 노력이 필요하기에 기존 조직에 적용되는 단기성과주의와 이를 기반으로 한 평가/보상 시스템과는 다른 장기적인 평가/보상시스템의 도입이 필요하다.

또한 한국 기업이 창조적 혁신을 잘 하기 위해서는 창조적 혁신에 필요한 지식을 조직 외부로부터 광범위하게 구하는 '개방적 혁신(open innovation)' 시스템으로 전환해야 한다. 지식 기반의 다양성과 개방성이 창조적 혁신을 촉진시키는 중요한 근원이기에 혁신 과정에서 조직 내에 축적된 자산과 내부 연구원에만 의존하지 말고 국내외의 대학, 연구소, 벤처 기업, 협력업체, 외부전문가 집단 및 소비자들과의 적극적인 협력을 통해 광범위하게 창의적인 아이디어와 보완적인 지식을 확보할 필요가 있다. 외부 지식의 확보는 지식기반의 다양성을 증대시키고 혁신의 속도를 높일 수 있을 뿐만 아니라, 한국 기업이 절실히 필요로 하는 원천기술의 확보에도 도움을 줄 수 있다.

한편 신동엽 교수가 강조하였듯이 초경쟁, 초연결, 4차 산업혁명 시대의 도래 등 포스트 팬데믹 시대의 외부 환경 상의 메가트렌드가 동시다발적, 중첩적으로 나타나 외부 환경 상의 불확실성이 매우 높아지고 환경 변화의 속도가 가속화되고 있으며 불연속적인 환경 변화에 직면하게 될 가능성도 매우 높아지고 있기에 이러한 상황에 적절히 대응하면서 시장선도자로 변신하기 위해서는 전략적 민첩성 함양도 매우 중요하다. 특히 허문구 교수가 강조하였듯이 4차 산업혁명 시대의 변화에 대응하기 위해서는 환경 감지 역량 강화를 통한 패러다임 변화에 대한 통찰력 함양과 강력한 변화 추진 역량을 기반으로 한 기업수준의 전략적 민첩성 확보가 필수적이다. 이러한 맥락에서 송재용, 윤우진 교수는 M&A와 전략적 제휴 등으로 외부 지식/인재/역량을 신속히 확보함으로써 한국 기업이 취약한 혁신 역량이나 소프트웨어 역량 등을 강화하는 한편으로 내부와 외부 지식/역량의 융복합화를 통한 기술/서비스/솔루션/플랫폼 기반의 비즈니스 모델 혁신을 추구하는 것이 4차 산업혁명 시대 한국 기업의 시급한 과제가 되고 있다고 강조하였다.

고도성장기에 형성된 선단식 사업 포트폴리오를 저성장, 초경쟁 상황에 적합한 관련 다각화와 집중화 기반의 사업 포트폴리오로 전환시켜라

한국 기업은 1960년대 이후 정부 주도의 경제 개발 과정에서 수평적으로는 비관련형 다각화, 수직적으로는 가치사슬 상의 전 영역으로의 수직적 계열화를 중심으로 선단식 경영 체제가 구축하였다. 선단식 경영 체제 하에서 한국 기업, 특히 대기업집단들은 소유경영자의 강력한 리더십 하에 계열사들이 시너지 효과의 창출을 위해서 긴밀히 협력해왔다. 이러한 선단식 경영은 자국 시장 규모가 작았던 한국 기업들에게 고도성장기에는 글로벌 경쟁력 확보에 도움이 되었던 경영 방식이었다고 할 수 있다. 하지만 송재용, 윤우진 교수는 국내외 경제의 저성장과 중국 기업들의 급속한 부상 등으로 인한 글로벌 초경쟁 시대에는 고도성장기에 형성된 비관련형 다각화와 수직적 계열화를 기반으로 한 선단식 경영의 유효성이 낮아지고 있기에 원점에서 재검토할 필요가 있다고 주장하고 있다.

장기 저성장기 일본 기업들의 사례는 선단식 사업 포트폴리오의 재검토 필요성을 높여 주고 있다. 이형오 교수는 일본의 잃어버린 30년 기간 동안 일본 기업그룹의 결속력은 약화되었고 수직적 계열화 체제도 약화되었다고 분석하였다. 대기업그룹이 쇠퇴한 반면 특정 분야에 특화하여 세계적 경쟁력을 갖춘 일본형 히든 챔피언 GNT 기업이나 쿄토식 경영 기업들은 글로벌 경쟁력을 유지해 왔다. 따라서 이 교수는 일본 기업의 경험이 한국 기업들에게 중요한 시사점을 던져 주고 있다고 하면서 저성장 환경 하에서 비관련형 다각화와 그룹 내부의 폐쇄적 거래가 경쟁력을 저하시켜 기업그룹의 쇠퇴를 가지고 올 가능성이 높기에 보다 선택과 집중을 하면서 신성장동력을 확보할 필요가 있음을 강조하였다. 또한 이 교수는 한국 기업들은 일본 기업보다도 강한 수직적 계열화 체제를 구축해 왔는데 저성장기에 돌입하게 되어 중핵기업의 성장이 멈추게 되면 수직 계열 기업 전체가 큰 위기에 빠져 버릴 수 있기에 수직적 계열화 정도를 줄이면서 공정한 네트워크형 거래와 같이 개방화된 동반성장 체제로의 변신을 제언하였다.

그러면 한국 기업의 선단식 포트폴리오를 저성장, 초경쟁 상황에서는 어떻게 변화시켜야 할까? 먼저 저성장, 초경쟁 상황에서는 비관련형 다각화를 지양하면서 관련화된 다각화나 집중화를 추구할 필요가 있다. 송재용, 윤우진 교수가 언급하였듯이 비관련 다각화를 추구하는 복합형 기업집단은 일본은 물론 미국 등 선진국에서 1980년대까지는 많이 찾아 볼 수 있는 기업형태였다. 하지만 1980년대 이후 복합형 기업집단은 자원배분과 경영관리의 비효율성으로 인해 특정 사업에만 전념하는 전업형 기업과의 경쟁에서 밀리게 되면서 자본, 노동 시장 등 외부 시장이 잘 발달된 선진국에서는 급격히 약화 내지 해체의 길을 걸었다. 이처럼 저성장과 치열한 시장 경쟁에 직면해 온 구미 기업들에서는 비관련형 다각화와 수직적 계열화를 축소하면서 핵심 사업/활동은 직접 수행하되 그렇지 않은 비주력/비핵심 사업은 과감히 축소하거나 매각하고 전략적 제휴나 아웃소싱으로 외부화하는 것이 1990년대 이후 나타나고 있는 일반적 경향이다. 포스트 팬데믹 시대 국내외 경제의 구조적 저성장과 글로벌 초경쟁/공급망 대전환 상황에 돌입하고 있는 한국 기업들도 비슷한 방향으로 움직여 가야 할 것으로 판단된다.

　이러한 맥락에서 송재용, 윤우진 교수는 경쟁이 치열하지 않고 경제가 고도 성장할 때는 비관련형 다각화와 수직적 계열화가 신속한 성장을 촉진할 수 있기에 장점이 많았지만, 국내외 경제의 저성장 기조가 고착화되고 글로벌 경쟁이 치열해지면서 패러다임 변화에 신속하고도 유연하게 대응해야 하는 상황에서는 장점은 희석되고 자원의 분산과 모기업 의존성 등으로 인한 경쟁력 저하 및 전략적 민첩성 제약 등의 단점이 더 커질 수 있음을 지적하였다. 따라서 사업 포트폴리오 조정의 기본 원칙으로 돌아가 주력/핵심 사업의 혁신 역량 강화 등을 통해 글로벌 경쟁력을 강화하는 한편으로 비주력/비핵심 사업을 과감히 축소, 정리하고 외부 환경상의 패러다임 변화에 부합하면서 기존 사업과 연관이 되어 있는 분야를 중심으로 미래 신성장동력 사업을 육성하는 방향으로 자발적, 선제적 사업 포트폴리오 조정이 시급히 필요한 시점임을 강조하였다. 이를 통해서 비관련형 다각화에서 가능하면 관련형 다각화로 사업 범위를 축소하거나 전업화된 기업으로의 변신을 검토해야 할 시점이라는 것이다.

특히 송재용, 윤우진 교수는 한국의 기업집단들이 맹신에 가까운 믿음을 가지고 발전시켜 온 수직적 계열화는 수급의 안정을 확보하는 등의 장점이 있지만 모기업에 대한 의존성 심화로 인한 품질/원가 경쟁력 저하와 전략적 유연성 저하로 인해 저성장, 초경쟁 상황에서는 동반 부실화를 초래할 수 있기에 과연 앞으로도 경쟁력 확보에 유용한지를 원점에서 재검토해야 한다고 제언하였다. 패러다임 변화 시기 수직적 계열화의 단점이 더 크게 나타난다면 한국 기업들도 옥석을 가려서 비핵심 부품/소재/활동은 축소하거나 아웃소싱, 전략적 제휴, 개방적 혁신으로 외부화할 필요가 있다는 것이다. 또한 내부 벤더를 유지하는 경우에는 삼성이 해 온 것과 같은 듀얼 소싱 기반의 '경쟁적 협력' 체제를 도입하여 내부 거래에도 시장 메커니즘을 도입함으로써 내부 벤더의 의존성 심화로 인한 원가, 품질 저하 문제를 극복해야 한다고 구체적인 제언을 하였다.

한편 이지환 교수는 다각화된 기업에 있어서 초경쟁 상황에서 살아남기 위해서는 여전히 시너지 경영이 중요함을 강조하였다. 다만 과거 한국 기업들의 시너지 추구 방식이 우량 계열사 내지 중핵기업이 경쟁력이 떨어지는 계열사들로부터 품질, 가격 불문하고 부품, 소재나 서비스를 구매하는 가치이전형인 경우가 많아 동반부실화로 이어지기도 하였다고 비판하였다. 따라서 다각화되고 수직적 계열화된 사업구조를 유지하는 경우에도 자생적 경쟁력을 갖춘 계열사들이 자발적으로 협력하여 상호 호혜적인 시너지 성과를 낼 수 있는 가치창출형 시너지를 추구해야 한다고 제언을 하였다.

결론적으로 보면 고도성장기에 형성된 비관련형 다각화와 수직적 계열화 기반의 선단식 사업 포트폴리오는 본격화되고 있는 저성장, 초경쟁 상황에는 유효성이 저하되고 동반부실화의 위험성을 높일 가능성이 크기에 근본적인 재검토와 수정이 필요하다. 하지만 한국의 대기업집단들은 선진 기업들과 비교해 볼 때 자발적, 선제적 사업 포트폴리오 조정에 상당히 소극적인 편이다. 2010년대 이후 한국에서 가장 경쟁력이 있고 재무적 여건도 좋은 삼성은 비핵심 사업인 화학, 방산 부문을 매각하는 등 자발적, 선제적으로 사업 포트폴리오를 조정하였는데 정작 삼성보다 경쟁력이나 재무적 여건이 열악한 국내 상당수의 대기업들은 그렇지 않다는 점은 우려하지 않을 수 없다. 한국의 기업집단이 포스트 팬데믹 패러다임 변화 시대에도 생존하고 더 잘 나가기 위해서는 주력 사업의 글로벌 경쟁력과 혁신 역량을 세계 최고 수준으로 강화하면서 보다 관련형 사업 포트포리오를 갖춘 기업으로의 변신 노력이 절실히 요청되고 있다. 또한 수직적 계열화의 옥석을 가려 경쟁력이 떨어지거나 비핵심 부품,

소재는 전략적 제휴와 개방적 혁신을 통해 외부화함과 동시에 경쟁적 협력 체제 구축 등을 통해 가치 창출형 시너지를 추구해야 할 것이다.

4차 산업혁명 등 외부환경의 메가트렌드에 부합하는 방향으로 신성장동력을 창출하라

사업 포트폴리오 조정은 단순히 비주력/비핵심 사업의 축소, 정리만을 의미하는 것이 아니라 패러다임 변화를 잘 읽으면서 신성장동력을 창출하는 활동도 핵심이다. 특히 4차 산업혁명이 본격화되기 시작한 현 시점은 한편으로는 비주력/비핵심 사업을 축소하면서 다른 한편으로는 패러다임 변화에 부합하는 미래 성장동력을 확보해야 하는 시기라고 할 수 있다.

송재용, 윤우진 교수와 김광수 교수는 신성장동력 육성 과정에서 한국 기업들은 중국, 일본 기업들보다도 M&A, 특히 해외에서의 M&A나 전략적 제휴, 유망 벤처 기업들에 대한 전략적 지분 출자에 상당히 소극적이었는데 시장 진입과 역량 확보의 속도를 높여 시장 선도자가 되기 위해서는 전통적인 유기적 성장 방식보다는 이러한 비유기적 방식을 보다 적극적으로 채택할 필요가 있다고 지적하였다. 특히 4차 산업혁명 시대에 필요한 AI 역량 등에서 한국이 취약한 상황이고 떠오르는 많은 신생 산업 분야에서는 플랫폼 리더십과 네트워크 효과를 기반으로 한 선점 기업의 승자 독식 현상이 나타날 수 있는데다가 역량의 융복합화를 통한 차별적 비즈니스 모델 확보가 필요한 경우가 많기에 M&A와 전략적 제휴를 보다 적극적으로 활용하여 진입과 역량 확보의 속도를 높일 필요가 있다. 이러한 관점에서 보면 2010년대 삼성이 하만을 인수하여 미래 자동차용 전장 사업에 진출한 것은 바람직한 시도였다고 송재용/윤우진 교수와 이지환 교수 공히 높게 평가하였다.

더 나아가 송재용, 윤우진 교수는 신규 사업 추진 시 사업의 매력도와 함께 기존 사업에서 확보한 핵심역량, 조직문화, 경영시스템의 이전 가능성과 기존 사업과의 시너지 창출 가능성을 중시하면서 핵심 사업을 확장하는 형태의 관련형 다각화가 비관련형 다각화보다 바람직하다고 강조하였다. 또한 두 교수는 불확실성도 매우 높은 상황이기에 신규 사업 진출 시에는 진입 시점은 빠르게 가지고 가되 대규모 투자 시점은 늦추는 단계적 투자 전략인 리얼 옵션 (real option) 적 투자와 마인드셋도 중요하다고 주장하였다. 이러한 리얼 옵션적 투자는 신규 사업 진출 시의 성과 증진 가능성은 확보하되 리스크는 줄일 수 있기 때문이다.

글로벌 가치사슬 대전환에 적극 대응하면서 혁신 네트워크 구축을 통해 글로벌 전략을 업그레이드하라

·
·
·

내수 경제의 저성장이 지속되고 있는 상황에서 한국 기업이 저성장을 돌파하기 위해서 보다 적극적인 글로벌 사업 확대가 필요하다. 이형오 교수의 분석에 의하면 일본의 경우에도 장기 저성장기에 크게 성공한 기업들은 해외 시장에 적극 진출한 기업들이었다. 이형오 교수는 대기업만이 아니라 GNT기업과 코토식 경영을 채택한 중견, 중소 기업들도 적극적인 글로벌전략으로 저성장을 돌파하였다고 지적하였다. 반면 내수 시장에 안주했던 일본 기업들은 큰 어려움에 직면하였다. 이러한 패턴은 본격적인 저성장 국면에 돌입한 한국에서도 반복될 가능성이 높다고 이형오 교수는 강조한다. 김광수 교수도 비슷한 견해를 피력하였는데 국내 시장의 저성장을 극복하기 위해 한국 기업들은 보다 적극적인 글로벌화를 추진해야 한다는 것이다.

김광수 교수는 여기에서 한 걸음 더 나아가 4차 산업혁명 등 외부 환경의 메가트렌드에 보다 효과적으로 대응하기 위해 한국 기업의 글로벌 전략을 업그레이드해야 한다면서 그 구체적인 방향성도 제시하였다. 무엇보다도 시장선도자로 변신해야 하는 한국 기업들의 상황을 고려해 보면 글로벌 네트워크 상에서 혁신역량 강화를 위한 글로벌 연구개발 활동을 대폭 강화해야 한다는 것이다. 이를 위해 해외 연구소를 설립하는 한편으로 글로벌한 차원에서 개방적 혁신과 M&A도 적극적으로 추구해야 한다는 것이 김광수 교수의 핵심적인 제언이다. 또한 국내외에서 글로벌 안목과 역량을 갖춘 글로벌 인재를 확보하여 활용하는 것도 매우 중요하다고 김 교수는 강조하였다.

한편 송재용 교수는 포스트 팬데믹 시대 본격화되고 있는 글로벌 가치사슬의 대전환 과정에서의 한국 기업들의 경각심과 적극적인 대응을 주문하였다. 1995년 세계무역기구 (WTO) 출범으로 자유무역이 촉진되면서 선진국의 생산 거점을 중국 등 저임금 국가로 옮기는 원가절감형 오프쇼어링 (offshoring)이 세계 경제와 무역 성장의 견인차 역할을 해왔다. 오프쇼어링이 대세를 이루면서 세계의 공장으로서 중국이 부상하여 G2의 반열까지 올라섰다. 이러한 중국 중심의 원가절감형 오프쇼어링은 1980년대 이후 40년 간 지속된 전세계적 물가 안정 기조에도 크게 기여하였다. 한국 기업들도 중국을 오프쇼어링 거점으로 활용하는 한편 중국에 부품, 소재, 장비를 수출함으로써 이러한 트렌드의 주요 수혜자가 되었다.

송 교수는 포스트 팬데믹 시대에는 중국 중심의 원가 절감형 오프쇼어링은 약화되고 리쇼어링은 강화되고 있어서 세계화가 약화되고 있는 측면도 있지만 미국, EU 등 선진국으로의 시장접근형 오프쇼어링과 R&D 나 인터넷 등 서비스 분야의 글로벌화는 강화되고 있는 점을 주목해야 한다고 주장하였다. 송 교수는 중국 중심의 글로벌 오프쇼어링 가치사슬의 수혜자가 한국이었던 만큼 선진국 제조업의 리쇼어링과 선진국으로의 시장접근형 오프쇼어링 증가, 미중 패권 전쟁으로 인한 세계의 공장으로서의 중국의 역할 감소와 지정학적 리스크 증대, 대륙간 무역의 퇴조는 한국에게는 중대한 위협이 되고 있다는 점을 지적하였다. 송 교수는 이러한 글로벌 공급망의 대전환에 대응하여 한국 기업은 베트남, 인도, 멕시코 등을 새로운 원가절감형 오프라인 거점으로 적극 육성하는 한편 미국, 유럽 등 주요 거점 시장에 스마트 팩토리를 건설하여 중국을 대체하는 시장인 선진국 시장을 보다 적극적으로 공략해야 한다고 제안하였다. 또한 한국 정부의 과도한 규제와 인건비 급등 등으로 한국 시장을 겨냥한 공장조차 해외로 지나치게 많이 빠져 나갔지만 유턴하는 기업은 극히 적기에 유턴 기업 인센티브 강화, 스마트 팩토리 육성을 통해 한국 기업의 리쇼어링을 유도하는 정책도 강화되어야 한다는 정책적 제언도 제시하였다.

한편 이병헌 교수는 유니콘 벤처의 성공요인을 분석하면서 창업 초기부터 적극적 해외 진출을 통한 조기 글로벌화 또는 본 글로벌(born global) 전략의 중요성을 강조하였다. 특히 최근 떠오르고 있는 인터넷 기반의 플랫폼 비즈니스는 국경을 무력화시키면서 시공을 초월하는 초연결을 기반으로 진화, 발전하고 있기에, 플랫폼 사업을 선도하여 글로벌 시장에서 승자독식을 향유하기 위해서는 벤처 기업이라도 조기 글로벌화를 추진하여야 한다는 것이다.

플랫폼 전쟁의 필승 요소를
잘 이해하여 플랫폼 리더십을 확립하라

4차 산업혁명 시대 스마트폰, 자동차, 금융 및 중후장대 산업 등 다양한 영역에서 플랫폼 개념이 경쟁의 규칙을 재정의하고 있다. 이처럼 플랫폼 비즈니스가 중요해지고 있고 흔히 승자독식으로 이어지는 플랫폼 사업에서의 경쟁의 규칙은 기존 산업과 매우 상이하지만 대부분의 한국 기업 경영자들이 플랫폼 사업의 개념을 잘 이해 못하거나 플랫폼 전략에 별 관심이 없었다고 이제호 교수는 비판하였다. 이 교수는 환경변화에 따른 자본 흐름의 변화를 기민하게 파악하고 향후 펼쳐질 세상에서 길목을 미리 선점하는 자가 시장에서 패권을 장악한다는 것이 플랫폼 전략의 핵심이라고 규정하였다. 이 교수는 길목을 선점하기 위해서는 플랫폼의 생태계 육성에 대한 안목이 있어야 하며, 생태계는 플랫폼의 가치를 높이기 위한 장이라고 지적하였다. 전체 생태계의 가치를 어떻게 키우고, 높아진 가치를 관련 업체와 어떻게 공유할 것인지에 대한 비전을 제시함으로써 복잡계에서 선순환을 발현시킬 수 있는 플랫폼 리더십 역량이 플랫폼 사업의 성패를 결정짓는다는 것이다.

이러한 인식을 바탕으로 이 교수는 플랫폼 전쟁에서 승리하기 위한 네 가지의 필승 요소를 구체적으로 제시하였다. 플랫폼 전쟁의 필승 조건으로 가장 중요한 것이 유연한 전략적 사고이다. 생태계의 가치를 높일 수 있는 협력 업체를 잘 끌어들이면 생태계가 활기를 띠게 되고, 그러면 더 많은 업체들이 돈을 벌기 위해 해당 생태계로 뛰어들기에 플랫폼의 가치를 더 높이고, 더 많은 고객들을 유인할 수 있다. 이를 통해 플랫폼 사업은 선순환 구조로 진화할 수 있고, 이러한 진화를 통해 생태계는 급성장할 수 있다. 따라서 이 교수는 봉이 김선달과 같은 전략적 사고의 기민함과 명석함을 가장 중요한 필승 요소라고 규정한 것이다. 사업 기회를 남보다 빨리 간파하고 생태계 이해 관련자들이 받아들일 수 있는 기발한 수익모델을 완성하는 것이 전략적 포석의 핵심이라고 강조하였다.

또한 이 교수는 플랫폼 사업은 보완재 업체와 사용자에게 플랫폼의 비전을 파는 사업이라고 규정하였다. 따라서 플랫폼 사업자로 리더십을 발휘하려면 생태계 구축의 비전을 소통할 수 있는 능력이 매우 중요하다는 점을 강조하였다. 또한 플랫폼 전쟁에서 승리하기 위해 장기적 안목과 긴 호흡이 필수적이라는 점도 지적하였다. 마지막으로 플랫폼 전쟁은 충분한 실탄을 확보한 기업에게 유리하다고 주장하였다. 이 교수는 자원이 부족한 플랫폼 사업자의 경우에는 협력업체와 함께 승자가 될 수 있는 전략을 잘 수립한다면 자원의 한계를 극복하고 성공할 수도 있는데, 여기서 중요한 것은 무엇을 버려야 하는지 예지할 수 있는 사고 역량이라고 강조하였다.

ESG경영을 통한 지속가능성 제고를 전략의 핵심 요소로 반영하고 사회적 정당성과 경쟁력을 동시에 확보하는 방향으로 지배구조 개선을 도모하라

:

21세기 들어와 기업의 지속가능성 제고에 대한 사회적 요구가 급격히 높아지고 있다. 이재혁 교수는 기업의 지속가능성을 경제, 환경, 사회의 3가지 축에서 기업이 지속적 성과를 내면서 경쟁우위를 유지, 확보하는 것으로 정의하면서, 한국 기업들도 이제 이윤 극대화와 경제적 측면의 성과에만 초점을 맞춘 기존의 전통적 경쟁우위 개념을 탈피하고 ESG경영을 통해 환경, 사회적 측면도 중시하여 지속가능성을 높이는 방향으로 전략 패러다임을 진화시켜야 한다고 강조하였다.

이를 위해 이 교수는 ESG시대의 대두를 기업들은 위협이 아니라 새로운 경쟁우위를 창출할 수 있는 기회로 활용하면서, ESG경영에 대한 전략적 접근이 필요함을 강조하였다. 이 교수는 자사의 핵심역량을 감안하여, ESG경영의 목표를 설정하고 달성 수단을 구체화시켜야 하는데, 이 과정에서 내외부이해관계자와 적극적으로 소통하면서 ESG경영 활동의 객관적 평가 결과를 공유해야 한다는 점을 지적하였다. 뿐만 아니라 ESG와 관련된 새로운 추세나 시대적 요구사항을 빨리 파악하고 그에 대한 선제적 대응을 준비해야 한다고 강조했다.

기업의 지속가능성을 높이는데 있어서 점점 더 중요해지고 있는 부분이 기업 지배구조 개선과 동반성장의 이슈이다. 특히 한국에서는 정치권과 시민단체에서 대주주의 전횡 견제 및 소수주주 보호에 초점을 맞추어 지배구조 개선을 강하게 요구하고 있다. 또한, 대기업의 독과점 억제와 공정거래, 중소 협력업체들과의 상생을 중심으로 한 동반성장에 대한 사회적 요구도 강하게 나타나고 있다. 따라서 기업 회계정보의 투명성을 높이고 소수주주의 이익을 보호하는 방향으로 지배구조를 개선하면서 동반성장을 추구하는 것은 한국 기업들에게 있어서 선택의 문제가 아니라 필수적인 의무 사항이 되고 있다.

박종훈, 김봉진 교수는 한국 기업의 지배구조 개선의 핵심으로 능동적 이사회 구축을 지목하였다. 국내 기업의 이사회 제도 및 운영이 국제적 관점에서 보면 상당히 미흡한 수준이기에 정치권과 시민단체 등에선 이사회의 독립성 강화에 초점을 맞춘 급격한 기업 지배구조 개혁을 주장하고 있지만, 두 교수는 이 문제는 지속적인 경쟁력 강화 관점에서 접근해야 한다고 주장하면서 이사회의 독립성과 전문성을 함께 강화하는 방향을 제시하였다. 한국 기업이 미래 경쟁 환경 변화에 대응하여 장기적 시각에서 창조적 혁신에 도전하고 지속적 경쟁력 강화를 위해서는 능동적인 이사회를 구축해야 한다는 것이다. 두 교수는 CEO의 독단은 견제하면서 CEO가 제대로 된 방향으로 나갈 수 있도록 조언과 협력을 아끼지 않는 전문적이고 능동적인 이사회를 구축하기 위한 실천 방안을 제시하였다. 구체적으로 살펴 보면 이사회의 전문성과 독립성 간 균형

추구가 필요하며 이를 위해서는 이사회와 사외이사에 대한 평가도 강화해야 한다는 것이다. 또한 능동적 이사회를 구축하기 위해서는 이사회의 핵심 업무인 회사의 중장기 전략 수립에 관한 큰 틀을 잡고 CEO의 실적을 평가하는 일에 집중할 필요가 있고 이사의 투입시간도 대폭 확대하면서 이사회 내 소통과 협력을 증진해야 한다는 것이다.

구조적 저성장기
한국 기업 경영전략의 4대 가이드라인

2020년대 국내외 경제의 구조적 저성장은 불가피하다

2020년 이후 전세계를 강타한 팬데믹 위기에 대응하여 미국 등 주요 국가가 제로 금리에 가까운 저금리와 양적 완화, 재난지원금을 통해 천문학적인 돈을 쏟아 부은 상황에서 러시아의 우크라이나 침공과 글로벌 공급망의 대전환이 일어나면서 2022년 들어 인플레이션이 40년만에 최고 수준에 달하게 되었다. 이로 인해 미국을 필두로 양적 완화를 중단하고 2023년까지 지속적으로 기준금리를 급격히 올리면서 주식, 채권 등 자산시장이 크게 하락하였고 세계은행과 IMF 공히 2020년대 세계 경제의 저성장이 지속될 것이라고 경고하고 있다. 부채가 천문학적으로 높아진 상황에서 금리가 급등하고 경기 침체와 자산시장 급락이 겹치게 되면 개인은 소비를 줄이고 기업은 투자를 줄이게 되며 정부는 부채 위기 상황에 직면하여 재정지출을 줄이게 될 가능성이 높아져서 경제 성장률은 하락하기 때문이다.

이에 더해 한국 경제는 2022년 출산율이 세계 최저 수준인 0.78명까지 하락하고 고령화 속도도 세계에서 가장 빠른 수준으로 인구까지 줄고 있어서 저출산 고령화로 인한 장기 저성장이 불가피해 보인다. 이에 더해 숨막히는 기업 규제로 인해 공장이 급격하게 해외로 빠져 나가고 있고 미국과는 달리 리쇼어링은 거의 일어나고 있지 않아서 저성장의 고착화가 더욱 우려된다. 비슷한 이유로 장기 저성장에 빠진 일본을 20년 갭을 두고 그대로 따라가는 형국이다. 한국개발연구원(KDI)은 노동시장 개혁 등 한국 경제의 구조적 개혁이 시급하게 단행되지 않는다면 한국의 잠재 성장률이 2023 - 2027년 2%까지 하락한 후 추세적으로 하락하여 2050년에는 0.5% 수준으로 하락할 것이라고 예측하고 있다.[1] 이처럼 국내외 경제의 중장기 저성장 기조 고착화가 현실화되면 한국 기업 경영 전략은 어떻게 변화해야 할 것인가?

중장기 저성장 기조 하에서의 경영 전략 방향은?

국내외 경제의 구조적 저성장기 한국 기업 경영전략의 4대 가이드라인을 제시하면 다음과 같다. 첫째, 현금유동성 확보와 원가절감, 구조조정을 기반으로 한 수익성과 내실 위주 경영 체제 구축이 필요하다. 특히 저성장 국면이 지속된다면 재고와 매출채권 관리를 더욱 철저히 해야 하며, 현금흐름을 중시하는 경영을 해야 한다. 또한 국내외 경제의 불확실성에 민첩하게 대응하기 위해서 경영상의 핵심요소를 중심으로 시나리오 플래닝을 도입할 필요가 있다. 저성장 국면이 장기화된다면 리스크 요인 관리도 중요해지는데, 삼성이 외환위기 직후에 하였던 것처럼 회사가 '망하는 시나리오' 워크숍을 개최하여 회사의 존폐를 위협할 수 있는 가장 중요한 리스크 요인을 파악한 후 이를 중점적으로 관리해야 한다.

둘째, 중장기 저성장 시대에 돌입하게 되면 사업 포트폴리오를 재점검하여 핵심사업과 핵심역량 위주로 사업을 재편하는 작업도 꼭 필요하게 된다. 사업 포트폴리오의 재조정은 필요시 수시로 하면 가장 좋지만 임직원의 충성도를 중시하고, 노동시장의 경직성이 높으며, 인수합병 시장이 그리 활성화되지 않은 한국적 상황에서는 위기 상황이나 패러다임 변화시기가 와야 큰 저항 없이 공감대를 형성하면서 사업 포트폴리오를 재조정할 수 있다. 중장기 저성장 우려도 바로 그러한 상황이기에 호황기에 낀 군살을 빼면서 비주력, 비핵심, 적자 사업은 아웃소싱이나 전략적 제휴, 매각, 또는 최악의 경우 청산을 통해 축소하거나 정리하고 핵심사업에 자원을 보다 집중시켜야 한다. 이러한 과정에서 직원, 고객, 협력사와의 위기 극복의 공감대 형성과 고통 분담을 위해 커뮤니케이션을 강화해야 할 것이다.

셋째, 중장기 저성장 국면에서는 내실경영을 우선으로 해야 하지만 여력이 있는 기업이라면 신성장 동력 창출과 창조적 혁신을 통해 수익성을 동반한 성장을 지속할 수 있다. 저성장 국면에서도 새로 떠오르는 산업들은 있기 마련인데 이러한 신생 성장 산업 중 자사의 핵심역량이 이전 가능한 산업을 찾아 적극 공략한다면 신성장 동력 확보가 가능하다. 또한 한국 시장은 장기 저성장이 우려되지만 중국을 대체하는 원가 절감형 오프쇼어링의 거점으로 떠오르고 있는 인도, 베트남 등 동남아, 멕시코 등은 2020년대에도 견조한 성장이 예상되기에 이러한 상대적 고성장 시장을 적극 공략하여 제 2의 내수시장을 확보할 필요가 있다. 한편 저성장 국면이 지속되면 수요자 측면에서 고객 니즈도 변화하게 되는데 이를 먼저 파악하여 새 제품, 기술, 서비스, 비즈니스 모델을 선도하는 기업이 강자로 부상하게 된다. 특히 AI 기술 등 급속도로 발전하는 IT 기술과 빅 데이터를 활용한 비즈니스 모델 혁신을 적극 추진할 필요가 있다.

넷째, 저성장 국면에서 신성장동력 확보를 위해서나 구조조정을 위해서나 M&A를 적극 활용할 필요가 있다. 장기 저성장으로 경영상의 어려움을 겪게 될 국내외의 저평가된 기업들을 인수한다면, 기존 사업의 경쟁력을 제고함은 물론 신성장동력을 확보할 수 있다. 구조적 저성장기는 내재가치가 우수하지만 일시적 유동성 위기를 겪고 있거나 주가가 과도하게 하락한 기업을 싸게 살 수 있는 기업 바겐 세일 기간일 수 있기 때문이다. 또한 비주력, 비핵심, 적자 사업의 구조조정 수단으로도 선제적인 매각을 적극 추진할 필요가 있다.

한국 기업들이 포스트 팬데믹 시대 국내외 경제의 구조적 저성장, 초경쟁, 4차 산업혁명, 지식기반네트워크 경제의 도래와 같은 외부 환경상의 메가트렌드에서 나오고 있는 기회는 잘 살리고 위협은 잘 극복하면서 혁신 역량을 바탕으로 시장을 선도하는 글로벌 초일류 기업으로 도약하여야 한국은 선진국으로 진입할 수 있다. 한국 기업들이 글로벌 초일류로 진화, 발전해 가는 힘들고도 중요한 여정에서 이 책에서 제시하고 있는 한국 기업의 전략 패러다임 대전환과 관련된 제언들이 조금이나마 도움이 되기를 기대한다.

Part 1

1장

1) 이 글의 일부는 필자가 동아비즈니스리뷰, 동아일보, 조선일보, 영남일보, 매일경제신문, 서울경제신문, Chief Executive, DBR 등 언론매체와 '이홍 편집. 2015. K매니지먼트: 기로에 선 한국형 기업경영', 신동엽 등. 2018 '4차 산업혁명, 일과 경영을 바꾸다', 신동엽.정대훈. 2022 '초연결 패러독스: 팬데믹 이후의 새로운 질서와 전략' 등에 기고했던 글들을 수정보완해서 사용하고 있다.

2) Chandler, A.D. 1977. The Visible Hand. Cambridge, MA: Harvard University Press.

3) Schumpeter, J.A. 1942. Capitalism, Socialism, and Democracy. New York: Harper & Row.

4) 신동엽 등. 2018. 4차 산업혁명, 일과 경영을 바꾸다. 서울: 삼성경제연구소.

5) 신동엽.정대훈. 2022. 초연결 패러독스: 팬데믹 이후의 새로운 질서와 전략. 서울: 클라우드나인.

6) Minzberg, H. 2000. The Rise and Fall of Strategic Planning. New York: Pearson.

7) D'Aveni, R.A. 2010. Hypercompetition. New York: Free Press.

8) Teece, D.J. 2009. Dynamic Capabilities and Strategic Management: Organizing for Innovation and Growth. Oxford: Oxford University Press.

9) Perrow, C.P. 2007. The Next Catastrophe: Reducing Our Vulnerabilities to Natural, Industrial, and Terrorist Disasters. Princeton NJ: Princeton University Press.

2장

1) McKinsey Global Institute. 2020. Risk, resilience and rebalancing in global value chains.

3장

1) 일반적으로 일본 경제 시스템이란 일본적 노사관계, 일본적 경영, 메인뱅크 제도, 계열 시스템, 정부의 행정지도 등 전후 일본 경제를 성공으로 이끈 시스템을 말함.

2) 일본에서는 통상 1986년 12월부터 1991년 2월까지의 호경기를 버블경기로 보고 있고, 1991년 3월부터 1993년 10월까지의 경기후퇴기를 버블붕괴기로 보고 있음.

3) 田中彰 「六大企業集団の無機能化」 『同志社商学』 第64巻 第5号, 2013年 3月.

4) 奥村宏 「三菱とは何か：弱体化の深層」 『週間エコノミスト』 2016年 6月 14日号.

5) 토요타자동차 매출액은 9.855조 엔(1991년 6월 결산)과 31.380조 엔(2022년 3월 연결결산)이며, 히타치제작소 매출액은 7.737조 엔(1991년 3월 연결결산)과 10.265조 엔(2022년 3월 결산)이었음.

6) Ulrich, K., "The Role of Product Architecture in the Manufacturing Firm," Research Policy, 24, 1995.

7) 藤本隆宏・新宅純二郎 (共編著) 『中国製造業のアーキテクチャー分析』 東洋経済新報社, 2015年.

8) 1990년도 매출액은 당시 마쓰시타전기산업주식회사 연결매출(1991년 3월 결산)이며, 2021년도 매출액은 파나소닉홀딩스주식회사 연결매출(2022년 3월 결산)임.

9) 삼성전자 사업보고서에 따르면 2021년 총매출 279.6조 원이며 국내매출 22.1조 원인데, 다만 양쪽 기준은 동일하지 않음.

10) 中小企業庁 『中小企業白書2014年版』 2014年.

11) 開発計画研究所 「平成22年度地域経済産業活性化対策調査（日本のものづくりグローバル・ニッチトップ企業の経営戦略とその移転可能性を踏まえた産業クラスター政策に関する調査）報告書」 2011年.

12) 藤本隆宏 「サプライヤー・システムの構造・機能・発生」 藤本隆宏・西口敏宏・伊藤秀史 『リーディングスサプライヤー・システム』 有斐閣, 1998年.

13) 中小企業庁 『中小企業白書2007年版』 2007年.

14) 「中山健一郎「日本自動車メーカー協力会組織の弱体化」 『経済と経営 』34(3-4), 2004年.

Part 2

1장

1) 공정거래위원회. 2021. 공정위, 2021년 공시대상기업집단 내부거래 현황 공개. 기업집단국 기업집단정책과

2) Davis, Gerald, Diekmann, Kristina and Tinsley, Catherine. 1994. The decline and fall of the conglomerate firm in the 1980's: The deinstitiutionalization of an organizational form. American Sociological Review 59: 547-570.

3) 경쟁적 협력 (internal co-opetition) 개념은 송재용, 이경묵 교수가 삼성웨이 연구에서 제시한 개념이다. 보다 자세한 내용은 다음의 책과 논문을 참조
송재용, 이경묵. 2013. 삼성웨이. 21세기북스.
Jaeyong Song, Kyungmook Lee, and Tarun Khanna. 2016. Dynamic Capabilities at Samsung: Optimizing Internal Co-opetition, California Management Review, 58 (4): 118 – 140

2장

1) 기업그룹에 따라 '그룹사', '관계사', '멤버사', '패밀리사' 등 다른 명칭도 다양하게 사용한다.

2) 이하에서는 특별히 구분할 필요가 있는 경우를 제외하고는 시너지 추구의 주체가 되는 사업부, 계열사, 전략적 사업단위를 '사업부' 로 일괄하여 칭하기로 한다.

3) 공정거래위원회, 2012, 국회 제출자료, 4월.

4) Schaede, U., 2010, "Globalisation and the reorganisation of Japan's auto parts industry", International Journal of Automotive Technology and Management, 10(2-3): 270-288.

5) Goold, M. & Campbell, A., 1998, "Desperately seeking synergy", Harvard Business Review, 76(5): 131-143.

3장

1) 한국수출입은행의 자료 중 1980년도의 해외직접투자금액과 해외신규법인수 관련 자료는 첫해부터 1980년도 까지의 누적자료이기 때문에 그 다음 해인 1981년도 부터의 자료를 제시한다. 또한 2020년과 2021년의 연간 해외신규법인수는 코로나19 팬데믹 상황으로 인해 각각 2,428개와 2,330개로 감소한다.

2) UNCTAD의 TNI는 ((해외자산/전체자산)+(해외매출/전체매출)+(해외인력/전체인력)) / 3 x 100으로 계산되며, 이는 기업의 글로벌화 정도를 나타낸다.

3) UNCTAD의 개도국기업 TNI 관련 1995년과 2000년 자료는 개도국기업 중 해외자산규모 100대 선도기업이 아니라 50대 선도기업을 대상으로 하고 있다.

4) 한국산업기술진흥협회, 국내기업의 해외 연구개발활동 현황조사. 2008. 2. 21쪽.

5) 한국산업기술진흥협회, 국내기업의 해외 연구개발활동 현황조사. 2008. 2. 6-7쪽.

6) 삼성경제연구소, 한국기업의 Open & Global R&D 추진현황과 선도사례 분석, SERI 보고서, 2012. 6.

7) 산업통상자원부, 2019-2020 산업통상자원 백서(산업편), 152쪽, www.motie.go.kr.

8) OECD, STI Micro-data Lab: Intellectual Property Database, http://oe.cd/ipstats, 2015. 6.

9) OECD Science, Technology and Industry Scoreboard 2013, Business Enterprise Expenditure on R&D, 2011

10) 사회화는 구성원의 교육/훈련, 국제 순환배치, 국제회의, 개인적 접촉 등의 조직구성원의 상호작용을 통해 조직의 공동 목표, 가치관, 신념, 문화 등을 공유함으로써 글로벌 조정통합을 추구하는 방법이다.

11) 공식화는 표준화된 규칙/규정, 절차, 정책을 활용하여 해외로 분산된 활동을 조정통합 하는 수단이다.

12) 집권화는 본사에 해외생산계획 및 자재관리, 제조기술, 해외연구계획 등에 대한 의사결정권한 부여함으로써 해외로 분산된 활동을 글로벌하게 조정통합하는 수단이다.

Part 3 ———————————————————————————————————

1장

1) Kauffman, Stuart. 1995. At Home in the Universe: The Search for the Laws of Self-Organization and Complexity. New York, Oxford University Press.

2) Porter, Michael E. 1980. Competitive Strategy: Techniques for Analyzing Industries and Competitors. New York, Free Press.

3) Arthur, W. Brian. 1989. Competing Technologies, Increasing Returns, and Lock-in by Historical Events. The Economic Journal, 99, 116-131; Nicolis, Gregoire, and Ilya Prigogine. 1989. Exploring Complexity: An Introduction. New York: Freeman and Company.

2장

1) 이 글은 한국기업의 경쟁력 강화 방안(Korea Business Review, 2018), K-매니지먼트: 기로에 선 한국형 기업경영(클라우드나인, 2015), 동아비즈니스리뷰, 신한금융리뷰 등에 기고한 필자의 글을 인용, 참고하였다.

2) 이한득 (2016), 한국의 산업구조: 변화 속도 줄고 집중도는 증가, LG Business Insight, 5월호, LG경제연구원.

3) 지식기반서비스업과 신산업의 발전이 더딘 이면에는 세계경제의 변화를 따라가지 못하는 정치권과 정부의 규제도 한 몫하고 있다. 하지만 본 원고는 기업에 초점을 두고 있으므로 이에 대한 논의는 제외한다.

4) Teece (2007), Explicating dynamic capabilities: The nature and microfoundations of (sustainable) enterprise performance, Strategic Management Journal, 28, 1319-1350.

5) 앞선 제품의 분해와 재조립을 통해 제품에 체화된 기술과 지식을 습득하고, 자신의 제품을 개발하는 방법

6) 제품의 기능적 요소와 물리적 요소의 결합방식을 의미하며, 제품개발 초기 과정에서 결정된다. 제품아키텍처는 디자인, 제조원가, 제품성능, 제품다양화 등에 큰 영향을 미친다.

7) 서울대학교 공과대학, 축적의 시간, 지식노마드, 2015.

8) Michael Jacobides (2019), In the ecosystem economy, what's your strategy? Harvard Business Review, 97(5), 128-137.

9) 린스타트업(lean startup)이란 아이디어를 신속하게 제품화하고 시장에서 소비자의 반응을 통해 반복적으로 문제점을 개선하는 과정을 통해, 신속하면서도 실패의 위험을 줄이면서 신제품이나 시장을 개발하는 프로세스나 방법을 의미한다.

10) 김인수 (2001), 세계가 두려워할 미래의 한국기업 어떻게 만들것인가? 삼성경제연구소, 91~101쪽 참고.

11) Nonaka, Hirose, and Takeda (2016), 'Meso'-foundations of dynamic capabilities: Team-level synthesis and distributed leadership as the source of dynamic creativity, Global Strategy Journal, 6, 168-182.

12) 이정동, 창조적 축적 지향의 패러다임으로 바꾸어야 한다, 서울대학교 공과대학, 축적의 시간, 1장, 지식노마드, 2015, 21-56 쪽.

3장

1) 2023년 창설된 인공지능이 참가하는 최초의 정식 바둑국제대회인 월드바둑챔피언십은 대회에서 한중일 정상의 기사와 딥젠고라는 일본의 인공지능프로그램이 출전하여 박정환 9단이 전승으로 우승했고 딥젠고는 3위를 차지했다.

2) IBM의 암 치료용 AI인 '왓슨 포 온콜로지'로 치료법을 추천받은 국내 환자가 곧 200명을 돌파한다고, 길병원은 지난해 11월부터 이달 17일까지 왓슨 이용 환자가 198명으로 집계됐다고 19일 밝혔다 (동아일보, 2017.3.20).

3) Morgan Stanley의 2014년 보고서에 의하면 현재 교통사고의 90%가 인간의 과실에 의한 것이며, 미국에서 연간 6,250억불의 교통사고 비용과 약 3만명 발생하는데 인간의 과실을 없앤다면 연간 5,630억불의 비용절감과 함께 다수의 인명을 구제할 수 있으며, 자율주행으로 연비가 20~30% 개선된다면 연간 1,580억불의 연료절감이 가능할 것으로 추산하였다. 출처: http://www.businessinsider.com/morgan-stanley-autonomous-cars-trillion-dollars-2014-9

4) 예외적인 경우로, 메모리 반도체 산업의 경우 컴퓨터 및 스마트폰 등 수요산업의 발전방향이 소형화 및 고성능화로 가면서 메모리의 고성능화와 집적화라는 기존의 기술궤적이 2007년 이후로 수요의 발전방향과 일치하게 되어 선도기업인 삼성전자의 독주가 계속되고 있다.

5) 행동적 기업이론 (Behavioral Theory of the Firm)은 기업의 의사결정에서 성과피드백에 기반한 조직학습이론을 제시하였는데 이에 바탕하여 기업전략의사결정 패턴에 대한 실증연구가 이루어졌다. 수많은 실증연구결과, 기업이 성공보다는 실패를 경험할 때 문제해결을 위하여 연구개발 지출 또는 위험감수 활동을 증대한다는 사실을 발견하였다.

6) 현대자동차의 경영진이 전략적인 내적 위기 조성을 통해 기술혁신을 유도한 과정을 조직학습이론으로 잘 설명한 다음의 논문을 참조. Linsu Kim, (1998) Crisis Construction and Organizational Learning: Capability Building in Catching-up at Hyundai Motor. Organization Science 9(4):506-521.

Part 4

1장

1) 이 글의 일부는 필자가 저술한 '이해관계자 자본주의의 구현을 위한 전략경영' (박영사, 2023), '지속가능경영을 위한 기업 가이드 ESG A to Z" (대한상공회의소, 2022), '사회적 가치와 지속가능경영: ESG 현황 및 글로벌전략' (클라우드나인, 2021)과 함께, 'K-ESG 가이드라인 실태조사 및 분석' (산업통상자원부 한국생산성본부, 2022), '해외산림분야 ESG 경영사례 분석을 통한 국내 적용방안 연구' (산림청, 2022) 등 관련 프로젝트에서 분석한 내용을 참조하였다.

2) McGrath, R. G. 2013. The end of competitive advantage: How to keep your strategy moving as fast as your business, Harvard Business Review Press.

3) 이정기 & 이재혁. 2020. "지속가능경영" 연구의 현황 및 발전방향: ESG 평가지표를 중심으로. 전략경영연구.

4) Carroll, B., & Buchholtz. 2018. Business & Society: Ethics, Sustainability & Stakeholder Management. CENGAGE Learning.

5) 이은화, 유재욱, 이재혁, 신형덕, 한주희. 2022. 이해관계자 자본주의 시대의 전략경영. 경영학연구.

6) 이재혁. 2021. 지속가능경영을 위한 변화, 세계는 지금 ESG 혁신 중. 산업통상자원부 월간통상.

7) Oil & Gas and Chemicals – Long-Term ESG Vulnerability Scores. Fitch Ratings. January 2021.

8) Consumers care about sustainability-and back it up with their wallets. McKinsey Global Institute. June 2023.

9) ESG 효과…기업 호감도 10년 새 '껑충' 상승. 아이뉴스24. 2023년 3월 13일자 인터넷 기사.

10) 이인형. 2021. ESG 평가 체계 현황과 특성 분석. 자본시장연구원.

11) 수출기업 52.2% "ESG 미흡으로 계약 · 수주 파기 위기감 느껴". 파이낸셜신문. 2020년 7월 18일자 인터넷 기사.

12) "2025년 너무 늦다" vs. "기업들 소화불량 걸린다"…ESG 정보공시 의무화, 어떻게 봐야 하나. 임팩트온. 2021년 1월 15일자 인터넷 기사.

13) 이은화, 유재욱, 이재혁, 신형덕. 2023. 이해관계자 자본주의의 구현을 위한 전략경영. 박영사.

2장

1) 사외이사 독립성 강화 관련된 상법 시행령 제34조에는 다음과 같은 조건으로 사외이사 자격을 허용하지 않는다. (제34조 1호): 해당 상장회사의 계열회사의 상무에 종사하는 이사 · 집행임원 · 감사 및 피용자이거나 최근 3년 이내에 계열회사의 상무에 종사하는 이사 · 집행임원 · 감사 및 피용자였던 자, (제34조 7호): 해당 상장회사에서 6년을 초과하여 사외이사로 재직했거나 해당 상장회사 또는 그 계열회사에서 각각 재직한 기간을 더하

면 9년을 초과하여 사외이사로 재직한 자

2) 김재훈과 이화령 (2014), "이사회 독립성과 행태에 관한 연구," pp. 13–99, 기업지배구조 개선정책의 효과와 향후 과제, KDI 연구보고서 2014-09.

3) 박나온 (2020), "최근 국내 상장기업의 대표이사–이사회의장 분리 현황," KCGS Report, 제10권, 2호, pp. 40–51 연구에 의하면, 2016년~2019년 기간 동안 상장기업의 사외 이사 반대의견 개진율이 전체 이사회 회의의 4% 미만인 것으로 나타났다. 사외이사 반대 의견 개진율이 매우 낮게 나타나는 현상은, 이사회에서 반대표를 행사할수록 사외이사로 연임되지 않을 가능성이 높아진다는 점과 관련이 있어 보인다.

4) 오덕교 (2014), "2014년 지배구조 평가 및 실태 분석–유가증권시장 상장기업을 중심으 로," 선진상사법률연구, 67호 pp.127–154 연구에 의하면, 2013년 국내 694개 상장사 중 6개사만이 이사회에 대한 평가결과를 공개한 것으로 나타났다. 따라서, 오덕교 (2014) 연구와 KCGS의 2022년 평가결과를 비교하면, 이사회에 대한 평가결과를 공개하는 상장 기업이 다소 증가하고 있기 때문에 국내기업들의 이사회 활동이 미약하나마 개선되고 있 다고 볼 수 있다.

5) 한국의 경우, 2021년 8월 KCGS는 기업이 책임져야 할 이해관계자의 범주를 확대하는, ESG모범규준으로 개정하였다.

6) 방문옥 (2018), "이사회 역량구성표 공시의 필요성", KCGS Report, 제8권, 8호, pp.4–8 연구에 의하면, 2018년 기준 S&P 기업의 46%가 정기주주총회 서류에 역량구성표를 공 개하였으며, 이는 2017년에 비해 약 20%가 증가한 것이었다.

7) Spencer Stuart (2016)에 따르면, 최근 영미 기업의 이사회 개최 회수가 상승한 것으로 나 타났다. 미국 S&P 500 기업은 평균 8.4회, 영국 FTSE 상위 125 기업은 평균 7.7회 연 간 이사회 모임을 갖는 것으로 조사되었다.

8) 조사대상 기업들의 평균적 모습은 다음과 같다. 80억 달러의 자산에 34,700명의 직원을 보유하고 7개국에 생산설비를 갖추고 10개국에 판매하고 있으며 해외매출비중은 약 40% 인 대규모 기업이었다. Carter & Lorsch (2004); Egon Zehnder International (2000) 참조.

3장

1) 장흥순 외, 대한민국 벤처 20년사, 벤처기업협회, 서울, 2015.

2) 유니콘 기업의 수는 조사기관과 집계방식에 따라 다르게 보고되고 있다. 국제적인 조사업 체 CB Insights에 등재된 한국의 유니콘 기업은 14개이며, 중소기업부가 조사한 기업은 누 적으로 25개인데, 그 중 3곳이 상장 또는 M&A로 인해 유니콘 분류에서 제외되었다.

3) Aileen Lee, 'Welcome To The Unicorn Club: Learning From Billion-Dollar Startups,' Nov 2, 2013, https://techcrunch.com/2013/11/02/welcome-to-the-unicorn-club/

4) Manish Madhvani, European Unicorns 2016: Survival of the fittest, GP. Bullbound, 2016.

5) 벤처기업협회, 2016 벤처기업 정밀실태조사 결과, 벤처기업협회, 서울, 2016.

6) McKinsey & Company, 벤처산업 선순환 구조 구축: 한국 벤처기업 생태계 조성을 위한 지속가능한 장기성장 경로 모색, 2015. 3.

7) 조호정과 이부형, '벤처활성화 지원 정책 실효성 제고가 필요하다!' 현대경제연구원, 이슈 리포트 13호, 2016.

8) 벤처기업협회, 2016 벤처기업 정밀실태조사 결과, 벤처기업협회, 서울, 2016.

9) McKinsey & Company, 벤처산업 선순환 구조 구축: 한국 벤처기업 생태계 조성을 위한 지속가능한 장기성장 경로 모색, 2015. 3.

10) 정광용 외, 판교, '4차 산업혁명의 발신지: 창업생태계의 현재와 미래,' Cluster Issue Paper 2016, No.1, 경기과학기술진흥원.

11) Arnaud Bonzom and Srguei Netessine, How do the World's Biggest Companies Deal with the Startup Revolution?, INSEAD & 500 Startups, 2016.

12) McKinsey & Company, 벤처산업 선순환 구조 구축: 한국 벤처기업 생태계 조성을 위한 지속가능한 장기성장 경로 모색, 2015. 3.

13) 조호정과 이부형, '벤처활성화 지원 정책 실효성 제고가 필요하다!' 현대경제연구원, 이슈 리포트 13호, 2016.

Conclusion

1) 한국개발연구원. 2022. 장기 경제 성장률 전망과 시사점.

에디터 및 대표저자 송재용

송재용은 Pennsylvania대 와튼 스쿨에서 박사 취득 후 미국 Columbia대와 연세대 교수로 재직했으며, 서울대 경영대 아모레퍼시픽 석학교수로 임명되었다. 미국경영학회 (Academy of Management) 국제경영분과 회장, 한국전략경영학회 회장, 서울대 경영대 부학장과 경영연구소장, 한국경영학회 부회장을 지냈다. 한국과학기술한림원과 Academy of International Business의 석학종신회원 (fellow)으로 선출되었고, Financial Times 톱 저널인 Journal of International Business Studies (JIBS)의 에디터였다. 한국경영학회 중견경영학자상, 매일경제 정진기언론문화상, 서울대 연구상, 서울대 교육상, 연세대 우수업적교수상, 미국경영학회/유럽국제경영학회 최우수박사논문상, Columbia대 국제경영강의상, 한국경영학회 최우수논문상을 수상했으며, 매일경제는 '한국의 경영구루 10인' 으로 선정했다. Harvard Business Review, Management Science, Strategic Management Journal, Organization Science, JIBS, Research Policy, Journal of Management, California Management Review 등 해외 톱 저널에 다수의 논문을 게재했다. '스마트 경영' 은 SERI-CEO의 'CEO가 읽어야 할 책' 으로 베스트셀러였고, '삼성 웨이' 도 세계적 출판사 McGraw Hill 등을 통해 주요 언어로 출간되었다. GE 임원워크숍에서 기조강연을 했으며, 삼성전자, 현대자동차, SK그룹, SK하이닉스, SK 디스커버리, 롯데제과, 포스코, CJ제일제당, 아모레퍼시픽, 농심, 유한양행, 한솔제지 등 국내 주요 기업의 자문교수나 사외이사로 활동해 왔다.

신동엽

Yale대학교에서 조직이론 전공으로 박사학위를 받았고 현재 연세대학교 경영대학 매니지먼트분야 교수로 재직 중이다. 주요 기업들의 자문역과 사외이사로 일하였고 한국인사조직학회 학회장과 서울스프링국제실내악축제 조직위원장을 역임하였다. 주 관심사는 기업경영 패러다임의 역사적 전환, 4차 산업혁명과 경영의 미래, 초경쟁환경과 상시 창조적 혁신, 문화예술산업의 조직경영 등이다. 많은 저서와 논문을 집필하였는데 <Administrative Science Quarterly>, <Organization Science>, <Poetics> 등의 학술지에 연구결과를 게재하였다.

이형오

서울대학교에서 경영학 학사, 일본 도쿄대학에서 경제학 석사 및 경제학 박사를 취득하였다. 일본 히토쓰바시대학 이노베이션연구센터에서 Assistant Professor 및 Associate Professor를, 숙명여자대학교 경영학부에서 조교수 및 부교수를 지낸 후, 현재 같은 대학 교수로 재임하고 있다. 숙명여자대학교 재임 중 하버드대학교 라이샤워일본학연구소 Visiting Scholar를 역임하였고, 한국전략경영학회 회장, 한국국제경영학회 회장을 역임했다. 일본기업 및 한국기업 전략, 한일기업 간 협력, 대 · 중소기업간 동반성장 등에 관심을 가지고 관련분야에서 한국어, 일본어, 영어로 다수의 논문과 서적을 집필하였다.

윤우진

연세대 경영학과에서 학사와 석사를, 서울대 경영대에서 박사를 취득하였다. 한양대학교 ERICA 캠퍼스 경영학부 교수이며, 조직학습, 해외자회사, 인수합병, 전략적 제휴, 기업집단 등의 다양한 주제에 관한 연구논문들을 Journal of Management & Organization, Review of Managerial Science, Journal of Innovation & Knowledge, Managerial and Decision Economics, Journal of Business Strategy 등의 해외학술지와 경영학연구, 전략경영연구 등 국내 주요 학술지에 게재하였다.

이지환

KAIST 경영대학 기술 · 조직 · 전략 분야 교수이자 김재철AI대학원 겸임교수이다. 서울대학교 경영대학에서 학사 및 석사, London Business School에서 박사 학위를 취득했으며, 주요 연구 분야는 기업지배구조, M&A, 글로벌 전략, 임팩트 투자 및 창업 등이다. 현재 한국전략경영학회 산학교류위원장, 한국경영학회 및 한국국제경영학회 상임이사, 동원시스템즈 사외이사, 사회적가치연구원 이사 등으로도 활동하고 있다.

김광수

피츠버그대 경영대학원에서 전략경영 전공으로 경영학 박사학위를 취득하고, 미국 매릴랜드대 경영대학원의 조교수 및 홍콩시립대학교 경영대학의 조교수를 역임한 후, 현재 건국대학교 경영대학의 교수로 재직 중이다. 건국대학교 경영전문대학원장 및 국제협력처장 등을 역임하였다. 또한 한국전략경영학회 회장을 역임하였으며, 한국국제경영학회 부회장으로 활동 중이다. 주 연구분야는 글로벌전략, 전략적 제휴, 조직학습과 혁신, 경쟁정보 등이며, 미국 Academy of Management에서 Carolyn Dexter Best Paper Award를 수상하였고 국제경영 분야의 톱 저널인 JIBS 포함 다수의 국내외 저널에 약 50편의 논문을 발표하였다.

이제호

서울대 경영대 교수로서 Pennsylvania대 Wharton School에서 박사 학위 취득 후 미국 University of Texas at Dallas와 KAIST 테크노 경영대학원에서 교수로 재직했었다. Management Science, Strategic Management Journal, Organization Science 등의 경영학 최고 저널에 다수의 논문을

게재하였고, Physical Review E에 복잡계 연구 관련 논문을 게재하였다. 주 연구 분야는 창조적 파괴, 하이테크 전략, 네트워크 효과, 플랫폼 전략, 복잡계이다.

허문구

경북대학교 경영학부 교수로 고려대학교 경영대학을 졸업하고 동대학원에서 경영전략과 조직이론 전공으로 석·박사학위를 받았다. 현대경제연구원, 포스코경영연구소 센터장을 지냈으며, 포스코 자문위원으로 활동하였다. LG연암문화재단 해외 연구교수로 선발되어 미국 듀크대학교에서 연구하였으며, 한국전략경영학회 회장을 역임했다. 한국경영학회 매경우수논문상을 수상했으며, 한국인사조직학회, 한국전략경영학회, 대한경영학회로부터 최우수논문상을 받았다. 〈K-매니지먼트〉 등의 저서가 있으며, 동적 역량, 혁신, 전략적사고, 양손잡이 조직에 대해 연구하고 있다.

박경민

서울대학교 경영학과 학사, KAIST 경영과학 석사, INSEAD 경영학 박사를 졸업하고 연세대학교에서 2006년부터 경영전략 교수로 재직하며 대학기술이전 센터장, 기술지주회사 부사장, 경영대학 부학장 등을 역임했으며, 현재 연세대학교 경영연구소 소장으로 활동하고 있다. 대한민국 MBA 사례분석대회 심사위원장, 한국전략경영학회 학술위원장, 부회장을 역임했으며 2021년 창립된 한국모빌리티학회 학술지인 모빌리티연구 학술지 초대 편집위원장으로 2년간 역임하였다. Strategic Management Journal, Organization Science 등의 국제학술지에 논문을 기고하였다.

이재혁

고려대학교 경영대학 교수로 재직중이며, 고려대학교에서 학사 및 석사학위, 미국 Ohio State University에서 박사학위를 취득했다. 현재 고려대학교 ESG연구원 원장 및 ESG위원회 위원, IESGA(국제ESG협회) 회장, 사학연금공단 ESG위원회 위원장, LG ESG전문가 자문단 좌장, 삼성서울병원 ESG위원회 위원, 한국상장회사협의회 자문위원 등으로 활동하고 있다. ESG 및 지속가능성 분야에서 활발한 연구 및 저술 활동, 프로젝트 및 컨설팅을 하고 있으며, 한국의 사기업 및 공기업을 위한 지속가능성 가이드라인, 'K-ESG'를 개발하여 평가를 수행하고 있다.

박종훈

서강대학교 경영대학 교수로 고려대학교 경영학과를 졸업하고 KAIST에서 경영학 석사학위를 취득한 후 캐나다 브리티시컬럼비아 대학교(UBC)에서 경영전략을 전공하여 경영학 박사를 취득했다. Academy of Management Journal (AMJ), Journal of International Business Studies (JIBS) 등 국제학술지에 다수 논문을 발표했으며, Elsevier Science 출판사에서 『Globalization and Strategic alliance」를 출간했다. Academy of Management의 Carolyn Dexter Best Paper Award, 한국경영학회의 매경 우수논문상 등을 수상했다. 한국전략경영학회장을 역임했으며, 사외이사와 자문 활동을 수행하고 있다.

김봉진

피츠버그대 박사로 네덜란드 틸버그대, 캘리포니아 주립대, 텍사스 주립대 교수를 거쳐 한국전략경영학회을 역임하였다. 전략경영연구 편집장을 역임했고, 삼성, LG, SK, 현대자동차 등에서 강연을 하였다. 미국경영학회 최우수박사논문상, 틸버그대 강의상을 수상했으며 사외이사들을 교육하는 한국이사협회 프로그램 주임을 역임하였다. 연구분야는 이사회, 전략변화, 혁신전략, 국제경영전략이며, Academy of Management Review, 전략경영연구 등 국내외 톱 저널에 논문을 게재하였다. Dess, Lumpkin, Eisner, McNamara 교수와 함께 <Strategic Management: Creating Competitive Advantages, 6th Edition, McGraw-Hill> 을 출간했다.

이병헌

광운대 경영대학 교수, 연세대 경영학과를 졸업하고 KAIST에서 경영전략 전공으로 석사 및 박사 학위를 받았다. 기술경영경제학회와 한국전략경영학회 회장을 역임하였으며, 사이버펄스네트워크의 최고전략책임자(CSO), 하나로통신 전략기획팀장, 중소벤처기업연구원 원장과 대통령비서실 중소벤처 비서관 등 기업과 정부에서도 일하였다. Research Policy, R&D Management, 전략경영연구 등 국내외 학술지에 중소벤처 기업의 기술혁신 전략과 정책에 관한 50여 편의 논문을 게재하였으며, 공저서로는 〈혁신의 시간〉, 〈공학기술과 경영〉 등이 있다.